2019

黑龙江省广东省
对口合作工作报告

黑龙江省发展和改革委员会
广东省发展和改革委员会 编

经济管理出版社
ECONOMY & MANAGEMENT PUBLISHING HOUSE

图书在版编目（CIP）数据

黑龙江省广东省对口合作工作报告.2019/黑龙江省发展和改革委员会，广东省发展和改革委员会编.—北京：经济管理出版社，2020.8
ISBN 978－7－5096－7267－9

I.①黑…　II.①黑…②广…　III.①区域经济合作—工作报告—黑龙江、广东省—2019　IV.①F127.35②F127.65

中国版本图书馆 CIP 数据核字（2020）第 127030 号

组稿编辑：杨国强
责任编辑：杨国强　张瑞军
责任印制：黄章平
责任校对：陈　颖

出版发行：经济管理出版社
　　　　　（北京市海淀区北蜂窝 8 号中雅大厦 A 座 11 层　100038）
网　　　址：www.E－mp.com.cn
电　　　话：（010）51915602
印　　　刷：三河市延风印装有限公司
经　　　销：新华书店
开　　　本：787mm×1092mm/16
印　　　张：19.75
字　　　数：469 千字
版　　　次：2020 年 8 月第 1 版　　2020 年 8 月第 1 次印刷
书　　　号：ISBN 978－7－5096－7267－9
定　　　价：98.00 元

编 委 会

编撰单位

中共黑龙江省委组织部

中共黑龙江省委机构编制委员会办公室

黑龙江省发展和改革委员会

黑龙江省教育厅

黑龙江省科学技术厅

黑龙江省工业和信息化厅

黑龙江省人力资源和社会保障厅

黑龙江省住房和城乡建设厅

黑龙江省农业农村厅

黑龙江省商务厅

黑龙江省文化和旅游厅

黑龙江省卫生健康委员会

黑龙江省人民政府国有资产监督管理委员会

黑龙江省地方金融监督管理局

黑龙江省粮食局

黑龙江省社会科学院（省政府发展研究中心）

黑龙江省工商业联合会

哈尔滨市发展和改革委员会

齐齐哈尔市与广州市对口合作工作领导小组办公室

鸡西市发展和改革委员会

鹤岗市发展和改革委员会

双鸭山市发展和改革委员会

大庆市发展和改革委员会

伊春市发展和改革委员会

中共广东省委组织部

中共广东省委机构编制委员会办公室

广东省发展和改革委员会

广东省教育厅

广东省科学技术厅

广东省工业和信息化厅

广东省人力资源和社会保障厅

广东省住房和城乡建设厅

广东省农业农村厅

广东省商务厅

广东省文化和旅游厅

广东省卫生健康委员会

广东省人民政府国有资产监督管理委员会

广东省地方金融监督管理局

广东省粮食和物资储备局

广东省人民政府发展研究中心

广东省工商业联合会

深圳市扶贫协作和合作交流办公室

广州市扶贫协作和对口支援合作工作领导小组办公室

肇庆市发展和改革局

汕头市发展和改革局

佛山市发展和改革局

惠州市发展和改革局

茂名市发展和改革局

佳木斯市发展和改革委员会	中山市发展和改革局
七台河市发展和改革委员会	江门市发展和改革局
牡丹江市经济合作促进局	东莞市发展和改革局
黑河市经济合作促进局	珠海市发展和改革局
绥化市发展和改革委员会	湛江市发展和改革局
大兴安岭地区行政公署发展和改革委员会	揭阳市发展和改革局
哈尔滨市松北区商务和国际合作促进局	中国（广东）自由贸易试验区深圳前海蛇口片区管理委员会
中国（黑龙江）自由贸易试验区绥芬河片区管理委员会	中国（广东）自由贸易试验区广州南沙新区片区管理委员会
黑河边境经济合作区经济合作局	中国（广东）自由贸易试验区珠海横琴新区片区管理委员会
齐齐哈尔市经济合作促进局	广东省人才服务局

目　　录

第四部分　案例篇

第五部分　政策篇

第六部分　　资料篇

第一部分　总报告

黑龙江省与广东省对口合作2019年工作情况和2020年重点工作计划

黑龙江省发展和改革委员会　广东省发展和改革委员会

2019年，黑龙江省和广东省（以下简称"两省"）继续深入贯彻党中央、国务院对口合作工作各项政策举措，认真落实习近平总书记对两省的重要讲话和重要指示批示精神，坚持"政府搭台、社会参与，优势互补、合作共赢，市场运作、法制保障"的原则，发挥双方的比较优势，密切对口合作伙伴关系，对口合作工作不断走实走深。特别是新冠肺炎疫情防控期间，广东省给予黑龙江省的大力支持在黑龙江省防疫工作中发挥了至关重要的作用。同时，两省对口合作工作办共同制订了2020年重点工作计划。

一、工作进展及成效

（一）高度重视，对口合作工作统筹有序推进

1. 对口合作工作方向更加明确。两省始终秉承开展对口合作工作是党中央深化区域合作、促进协调发展国家战略的思想，是党中央交给两省的重要政治任务，始终坚持政治高站位，深入贯彻落实习近平总书记重要讲话、指示精神和党中央决策部署，把对口合作工作纳入两省主要工作日程。2019年，省级党政代表团6次开展对口合作工作对接交流。广东省委副书记、省长马兴瑞与黑龙江省委副书记、省长王文涛共同组织召开两省对口合作工作会议，研究部署相关工作。

2. 合作基础进一步夯实。13对结对城市继续深入落实签订的合作协议，两省省直部门之间交往、交流、合作不断深化，交流交往已成常态化、制度化。2019年，各结对城市间开展高层互访活动50余次，两省省直部门开展互访活动48次。一些结对城市已将结对关系延伸至县区，结对县区达到58对，部分乡镇也建立了结对关系。

3. 工作机制不断完善。两省对口合作办建立了高效的沟通协调机制，结对城市对口合作组织领导架构不断优化，横向联动、纵向衔接、定期会商、运转高效的工作机制基本建立。两省联合印发了《黑龙江省与广东省2019年重点工作计划》，列出6个方面22项重点任务，明确责任单位，指导有序推进对口合作工作。编辑出版《广东省黑龙江省对口合作工作报告（2018）》，共享合作经验。

（二）深化改革经验交流，理念和机制创新不断深入

4. 共享改革创新经验。黑龙江省学习借鉴广东省先进经验和做法，持续提升省内"放管服"政务服务水平。黑龙江省省直部门和各市地以不同方式学习借鉴广东省先进经验，共制定出台相关法规政策91项。黑龙江省颁布《黑龙江省优化营商环境条例》，印发《关于重塑营商新环境的意见》，省直部门和市地也相继出台改革举措，不断提高"放管服"水平，进一步优化营商环境。黑龙江省学习借鉴广东省等发达地区自贸区经验，哈尔滨自贸片区已复制推广改革试点经验73项，黑河自贸片区已复制推广31项，绥芬河自贸片区已复制推广58项，带土移植实现本土化。

5. 国企合作不断深入。在对口合作项目中，国有企业项目达123个，占总项目数的30.83%；计划投资981.72亿元，占计划总投资的22.01%；完成投资106.43亿元，占完成投资总额的34.43%。黑龙江省七大投资集团积极与广东国企对接，学习借鉴好经验好做法，谋划合作商机。黑龙江省建设投资集团、交通投资集团、旅游投资集团与万科集团哈尔滨万科企业有限公司签署了战略合作协议，在产城融合、大数据创新等方面共谋合作商机。广物控股集团巨正源公司与中油黑龙江农垦石油有限公司建立了长期、全面、深入的战略合作关系，实现共同发展。黑龙江省农业投资集团承担了广东省东西部扶贫协作产品交易市场黑龙江馆的管理和运营工作。黑龙江省旅游投资集团与华侨城资本集团在搭建省级文旅产业基金方面展开合作，计划发起设立黑龙江省文化旅游产业投资基金。黑龙江省产权交易集团与广东省产权交易市场拟采取"人才+项目"合作模式，开展项目联合，推动高层次人才的交流与培养。广东省交易控股集团的交e汇系统与黑龙江联交所项目发布实现实时对接，实现挂牌金额超过16亿元。龙航集团与广航集团股权合作已完成尽职调查。黑龙江省建设投资集团在广东省工程项目实现新签合同额约2.75亿元，累计完成产值约16.1亿元。在国企合作方面，哈尔滨哈西集团与深圳中国燃气集团共同出资建设首个"天然气冷热电三联动"分布式项目；哈尔滨地铁集团物业管理有限公司战略投资者深圳玉禾田集团完成增资；深圳巴士集团持有哈尔滨交通集团持有的哈尔滨通翼巴士客运公司21%股权，成为哈尔滨通翼巴士客运公司第三大股东。哈尔滨投资集团、哈尔滨创投集团与深圳合作的多个基金项目已经落户哈尔滨，管理基金规模超过10亿元。

6. 民营合作势头良好。在对口合作项目中，民营企业项目达276个，占总项目数的69.17%；计划投资（含签约和意向）3478.28亿元，占计划总投资的77.99%；完成投资202.67亿元，占完成投资总额的65.57%。2019年，两省各级工商联、商（协）会、民营企业举办各类培训班和展会活动19次，为两省民营企业增进了解、互学互鉴、挖掘商机搭建了平台。珠海工商联对黑河企业进行IYB（改善你的企业）培训，专门为帮助小微企业发展而设置课程，提升培训小微企业能力。积极组织民营企业参加两省承办的各类展会，促进企业家、管理层对两地比较优势、营商环境、市场和资源要素比对分析，寻求合作机会。

7. 对内对外开放合作。广东省积极参与中蒙俄经济走廊建设，加入黑龙江省与俄罗斯毗邻五边区（州）省长定期会晤机制，联手拓展与俄罗斯远东地区的交流合作，首次作为主宾省参加第六届中国—俄罗斯博览会，搭建广东主题展馆，马兴瑞省长率190家企

业参会。商务部、广东省、黑龙江省、俄罗斯经济发展部共同主办了中俄地方合作论坛。召开了中国（广东省、黑龙江省）—俄罗斯（远东）经贸合作圆桌会，搭建三方经贸合作交流平台。广东投资方面向俄罗斯进口木材的众联木材集采中心项目已投入使用，12户境外园区企业在东莞市举办的第十届加工贸易博览会上推介招商。珠海免税集团与黑河国投集团、金龙港公司共同运营黑河跨江索道步行口岸出入境免税商场项目。珠海九州集团与黑河国投集团就跨江索道项目合作达成意向。珠海市与黑河市共建的瑷珲对俄进出口加工基地正在稳步推进。哈电集团、黑龙江省建投集团等黑龙江企业积极参与粤港澳大湾区建设。

（三）聚焦产业合作，项目建设稳步推进

8. 装备制造业和新兴产业合作。持续挖掘广东省装备制造业的智能制造、全产业链优势与黑龙江省老工业基地、重工业基础的潜能，合作初见成效。在对口合作项目中，装备制造业和新兴产业项目共计142个，占总项目数的35.59%；计划投资1110.67亿元，占计划总投资的24.9%；完成投资78.79亿元，占完成投资总额的25.49%。中山市机器人项目、哈尔滨市飞行模拟机项目、哈尔滨万鑫石墨谷石墨烯微片制备与应用产业化建设项目等一批项目建成投产。哈尔滨市智能绿色轻量化玻璃瓶生产基地项目、哈尔滨华为云计算产业合作项目、齐齐哈尔汽车轻量化零部件制造、铁峰祥鹤新能源150兆瓦平价上网风力发电项目、齐齐哈尔依安县福美低碳经济产业园项目、鹤岗市国信通科技信息产业新能源与通信产业基地项目等一大批项目正在加快建设。广州数控与齐重数控达成共建重型数控机床系统国产化及智能化重点实验室协议，目前，齐重数控在数控立车上试用广州数控的数控系统，有望替代西门子的数控系统，解决国外技术"卡脖子"问题，迈出重型数控机床系统国产化的重要一步。中国一重与广州黄埔造船厂签订总额约2.8亿元销售协议。中国一重与启帆机器人对接，共同合作齐车集团智能化柔性加工线项目。深圳点医科技"医伴宝"医疗机器人、液罐车轻量化运输项目、熔敷机器人生产基地项目等新项目开工建设。深圳市与哈尔滨工业大学共同建设的"深圳先进材料应用技术研究院"落户深圳龙华区。

9. 农业和绿色食品产业合作。两省积极搭建合作平台，有效促进两省间生产要素合理流动和农民增收。深入推进"一个主产市对接一个主销区、落地一个核心营销网点、发展一批直营店或代理商"的合作模式。一大批龙江优质农产品体验店、直销店、展销店在粤建立。黑龙江省优质农产品展销中心已展出全省各地九大类720余种农产品。广东东西部扶贫协作农产品交易市场黑龙江馆运营，入驻企业138家，在售产品606种。黑河市与珠海市合作建立的"俄罗斯黑河特色商品体验馆"运营，销售15类400多种中俄特色产品。在对口合作项目中，农业和绿色食品产业项目达43个，占总项目数的10.78%；计划投资101.92亿元，占计划总投资的2.29%；完成投资20.48亿元，占完成投资总额的6.63%。双鸭山市北大荒高效钾肥项目、哈尔滨市龙垦麦芽项目、绥化市青冈县汉麻纺织项目、齐齐哈尔农畜水产品冷链物流项目等农业项目已经取得良好的经济效益和社会效益。绥化市望奎县龙薯联社在湛江市遂溪县的"北薯南种"基地面积已扩大到1.3万亩，取得良好经济效益，正在向水稻种植拓展，计划打造"稻稻薯农业科技产业园区"。广东温氏集团50万头畜牧一体化生猪产业项目和广州粤旺集团梅里斯达斡尔族区农业产业化综合项目、广东星湖科技肇东发酵产业园项目正在加快建设。广东海纳 10 万吨有机肥料厂项目正在稳步推进。

10. 粮食合作。两省各级粮食行政管理部门和企业间深入沟通、加强互访、共同推动落实两省间签订的异地储备合作协议、粮食产销协议，省市县多层次、广领域、多模式的粮食对口合作框架不断完善。广东省粮食和物资储备局与黑龙江省粮食局签署战略合作框架协议，制定异地储备监管工作办法，充分发挥两省在加工、需求、市场化发展等方面的互补优势，粮食战略合作持续深入。广东省粮食（黑龙江）异地储备达到 54.1 万吨，其中，省级 35 万吨，地市级 19.1 万吨。异地储备品种由单一玉米储备拓展为玉米、稻谷储备。利用全国粮交会、金秋会等展会，持续加大"黑龙江好粮油"宣传力度，促进"龙粮入粤"。哈尔滨市有机种植试验基地、哈尔滨市"金禾—盈盛黑龙江生态农业科技产业园区"、哈尔滨五常市精米深加工项目已经建成使用。惠州市与大庆市粮油质量溯源服务平台二维码溯源系统合作项目、广东海纳杜尔伯特县 10 万亩有机水稻现代农业产业园项目、深粮东北粮源基地项目正在稳步推进。

11. 金融和现代服务业合作。双方充分挖掘广东省融资渠道和金融创新富集、黑龙江省资金需求和融资潜力的互补优势，金融合作逐步扩大。中国银保监会正式批准平安银行哈尔滨分行的筹建申请。广发证券在哈尔滨市、大庆市分别设立营业部开展业务，助力黑龙江多层次资本市场发展。佛山市印发《双鸭山市产业发展引导基金设立方案》、《双鸭山市产业发展引导基金管理暂行办法》，支持双鸭山市产业发展。两省持续推进黑龙江企业上市工作，中国证监会受理了广联航空在创业板的上市申请。黑龙江省学习借鉴广州市全方位金融风险防控体系经验，广州市金融风险防控检测中心分别与哈尔滨市和齐齐哈尔市签署合作协议，提供地方金融风险监测和预警服务。双方共同举办"黑龙江省领导干部金融研修班"和龙江资本市场"服务周"活动，提高龙江金融从业人员业务能力。双方进一步拓展商贸、物流、置业合作空间，跨区域合作取得长足发展。哈尔滨市宝能国际经贸科技城项目、哈尔滨市恒大时代广场建设项目、哈尔滨市华南城现代商贸物流城等一批项目正在稳步推进，项目建成后将极大提升哈尔滨市区域性商贸物流中心功能。

12. 文化和旅游合作。两省持续打造"寒来暑往、南来北往、常来常往"旅游合作品牌，全力推进两省在文化和旅游产业方面交流合作，推动两省文化和旅游繁荣发展。两省相互举办文化旅游推介会，利用中国·哈尔滨国际冰雪节、广东国际旅游产业博览会、广州国际旅游展览会等平台，联合打造"北国好风光·尽在黑龙江"、"冰城赏冰乐雪"、"广州过年·花城看花"等旅游品牌。广州至齐齐哈尔"和谐夕阳号"旅游专列开通，南航广州经停大连至齐齐哈尔、珠海至黑河以及揭阳至漠河航线常态化运营。广东省着力引导企业把黑龙江省作为重点旅游线路进行推介营销，通过联合航空公司买断机位等多种方式，持续推动送客入龙江工作，组织了黑龙江专列 17 趟、游客人数达到 10344 人。持续开展"春雨工程"文化活动，广东省艺术院团到黑龙江省举办大型特色文艺演出、群众文化普及培训等文化惠民活动。两省文旅厅联合出品的音乐剧《木兰前传》在 2019 年哈尔滨青年戏剧节上成功首演，并获得"最佳青年戏剧奖"。哈尔滨市文化创意产业园、哈尔滨市东北抗联历史文化园项目等一批文化旅游项目达成投资意向或签约。

13. 中医药和健康产业合作。两省卫健委联合印发《黑龙江省与广东省卫生健康领域 2019 年对口合作实施方案》，推进开展重点领域合作。双方医疗卫生领域合作交流、互学互鉴更加密切。黑龙江省借鉴广东省经验，印发了《关于深化"放管服""最多跑一次"改革的通知》、《关于做好下一阶段抗菌药物临床应用管理工作的通知》等政策文件，提高管理和技术水平。齐齐哈尔市第一医院作为南方医科大学非直属附属医院正式揭牌。广州白云山医药股份有限公司、广州风行发展集团有限公司、广州轻工集团、广州市建设投资集团有限公司四家国有企业加入齐齐哈尔大麻产业联盟，并成为产业联盟理事单位。广药集团采芝林有限公司与鼎恒升药业有限公司大麻种植基地、齐齐哈尔医学院北齐中药研究所、齐齐哈尔祥和中医器械有限责任公司达成了合作意向。组织举办老龄产业博览会和第六届中俄博览会养老专题活动，加强旅居健康养老、老年康复辅具领域研发和生产合作，推动发展两省"互动式养老"，加快推进旅游、康养产业融合发展。

（四）着力推动科研合作，科技成果转化潜能加速释放

14. 科技研发转化和创业创新合作。双方通过各种学术交流和项目推介，提高科技创新和成果转化能力。联合举办了提升科研院所创新发展能力专题培训班、龙粤对口合作科技企业孵化器高级培训班、中国（深圳）创新创业大赛等活动，黑龙江省向广东省推介技术科技成果224项。广东省优秀的创业投资企业和创业投资管理团队参与黑龙江省创业投资发展，加快黑龙江省"双创"示范基地建设，双方以各种形式推动设立双鸭山孵化基地、佳木斯佳中孵化器、齐齐哈尔富拉尔基区创业帮孵化器、哈尔滨龙岗产业园共建孵化器、大庆市前海创投孵化器产融服务基地建设。齐齐哈尔第一医院与南方医科大学合作的"建立颅内最常见胶质瘤的重点实验室等基础和临床转化科研平台"项目列入广州市民生科技攻关计划项目。齐重数控和广州数控合作开展"重型数控机床系统国产化"合作研发，列入广州市科技项目指南，黑龙江省智能机床研究院正式揭牌运营。齐齐哈尔医学院与南方医科大学、广东南芯医疗合作的"多组学联合研究乳腺癌外泌体标志物"项目列入2019年广州市健康医疗协同创新重大专项三期项目。在哈尔滨、深圳、莫斯科、叶卡捷琳堡四个城市建立中俄两国联合创新中心的基础上，组织深圳、哈尔滨两地创新主体参与国家级中俄科技创新日、中俄两国创新对话等活动，壮大联合创新中心基础力量。

15. 高校院所合作。哈尔滨工业大学深圳校区现已构建本科、硕士和博士全日制学位培养体系，并入选中国高校行星科学联盟，荣获中国建设工程鲁班奖。哈尔滨工业大学与南方科技大学开展工程博士联合培养项目，共招收联合培养工程博士50名。华为公司与哈尔滨工业大学签订了战略合作协议，合作不断深入，哈工大累计向华为输送4000余名优秀人才，双方将在联合科研创新、人才培养与交流、智慧校园建设、校园服务等方面继续开展深度合作。

16. 职业教育和人力资源交流合作。2019年，黑龙江省、广东省对口合作院校共建8个示范专业点，1个示范性实训基地，1个职业教育集团。两省对口合作院校互派挂职锻炼教师64人，教师交流学习130人次。开展培训项目24项，共有122人参加。两省人社厅在《广东省与黑龙江省人力资源社会保障工作对口合作框架协议（2018－2020年）》基础上，签订《技工教育合作协议》，10所技工院校成功签署对口合作协议，发挥职业教育专业优势，共享教育资源，共立优质课题，共办技能大赛，技工院校对口合作进入实质性推进阶段。黑龙江交通职业技术学院57名教师加入广东交通职业技术学院35门在线课程开发建设团队，黑龙江建筑职业技术学院与广州番禺职业技术学院共同申报建筑智能化工程技术专业国家级教学资源库项目，广东轻工职业技术学院为大兴安岭职业学院提供"轻工教育在线"平台，黑龙江旅游职业技术学院财经贸易系与广东科学技术职业学院商学院共同举办第二届"互联网＋"荔枝大赛；黑河市职业教育中心与珠海制造业协会达成了合作意向，定向为珠海企业输送职业教育毕业生。肇庆市每季度筛选一批优质岗位提供给鸡西市人力资源市场，引导鸡西市富余劳动力到肇庆就业。

（五）突出平台载体建设，合作层次不断拓展

17. 产业园区合作。黑龙江省持续深化与广东省在创办新区、自贸区、开发区、园区等方面的经验交流，塑造南北合作新典范，探索国家区域合作实践新模式。深圳（哈尔滨）产业园正式开工建设，科创总部展览馆用时 63 天完成封顶，创下可比肩深圳的"新区速度"。同时，深圳（哈尔滨）产业园更加强化"软件"建设，"带土移植"深圳政策，实行了科技创新、人才发展、招投标评定分离、新型产业用地等创新政策，打造深圳"飞地"、哈尔滨"特区"的前景良好。哈尔滨松北（深圳龙岗）科技创新产业园已经入驻 298 家企业。广州市、齐齐哈尔市共同制定《齐齐哈尔—广州共建现代农业产业园和农业科技示范园项目规划（2019 – 2023 年)》，广州粤旺农业集团投资 5 亿元的农业产业化综合开发项目稳步推进。佳木斯·中山产业园、七台河·江门江河融和绿色智造产业园已开工建设。

18. 自由贸易试验区合作。中国（黑龙江）自由贸易试验区哈尔滨、绥芬河、黑河三个片区分别与深圳前海蛇口、广州南沙、珠海横琴三个片区签署合作框架协议，合作双方围绕推进改革创新经验复制推广、推进改革创新系统集成、建立人才交流合作机制、推进科技成果转化共享、推进贸易便利化领域合作、推动优势产业合作发展、支持跨区域金融产业合作、支持物流企业良性互动优势互补等方面展开合作。目前，合作各方均建立起了工作联络机制，各项交流合作扎实推进。两省签订了精准承接产业转移框架协议，确定哈尔滨新区精准承接深圳市产业转移。黑龙江省自贸区学习借鉴广东省自贸区好的做法和经验，截至目前，哈尔滨自贸片区已复制推广改革试点经验 73 项，绥芬河自贸片区已复制推广 58 项，黑河自贸片区已复制推广 31 项，借先进地区之力，带土移植实现本土化。

（六）注重学习交流，多层次交流体系建设扎实推进

19. 交流培训合作。黑龙江省充分借助广东省优质教育资源，深入推进干部学习和交流常态化、制度化。2019 年以来，黑龙江省共派出 225 名干部人才赴广东省挂职锻炼，省直厅局和各市地共组织培训学习 70 余次，累计培训人员 1800 余人。黑龙江省委组织部选派 40 名省管干部赴广东省委党校"市厅级干部进修班"进行插班学习，组织 84 名省管干部赴深圳市考察学习。两省共同参加了国家发展改革委组织的东北地区与东部地区对口合作工作座谈会和东北地区与东部地区部分省市对口合作专业技术人才高级研修班，学到了兄弟省份对口合作工作经验。在第十二届中国—东北亚博览会上展示了"龙粤哈深"对口合作阶段性成果，胡春华副总理视察黑龙江省展馆并听取了情况介绍，提振了合作信心，也收获了其他省市对口合作典型做法和好的经验。

20. 多层次交流合作。两省工商联、商（协）会、行业协会交往日益密切，桥梁纽带作用日益彰显，有效地促进了两地理念互容、信息互通、资源互享、人才互用。两省 26 个市（地）工商联、16 个县（区）工商联、20 余家商（协）会、企业开展了 47 场次的互访交流活动，10 家县（区）工商联签订了友好工商联协议。

（七）共抗肺炎疫情，守望相助的合作关系日益密切

2020 年春季，在黑龙江省抗击新冠肺炎疫情最艰难的时刻，广东省在本省防控任务重、压力大、防疫物资供应紧张的形势下，协调组织有关部门、结对城市、合作企业和商（协）会等各方力量，通过对口合作渠道，协助黑龙江省采购、发运医用口罩生产设备 24 台，筹措并无偿向黑龙江省捐赠了医用外科口罩 627 万只、N95 口罩 5.2 万只、医用防护服 2780 套、护目镜 1000 套、体温监测设备 5081 台、医用防护手套 7.5 万双和防疫药品 1164 瓶（盒）。广东省的大力支持，在黑龙江省抗击新冠肺炎疫情工作中起到了关键作用，极大地缓解了疫情防控压力，彰显了广东省的奉献精神和责任担当，也体现了龙粤两省人民的深情厚谊。

二、2020 年重点工作计划

（一）加强统筹谋划

1. 强化工作协调统筹。两省分别组织召开省对口合作工作领导小组会议，总结和部署对口合作重点工作。强化领导小组成员单位配合，形成工作合力。健全部门间对口合作工作机制，按照职能分工共同推动重点领域合作。各结对城市对口合作领导小组积极开展对接，深化结对城市交流合作。

2. 健全信息共享制度。建立健全信息共享制度，按属地原则做好对口合作双向投资项目、工作动态等信息收集汇总工作。畅通信息沟通渠道，及时共同向国家发展改革委、省（市）委省（市）政府、对口合作工作领导小组报送对口合作工作情况。

（二）加强机制创新合作

3. 深化干部人才交流。根据需要合理商定互派挂职干部数量，共同推动两省干部人才交流合作。继续选派黑龙江省厅级干部到广东省委党校市厅级干部进修班学习培训。深化专业技术人才和高级管理人才培训合作，举办国家级知识更新工程高级研修班、工业机械装调、电子技术等交流活动。充分发挥工商联、贸促会、商（协）会职能作用，广泛动员有实力的企业到黑龙江考察投资、参与产业园区建设。积极推进招商、文化、旅游、农业、工业、科技、教育等方面人才的交流培训。

4. 深化改革经验交流推广。深化交流两省在"放管服"改革、营商环境改革、行政管理体制改革、机构编制管理改革等各方面经验，适时在黑龙江省复制推广广东省的成熟做法。积极主动地宣传黑龙江省优化营商环境情况，提升各类市场主体对黑龙江省的认知度、友好感，激发广东省企业家到黑龙江省投资的信心和热情。

5. 推动国有企业合作。向广东省推介《黑龙江省国有企业推荐合作项目（2019 – 2020 年）》。持续推动广东省交易控股集团与黑龙江省产权交易集团在产权交易、非标金融资产流转等方面合作。推动黑龙江省产权交易集团有限公司与广东省产权交易集团、黑龙江省出版集团与广东省出版集团合作。加快推进广东肇庆星湖生物科技股份有限公司开展的肇东生物发酵产业园一期对口合作项目，力争尽早竣工投产。落实黑龙江省建投、交投、旅投产业投资集团与万科公司签署的战略协议。

6. 推动民营经济交流合作。相互交流两省在发展民营经济方面的经验做法，鼓励黑龙江企业家学习广东企业家的市场意识、竞争意识、经营管理理念，培育优秀企业家精神。支持广东省民营经济参与黑龙江省企业改组改制。持续优化民营经济发展环境，承接广东省民营经济外溢，助力黑龙江加快解决民营经济偏弱问题。

7. 深化对内对外合作。继续利用哈洽会、中俄博览会、新博会、绿博会等展会平台，组织企业参展参会，以促进两省企业间以及与国内外企业间的产业合作、产销对接、招商投资，增强城市活力，提高企业竞争力。分别在广州、深圳和哈尔滨等地，开展两省重点产业合作交流活动，组织广东省企业开展"龙江行"经贸考察活动。深入落实《广东—黑龙江两省推进跨区域口岸服务合作备忘录》，推进跨境运输入境港口、跨境运输轮船等口岸事宜的合作，助推外贸发展。鼓励两省企业联合"走出去"参与俄罗斯远东开发，建设农业跨境合作园区，打造全链条外向型农业产业体系。加强珠海、黑河与俄罗斯阿穆尔州交流合作，共同推进"布拉戈维申斯克—黑河"跨境集群建设。鼓励广东省企业在绥芬河投资跨境电商产业项目。支持格力电器等企业开拓俄罗斯市场。支持黑龙江企业积极参与粤港澳大湾区建设。共同组织中国（广东省、黑龙江省）—俄罗斯远东经贸交流活动。

（三）加强产业合作

8. 加强先进制造业合作。发挥两省在先进制造业中的比较优势，积极引导相关企业参与交流合作，推进两省在产用结合和产业链方面的上下游整合。重点推进哈尔滨城林科技股份有限公司与华润电力珠海天然气分布式能源项目，与深圳东部电厂、深能深圳光明电厂降噪等消声降噪设备配套项目、广州数控集团与齐重数控"重型数控机床系统国产化"研发项目合作。推动中国一重与广州黄埔造船厂、启帆机器人等重点企业合作项目建设。推动佛山哈工大汽车产业焊装先进工艺研发及产业化项目顺利量产。推动哈工大中山机器人项目早日达产见效。

9. 加强新兴产业合作。进一步深化生物制药、石墨加工、燃料乙醇、新一代信息技术等新兴产业合作。推动惠州市远大石化机械有限公司与大庆市石化企业在石化高端检测设备项目方面合作。推动宝安集团万鑫石墨谷扩大生产规模。推动黑龙江省广电网络公司与深圳华为技术有限公司、深圳腾讯云计算（北京）有限责任公司合作项目建设。推进黑龙江省金属新材料产业技术创新战略联盟与粤港澳大湾区金属新材料产业联盟合作。

10. 加强农业和绿色食品产业合作。进一步拓展两省优质特色农产品的销售渠道，夯实两省绿色食品长期产销关系，做大做强龙江优质农产品展销实体店和线上营销网络体系，持续推进"五谷杂粮下江南"在粤展销活动。组织两省农业科研、推广机构开展农作物新品种、新技术的研究、引进、开发和试验示范，加快农业科技成果转化。促进农产品物流配送中转仓建设，实现"北菜南销"和"南菜北运"。推动北安温氏畜牧一体化生猪产业项目、梅里斯区粤旺农业产业化综合项目等一批重点项目建设。推广绥化市望奎县与湛江市遂溪县"北薯南种"成功经验。推动齐齐哈尔纳入粤港澳大湾区"菜篮子"工程。

11. 深化粮食合作。持续加大"黑龙江好粮油"等宣传推介力度，进一步推动"龙粮入粤"。加强异地储备合作，推进落实新增广东省级储备粮（黑龙江）异地储备，探讨研究优化异地储备运作模式。深化粮食上下游产业链合作，鼓励广东省企业建设黑龙江粮油产品加工园区，推动粮油产品精深加工。推动已达成协议的粮食合作项目实施。

12. 深化金融领域合作。支持广东省金融机构参与黑龙江省国企混改、民营企业上市。支持引导广州市与齐齐哈尔市共同开发林业碳汇、佛山市投资企业与双鸭山市设立产业投资基金。积极推进平安银行哈尔滨分行相关筹备工作。推动两省资本与产业融合，促进实体经济发展。加强两省在地方金融风险防控、防范化解重大风险等方面开展合作。

13. 推进交通物流业合作。积极争取国家民航局支持深航参与哈尔滨市国际航线，加快推进设立深航哈尔滨基地。积极拓展两省间的铁路运输班列，探索开发点到点铁路货运列车、大宗货物直达列车等多式联运产品，提升班列运输服务品质，构建快捷货运班列网络。重点推进"哈广铁路班列"前期工作，力争早日开通运营。研究打造"龙粤产业联动班列"，提升两省木材产业链核心竞争力，重点研究绥芬河进口木材运往广东的物流通道。

14. 深化文化和旅游领域合作。坚持互为旅游目的地的理念，推广两省文化和旅游资源产品，鼓励更多的社会资本积极参与，共同开发文化和旅游项目，持续打造"寒来暑往、南来北往"营销品牌，研发并推广具有特色新的旅游产品。继续推广两省间旅游优惠政策。推动哈尔滨交响乐团和深圳交响乐团到对方城市交流演出，继续实行广东省市民游览哈尔滨冰雪大世界可凭二代身份证享受与哈尔滨市民同等优惠政策。做实"广结齐缘"旅游品牌，推动广州与齐齐哈尔两市旅游专列稳定运行，探索开通新的直航航线和加密旅游专列，举办有特色的活动，加大对目的地的宣传和推广力度。加强对两省文化和旅游领域重点项目的宣传推介，建立优秀文化资源共享机制，为行业机构共同开发、合作拍摄搭建平台。

15. 加强医疗卫生和健康产业合作。推动两省在新冠肺炎等传染病的防控机制完善与创新、医疗防控物资生产供应、防控药物生产等方面的互助合作。深化在学科共建、医疗技术、高级人才培养等方面合作交流，推动新技术推广应用。以齐齐哈尔市第一医院挂牌南方医科大学非直属附属医院为示范，鼓励广东省医疗机构赴黑龙江省设立分支机构或开展互利合作。引导广东省制药企业在黑龙江省建立药材种植及加工基地。持续推动中国中药集团在双鸭山的中药种植加工项目发展。依托黑河市及俄罗斯阿穆尔州富集的中药资源，支持广东省医药企业在黑河市开展中药研发和加工。推动《广东省、辽宁省、吉林省、黑龙江省民政厅旅居养老合作协议》落地见效，深入推进旅居养老"1＋1"产业融合发展，吸纳广东省更多城市参与"天鹅颐养经济走廊城市合作机制"，共同致力于两省养老资源共享和养老产业互促共进。积极推进绥化恒大文化旅游康养项目建设，打造松花江都市田园创新示范区。

（四）加强科研合作

16. 深化科技创新合作。加快复制推广广东省孵化器建设和管理先进经验，联合开展孵化器从业人员培训，提升黑龙江省孵化器的管理水平与服务质量。加强两省在科技创新政策方面的经验交流。吸引广东省优秀的创业投资企业和创业投资管理团队参与黑龙江省创业投资发展，加快黑龙江省"双创"式建设。推动双鸭山佛山孵化基地、佳木斯天鸿孵化器与广州大智汇、佳木斯高新技术创业服务中心与广东大唐盛视等双方合作孵化器建设。

17. 深化教育合作。建立两省教育合作长效机制。深化两省在现代学徒制、职教集团等领域合作，探索共同建设职教实习实训基地。深化两省教育领域管理干部、骨干教师、学生间的培训与交流。完善两省结对院校资源共享机制，推进学校间开展多层次多领域的务实合作，继续推进哈尔滨工业大学（深圳）等院校建设和发展，加快释放双方合作潜能。深化两省 9 对对口合作院校教育合作，提升专业建设水平。探索产教融合的有效途径，协同开展国际合作项目。邀请广东省高校校长、名师等赴黑龙江省开展专题讲座。

（五）加强平台载体建设

18. 深化合作园区共建。完成深圳（哈尔滨）产业园科创总部项目一期建设，实现园区综合服务中心运营，完成园区基础设施学校、公园等配套建设，启动园区人才社区建设，推进智慧园区建设，推进一批智慧平台和设施落地。以哈尔滨松北（深圳龙岗）科技创新产业园为示范引领，持续推动佳木斯—中山产业园、七台河—江门江河融和绿色智造产业园、齐齐哈尔—广州现代农业产业园合作共建。支持黑河市与珠海市尽快出台《共建黑河市瑷珲对俄出口加工基地工作方案》，推动项目落地建设。

19. 深化两省自贸区合作。深化交流广东自贸区管理理念，以制度创新为核心，建设高标准高质量自贸区。落实哈尔滨、绥芬河和黑河片区与深圳前海蛇口、广州南沙和珠海横琴片区签署的合作框架协议，加强区域协同合作，深化产业互利合作，联手拓展对外开放水平。

20. 研究推进精准承接广东省产业转移工作。落实两省签订的精准承接产业转移框架协议，稳步推进哈尔滨新区精准承接深圳市产业转移。探索建立产业精准转移长效机制和支撑措施，实现"一南一北"产业精准转移，促进两省共赢发展。

（六）加强督导宣传

21. 加强督促落实。两省领导小组各成员单位、结对城市加强各项合作任务的贯彻落实，强化对重点工作和重点项目的检查督促和跟踪服务，力争对口合作取得新突破、新成效。总结两省对口合作机制成效，做好 2020 年对口合作评估工作。

22. 加强对口合作宣传工作。做好《黑龙江省广东省对口合作工作报告（2019）》出版发行宣传工作，及时总结工作亮点和成效，营造良好舆论氛围。加强对口合作相关政策、重要平台的宣传，吸引更多的社会力量参与，促进形成支持、参与对口合作的良好氛围。

（撰稿人：王希君、冯光其）

第二部分　领域篇

第一章 行政管理体制改革对口合作

中共黑龙江省委机构编制委员会办公室
中共广东省委机构编制委员会办公室

为贯彻落实好党中央、国务院战略决策，根据黑龙江省与广东省对口合作框架协议内容，2019年黑龙江省委编办与广东省委编办按照两省省委、省政府统一部署要求，开展了深入交流和务实合作，取得了明显成效。

一、2019年对口合作工作情况

（一）深化事业单位改革，不断提升社会公益服务质量效益

黑龙江省委编办结合省情实际，加强与广东省委编办沟通交流，深入学习借鉴广东省在深化事业单位改革，特别是推进融媒体平台建设、广电系统事业单位布局结构、退役军人服务保障体系建设等方面的先进经验和做法，有力推动了全省事业单位机构资源整合和机构改革相关工作。一是省直事业单位改革圆满完成。深入贯彻落实省委决策部署要求，发挥省直事改牵头抓总作用，2次向省委深改委汇报工作，先后组织召开1次深化省直事业单位机构改革推进会、2次省事改领导小组会、3次省事改办工作会和2次行业体制改革专题会，大幅压缩机构编制规模，强化公益服务职能，推进优化协同高效落实。省直涉改事业单位精简机构599个（占比52%），精简编制1.99万名（占比30%），精简内部机构1402个（占比28%），精简领导职数4310职（占比30%），全面超额完成省委确定的改革精简目标。中央深改办《改革情况交流》专刊介绍黑龙江省事改经验，中宣部确定黑龙江省为全国唯一报道事改工作的省份，《人民日报》、中央电视台等6家中央主流媒体作了集中采访报道。二是市县事业单位改革持续深化。结合党政机构改革，统筹推进承担行政职能事业单位和党委、政府直属事业单位改革，除行政执法机构外，市县其他事业单位承担的行政职能全部划归机关；市（地）部门所属规格以上承担行政职能事业单位和市（地）党政直属规格以上事业单位分别精简20%。市县精简事业机构4300个，精简比例21%；精简事业编制7.6万名，精简比例17%，超额完成省委规定的事业机构编制双精简10%的目标。三是事业单位登记服务管理水平明显提升。制定出台《规范事业单位登记管理行政处罚裁量标准制度（试行）》和《事业单位登记管理行政执法案例指导

制度（试行）》等制度规范，大幅提升政务服务法制化、规范化、标准化建设水平；深化机关群团赋码"网上办"、法人登记业务事项一次性告知等办事不求人工作，积极推动省直哈外单位服务窗口下移，积极破解基础卫生服务中心、央企在哈医疗机构等法人登记难题，着力改进提升对外服务质量；认真开展"双随机一公开"抽查，严格执行失信被执行人联合惩戒制度，扎实推动事中事后监管落实。

广东省委编办在完成事业单位分类改革试点、承担行政职能事业单位改革试点等工作基础上不断深化事业单位改革。按照省委常委、省委组织部张义珍部长批示精神，在研究起草深化事业单位改革相关的工作意见和配套文件时，积极学习借鉴黑龙江省委编办有关事业单位改革经验做法，推动广东省事业单位改革和管理工作不断取得新突破。一是结合机构改革调整优化事业单位布局。完成全省承担行政职能事业单位改革，全面清理"事业局"，将行政职能回归机关。全省从事生产经营活动事业单位改革进展顺利，已基本完成省属114家涉改单位改革。积极调整公益类事业单位，制定实施《省属公益三类事业单位改革实施方案》《南方报业集团等三家新闻单位的改革方案》；加快推进符合条件的检验检测认证机构转企改制和优化整合，在区分类别基础上加强有关检验检测机构的公益性，修改形成《广东省市场监管局检验检测认证机构整合改革方案（稿）》；整合省、市相关机构编制组建省生态环境监测平台。顺利完成珠海等16个地市170余个处级事业单位设立、更名、撤销等调整工作。其中，汕头深化市属事业单位改革、整合撤并力度1/3以上的做法，受到马兴瑞省长等省政府领导的充分肯定。二是积极创新公益类事业单位管理体制。为加强高校、公立医院党的全面领导，研究制定优化省属高校、医院领导职数的配备意见，重点加强专职党委副书记、纪委书记职数配备。积极研究推进省属事业单位员额制管理，会同省财政厅、省人力资源和社会保障厅等单位成立工作专班，深入调研，反复论证，数易其稿，研究起草的《广东省省属事业单位员额制管理暂行办法》已经省委编委会议审议通过即将印发实施。按照优化协同高效原则和严控事业机构编制要求，为理顺部分事业单位为多个部门提供服务的运行机制，研究提出省属事业单位建立和实行"一对多"管理方式和工作机制的意见。三是持续优化事业单位登记管理工作。做好涉改事业单位法人登记和机关群团统一社会信用代码工作，理顺垂直管理、双重管理等系统所属事业单位登记管理权限。积极服务创新驱动发展战略，为12家粤港澳大湾区新型研发机构办理事业单位法人设立登记。加快事业单位登记管理标准化建设，将事业单位法人设立、变更、注销登记三个事项全部设置为即办件，实现1个工作日内办结、网上办事深度Ⅳ级、办事跑动次数0次。举办省属事业单位新任法定代表人培训班，优化"双随机一公开"工作抽查方式，加强事业单位日常监管。

（二）探索优化基层治理体制，巩固完善党的基层政权和执政基础

黑龙江省委编办与广东省委编办针对基层治理体制机制建设问题，围绕进一步强化党建引领，创新社会治理体系，完善工作协调机制等方面内容，积极加强沟通交流合作，着力打通服务群众的"最后一公里"。2019年11月，广东省委编办邀请黑龙江省委编办出席其承办的中国行政管理学会"深化放管服改革优化营商环境"研讨会，聚焦政府治理与"放管服"改革、优化政府职责体系与简政放权等专题进行深入探讨，进一步深化了

两办的交流合作。一是大力推进经济发达镇试点改革，积极服务新型城镇化发展。黑龙江省委编办主动完善工作协调机制，调整优化了省深入推进经济发达镇行政管理体制改革工作联席会议制度；加强工作调研，协调省财政厅和省司法厅，研究出台经济发达镇财政管理体制和综合行政执法方面的政策措施；深化总结交流，2019年11月在佳木斯桦南县召开全省推进经济发达镇行政管理体制改革暨乡镇机构设置工作会议，总结了前期工作，对下步工作进行了安排部署。广东省委编办组织召开全省经济发达镇行政管理体制改革推进会，解读政策文件，动员部署全省试点工作。立足经济发达镇改革实际，以省政府规章形式印发实施《广东省人民政府赋予经济发达镇行政管理体制改革试点镇行政职权通用事项目录》，积极赋予经济发达镇与人口和经济规模相适应的经济社会管理权，进一步激发经济发达镇发展的内生动力，有效发挥了其对周边的辐射带动作用。二是扎实推进镇街体制改革，为完善基层治理体系提供体制机制保障。黑龙江省委编办落实中央和省委统一部署要求，着眼构建简约高效的基层管理体制，积极谋划、务实推进整合基层审批服务执法力量工作，研究出台《中共黑龙江省委办公厅　黑龙江省人民政府办公厅关于做好推进基层整合审批服务执法力量工作的通知》（黑办发〔2019〕33号）和《黑龙江省乡镇和街道机构设置指导意见》（黑编〔2019〕128号），专题召开全省乡镇机构设置座谈会推进落实并取得阶段性成果。广东省委编办在前期广泛调研的基础上，2019年对153个镇街开展走访调研，安排专人在10个有代表性的镇街开展为期一周的蹲点调研。通过查阅统计资料、座谈交流等方式对全省1601个镇街社会经济状况进行摸底调查，衔接省统计局、司法厅、市场监管局、民政厅等部门进行数据分析测算。在此基础上，反复研究中央政策，结合广东实际，积极吸纳云浮市推行党建引领镇（街）"六个一"改革的做法，从多举措多途径提高基层治理效能出发，研究出台《关于深化乡镇街道体制改革完善基层治理体系的意见》，通过举办全省专题培训会进行了动员部署。

（三）创新特殊经济功能区管理，为推动高质量发展提供新的动能

黑龙江省委编办积极学习借鉴广东自贸区片区管理先进经验，为黑龙江自贸区片区建设提供体制机制保障。2019年9月，由省委编办主要领导带队，与省商务厅及哈尔滨市、黑河市、绥芬河市相关部门负责人组成联合调研组，赴广东省就自贸区片区管理体制事宜进行调研。调研组实地到自贸区广州南沙新区片区、珠海横琴新区片区、深圳前海蛇口片区调研。广东省三个片区的管理体制对黑龙江片区管理体制的确立有很大的借鉴意义。特别是广州、深圳实行的"法定机构"管理模式，给予黑龙江省极大启发。目前，黑龙江自贸区哈尔滨片区管理机构实行"法定机构"管理模式已写入《黑龙江省哈尔滨新区条例》并已进行实践。同时，黑河市、绥芬河市也在积极探索，通过创新体制机制，培育壮大了发展新动能，有力推动了当地经济高质量发展。

广东省委编办积极与黑龙江省委编办相互交流探索创新特殊经济功能区管理体制机制，着力为粤港澳大湾区、先行示范区建设提供支撑服务。结合此次机构改革，广东省、珠三角9市及河源、汕尾、清远、云浮市委构建了统筹推进（融入）大湾区建设的领导体制机制，明确了机构设置，配备了编制资源，充实了大湾区建设工作力量。对涉及"双区"建设的机构编制事项实行第一时间办理，及时明确牵头处室，集中骨干力量，研究找准支持"双区"建设的领域及举措。结合推动落实深汕特别合作区体制机制调整，

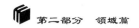

及时完成合作区法院、检察院、公安局新增编制工作。支持深圳在公立医院、高校等单位探索员额制，创新事业单位编制管理，积极为深中通道办理事业单位法人登记。

二、2020 年对口合作计划

2020 年，黑龙江省委编办与广东省委编办将根据两省省委编办对口合作框架协议，进一步加强沟通交流，推动对口合作各项工作不断迈上新台阶。一是强化完善对口合作协调工作机制，找准合作重点方向和内容，不断提升对口合作质量效益。二是继续加强在深化行政管理体制改革和事业单位改革方面的交流合作，推动相关重大课题联合攻关。三是充分依托两省相关师资力量和培训资源，在机构编制干部教育培训等方面加强合作，共同推动提升干部业务能力素质。

（撰稿人：田正华、郭亮）

第二章　国有企业改革对口合作

黑龙江省人民政府国有资产监督管理委员会
广东省人民政府国有资产监督管理委员会

近年来，黑龙江省与广东省国资委及省属国有企业秉持平等互利、合作共赢的精神，立足两省经济实际，按照两省对口合作总体战略部署，积极创新合作机制，加快推动相关项目落地。两省国资国企保持了良好的合作关系，互惠互利合作共赢的战略合作新局面初步形成。

一、对口合作工作情况

（一）签署战略合作协议

2019 年 5 月，广东省广物控股集团有限公司属下巨正源股份公司与中油黑龙江农垦石油有限公司签署战略合作协议，将建立长期、全面、深入的战略合作关系，充分发挥各自优势，在企业党建、经营管理、市场营销、企业文化等方面建立常态化的沟通与交流，开展业务合作、人才培养与交流等，积极实现共同发展。

2019 年 9 月，黑龙江省建设投资集团权属企业黑龙江省建工集团赴广东省肇庆市同香港侨兴集团（民企）签订《战略合作协议》，双方将围绕国内新型城镇化建设发展的核心需求，在基础设施项目建设施工、地产开发等方面开展全方位深度合作。2019 年 12 月，在沈莹副省长等省政府领导见证下，黑龙江省建设投资集团、交通投资集团、旅游投资集团与万科集团权属企业哈尔滨万科企业有限公司共同签署了《战略合作协议》，各方将构建紧密的合作关系，最大限度地发挥战略协同效应，在产城融合、大数据创新等方面共谋合作契机。

（二）积极开展合作对接

截至 2019 年底，黑龙江省建设投资集团在广东省工程项目实现新签合同额约 2.75 亿元，累计完成产值约 16.1 亿元。其中，房屋建筑工程累计完成产值约 12.2 亿元，建设总规模达 110 万平方米，包括中山市"六坊商业广场（一期）"、惠州市"润发广场二期"两个大型商业综合体项目；中山市"绿茵豪庭二期"、惠州市"天骄公馆"、惠州市"海德尚园"等大型住宅项目。道路桥梁工程实现新签合同额约 1.65 亿元，累计完成产值约 3.3 亿元。建设完成怀集至阳江港高速公路怀集至郁南段一期工程、广明高速公路陈村至西樵段二期工程路面工程，中标并签订空港新城启动区综合管廊及道路一体化工程路面结构工程项目、广佛肇高速公路广州石井至肇庆大旺段（广州段）交安工程项目。建筑安装工程实现新签合同额约 1.1 亿元，累计完成产值约 0.6 亿元，建设完成深圳市燃气集团股份有限公司与广州燃气集团有限公司的多个燃气管道和供热管道工程项目。

黑龙江省农业投资集团受黑龙江省政府及省农业农村厅委托，承担广东省东西部扶贫协作产品交易市场黑龙江馆的管理和运营工作，展馆于 2019 年 9 月 28 日正式营业。展馆位于广州市荔湾区花卉博览园馆区，面积 1025 平方米，黑龙江省省直单位及 13 个地市农业农村局组织相关企业共计 82 家企业进驻，其中，自主经营企业 35 家。黑龙江馆主要经营黑龙江省绿色食品，包括大米、食用油、面粉、玉米、山特产品、林下产品等，单品达 500 余种。开馆以来，产品获得了来自大湾区各级政府部门、消费者、生产商、供应商的认可和支持，并与哈尔滨大米节、绿博会形成推广联动，较好地树立了黑龙江绿色食品的品牌形象。

黑龙江省旅游投资集团（以下简称旅投集团）与华侨城资本集团在搭建省级文旅产业基金方面展开合作，计划由旅投集团牵头发起设立黑龙江省文化旅游产业投资基金。2019 年 11 月，华侨城旅投及华侨城资本与旅投集团一行赴哈尔滨、五大连池、牡丹江等地进行项目考察。双方目前正就基金搭建方案开展对接洽谈。

为落实 2018 年黑龙江航运集团（以下简称"龙航集团"）与广东省航运集团（以下简称"广航集团"）签署的《战略合作框架协议》，开展股权合作，2019 年 1~2 月，广航集团聘请专业机构对龙航集团开展了尽职调查。2019 年 3 月，龙航集团主要领导带队赴广航集团，对尽职调查机构和广航集团提出的问题进行了现场交流和解答。期间，龙航集团与广航集团一直保持着良好的沟通，广航集团也多次召开会议研究双方合作事宜。6 月 6 日，广航集团形成尽职调查意见，建议相关问题理顺后再进行合作。

广东省广新控股集团控股上市公司广东肇庆星湖生物科技股份有限公司在黑龙江省开展的肇东生物发酵产业园一期建设项目，利用肇东公司现有土地、动力、环保、生产线，通过技改、新建和生产装备的升级，形成年产万吨核苷及核苷酸类产品生产线。项目建设周期为 12 个月，投资不超过 6.78 亿元，预计 2020 年 7 月底前竣工投产。目前项目的厂房及设备基础已完工，各种大型设备陆续开始吊装，已完成主体厂房土建工程的 80%，即将进入封顶围蔽。

广东省交易控股集团积极与黑龙江省要素资本市场开展对口合作，已取得阶段性的成果。2019 年 1 月 11 日，广东省交易控股集团和黑龙江省产权交易集团在哈尔滨联合举办"龙粤＋产权交易机构间创新发展交流会"，邀请全国多家产权交易机构参加，共商区域产权市场合作发展大计，加快推进产权交易机构间全面战略合作和业务交流互鉴，更好地发挥产权市场服务国资国企改革的作用。2019 年 3 月，广东省交易控股集团的交 e 汇系统与黑龙江联交所项目发布实现实时对接，黑龙江产权交易所的项目通过交 e 汇可以在粤港澳大湾区寻找更加合适的投资人，对接的项目包括：产权转让类、企业增资类及资产转让类项目。截至目前，已实现累计挂牌金额超过 16 亿元。

（三）开展人才交流

黑龙江省产权交易集团（以下简称"交易集团"）与广东省产权交易市场拟采取"人才＋项目"合作模式，开展项目联合，推动高层次人才的交流与培养，共同培养一批高级产权交易人才、金融人才、管理人才。目前，交易集团已安排两批次 6 名人员到广东省产权交易市场学习。

二、下一步工作

两省国资委将按照黑龙江省与广东省对口合作总体部署，紧紧围绕《黑龙江省人民政府国有资产监督管理委员会　广东省人民政府国有资产监督管理委员会战略合作框架协议》的相关内容，不断完善对口合作协调机制，深挖双方合作潜力，积极引导更多广东省属企业通过多种方式参与黑龙江省国有企业的改革发展，继续深化双方在航运物流、产权交易市场建设、旅游养老、绿色农业等项目上的合作。

（撰稿人：于潜、盛波）

第三章　民营经济发展对口合作

黑龙江省工商业联合会　广东省工商业联合会

一、对口合作总体情况

（一）全面贯彻落实中央和两省省委省政府决策部署，切实抓好工作落实

2018年11月1日民营企业座谈会上，习近平总书记的重要讲话，发出了新时代毫不动摇鼓励、支持、引导非公有制经济继续发展壮大的最强音，表明党中央鼓励、支持、引导非公有制经济发展的坚定决心和鲜明态度，充分体现了习近平总书记对民营经济、民营企业发展的高度重视、亲切关怀和殷切希望，为破解龙江民营经济偏弱的瓶颈制约，指明了"两个健康"的前进方向。广东省地处改革开放前沿，良好的营商环境释放了民营企业的发展活力，民营经济实力强劲。黑龙江省作为老工业基地，退出计划经济体制相对较晚，民营经济偏弱，但资源丰富，市场潜力大。黑龙江和广东两省优势互补潜力巨大，按照党中央对两省对口合作的决策部署，2019年以来，面对新形势新任务，两省工商联围绕《黑龙江省与广东省对口合作2019年重点工作计划》，加深对做好此项工作的重要性和紧迫感的认识，从讲政治的高度把对口合作交流工作列入重要工作议事日程上来，主动对标对表，划重点，理思路，找差异，明职责，切实把对口合作实施方案确定的重点任务落到实处。通过跨区域合作与交流，进一步拓展合作空间，创新合作方式，夯实合作基础，促进要素合理流动、资源共享、园区共建，推动民营经济健康发展。

（二）以加强干部队伍建设为基础、以经贸交流为抓手，积极探索共赢发展新路

黑龙江省工商联连续两年组织召开全省工商联系统经济工作培训班，就两省对口合作工作，进行专门研究，进一步提高认识，凝聚共识，明确举措，总结工作，谋划提出下一步工作目标，合力推动工作落实落靠，培训范围覆盖到全省13个市（地）、30余个县（区）的分管经济工作领导和业务部门负责同志。在两省工商联的积极组织和推动下，系统上下贯通、互通情况，各级工商联、商（协）会由主要领导带队与相关结对子地区的单位和企业进行了频繁的互访交流。2019年以来，两地各级工商联、商（协）会、民营企业举办了17余场次的交流活动，既有走出去，也有请进来。广州、佛山、茂名、江门、

揭阳等市工商联分别组织企业家考察团赴齐齐哈尔、双鸭山、伊春、七台河、大兴安岭开展经贸考察活动。哈尔滨、齐齐哈尔、牡丹江、佳木斯、大庆、鸡西、鹤岗、孙吴、北安等地工商联分别组织企业家考察团到深圳、广州、东莞、中山、惠州、肇庆、汕头、珠海等地开展经贸考察。广东省白云泵业、广东大唐盛视科技产业有限公司、中山市国信通科技讯息产业有限公司、广东千色花化工有限公司等多家企业与黑龙江泰来县云桥米业有限责任公司、佳木斯佳中孵化器有限公司、国信通科技讯息产业股份有限公司、哈尔滨工程大学达成合作意向，其中广东海纳农业有限公司与黑龙江大庆市杜尔伯特蒙古族自治县人民政府在两省主要领导见证下签订了合作框架协议。逐步形成省市县（区）工商联牵头，商（协）会、企业发力，共同助力对口合作工作向纵深推进。

（三）积极搭建对口合作新平台，不断扩大对口合作新空间

2019年5月，以黑龙江省科技装备业商会成立为契机，黑龙江省工商联与深圳市工商联深入对接，特邀广东省工商联副主席、深圳市工商联主席、全联科技装备业商会会长、研祥高科控股集团董事局主席陈志列，智标科技有限公司董事长陈华，深圳市警威警用装备有限公司董事长张丽等广东省民营企业家代表以及全联科技装备业商会近30名企业家，出席与省委融办联合主办的"2019黑龙江两用技术装备展"等系列对接活动。活动中，全联科技装备业商会、省委融办和省工商联三家共同签署了战略合作协议，陈志列表示拟在三年内组织相关企业完成投资100亿元，建设科技装备业产业园区，并择机与哈工大、哈工程等高校和相关科研院所开展科技成果转化对接。

（四）开展互学互促活动，推动两省"五好"工商联建设

对照全国工商联"五好"县级工商联确认标准和省级工商联制定的"五好"县级工商联建设量化标准和评价考核细则，两省工商联共同实地调研推荐确认全国"五好"对象，学习探索创新的经验做法，结合"五好"县级工商联建设，落实"学一防一推送一"工作部署。9月16～23日，黑龙江、广东两省工商联互学互促工作组分别由分管领导带队，双方共同听取汇报并作交流。在广东省先后考察了广州市天河区、广州市番禺区、深圳市宝安区、深圳市龙华区4个县级工商联及有关商会，在黑龙江省先后考察了黑龙江省广东商会和哈尔滨市道里区、哈尔滨市南岗区、绥化肇东市、大庆市林甸县4个县级工商联，期间走访了中央大街商会、爱建商会、秋林商圈商会、荣市街道商会、大庆市五金商会、林甸农产品商会、绥化青年企业家商会和女企业家商会等商会组织。通过互学互促调研活动，将两省工商联和商会密切联系起来，增进两地合作与发展。选树一批"五好"县级工商联商会组织，吸收推广优秀经验做法，进一步推动工商联事业全面发展。

（五）加大招商引资力度，促进经济发展

2019年，两省工商联主动作为，密切配合，发挥联系广泛优势，加大招商引资力度，积极推进项目落地。一方面，针对"全国知名民企助推龙江发展"活动中广东企业投资的重点项目动态和进展情况，黑龙江省工商联制定了"五联五知一明"工作法，积极促成项目落地。同时，广东省工商联积极协助做好广东企业在黑龙江投资项目的跟踪服务。据统计，活动中全国共17家民营企业在黑龙江已投资和有投资意向的项目43个，计划总投资 717.98 亿元。其中，广东知名企业已建设项目 2 个，计划投资总额 70 亿元。分别为：明阳新能源投资控股集团洁源公司拟在哈尔滨、大庆、七台河建设风电场项目，计划总投资 60 亿元，目前已投资 20 亿元，与大庆中丹风力发电有限公司合作建成 20 万千瓦风电项目，年利税 3000 万元，合作期 20 年；广东温氏食品股份有限公司北安生猪养殖项目，计划投资 10 亿元，现赵光养殖场主体完成，设备安装完成，已经全面投产，在栏数 6400 头，全市建成家庭农场 33 个，在栏数 12000 头。另一方面，加快推进一批重点合作产业项目落地。为贯彻落实 2019 年初张庆伟书记和全国工商联徐乐江书记在"全国知名民营企业助力黑龙江全面振兴全方位振兴暨合作交流恳谈会"上的指示精神，黑龙江省工商联联合省商务厅积极落实亚布力论坛企业家赴六市深入开展的产业对接活动，由亚布力中国企业家论坛轮值主席、河南建业集团董事长胡葆森，亚布力中国企业家论坛主席、元明资本创始合伙人田源，亚布力中国企业家论坛理事长、泰康保险集团股份有限公司董事长兼 CEO 陈东升分别带队，由深圳盈田产业发展有限公司等广东企业参与的三批 50 余家企业，到大庆、齐齐哈尔、佳木斯、伊春、牡丹江、哈尔滨开展重点产业对接。伊春市政府与亚布力论坛签署了《合作意向协议》，旨在双方加强沟通，携手吸引优秀企业家投资，推动各个项目在伊春市落地。

（六）强化人才培育，助力民营企业健康发展

黑龙江省工商联在深圳市举办"科技创新型民营企业转型升级专题培训班"，85 名科技型成长企业和部分工商联干部参加培训。广州市工商联在延安大学泽东干部学院举办第四期广州市工商联新任执常委培训班，培训班邀请齐齐哈尔部分企业家参加，共 40 余人齐赴延安共同学习生活，锤炼党性的同时探讨两地民营企业发展经验。珠海工商联对黑河的企业进行 IYB（改善你的企业）培训，专门帮助小微企业发展而设置课程，提升培训小微企业能力。汕头市工商联、鹤岗市工商联、哈尔滨潮汕商会在哈尔滨市召开研讨会，就汕头、鹤岗、哈尔滨三地营商环境、招商引资政策等进行研究探讨。为提升工商联服务民营企业能力，黑龙江省工商联先后选派分管广东对口合作和对外联络交流的副主席赴广东省委党校培训学习，力求用新理念、新思路、新办法推动工作落实。通过两省工商联、商（协）会、民营企业多种形式的交流学习，有力地推动了发展理念共享。

二、主要亮点工作及收获

（一）通过 2019 黑龙江两用技术装备展等系列对接活动，加强广东相关企业与黑龙江省两用技术产业对接

黑龙江省工商联与省委融办密切配合，成功举办"2019 黑龙江两用技术装备展"等系列对接活动，得到了全国工商联常委、全联科技装备业商会会长、广东省工商联副主席、深圳市工商联主席、研祥高科技控股集团有限公司董事局主席陈志列为会长的全联科技装备业商会的全力支持。全国工商联黄荣副主席、中央融办、国家国防科工局、中央军

委装备发展部、中央军委科技委等领导同志出席活动，中国核工业集团有限公司、中国兵器工业集团等 10 家军工央企集团和全联科技装备业商会、两省工商联科技装备业商会企业家 150 余人参加活动。2019 年 5 月，黑龙江省工商联与省委融办举办黑龙江两用技术装备展，共有 31 家军民融合企业设立 105 个展位布展，集中展示了黑龙江军民融合产业发展成果。全联科技装备业商会今后将在广东省工商联副主席、深圳市工商联主席、研祥高科技控股集团有限公司董事局主席陈志列的组织和协调下，从成果转化、产业发展、项目建设等方面继续大力支持黑龙江省商会建设和两用技术产业发展。

在"2019 黑龙江两用技术装备展"等系列对接活动中，两省工商联以两用技术为牵引，充分发挥军转民成果溢出和转化优势，吸引了广东省研祥集团带领商会内的相关企业，拟到黑龙江投资建设产业园区，开展技术和产业对接，实现共赢。此次活动，形成了全联科技装备业商会、省工商联和省委融办相互配合、相互支持的长效工作机制；加强了民营两用技术在商会与商会之间、商会与企业之间的发展，创造了交流合作的平台；加深了两省企业的相互了解，更好地整合资源，发挥哈尔滨深圳产业园区等平台作用，做实民参军、军转民领域产业联系合作，必将对两省两用技术发展起到良好的推动作用。

（二）在深圳市举办"科技创新型民营企业转型升级专题培训班"

黑龙江省工商联在深圳市举办的"科技创新型民营企业转型升级专题培训班"，经组织部报请省委主要领导批示，首次纳入全省本级干部教育培训重点班次计划，是深化黑龙江与广东、哈尔滨与深圳对口合作，解放思想，更新观念，促进企业转型升级的重要举措，也是省工商联 2019 年在省外举办的唯一一期企业家培训。黑龙江省工商联主要领导为培训班进行开班动员，分管领导全程参与。广东省工商联、深圳市工商联从开班前的课程设置、现场观摩教学等方面提供了重要参考意见。培训班上，深圳市工商联副主席专门介绍了深圳市及深圳市工商联服务民营企业的相关政策措施、经验做法和深圳市民营经济发展概况。学员通过学习深圳改革发展理念、先进经验，提升黑龙江民营企业家综合素质，助力企业创新发展，培养优秀经营管理人才。培训期间，还举办了黑龙江与广东商会交流会，为两地企业合作搭建了对接平台。广东省企业经营管理协会、深圳牡丹江商会、青年商会、高新技术产业转移发展促进会等 9 家商会、企业负责同志，黑龙江省 11 家商会、65 家企业负责同志和工商联干部共 90 余人参加活动。活动中，黑龙江省部分市（地）商（协）会、企业与广东省部分商会达成产业对接意向和建立合作关系，协议约定开展定期或不定期相互走访、学习考察、项目对接活动，整合两地资源，实现合作共赢。

三、2020 年工作计划

（一）推动民营经济交流合作

继续推动各级工商联和商（协）会间的交流合作，分享两省在发展民营经济方面的经验做法，组织企业开展多层次、宽范围、广领域的交流合作及项目对接。鼓励黑龙江企

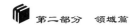

业家学习广东企业家的市场意识、竞争意识、经营管理理念，培育优秀企业家精神，组织开展学习培训交流活动。持续优化民营经济发展环境，助力黑龙江加快解决民营经济偏弱问题。

（二）创新开展"千企联帮带"活动，深化两省务实合作

借助与广东对口合作的优势，以开展"千企联帮带"活动为契机，通过内联黑龙江省内民营企业，上联全国工商联各商会和知名企业，南联广东对口合作，外联亚布力论坛企业及境外省外商（协）会，形成常态化沟通协作机制，以招商引资、产业配套、管理创新、技术协作、市场拓展、品牌塑造、文化共享等为内容，加强两省商会企业间的资源信息共享，推动产业协同创新，搭建平台、多点支撑，确定结对企业，开展联帮带活动。力争用三年左右的时间，带动千户以上民营企业健康成长，推动民营企业提质增效、扩量升级，助推民营经济高质量发展。

（三）不断巩固和扩大招商引资成效，推动项目落地落实

继续做好"全国知名民企助推龙江发展重点项目"的服务推进工作。积极推进研祥高科技控股集团等广东相关企业与哈工大、哈工程等高校和相关科研院所开展科技成果转化对接活动，充分发挥广东民营企业对黑龙江省民营企业的带动作用。引导黑龙江省广东商会利用自身独特优势，发挥商会桥梁纽带作用，服务两地政府和民营企业，拟共同组织两省民营企业互访交流、考察，赴两省合作发展。

（四）加强两省和俄罗斯远东地区商（协）会合作，引导企业参与黑龙江省自贸区建设

随着黑龙江加入自由贸易试验区新方阵，黑龙江省将着力打造对俄罗斯及东北亚区域合作的中心枢纽，黑龙江、广东与俄罗斯远东地区拟建立省州长合作机制，三方经贸合作发展的舞台将更为广阔。充分利用中俄工商团体的桥梁纽带优势，邀请包括广东省在内的民营企业参加2020年俄罗斯叶卡捷琳堡市举办的中俄博览会期间相关活动，为两省民营企业提供对接机遇，围绕中国（黑龙江）自贸区产业发展开展合作交流对接，力促达成更多实质性合作。

（撰稿人：王旭、黄平）

第四章　对内对外开放合作

黑龙江省商务厅　广东省商务厅

2019 年，两省商务部门以习近平新时代中国特色社会主义思想为指导，根据《广东省发展改革委关于印发黑龙江省与广东省对口合作实施方案及任务分工安排表的通知》（粤发改对口〔2018〕218 号）和《关于印发〈黑龙江省与广东省对口合作 2019 年重点工作计划〉的通知》（黑发改对外合作〔2019〕292 号）要求，高位推动对内对外开放对口合作，充分发挥经贸平台作用，与"一带一路"沿线国家充分开展经贸合作，助力两省经贸交流发展。

一、对外经贸合作

（一）携手开拓国际市场，持续深化外贸合作

两省开展对口合作以来，广东省借助黑龙江省这个我国最大的对俄合作平台，积极拓展对俄贸易。2019 年，广东省对俄罗斯进出口 686.4 亿元，同比增长 12.4%。黑龙江省积极对接广东省国际市场，2019 年全省外资进出口 1865.9 亿元，同比增长 6.7%，其中对俄罗斯进出口 1270.7 亿元，同比增长 4%。广东省借助黑龙江省合作平台推动灯具、照明装备、汽车电子、轻纺等优势产品出口俄罗斯市场，不断扩大广东省机电、电子信息产品对俄出口规模和水平。黑龙江省利用广东省国际市场，拉动机电产品、农产品、纺织、服装等产品出口。

（二）合作发展跨境产业，推动外向型产业加快发展

2019 年 11 月 29 日至 12 月 2 日，广东省张虎副省长率珠海市、广东省发展改革委、广东省商务厅和广东自贸试验区各片区有关负责同志，以及 15 家企业代表共同组成广东政府代表团赴黑龙江开展经贸交流合作活动。通过考察活动以及交流座谈，东莞众家联供应链服务有限公司、广东铧为现代物流股份公司决定共同投资东莞（绥芬河）产业合作园，为园区企业提供供应链金融服务，与"粤满俄"国际货运班列加强跨境物流运输合作等意向。深圳畅达永越电子商务公司计划在哈尔滨自贸片区投资设立集保税供应链仓储、跨境电商物流、销售、金融等全链条企业。鑫明光集团与深圳（哈尔滨）产业合作

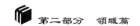

园就俄罗斯科技成果转化项目达成初步合作意向。东莞长宏木业有限公司与俄罗斯北欧林业公司达成了合资共建木切皮产业园项目的协议，项目预计总投资 16 亿元，规划建成完整的木切皮配套功能体系，打造亚洲最大的刨、旋切加工产业园区。

二、内贸流通合作

（一）强化两省高层经贸交流，谋划合作发展

2019 年 6 月 15 日，黑龙江省委书记张庆伟与广东省省长马兴瑞一行在哈尔滨举行会谈，粤黑两省政府召开黑龙江·广东对口合作及经贸交流座谈会并举行项目签约仪式。

2019 年 11 月 29 日至 12 月 2 日，广东省张虎副省长率广东政府代表团赴黑龙江开展经贸交流合作活动。黑龙江省委副书记、省长王文涛在哈尔滨会见了代表团一行。两省领导均表示黑龙江省和广东省要进一步加强优势互补，尤其是自贸试验区合作对接，把彼此间的合作与交流推向一个新的阶段。在黑龙江期间，代表团一行考察了哈尔滨新区规划馆、黑龙江大桥口岸联建设施、黑河边境经济合作区保税物流园（B 型）、黑河旅检口岸、俄品多中俄跨境电商平台和俄罗斯油画艺术交流中心。黑龙江省副省长李海涛陪同考察。

2019 年 1 月 30 日，黑龙江省贸促会会长、中俄博览会组委会中方副秘书长王英春一行前来广东省商务厅调研座谈，就邀请广东省作为第六届中俄博览会主宾省一事进行交流，广东省商务厅任少副厅长参加座谈。2019 年 3 月 18 日，黑龙江省商务厅孟林副厅长来广东省商务厅调研，研究黑龙江省组团参加"加博会"和广东省组团参加"中俄博览会"有关事宜，广东省商务厅郑建荣厅长和陈广俊副主任参加座谈。

（二）加强两省商务重点领域经贸交流与合作

2019 年 6 月 15 日，粤黑两省政府召开黑龙江·广东对口合作及经贸交流座谈会并举行项目签约仪式。广州、齐齐哈尔等 13 对结对城市主要领导及两省组织部门等省有关部门领导、两省企业家代表参会。会上双方签约了一批产业项目，涵盖农业、医疗、产业园区等领域，涉及金额超过 100 亿元。在黑龙江期间，广东省省长马兴瑞与深圳市国有企业代表团进行座谈，并赴齐齐哈尔考察齐重数控、广州—齐齐哈尔对口合作绿色产业园等重点对口合作项目。广东省副省长张虎考察了深圳（哈尔滨）产业园和万鑫石墨谷（烯）新材料产业园等合作项目。广东经贸代表团企业赴黑龙江有关地市开展经贸对接，各地市政府分团与黑龙江省对口合作地市开展了形式多样的对口合作及交流活动。在本届"中俄博览会"上，广东省搭建了 700 平方米广东主题展馆，重点展示两省对口合作成果、广东省龙头企业和先进制造名优产品。博览会巡馆期间，王岐山副主席专程参观广东馆，央视新闻联播进行了报道，展示了两省对口合作成果和广东对外开放的良好形象。

2019 年 9 月 23 ~ 26 日，广东省商务厅由厅党组成员、自贸办副主任陈广俊带队，组织了由有关商协会、园区和企业共 30 余人参加的广东经贸代表团，前往黑龙江省牡丹江

和哈尔滨开展经贸对接活动。组织企业范围涵盖医疗器械、电子信息、节能环保、五金电器等领域。代表团就如何加强两省产业、经贸合作，推动两地全方位优势互补、合作共赢等主题与当地政府开展了形式多样的对接和交流活动，并组织召开了"粤黑两省对接会暨牡丹江推介会"，达成了一些合作意向。

（三）联合主办 2019 年"家 520"暨粤黑建材家居消费促进活动

2019 年 5 月 20 日，由广东省商务厅、黑龙江省商务厅共同主办的大型惠民消费活动——"2019 广东—黑龙江'家 520'购物节活动"在哈尔滨正式启动，黑龙江省商务厅赵文华巡视员和广东省商务厅陈虎副巡视员出席启动仪式并致辞。2019 年，广东省商务厅首次以"家 520"购物节促消费活动平台与黑龙江省商务厅合作，以"家·生活"为元素，组织更多更丰富的商品参与促销活动，体现家的温馨、家的情怀。活动实行统一部署、统一行动、统一标识，发挥各自的消费优势，探索两省对口消费合作新模式。

在启动仪式上，黑龙江省商务部门组织的相关行业商协会和相关企业积极与广东行业商协会和企业对接，并签署购销合同，充分发挥了广东省与黑龙江省对口合作的政策优势，加强产需衔接，释放消费潜力，进一步加深了双方在商贸流通领域的合作发展。

广东省与黑龙江省 8 个对口合作地市同步开启为期一个月的消费促进活动，通过品牌促销、产销对接、线上销售等活动帮助企业销售或采购两地商品，共同开展省际消费促进活动。

三、重要经贸平台合作

（一）发挥展会平台作用

2019 年 4 月 19 日，由黑龙江省商务厅、广东省商务厅共同主办的"第六届中俄博览会推介会暨黑龙江境外经贸合作园区招商推介会"在东莞隆重召开，广东省商务厅积极协调约 40 家企业参加该推介会，广东省商务厅副厅长陈越华出席并致辞。2019 年 8 月 23 日至 26 日，广东省商务厅协助黑龙江省齐齐哈尔市商务局组织企业参加 2019 广东 21 世纪海上丝绸之路国际博览会暨第 27 届广州博览会。本次共组织 32 家企业、近百种产品参展，参展企业数量和参展产品数量均同比增长 10% 以上，会议期间零售额约 200 万元，其中美容产品尤为受关注。

（二）加强自贸区交流合作

2019 年 11 月 30 日，两省在哈尔滨市举行了"广东—黑龙江自贸试验区交流合作座谈会"。哈尔滨市委书记王兆力出席座谈会。会上，两省领导充分肯定对口合作取得的成效，希望进一步谋划双方未来合作，积极探索创新合作模式，努力把自贸试验区对接合作做实、做好。两省商务主管部门还介绍了两地自贸试验区建设最新进展情况，深圳前海蛇口、广州南沙新区、珠海横琴新区自贸片区也分别与哈尔滨、绥芬河、黑河三个片区签署

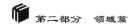

了合作框架协议。根据框架协议，三对片区将围绕制度创新、区域协同合作、政务服务、产业发展、金融创新、贸易便利化、人才引进与交流、推进对外开放水平等方面深化合作，进行联动、互补、协同试验，形成更多可复制、可推广的改革创新经验。

（三）加强开发区合作

2019 年 6 月 16 日，广东省商务厅和黑龙江省商务厅共同组织前来参加第六届中俄博览会的广东省制造业企业及异地黑龙江商会企业近 140 人赴哈尔滨经济技术开发区，参观考察了哈尔滨机器人产业园、国裕集团、哈啤博物馆，参加了哈尔滨经开区推介交流会。会上，经开区党工委书记刘兴阁、广东省商务厅自贸办副主任陈广俊致辞，经开区主任宋博岩作了推介，哈经开区相关部门、招商人员与广东企业进行了深入交流，广东省企业代表和异地黑龙江商会代表分别作了合作意愿说明。

四、与"一带一路"沿线国家开展经贸合作

（一）积极参与对俄经贸展会

2019 年 6 月 14～16 日，广东省组织了 30 多家省龙头企业（其中包括世界 500 强企业），以及来自 13 个地市、省内重点行业商协会等 190 家企业组成的经贸代表团参加第六届中国—俄罗斯博览会暨第 30 届哈尔滨国际经济贸易洽谈会，发挥广东省在科技、资本、市场等方面的优势，促进两省对俄经贸交流合作。广东省省长马兴瑞、副省长张虎率 13 个对口合作地市及省直有关单位主要负责同志共同出席。广东省应邀作为"主宾省"参会参展，广东省商务厅会同广东省发展改革委等有关部门精心组织，周密安排对俄合作和对口合作各项活动，搭建广东主题展馆，展示了广东对外开放的良好形象，务实推进了粤黑两省的对口合作，活动取得了良好效果。

（二）联合主办中俄地方合作论坛

2019 年 6 月 15 日，中国商务部、黑龙江省人民政府、广东省人民政府、俄罗斯经济发展部在哈尔滨主办第二届中俄地方合作论坛。广东省人民政府作为主办单位之一，积极参与论坛的各项活动，广东省省长马兴瑞出席论坛并发言。期间，广东省省长马兴瑞会见俄罗斯副总理阿基莫夫一行，就深化双方各领域互利合作进行交流。粤黑两省政府会同俄罗斯远东和北极发展部共同主办中国（广东、黑龙江）—俄罗斯（远东）经贸合作圆桌会，搭建三方经贸合作的交流平台。

（三）联合开展对俄经贸交流活动

2019 年 11 月 15 日，黑龙江省商务厅联合广东省商务厅、俄罗斯滨海边疆区国际合作厅、俄罗斯阿穆尔州投资与贸易发展局、俄罗斯新西伯利亚州商业发展部，在广州举办2019 中国（广东、黑龙江）—俄罗斯经贸合作交流会暨中俄企业对接会。活动组织进展

顺利，黑龙江省代表团约50人，其中对俄企业19家，共33人。哈尔滨经开区、黑河大桥办参会并做招商推介。各方就加强广东省与黑龙江省、俄罗斯远东地区的贸易投资合作进行了深入探讨。

2020年，两省商务部门将继续深化对内对外开放合作。加强商务领域交流学习，办好重点活动，进一步发挥展会平台作用，携手"走出去"开拓国际市场，加强与"一带一路"沿线国家开展经贸合作，为两省对口合作贡献商务力量。

（撰稿人：邹峰、袁嘉辉）

第五章 工业和信息化对口合作

黑龙江省工业和信息化厅 广东省工业和信息化厅

为落实黑龙江与广东两省工业和信息化领域对口合作框架协议，以及两省发展改革委联合印发的《黑龙江省与广东省对口合作 2019 年重点工作计划》，推动黑龙江省与广东省在工业和信息化领域的对口合作，2019 年以来，两省工信部门从落实联系机制、跟踪推进项目、依托展会平台入手，积极开展对接合作工作。

一、2019 年重点工作开展情况

（一）以产业优势互补为切入，携手谋划合作

2019 年以来，黑龙江省认真分析研究、总结与广东省对口合作工作中的经验，结合广东省资金、市场、人才、管理、创新设计优势和省内资源、空间、产业优势互补性强等特点，积极梳理谋划民营经济发展、装备制造、新兴产业、中医药产业等领域合作机会，掌握双方合作需求，谋划合作事项。针对两省工信部门机构改革和人员调整，黑龙江省及时与广东省工信厅有关处室负责人沟通，介绍两省对口合作工作进展，组织政府部门有关人员与合作企业建立微信工作群，确保对口合作工作连续性。定期向黑龙江省对口合作办汇报对口合作工作开展情况，落实两省省委省政府对口合作的各项要求。

（二）以推进合作项目为重点，持续务实合作

按照两省对口合作牵头部门印发的《黑龙江省与广东省对口合作 2019 年重点工作计划》安排，坚持把项目合作摆在突出位置，积极组织有合作意愿的企业，认真对接组织实施合作项目。广东省工信厅在厅主要领导的带领下，组织机关有关人员和 TCL 集团、德赛集团、正威国际集团、中国中药、广州医药、广东科利亚 6 家有意愿合作企业，6 月14～16 日，考察哈尔滨新区、中国中药控股有限公司哈尔滨呼兰产业园、省新产业投资集团、大庆油田惠博普科技有限公司、大庆佳昌晶能科技有限公司等企业，并就有关领域进行了交流洽谈。

经过两省工信厅的共同努力和拟合作企业反复沟通协商，目前，中国宝安集团哈尔滨万鑫石墨谷科技产业园项目、深圳市贝特瑞新能源材料有限公司鸡西市贝特瑞石墨产业园

项目、广州医药集团在齐齐哈尔设立的原材料采购基地项目 3 个项目已投产；广州数控集团与齐重数控在数控机床领域合作、深圳市贝特瑞新能源材料有限公司鸡西龙鑫碳素有限公司项目、广东风华高新科技集团公司与鸡西唯大新材料科技有限公司石墨烯产品应用战略合作 3 个项目进展顺利；中国中药控股有限公司在哈尔滨利民生物医药产业园建设中国中药（哈尔滨）产业园项目、广东科利亚现代农业装备有限公司与黑龙江省勃农兴达机械有限公司等单位水稻育秧技术推广应用项目、广东正威国际集团拟与哈尔滨天顺化工科技开发有限公司碳纤维产业化生产基地合作 3 个项目正在推进。

另外，由深圳迈瑞生物医疗电子股份有限公司、中国科学院深圳先进技术研究院牵头，联合哈尔滨工业大学、上海联影医疗科技有限公司、先健科技（深圳）有限公司等高校、企业共同创建国家高性能医疗器械创新中心，成为黑龙江在高端医疗器械领域与广东合作筹建的第一个国家级制造业创新中心。

（三）以会展经贸交流为平台，寻求更大合作

2019 年以来，两地依托展会经贸交流平台，推进中小企业合作，密切联系两地工业和信息化领域合作，拓展合作领域，在交流合作中寻找项目合作机会。

应广东省工信厅邀请，黑龙江省工信厅副厅长、巡视员方安儒率队于 8 月 27～28 日赴广州参加了由工信部与广东省政府首次联合港澳特区政府共同指导，省工信厅、香港创新及科技局、澳门经济局等部门联合主办的 2019 中国工业互联网大会暨粤港澳大湾区数字经济大会。与会代表不但开阔了眼界，还就下一步如何与粤港澳等境外地区及国内其他兄弟省市开展合作进行了深度交流。

应广东省政府邀请，黑龙江省工信厅随省政府代表团在 8 月 30 日至 9 月 1 日，组织大兴安岭富林山珍科技有限公司等 32 户省内企业赴广东省参加了中国（广州）国际食品及饮料博览会。应广东省工信厅邀请，9 月 20～22 日黑龙江省工信厅副厅长李红兵带领齐齐哈尔红旭达科技有限公司、哈尔滨新力光电技术有限公司等 6 家装备制造企业赴广东佛山参加了广东省政府主办、省工信厅承办的"第五届珠江西岸先进装备制造业投资贸易洽谈会"，参会企业通过与广东省企业交流洽谈，进一步提升管理模式、市场开拓和数字信息化建设理念，并希望两地政府多组织类似的活动，多邀请广东知名民营企业家和学者传授民营企业发展经验。

应广东省工信厅邀请，黑龙江省工信厅副厅长、巡视员方安儒带队，组织机关有关处室及黑龙江哈电多能水电有限公司等 6 家企业于 11 月 14 日参加了由工信部与广东省政府共同举办的 2019 年中国工业电子商务大会。经过企业对接洽谈，哈尔滨城林科技股份有限公司与华润电力珠海天然气分布式能源项目，与深圳东部电厂、深能深圳光明电厂降噪等消声降噪设备配套项目在广东省工信厅的协调下达成合作意向。

二、2020 年工作思路

2020 年，两省工业和信息化领域对口合作将按照两省政府制订的工作计划和两省工

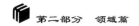

信部门对口合作框架协议，就如下工作抓好贯彻落实：

（一）围绕重点工作，开展对口合作

结合两省发展实际，一是相互交流两省在发展民营经济方面的经验做法，鼓励黑龙江企业家学习广东企业家的市场思维、竞争意识、管理理念，培育优秀企业家精神。承接广东省产业转移。二是加强两省在制造业优势领域的交流合作，推进两省在产用结合和产业链方面上下游整合。三是进一步深化生物制药、石墨加工、新一代信息技术等新兴产业合作。四是组织市（地）工信部门做好工作，形成省市联动，资源共享局面，合力推进两省对口合作工作。

（二）发挥平台作用，组织经贸对接

利用中俄博览会、中博会、哈洽会等重大活动交流平台，组织两省工信部门、企业交流互动，促进更多项目对接合作。邀请广东省积极组织新材料企业参加由工信部、黑龙江省人民政府在哈尔滨共同主办的第六届中国国际新材料产业博览会。

（三）做好项目跟踪，积极服务企业

利用广东资金、市场、企业等优势与黑龙江资源、科技、人才等优势，开展产业合作、区域合作，促进双赢。结合黑龙江省大力实施"百千万工程"之机，重点聚焦"装备制造、生物医药、食品、新材料"等特色产业与广东省加强合作。跟踪双方正在洽谈的合作项目、线索项目，及时协调项目合作中遇到的问题，力争促成一批合作项目。组织"百千万工程"重点企业董事长、总经理赴广东省学习交流，开展企业家能力提升培训活动。

（四）参与"中蒙俄经济走廊"建设

贯彻落实中俄两国元首确定的中俄地方合作交流年有关工作要求，加强中俄两国地方有关部门、企业之间合作，借助两省对口合作契机，推动广东省企业赴俄罗斯参加"中俄博览会"等对俄经贸活动。引导广东省企业参与黑龙江省跨境经济合作区和自贸区等项目建设。

（撰稿人：李玉江、叶丽娜）

第六章　农业和绿色食品产业对口合作

黑龙江省农业农村厅　广东省农业农村厅

黑粤两省农业农村部门坚持以习近平新时代中国特色社会主义思想为指导，全面贯彻习近平总书记对两省的重要讲话和重要批示精神，按照《黑龙江省与广东省对口合作实施方案》《黑龙江省与广东省对口合作框架协议》有关要求和两省省委、省政府的总体部署，不断加强相关部门沟通联络，积极搭建平台，完善合作机制，稳步推进黑粤农业对口合作，提升两省现代农业质量与效益，着力探索机制创新、合作共赢模式，有效促进两省间生产要素合理流动和农民增收，取得了明显成效。

一、对口合作总体情况

（一）农业和绿色食品产业对口合作优势

黑龙江省地处世界三大黑土带之一且耕地面积、绿色食品产量居全国之首，被誉为"中华大粮仓"，全省粮食总产连续 8 年位列中国第一；广东省不断深化改革开放，是经济体制、市场要素、政策环境、地理区位、农业现代化等优势凸显的先行地，两省农业合作优势突出，互补性强，前景广阔。深入开展对口合作能充分发挥各自所长，促进形成优势互补、共同发展、合作共赢等全面战略合作格局，带动两省加快建设农业强省步伐。

1. 黑龙江省优势

黑龙江省资源禀赋独特，生态环境优良，特别是开垦时间短，土壤、水体和大气等污染程度轻，具有开发绿色食品、有机食品得天独厚的条件。黑龙江省农业基础好，农产品和绿色有机食品加工业发展迅速，农产品供给质量持续提升。农产品量大质优，农产品国检总体合格率为98.78%，位居全国前列。黑龙江省是全国最早发展绿色食品的省份、最大的绿色食品生产基地，绿色、有机食品基地面积达 8046 万亩，其中有机认证面积 650 万亩。全省已有 15 个绿色、有机食品获得中国驰名商标称号，农产品地理标志产品达到 127 个。黑龙江农业综合生产能力强，不仅是全国粮食生产第一大省，也是特色蔬菜、食用菌、杂粮杂豆等农产品的重要产区，优质粳稻、玉米、大豆产量均位居全国第一，杂粮杂豆、蔬菜、食用菌、鲜食玉米等特色作物，品种全，质量好，畅销国内外市场。同时，黑龙江地处世界公认的黄金奶牛养殖带，婴幼儿奶粉产量保持中国第一。

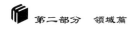

2. 广东省优势

广东是人口大省，也是经济大省、消费大省，作为改革开放的排头兵、先行地、试验区，2019年广东地区生产总值总量突破10万亿元大关，经济总量连续31年居全国首位。广东省市场经济体制相对完善，要素市场成熟，经济实力和人均可支配收入均位于全国前列，拥有毗邻港澳、连接东南亚的地缘优势和海上丝绸之路经济带的政策优势，并迎来粤港澳大湾区建设发展契机。近年来广东省不断调整优化农业结构，加快农业科技和机制创新，推进农业转型升级，推动现代农业发展走在全国前列。2019年，广东农林牧渔业增加值4478.51亿元，增长4.3%，全年农业发展保持平稳。

（二）农业产业项目合作进展情况

1. 坚持农业招商，推动项目合作

两省农业农村部门积极协调对接，组织农业大型企业、集团到黑龙江投资合作，签约农业投资项目陆续落地。深圳励泽农业高科技发展有限公司与富锦市锦山镇同军合作社实施水稻秸秆腐化还田制剂生产项目，计划投资总额为1.5亿元，占地面积约5万平方米，预计年税收达6000万元，现正开展800亩耕地高寒区应用试验。广东温氏集团投资建设的北安温氏畜牧一体化生猪产业项目稳步推进，项目总投资约12亿元，目前已建成种猪一场、家庭猪场27栋。珠海粤淇食品有限公司与黑河北丰农业有限公司等大豆种植基地合作项目，采购黑龙江大豆2.2万吨，并与黑河大豆网签订合约，建立1万亩大豆种植示范基地，与爱辉区嘉兴现代农机专业合作社签订10万亩大豆种植基地合同。大庆市引入惠州自主研发的"粮油质量溯源服务平台"专利技术，推进粮油二维码溯源系统建设，将有力提升粮油质量追溯体系建设水平。林甸县碧野农业与广东海纳农业签约，联合建设10万吨有机肥料厂项目，预计投资1.5亿元，对改善土壤结构，保护黑土资源，发展绿色有机食品产业发挥积极促进作用。

2. 坚持合作创新，组织"北薯南种"

黑龙江和广东两省地方党委、政府精心谋划，积极推进，2019年，在黑粤两省农业农村厅指导下，绥化市望奎县龙薯现代农业农民专业合作社联社与广东粤良种业有限公司合作探索"稻—稻—薯"种植模式，创新性地打破马铃薯种植空间与季节限制，试验示范了秋季在望奎基地收获马铃薯后，将黑龙江冬闲劳动力、冬闲农业机械以及优质的薯种带到湛江遂溪基地，开启"早造优质稻—晚造优质稻—冬种马铃薯"一年三造的高产高效栽培模式，项目承担单位在遂溪县建设了800亩"稻—稻—薯"现代农业示范基地，筛选了适用于"稻—稻—薯"生产新模式的早熟、高产、优质水稻新品种，开展了马铃薯标准化种植技术研究，形成了稻田马铃薯标准化栽培技术规程，完成了5G设备安装应用，试验示范成效明显。"稻—稻—薯"生产新模式，一南一北两个基地"双管齐下"、"双轮驱动"，黑龙江农民增加了种植收入，广东农民增加了地租和务工收入。2019年，龙薯合作社联社在遂溪县种植土地13000亩次，其中种植马铃薯4800亩次、地瓜4200亩次、黏玉米1000亩次、青贮玉米3000亩次，与百事公司、北京新发地（郑州）、广西客户、遂溪县燕塘牧业等多个合作单位签订收购合同。2019年，联合社纯收入达到1810万元。

（三）绿色农产品营销合作进展情况

两省农业农村部门双方不断加强互访洽谈，了解合作意愿，挖掘合作潜力，强化产销对接，加快农业投资合作，对促进双方农业发展、农村进步和农民增收发挥了积极促进作用。2019 年两省农业农村部门就开展了多次互访，双方就两厅机构改革后职能转变、《共同推进现代农业发展合作框架协议》的落实、农业合作项目的落地、下一步合作的重点等内容多次进行深入交流座谈，并就共同推进黑粤农业合作重点工作达成合作共识。

1. 开展市场调研

2019 年 12 月，黑龙江省农业农村厅、省粮食局、省农科院、东北农业大学、省农投集团、北大荒米业集团、黑龙江众粮联网络科技有限公司、北大荒集团、省农投集团、五常市乔府大院农业股份有限公司等单位组成调研组，赴深圳市和广州市开展市场考察调研工作。调研组分别考察了深圳市粮食集团有限公司、深圳市西货场粮食批发市场、广州市三眼桥粮油市场及广东东西部扶贫协作产品交易市场黑龙江馆，了解黑龙江大米及其他农产品在当地市场销售情况，同时还邀请福建省粮食行业协会、上海市粮油行业协会、厦门象屿集团、江苏淮安鹏润粮业有限公司，召开了东北大米营销座谈会，了解黑龙江大米在南方的市场销售情况及客户需求。

2. 开展考察合作

黑龙江省农业农村厅组织农垦建三江管理局、五常金禾米业等企业赴广州对接广州祥能投资集团、碧桂园凤凰优选商业有限公司等 6 家知名企业，商讨农产品产销合作。黑龙江省森工 8 种"黑森"牌蜂产品、林产品，大兴安岭富林山野珍品公司 6 种"永富"牌食用菌礼盒产品进入碧桂园凤凰优选超市。牡丹江积极对接东莞市，与广东省全国卫生产业企业管理协会健康产业食品管委会开展合作，定位高端产品，在穆棱市建立有机杂粮、水稻、蔬菜基地，种植鸭稻田 2000 多亩，开展 O2O 营销，打开广东高端定制消费市场。宝清县和平谷物种植合作社与广东中海油公司签订杂粮销售协议，在中海油各加油站展示推广，已销售农产品 30 吨，成交金额 60 万元；与佛山市南海区粮油总公司签署总投资 0.5 亿元的优质农产品购销合同，现已供应大米 5.5 吨，成交金额 7 万元。为进一步推动黑粤两省农业交流合作，加快落实农业对口合作项目，推进乡村振兴战略全面实施，广东省农业农村厅代表团率团赴黑龙江省开展农业交流合作工作，调研了黑龙江巴彦万润肉类加工有限公司和黑龙江东禾农业集团，与黑龙江省农业农村厅召开座谈会，双方就肉类储备加工合作基地、大米前置仓建设、农产品出口、"稻—稻—薯""南猪北养、北肉南销""南果北上、北粮南下"等项目合作进行了深入交流与探讨，并参加了第七届黑龙江绿色食品产业博览会和第二届中国·黑龙江国际大米节。

3. 建立营销网点

一是建立省级农产品展销中心。黑龙江省农业农村厅组织 13 家企业与广州中州国际会展有限公司合作，在中州商品交易中心建立了"黑龙江省优质农产品展销中心"，并举行了揭牌仪式，签订了《黑龙江特色农产品广东展销中心合作协议》，长期集中展销黑龙江优质农产品。2019 年，展厅展出全省各地 9 大类 720 余种农产品，实现交易额 2000 万元。黑龙江省农业农村厅组牵头推动广东东西部扶贫协作农产品交易市场黑龙江馆运营，采取"市场化运作、企业化运营、以民营企业为主"的经营模式，组织入驻企业 138 家，产品 606 个 (其中 "三品一标" 产品 292 个, 扶贫企业产品 65 个、省级龙头企业产品 56 个), 签订意向性采购协议 39 份。二是建立市 (地) 级展销中心。鸡西市在肇庆市设立特色农产品销售服务中心, 已有 30 家企业 5 大类 160 多种绿色有机农产品上架销售。双鸭山市在佛山市设立优质农产品展销中心, 销售特色农产品 15 万吨。深圳华南城哈尔滨优质农产品 (深圳) 直销中心积极宣传, 开拓市场, 2019 年预计年销售额将达到 5000 万元以上。三是建立特色产品营销网点。各类农业经营主体积极对接广东客户, 拓展品牌产品营销渠道。双鸭山市云记蜂箱鲜生在佛山市建立 4 家社区连锁超市, 日销售额达 7 万元。庆安双洁食品有限公司在深圳龙华区投资 65 万元建设直营店, 营业额达 300 多万元。双洁大米已供应深圳大学城 7 所大学, 并与深圳金穗稻米公司签约 3000 吨大米, 供应湛江、江门、厦门、佛山等地各大商超, 销售额 1500 万元。黑河市辰兴商控与广东珠海农业控股集团、珠海免税集团合作的 2 家 "俄罗斯黑河特色商品体验馆" 在珠海星园市场和珠海香洲正式运营, 销售 15 大类 400 多种中俄特色产品, 销售额达到 800 多万元。

4. 加强展会合作

两省政府部门积极借助展会平台开展宣传推介活动, 推动农产品产销对接。广东省农业农村厅邀请黑龙江省有关部门和企业参加第十届广东现代农业博览会暨 2019 粤港澳大湾区国际农产品采购商峰会、首届广东东西部扶贫协作产品交易博览会等博览会, 广东东西部扶贫协作产品交易市场黑龙江馆已进驻黑龙江农产品加工企业 130 家。湛江市邀请绥化市组团参加 2019 广东·东盟农产品交易博览会。哈尔滨市政府在深圳第五届国际绿博会期间举办哈尔滨市绿色优质农产品 (深圳) 推介会, 设立粮油、果蔬、山特、畜禽和休闲食品等 8 大展区 148 个展位, 800 多个知名产品参展, 50 家深圳龙头企业参加, 意向协议金额 5421 万元, 现场签约 708 万元, 现场销售 41.5 万元。鸡西市积极组织参加肇庆市主办的 "2019 广东扶贫济困日　脱贫攻坚农产品推介会" 和 "粤港澳大湾区肇庆 (怀集) 绿色农产品集散基地展销会", 与广东省 19 户企业达成黑蜂雪蜜、大米、杂粮、食用菌等各类产品的购销合同, 意向协议金额 144 万元。会同中山市联合举办鸡西中山特色农产品展示暨现代农业产业宣传推介会, 签署意向性协议 6 项, 金额 155 万元, 现场零售 4 万余元。双鸭山市与佛山南海区政府共同举办双鸭山市特色农产品美食推广周活动, 南海区机关食堂首批采购双鸭山优质农产品 8 大类 31 种, 采购金额 8.5 万元。双鸭山市农业农村局在第五届广东 (佛山) 安全食用农产品博览会期间, 与佛山市农业旅游协会签订了农产品销售合作框架协议, 包含 9 项产销合作, 金额达 7000 多万元。

二、下一步工作思路

(一) 完善合作交流机制

两省农业农村部门保持密切的沟通和联络, 加强互邀互访, 协调解决合作中遇到的实际困难和问题。进一步挖掘合作潜能, 拓宽合作领域, 及时将最新进展情况向两地对口合作领导小组办公室反馈, 建立起纵横顺畅的合作交流机制。

（二）加大政策支持力度

两省政府在建立种植基地、农产品营销配送中心，建设现代化仓储物流设施等方面，给予政策支持。支持粮食物流通道项目建设，对黑龙江省农产品销售运输，特别是大米运到广东给予运费补贴。

（三）加强农产品营销合作

依托两省已搭建的省级和市（地）级农产品展销中心辐射带动优势，向所在地周边市县拓展，加快直营店、连锁店、社区店建设，扩大黑龙江省农产品营销网络。利用广东省电子商务、营销网络、商业模式等优势，借助大型农产品展销活动，开展产销对接与项目洽谈，提升黑粤农产品市场竞争力。

（四）加强工商资本合作

组织双方各类商协会建立合作关系，加强对接洽谈，吸引和鼓励工商资本到黑龙江投资兴建农产品加工项目。支持工商资本投资两省现代农业产业园、科技园、农民创业园和批发市场建设。加快推进已签项目开工，延伸农业产业链，提高两省农产品附加值和市场竞争力。

（五）加强外向型农业合作

发挥黑龙江省东北亚桥头堡优势和对俄合作地缘优势，抓住中国（黑龙江）自由贸易试验区设立机遇，支持广东有意愿、黑龙江有需求的企业通过合作、参股、订单等方式，深化两省粮食种植、畜牧养殖、仓储物流等领域合作，建设农产品出口基地，加强对俄境外农业合作，拓展黑龙江优质农产品国际市场。发挥广东省毗邻港澳、连接东南亚的地缘优势和海上丝绸之路经济带的政策优势，利用粤港澳大湾区建设契机，加大两省农业对外交流合作，推动两省农产品进出口贸易和境外农业开发，拓展两省优质特色农产品的销售渠道。

（撰稿人：郭绍权、武爽、罗惠兰）

第七章　粮食对口合作

黑龙江省粮食局　广东省粮食和物资储备局

一、2019 年两省粮食对口合作总体情况

（一）继续深化两省粮食战略合作

一是签订合作框架协议。2019 年 6 月 15 日，两省粮食部门签订《广东省粮食和物资储备局　黑龙江省粮食局战略合作框架协议》，进一步加强两省粮食安全战略合作，充分发挥两省在加工、需求、市场化发展等方面的互补优势，重点明确广东省省级储备粮（黑龙江）异地储备玉米规模 32 万吨，委托黑龙江省对广东异地储备粮进行在地监管。二是开展广东省异地储备粮轮换监管工作。受广东省粮食和物资储备局委托，黑龙江省粮食局授权黑龙江省储备粮管理有限公司对广东省省级储备粮（黑龙江）实施监管，制定《广东省省级储备粮（黑龙江）异地储备玉米监管工作暂行办法》和工作流程，每月到企业实地检查，确保储备粮数量真实、质量良好、储存安全。三是继续深化两省异地储备。黑龙江省粮食局和广东省粮食和物资储备局续签了《关于建立广东省省级储备粮（黑龙江）异地储备的合作协议》，异地储备合作期限延长到 5 年，确立了储备合作的中长期目标。12 月，广东省粮食和物资储备局下达计划，将广东省级储备粮（黑龙江）异地储备规模从原来的 32 万吨扩大到 35 万吨，异地储备品种拓展至黑龙江产玉米、稻谷两个品种。根据黑龙江省粮食局在全省地方国有粮食购销企业范围内集中筛选推荐意见，并对符合条件的企业综合考察，广东省储备粮管理总公司确定省农投集团所属企业黑龙江锦稻农业发展股份有限公司作为广东省省级储备粮（黑龙江）异地储备合作企业。

（二）持续跟进合作项目落实

一是"金禾—盈盛·黑龙江生态农业科技产业园区"项目。广东盈盛集团在五常金禾米业建立 1.5 万亩种植基地，目前，生态有机种基地建设已经完成。二是 5 万吨炭基肥项目。庆安双洁天然食品有限公司与深圳泰沃公司合作建设秸秆稻壳气化综合利用及 5 万吨碳基复合肥生产线，计划投资 12090 万元，已到位 1200 万元，目前研发中

心已建成，部分设备已到位。三是有机肥料厂和有机水稻产业园项目。广东海纳农业有限公司在大庆市落地两个合作项目。在大庆市林甸县建设年产十万吨的有机肥料厂项目，目前公司已成立并运营，现已有产品在市场销售，主要为有机肥料、育秧基质、营养土等。大庆市杜尔伯特县10万亩有机水稻现代农业产业园项目，目前已完成战略合作协议签约和部分有机认证工作。四是深粮东北粮源基地项目。该项目选址双鸭山市宝清县五九七农场，占地约320.67亩，规划建设50万吨仓容及配套生产加工能力的粮食仓储设施和加工基地，投资金额5亿元。该基地一期15万吨仓库已于2019年9月建成并收储粮食。

（三）不断拓展两省合作领域

两省各级粮食行政管理部门和企业间深入沟通、加强互访、共同组织合作活动，分别签订粮食产销合作协议、农副产品购销协议，以及绿色粮食供应链产业合作项目战略合作协议等，省市县多层次、多领域、多模式的粮食对口合作框架不断完善。

一是搭建省级合作平台。为进一步巩固和推动两省粮食产销合作，10月10～14日，两省作为主办方共同举办了第十六届金秋粮食交易暨产业合作洽谈会，广东省27家企业参会，共签订购销合同（意向）11.24万吨，其中：大米3万吨、玉米8.24万吨。

二是各市县加强互动。双鸭山市在佛山市举办了"2019年双鸭山市粮食领域好粮油进佛山宣传品鉴推介会"，举行"双鸭山市好粮油"进驻佛山市国有粮油超市销售活动；齐齐哈尔市就粮食贸易、市级粮食储备、产业经济发展及粮食加工、仓储物流和市场营销情况赴广州市进行实地考察、对接洽谈；七台河市组织所属国有粮食购销企业及部分民营企业赴广州海大集团总部就玉米产销合作进行了深入磋商并达成合作意向。

三是两省企业积极对接。两省粮食企业积极利用对口合作平台洽谈贸易、开展项目合作。大庆市庆粮集团与惠州市九鼎饲料科技有限公司完成3万吨玉米购销协议，并与惠州市伴永康粮油食品有限公司完成3000吨大米购销合作；肇源鲶鱼沟米业积极与惠州市中石化对接，其鲶鱼沟碱地香大米入驻惠州市中石化149家易捷便利店，销售量达到7000吨；广州双桥股份有限公司与龙江中粮生化、依安鹏程公司进一步加大产销合作，龙江中粮生化、依安鹏程公司已向广州双桥公司供应淀粉15万吨，同比增加3.5万吨左右，力争年末供应淀粉达到20万吨；庆安双洁天然食品有限公司在深圳市龙华区投资65万元建设了大米直营店，专营精品庆安大米，营业额约300万元，并与深圳金穗稻米公司签订3000吨大米购销合同，金额1500万元，供应湛江、江门、佛山等广东城市及各大商超。

（四）积极推动两省各级异地储备合作

目前，除广东省省级储备在黑龙江建立35万吨异地储备外，深圳市在双鸭山市落实异地储备计划15万吨，其中：水稻5万吨、玉米10万吨，相关工作正在积极推进中。湛江市在绥化市落实异地储备规模3.6万吨，目前实际储存1.15万吨（其他已轮换出库），全部为水稻品种。汕头市储备粮有限公司在鹤岗市第八粮库有限责任公司异地储备稻谷0.5万吨。

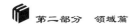

二、下一步工作安排

（一）继续推进广东省储备（黑龙江）异地储备基地建设

推动落实广东省新增省级储备粮（黑龙江）异地储备计划 3 万吨。继续研究优化广东省级储备粮（黑龙江）异地储备运作方案，推动广东（黑龙江）异地储备与黑龙江省粮食产业进一步融合。

（二）继续推进粮食购销向建立粮食加工、收储基地转变

加强部门间协调，开展粮食物流合作。做好粮食对口合作重点项目跟踪服务，确保对口合作取得实效。

（三）加强沟通交流

共同研究进一步加强产销合作的政策措施。继续利用好全国粮交会、"金秋会"等展会，为两省企业合作提供更好的平台。利用好黑龙江省在广东的展示厅、直营店，加大黑龙江优质大米品牌宣传力度，提高市场占有率。

（撰稿人：颜夫、吴少宇）

第八章　金融对口合作

黑龙江省地方金融监督管理局　广东省地方金融监督管理局

一、2019 年龙粤金融对口合作主要工作

（一）密切开展龙粤金融对口交流合作

2019 年 3 月，哈尔滨市政府组团赴深圳市调研学习，与深圳市地方金融监管局就金融服务实体经济、支持小微企业发展经验进行交流。5 月，双鸭山市政府举办"双鸭山市2019 年财政金融干部解放思想考察培训班"，组织各县区政府、市财政局、市金融服务中心等 40 余人赴广东金融高新技术服务区、广东股权交易中心等地进行考察学习。6 月，深圳市地方金融监管局联合深交所、高新投集团等单位，赴哈尔滨市参加第六届"中国—俄罗斯博览会"暨第 30 届哈尔滨国际经济贸易洽谈会，并实地考察哈深产业园，推动两地项目对接，通过股权融资、发行企业债等方式，多措并举缓解哈尔滨市小微企业的融资难题。9 月，深交所率队赴黑龙江省调研，与黑龙江省地方金融监管局进行了深入沟通和交流，就进一步加深黑龙江省与深交所合作，共同举办"黑龙江省领导干部金融研修班"和龙江资本市场"服务周"活动等项目达成合作意向。10 月，黑龙江省地方金融监管局率队赴广东省调研学习，与广东省地方金融监管局就金融业发展、农信社改革、自贸区金融建设以及防范化解金融风险有关情况进行座谈交流。

（二）推动龙粤金融机构合作发展

2019 年 11 月，中国银保监会正式批准平安银行哈尔滨分行的筹建申请。目前，平安银行筹备组正在紧密开展筹备工作。广发证券在哈尔滨市、大庆市分别设立营业部开展业务，助力黑龙江省多层次资本市场发展。2 月，佛山市印发《双鸭山市产业发展引导基金设立方案》《双鸭山市产业发展引导基金管理暂行办法》。同时，佛山市积极发动辖内大型骨干企业和农商银行参与双鸭山农商银行增资扩股工作，加快双鸭山市农合机构改革步伐，并督促工商银行佛山分行、中国银行佛山分行和佛山农商银行等机构切实做好与双鸭山市合作项目落地工作，加强两地金融交流合作。

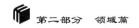

（三）引导广东金融资源支持黑龙江国企混改

2019 年 8 月，深圳市地方金融监管局组织深圳市投资基金同业公会、深圳天使母基金、东方富海、高新投集团、福田引导基金等单位，赴哈尔滨市走访调研哈尔滨市金融服务局、哈尔滨新区智慧城市大数据中心、深哈产业园等重点机构，引导深圳金融资源积极支持哈尔滨市国企混改项目、科技项目以及民营企业上市，并与各方就金融风险防控、绿色金融、社会影响力金融、风险投资、构建智慧城市等领域的合作进行探讨。

（四）推动黑龙江省企业赴深交所上市

2019 年，龙粤两省持续推进黑龙江企业上市工作，要求相关部门加大支持力度，化解企业上市过程中遇到的困难。6 月，中国证监会受理了广联航空在创业板上市的申请。8 月，黑龙江省地方金融监管局会同深交所举办了龙江金融干部"走进深交所"专题活动，黑龙江省直有关部门、各市（地）金融局（办、中心）、拟在深交所上市重点企业共20 余人组成的考察团深入深交所、华大基因、价值在线开展交流学习。

（五）深化龙粤两省共同防范金融风险合作

2019 年，广东省推动广州市构建的全方位金融风险防控体系及相关成果在黑龙江省应用和推广。广州市金融风险防控检测中心分别与哈尔滨市和齐齐哈尔市签署合作协议，为其提供地方金融风险监测和预警服务，打造地方金融风险防控与金融科技创新样板。

二、2020 年工作计划

（一）继续开展龙粤两省多层次金融合作交流

推动黑龙江和广东省市地方金融监管部门、深交所、股权交易市场共同举办"黑龙江省领导干部金融研修班"、龙江资本市场"服务周"活动，紧紧把握当前资本市场改革发展和龙粤对口合作的契机，进一步加深两省金融对口合作交流。举办中国（广州）国际金融交易博览会、中国风险投资论坛，邀请黑龙江省市两级金融管理部门和金融机构参加等，促进龙粤两省资本与产业的对接，推动实体经济发展。积极开展两省互派金融干部挂职工作，为挂职干部提供良好工作、学习和生活条件，培养锻炼既精通金融业务又了解基层实际的复合型人才。

（二）共同支持黑龙江省企业赴深交所上市

龙粤两省地方金融监管局会同深交所加大对黑龙江省企业赴深交所上市支持力度，建立绿色通道，特事特办，争取一批黑龙江省企业借助创业板注册制改革契机，实现创业板注册制首批上市。支持黑龙江省在深交所上市公司通过再融资、发行债券及资产证券化产品做大做强。龙粤两省地方金融监管部门继续开展多种形式的上市培训活动，提高拟上市企业赴深交所上市意愿和上市实操能力。

（三）继续推动两省金融机构合作交流

继续推动平安银行哈尔滨分行筹建工作，争取早日开业经营。积极推动两省通过市场化方式发展创投基金、天使基金、股权投资基金等新型融资工具，为促进两省实体经济发展提供金融支持。继续鼓励广东省金融机构及产权交易所等在黑龙江省开展业务，支持广州市与齐齐哈尔市共同研究探索林业碳汇项目开发。充分利用广州农村产权交易所平台优势，推动农产品交易服务平台建设，促进农业产业化发展。支持深圳市继续引导金融机构在哈尔滨市拓展业务，整合金融资源支持哈尔滨市国企混改、企业上市，引导创投、融资担保等金融资源与哈尔滨市优质科技企业、实体机构对接。支持佛山市推动投资企业与双鸭山市合作设立产业投资基金，开展直接投资业务。

（四）继续深化两省金融监管交流合作

进一步加强两省金融监管交流。组织黑龙江省地方金融监管部门、行业协会赴广东省调研广东省地方金融监管、金融风险预警、创新金融服务工作。大力开展龙粤两省在地方金融风险监测防控、防范化解重大风险等方面的对口合作，为黑龙江省金融行业健康稳定发展保驾护航。

（撰稿人：张晓男、李志鹏）

第九章　文化和旅游对口合作

黑龙江省文化和旅游厅　广东省文化和旅游厅

一、2019 年对口合作工作情况

2019 年，两省文旅厅围绕贯彻《黑龙江省与广东省对口合作框架协议（2017～2020年)》《广东省发展改革委关于印发黑龙江省与广东省对口合作实施方案及任务分工安排表的通知》（粤发改对口〔2018〕218 号）和《关于印发〈黑龙江省与广东省对口合作2019 年重点工作计划〉的通知》（黑发改对外合作〔2019〕292 号），以《黑龙江省文化厅广东省文化厅文化对口合作协议》《黑龙江省和广东省关于建立旅游战略合作关系的协议》为指引，围绕建设粤港澳大湾区和新一轮东北振兴战略，全力推进两省在文化和旅游产业方面交流合作，持续打造"寒来暑往、南来北往、常来常往"旅游合作品牌，推动两省文化和旅游繁荣发展。

（一）推动文旅产业交流合作

黑龙江省组织参加了第十五届中国（深圳）国际文化产业交易博览会，以"魅力龙江文兴黑土"为主题设立 306 平方米展区，展示了非遗传统精品、工艺制作产品、文创产品、艺术作品等展品，充分立体地表现了黑龙江地域文化特色和内涵精髓。黑龙江省各市（地）、省直有关文化单位、重点文化企业等 30 余家单位推荐优秀参展项目 120 余项，通过场景还原、实物陈列、触控交互、图片影像、VR 再现、现场展演、交流互动等方式，全方位展示黑龙江省独特丰富的文化资源、丰硕的文化改革发展成果和巨大的产业发展优势。展品分为形象类、实物类、互动类，从赫哲族鱼皮制品、黑陶等非遗精品到"东北范儿"新文创产品再到虚拟现实科普馆，用文化精品与文创产品真实还原黑龙江文化的地域特色。黑龙江省从 2006 年开始连续参加了 14 届深圳文博会，累计签约 1390 多亿元，连年获得最佳组织奖和优秀展示奖。

为继续深化两省交流合作搭建共建、共享、共赢平台，加快推动两省文化和旅游业高质量发展。组团参加了 2019 广东国际旅游产业博览会，打造了 90 平方米的黑龙江主题形象展台，有效宣传了黑龙江省特色旅游产品和精品线路，积极开拓粤港澳和国际旅游市场。邀请广东省和友好合作城市代表参加第二届黑龙江省旅游产业发展大会，开展多种形式的交流合作、洽谈对接活动。邀请广东文旅企业参加哈洽会、黑龙江文博会等活动，为两省特色文旅产品搭建推介营销平台。邀请广东省文化和旅游部门、重点旅行社、摄影家等 100 余人参加 2019 龙江东部湿地旅游联盟旅游产品发布会暨湿地冰雪摄影大赛活动，以旅游产品推介发布、旅游部门企业合作交流、产品线路踏查、摄影采风及比赛为切入点，推动南北两地六个城市深入开展旅游、文化等多领域合作。积极推进黑龙江文化创意产业协会与广东观想堂文化创意科技发展有限公司开展生产对接，共同开发"龙江佰物"系列文创产品。会同哈尔滨共同开展深哈合作产业园区招商工作，吸引深圳投资公司、文创企业入驻。积极推动海林市政府与深圳华侨城集团尽快达成合作协议，对横道河子特色小镇进行整体性保护性开发。

（二）打造演艺合作标志性品牌

2019 年 10 月 26 日，由广东省文旅厅、黑龙江省文旅厅联合出品，广东省演出有限公司、哈尔滨中泰兄弟文化传媒有限公司共同制作的音乐剧《木兰前传》在哈尔滨市委宣传部等单位联合主办的 2019 哈尔滨青年戏剧节上成功首演，并获得本届戏剧节"最佳青年戏剧奖"剧目。该剧是两省积极履行《黑龙江省与广东省对口合作实施方案》、对接粤港澳大湾区建设的重点合作项目，广东省文旅厅和黑龙江省文旅厅各投入 200 万元支持该项目。两省各自发挥比较优势，整合资源，通力合作。广东省充分发挥与港澳台交流密切优势，选聘来自粤港澳台多地的艺术精英组建主创班子，负责剧本创作、导演、音乐创作、舞蹈编排、舞美设计等工作。黑龙江组建演出团队，统筹排练、合成及首演等环节。此项目已成为两省文化艺术合作的标志性品牌，为进一步创新模式、拓展方式，跨省推进演艺产业合作、文旅融合发展探索成功经验。

（三）加强文化和旅游宣传营销合作

围绕推进"南来北往、寒来暑往、常来常往"主题旅游活动，继续加大宣传推广合作力度，利用两省各自文化旅游宣传平台进行营销推广，互在对方省份举办文化旅游推介会。黑龙江省组织地（市）文旅部门、重点旅游景区和旅行社在广州举办 2019 冬季文化旅游推介会，面向广东及国内、国际宣传推介黑龙江省优势旅游资源和优质文化旅游产品。广东省将黑龙江作为重点客源地，由广东省文化和旅游厅牵头组织广州市、深圳市和珠海市联合前往哈尔滨市开展文化旅游宣传推广活动，并组织业界到齐齐哈尔和黑河市进行交流座谈，进一步擦亮"寒来暑往、南来北往"合作品牌。邀请黑龙江省参加 2019 广东旅游文化节暨第十届（惠州）东坡文化节，并支持黑龙江在广东开展文化旅游宣传推广活动。同时，组织指导两省地市文旅部门开展对口合作城市推广交流，指导结对城市之间设立"主题交换日"，鼓励两省重点景区之间结对，在景区内放置对方的宣传资料、播放宣传视频，进一步推动两省区域文化和旅游合作。

（四）项目引领产业合作发展

黑龙江省参加了 2019 广东旅游产业投融资对接会，展示 35 个重点旅游投资项目，涉及投资金额约 462.3 亿元，推动两省旅游企业在旅游项目合作方面取得实质性进展。借助深圳文博会拉动文化产业发展的优势平台，5 月 17 日，黑龙江省在深圳市民中心举办了黑龙江（深圳）文化产业招商推介会，省直文化企业主要领导、市（地）党委政府有关负责同志以及县委县政府、重点文化企业、园区基地负责同志、省外与省内嘉宾共 400 余人与会。龙版传媒综合营销电子商务平台、黑龙江广播电视台移动客户端龙卷风等 14 个要素齐全、条件完备的重点文化产业项目向国内外客商推介招商。哈尔滨新区文化航天城项目、哈尔滨智慧城市安防云项目等 33 个运作成熟的重点项目集中签约，签约总金额达91.9 亿元。120 余个文化产业项目通过投融资项目册、展板、互动平台等方式宣传推介，全面展示和推介了黑龙江省文化产业的发展成果。推介会进一步突出和强化了政府搭线、企业推广、产品展示、对接洽谈的功能，为两省文化产业搭建了交流与相互了解的良好平台，实现了两省文化产业互惠共赢发展。

（五）发动旅游企业推进赴黑游客持续增长

2019 年，广东省着力引导发动广之旅、广东中旅、南湖国旅、携程、途牛和同程等线上、线下旅行商的积极作用，把黑龙江作为重点线路进行推介营销。广东铁青、广东中旅、广之旅、南湖国旅等旅行社，通过联合航空公司买断机位、联合铁路集团组织旅游专列、组织跟团游、定制游和自驾游等多种方式，持续推动送客入黑工作。其中，广东铁青牵头组织了黑龙江专列 17 趟，游客人数达到 10344 人。

（六）开展"春雨工程"文化活动

落实文旅部 2019 年文化志愿服务工作总体部署，邀请广东省艺术院团到黑龙江省举办大型特色文艺演出，组织资深文化专家开展群众文化普及培训，在黑龙江省黑河、鸡西等地开展文化惠民活动。

二、2020 年工作思路

（一）持续推动文旅产业交流合作

加强两省文化和旅游产业资源和信息互通，推进两省文旅产业项目开发合作，鼓励更多社会资本积极参与、共同开发两省文化和旅游项目，促进文化和旅游领域投资合作。借助中国（深圳）国际文化产业博览交易会、广东国际旅游产业博览会、广东旅游文化节、哈洽会、黑龙江文博会等平台，对两省文化和旅游产品进行宣传推广。加强两省企业交流合作，组织两省文化演艺、工艺美术、油画展销、文创产品开发等领域企业及旅游景区开展相互交流考察，加强信息交流和联合协作。

（二）增进两省文化艺术交流

建立两省演艺交流机制，切实加强两省演艺工作的互学互鉴，互动交流，推动两省在剧目创作、人才培养、交流演出、业务培训、专家聘请等方面进行务实合作。选送或推荐各自主办或引进的优秀展览、剧目到对方省份进行展示、展演，在各自举办的重要文化艺术活动和出访活动中，根据需要邀请对方人员观摩或选派优秀节目、演员参展、参演。组织优秀艺术家开展采风写生和艺术创作并集中进行成果展示。依托深圳大芬油画村引进国外著名艺术家，在哈尔滨选择合适场所建立油画家驻地创作实践基地，促进两省文化艺术资源共享和宣传推广。宣传推广龙粤文化合作重点项目新编音乐剧《木兰前传》，并在港澳大湾区及全国巡回演出。

（三）策划营销活动，实现客源互送

对接航空公司、铁路等部门，推动开通两省新的直航航线和旅游专列，策划跨区域旅游连线产品。引导本地旅游景区、企业在特定时段为对方游客提供免费或优惠旅游产品，发动旅行社组织客源，实现两省客源互送。邀请主流媒体和旅行商到对方省踩线考察，扩大宣传。继续举办两省"南来北往，寒来暑往，常来常往"旅游季系列营销活动，充分利用媒体资源加强对对方营销活动的宣传推广，加强两省宣传营销合作，提升品牌知名度。

（四）深化两省公共文化服务合作

继续开展"春雨工程"文化活动。2020年计划组织黑龙江省文化志愿服务团队赴广东省开展"百姓大舞台"文化惠民活动，将黑龙江独具地域特色文艺节目送到广东省展演，加强两省文化艺术交流合作，促进两省文化繁荣发展。

（撰稿人：张巍、许冬琦）

第十章　卫生健康对口合作

黑龙江省卫生健康委员会　广东省卫生健康委员会

2019 年，按照国家和省对口合作工作要求，黑龙江省卫生健康委积极加强与广东省卫生健康委的沟通衔接、相互学习和借鉴，扎实推进两省卫生健康领域务实合作，确保落实国家区域合作重大战略布局。

一、建立和完善卫生健康领域合作机制

在建立两省卫生健康对口合作双组长制领导小组加强沟通协调基础上，黑龙江省卫生健康委继续按照省委省政府对口合作工作要求，积极加强与广东省卫生健康委沟通与合作，进一步落实国家有关东北地区与东部地区部分省市对口合作工作，确定了 2019 年对口合作重点工作内容，制定了《黑龙江省与广东省卫生健康领域 2019 年对口合作实施方案》，经两委修改完善后，以两委名义联合印发。

二、狠抓落实年度工作计划

对标《实施方案》的九大类 23 项重点工作任务和《关于印发黑龙江省与广东省对口合作 2019 年重点工作计划的通知》（黑发改对外合作〔2019〕292 号），两省卫生健康系统从讲政治的高度及时谋划和推进卫生健康领域对口合作，建立了目标管理台账，充分利用两省卫生健康领域的独特优势，共同推进两省对口合作深入发展。

（一）加强深化医改的经验交流与合作

强化两省医改进展情况交流，定期交流医改经验做法，及时互通医改工作信息，共同研究重点难点改革任务，探讨解决措施和路径，交流在分级诊疗制度建设、公立医院综合改革、健康扶贫、"看病不求人"等方面的做法和经验，两省相互交换医改《简报》15 期，其中黑龙江省医改《简报》6 期，广东省医改《简报》9 期。双方试点医院通过多种形式和途径互相交流、借鉴、分享医院章程制定等工作的经验和做法。

（二）推进行政审批制度改革经验交流

互通两地简政放权、审批改革措施和经验，共同研究推进"放管服"改革工作。学习借鉴广东省卫生健康委经验做法，印发了《关于深化"放管服""最多跑一次"改革的通知》（黑卫法制规发〔2019〕4号），定期举办优化营商环境咨询日活动，为企业和群众提供优质咨询服务；推进政务服务事项标准化工作，全面梳理省、市、县三级政务服务事项，统一规范政务服务事项编码、名称、办理条件、申请材料等事项要素，确保省、市、县三级相同政务服务事项的无差别、同标准、同待遇办理，实现全省政务服务事项目录及办理指南的统一规范管理。

（三）加强卫生健康人力资源交流合作

借鉴广东省经验向省委组织部报送《支持人才到边远地区或一线工作政策建议》，继续推进"万名医师支援农村卫生工程"和"万名医师下基层"活动，实施三级医院对口帮扶贫困艰苦边远地区县级医院；建议鼓励支持二级以上医院具有高级职称且符合岗位条件的退休医师，到艰苦边远地区和基层医疗卫生机构执业、开办诊所或开设工作室，落实省级财政对签约退休医师的工作和生活补助；加强省、市、县级公立医院重点专科建设，根据省级财力状况，结合黑龙江省疾病谱和外转患者病种情况，分别给予省、市、县级公立医院重点专科建设不低于100万元、80万元、50万元的补助（省级财政给予市县级60%的补助，对艰苦边远和贫困地区全额补助），专项用于重点专科的人才培养、人才引进、适用技术应用、专用和辅助医学设备购置以及远程医学服务系统建设等。11月26～29日，应广东省卫生健康委综合监督处和广东省卫生监督所邀请，黑龙江省组织代表团12人，参加在韶关市举办的公共场所和生活饮用水卫生监督培训班，达到了"开阔视野、增长见识、学到方法、掌握技能"的目的，进一步提升两省生活饮用水卫生监督执法水平。2019年5月，齐齐哈尔市第一医院挂牌成为南方医科大学非直属附属医院，进一步深化人才培养、医疗技术、学科建设等方面合作交流。

（四）推进中医药领域合作交流

组织安排依安县中医医院派人到广东省广州市中山大学南方学院参加KSF（Key Successful Factors，"关键成功因子"）绩效考核激励系统学习。举办首届黑龙江中医药产业博览会，在博览会上黑龙江省中医药管理局与华润三九集团、黑龙江北草堂中药材有限责任公司就全面扶持华润三九集团与本地民企北草堂公司合作，推动中药材全产业链种植、科研、生产、销售等产业规模化签订战略合作协议。

（五）加强医疗资源管理深度合作

2019年3月30日在哈尔滨举办黑龙江省"数字医疗"和"智慧医院"信息化建设培训班，邀请广东省3名医院信息化专家介绍医院、区域卫生健康信息化先进经验。由黑龙江省心脏大血管外科医疗质量控制中心、黑龙江省血液内科医疗质控中心分别邀请广东省人民医院和中山大学附属第一医院专家做学术讲座两期。8月4日至9月27日，黑龙江省卫健委选派省医院、哈尔滨急救中心2名骨干人员参加广东省紧急医学救援骨干培训班。借鉴广东省药学会编制的《超药品说明书用药目录（2019 年版）》，印发《关于做好下一阶段抗菌药物临床应用管理工作的通知》，将该目录作为黑龙江省医疗机构制定本单位说明书用药制度的参考指南。目前，黑龙江省医疗市场已全面向广东资本开放，广东省各类医疗机构和社会资本均可在黑龙江省设立分支机构和新型医疗机构。

（六）推进疾病预防控制领域交流合作

黑龙江省疾控中心与广东省结核病控制中心积极沟通联系，将对口合作工作纳入全省结核病防治年度工作计划并列入中心全年重点工作台账，建立了各环节工作启动前疾控中心与卫健委疾控处沟通确认机制，有效保证了对口合作工作顺利高质开展。经认真分析两省结核病防治领域各方面对比形势，本着取长补短、注重实效的原则，确定引进广东省结核病防治"智慧结控"信息化建设先进技术，以高疫情地区为重点，助力黑龙江省结核病防治工作。受广东省结核病控制中心邀请，8 月 9～14 日由黑龙江省疾控中心于艳玲书记带队的学习研修组赴广东省深圳市参加互联网＋重大传染病防控新策略高级研修班，期间对引进广东省结核病防治信息化建设先进技术达成了初步共识，决定引进惠州市"结核病防治手机一体化管理系统"，作为黑龙江省高疫情地区先期合作项目。10 月 17～18 日，受广东省结核病控制中心的邀请，黑龙江省选派 1 名省疾控中心结核病预防控制所专家为广东省结核病感染控制培训班授课，并就结核病感染控制工作进行交流。11 月初，黑龙江省疾控中心与广东省卫生健康委在鸡西市成功举办全省高疫情地区结核病患者管理新技术专家研讨暨培训会，邀请广东省惠州市职业病防治院（结核病防治研究所）刘志东副院长、深圳市南山区慢性病防治院刘盛元博士授课，分别就结核病防治手机一体化管理系统、创新患者管理服务模式进行了介绍，并就两项信息技术应用进行了现场调研和模拟操作，计划 2020 年在高疫情地区进行试点应用。12 月，黑龙江省疾控中心及三个高疫情地区结核病防治工作负责人赴广东省惠州市结核病防治研究所考察学习互联网＋结核病管理先进技术。

（七）加强基层卫生健康交流合作

黑龙江省卫健委认真学习和借鉴广东省基层医疗卫生机构"公益一类保障与公益二类激励相结合"的运行新机制，起草了《全省完善基层医疗卫生机构绩效工资制度实施方案》，下一步将和省人社、财政等部门沟通，争取早日印发实施。

（八）加强健康养老交流合作

应广东省卫生健康委邀请，2019 年 10 月底组织黑龙江省代表团参加第六届中国国际老龄产业博览会，并出席了医养结合高峰论坛，交流了医养结合发展趋势和前景。借鉴广东省先进经验，下一步将逐步运用于黑龙江省医养结合工作，加快智慧健康养老产业建设，形成医养结合新业态。

（九）推进医学教育科研领域深度融合

根据《广东省卫生健康委关于黑龙江省需广东省卫生领域对口支持重点工作的复函》（粤卫函〔2019〕147 号），推动实现两省住院医师规范化培训合格证、助理全科医生培训合格证、专业医师规范化培训证互认有效。深化两省科研项目对接合作。2019 年 10 月 14～15 日在广州召开对口支持项目启动会。两省在汕头市开展了关于境外输入新发传染病（埃博拉）应对的生物安全应急演练，就黑龙江省国家致病菌识别网体系建设及运行与广东省病原微生物实验室备案和样本运输的生物安全等进行相互交流学习。广东省选派优秀专家支持黑龙江省 2019 年度科技进步奖评审工作。两省持续深化开展项目合作，初步商谈了科研创新中心平台建设和 P3 实验室建设申报工作，下一步广东省将协助黑龙江省建立科研创新中心平台，确定科研项目。

2020 年两省卫生健康委将进一步加强沟通衔接、相互学习和借鉴，在卫生健康人力资源、中医药、医疗资源管理、疾病预防控制、基层卫生健康、健康养老以及医学教育科研等领域深度融合，扎实推进两省卫生健康领域务实合作。

（撰稿人：李东强、林振达）

第十一章 科技对口合作

黑龙江省科学技术厅 广东省科学技术厅

2019 年，黑龙江省科技厅与广东省科技厅以习近平新时代中国特色社会主义思想为指导，认真落实广东省与黑龙江省对口合作框架协议内容，根据《黑龙江省与广东省对口合作2019 年重点工作计划》，两省科技领域开展了务实有效的合作。

一、2019 年对口合作工作情况

（一）加强对口部门交流

黑龙江省科技厅刘爱丽副厅长带队率厅有关业务处室赴广东考察调研，与广东省科技厅有关业务处室和自贸试验区有关负责人进行座谈交流，学习广东省和广东自贸试验区深圳片区科技支撑自贸试验区发展的做法，为黑龙江省制定科技支撑自贸试验区发展政策积累了先进经验。韩金华副厅长带队参加"提升科研院所创新发展能力专题培训班"，学习广东省提升科研院所创新发展能力的先进经验，与广东省科技厅进行交流，推动两省科技合作交流。哈尔滨市科技局与深圳市科创委、齐齐哈尔市科技局与广州市科技局、牡丹江市科技局与东莞市科技局等地市科技管理部门也由局领导带队开展了调研和互访，通过科技管理部门之间的对口交流，有效推动了两省科技合作。

（二）开展科技企业孵化器合作

组织开展两省合作共建孵化器系列活动，对两省合作的科技企业孵化器联合予以支持，进一步巩固了孵化器合作成果，推动孵化器深入合作。

一是加强人员交流，增进相互了解。2019 年 3 月，黑龙江省科技厅邀请中国科技开发院佛山分院院长胡晓华、佛山市中科企业孵化器总经理曹雅杰等一行 7 人来双鸭山深入调研对接，主要研究科技成果转化合作、双鸭山市科技政策及产业情况、孵化器现状等，与双鸭山市经济技术开发区深入探讨、确定科技企业孵化共建工作相关事宜。5 月，邀请广东省科技厅、广东省科技孵化器协会、广东省知名孵化器公司企业家深入佳木斯、双鸭山、牡丹江有关企业进行考察，通过座谈会、沙龙等形式开展交流。在双鸭山举办"双山合作，双创共赢"创新发展论坛，广东省科技企业孵化器协会会长张伟良、华南师范大学经济与管理学院教授及区域经济学博士后周怀峰、大智汇（广东）产业园研究院董事长施开亮分别就孵化器建设作了主题演讲，描绘出了广东省孵化器的现状及未来两地合作的蓝图，为黑龙江省孵化器建设提供了思路和建议。

二是开展业务培训，学习先进经验。2019年4月，哈尔滨市科技局组织了8家国有孵化器共11名负责人和业务骨干赴深圳学习，学习借鉴深圳国有科技企业孵化器建设和运用经验做法，创新国有孵化器运营机制。通过学习，开阔了眼界，看到了差距，学到了新理念和新模式，提高了孵化器建设和管理水平，达到了解放思想、激发干劲的预期目的。5月，由黑龙江省科学技术厅、广东省科学技术厅主办，黑龙江省科学技术情报研究院、黑龙江省科技企业孵化器服务创新联盟、广东省科技企业孵化器协会、大智汇（广东）园区产业研究院、佳木斯天鸿孵化器联合承办的第二期龙粤对口合作科技企业孵化器高级培训班在佳木斯举行，培训班特别邀请大智汇（广东）园区产业研究院执行院长、中国科技开发院佛山分院院长及广东省孵化器协会专家讲师授课，培训内容围绕孵化器建设思路、科技创新创业项目评判、孵化器商业模式的构建与创新等方面展开。来自黑龙江省各地市科技部门的创业孵化业务负责同志和省内科技企业孵化器、大学科技园、众创空间等单位的管理人员共计130余人参加培训。培训以案例教学、专题研讨和参观考察相结合的方式进行，培训过程中组织学员赴佳木斯高新区孵化器和佳木斯天鸿孵化器等地进行了参观考察，并组织相关孵化器运营企业负责人与学员交流孵化载体建设经验，使学员对孵化器和众创空间创新发展模式有更深刻、直观的认识。通过培训，学习了广东省科技企业孵化器建设的先进经验，提高了科技企业孵化器从业人员的整体素质，增强了服务科技企业和战略性新兴产业的能力，有效推动了孵化器行业快速发展。

三是加强务实合作，推进项目落地。黑龙江省科技厅和广东省科技厅为广东黑龙江科技合作双鸭山孵化基地进行授牌，中国科技开发院双鸭山孵化器中心与东北农业大学、东北林业大学、哈尔滨理工大学、黑龙江能源职业学院签订战略协议，与佛山昊航科技有限公司、佛山市百冠科技有限公司6个企业签订入驻孵化器协议。牡丹江市孵化器服务创新联盟与东莞市科技孵化协会签订了合作协议，牡丹江高新技术创业服务中心与东莞松湖华科产业孵化有限公司签订《科技企业孵化器对口合作框架协议》。在佳木斯举行龙粤合作共建孵化器项目启动仪式，广东大智汇与佳木斯天鸿共建孵化器项目正式启动；佳木斯高新技术创新创业服务中心与广东大唐盛视公司互派人员交叉任职，开展植入式、融入式、嵌入式孵化合作，双方共建的孵化器项目——佳木斯佳中孵化器有限公司揭牌；佳木斯天鸿孵化器与广东大唐盛视公司共建3万平方米孵化器、加速器项目签订框架合作协议；黑龙江省润特科技有限公司与广东大唐盛视科技产业有限公司就共同建设运营"佳中产业园"签署战略合作协议。齐齐哈尔富拉尔基区创业帮孵化器与广州"一起开工社区"众创空间的承办企业广州诣启网络科技有限公司正式签订《创业平台、创业软件开发平台合作协议》。哈尔滨市科技局协助哈尔滨新区推进深圳市四方网盈孵化器管理有限公司与黑龙江省工业技术研究院在龙岗产业园共建孵化器，成立了黑龙江深哈协同创新企业服务有限公司，目前已正式招商运营。

（三）加强科研院所交流

作为2019年黑龙江省省干部教育培训重点任务之一，由省委组织部和省科技厅共同举办的"提升科研院所创新发展能力专题培训班"在广东省召开。培训班是旨在学习借鉴广东省先进理念和经验,深化省属科研院所体制机制改革,促进科研院所创新发展能力提升。黑龙江省省属科研院所主要负责人和省委政研室、编办,省科技厅、财政厅、人社厅等部门有关同志共45人参加培训。广东省科技厅杨军副厅长出席开班式并致辞,黑龙江省委组织部滕松岩同志到会指导。培训邀请广东省科技厅相关处室、广东省农业科学院、广东省科学院、广东省林业科学研究院、广州中国科学院工业技术研究院、中国科学院云计算产业技术创新与育成中心的专家主讲,采取专家授课、研讨交流、答疑解惑、现场观摩等方式,重点就广东省科研院所体制机制改革与创新发展、科技成果转移转化、科技服务模式创新、新型研发机构建设与发展等专题进行授课和交流,并组织前往广州、东莞、深圳等地考察了相关科研院所、新型研发机构、高新技术企业、技术转移机构、科技产业园和专业镇等。通过培训,学员感受了广东省站在改革开放最前沿,鼓励大胆探索、先行先试、创新发展的理念和氛围,拓宽了视野,启发了思维,学到了先进的经验和做法,对科研院所进一步解放思想,创新发展举措,深化内部运行机制改革,激发科研人员创新创业创造积极性,提升科研院所创新发展能力,服务黑龙江省高质量发展具有重要意义。

(四) 推进科研项目合作

齐齐哈尔第一医院与南方医科大学合作的"建立颅内最常见胶质瘤的重点实验室等基础和临床转化科研平台"项目列入广州市民生科技攻关计划项目,2019年获得100万元专项资金。齐重数控和广州数控合作开展"重型数控机床系统国产化"合作研发,列入广州市科技项目指南,6月15日在黑龙江省与广东省对口合作及经贸交流座谈会上,广州数控与齐重数控在两省省长的见证下签订《共建重型数控机床系统国产化及智能化重点实验室合作协议》,双方在具体合作项目的基础上,建立智能机床研究院,开展长期合作,黑龙江省智能机床研究院已经正式揭牌运营。齐齐哈尔医学院与南方医大、广东南芯医疗合作项目"多组学联合研究乳腺癌外泌体标志物"项目列入"2019年广州市健康医疗协同创新重大专项三期项目"。南方医科大学与齐齐哈尔市第一医院合作,南方医科大学附属齐齐哈尔医院揭牌,双方在临床教学培训、会诊、医疗技术合作、人才培养、临床专科共建等方面的合作有序推进。七台河宝泰隆公司、江门千色花公司和北京石墨烯研究院签订三方合作协议,推进新材料产业发展。

(五) 举办科技交流活动

一是联合举办中国(深圳)创新创业大赛。为充分引导、整合深哈两地的科技资源与服务资源,集聚各方力量,为创业者们提供更好、更大的创新创业平台,4月,哈尔滨市科技局会同深圳市科技创新委员会、哈尔滨工业大学共同制定了《第八届中国创新创业大赛深圳赛区暨第十一届中国深圳创新创业大赛哈尔滨工业大学专场实施方案》,并于4月27日启动了报名征集工作。本次创新大赛共有162个项目进入7月23日举行的初赛,通过选拔12个项目参加了9月4~6日深圳行业决赛。

二是推进中俄两国联合创新中心建设。在哈尔滨、深圳、莫斯科、叶卡捷琳堡四个城市建立中俄两国联合创新中心基础上,组织深圳、哈尔滨两地创新主体参与国家级中俄科技创新日、中俄两国创新对话等活动，进一步扩大影响力，壮大联合创新中心基础力量。

二、2020 年工作打算

（一）巩固深化已有孵化器合作成果

联合开展孵化器从业人员培训；加快推广广东省孵化器建设和管理先进经验，提升黑龙江省孵化器的管理水平与服务质量。

（二）推进科技成果转移转化

加强两省在科技成果处置权、收益权、股权激励等方面的经验交流，鼓励科技成果在两省产业化。

（三）推动已签约项目尽快实施

推动双鸭山佛山孵化基地、佳木斯天鸿孵化器科技有限公司与广州大智汇、佳木斯高新技术创业服务中心与广东大唐盛视等双方合作孵化器建设。

（四）探索设立省级科技合作项目

梳理两省合作需求，推动重点合作项目实施，探索省级科技合作新模式。

（撰稿人：孙金良、杨保志）

第十二章 教育对口合作

黑龙江省教育厅 广东省教育厅

一、对口合作总体情况

2019 年，黑龙江省与广东省教育对口合作工作以习近平新时代中国特色社会主义思想为指导，深入贯彻党的十九大和十九届二中、三中、四中全会精神，深入学习贯彻全国教育大会精神，坚持稳中求进工作总基调，坚持高质量发展，认真落实各项对口合作任务，取得了较好的成效。

（一）抓实资源协作共建

2019 年，两省对口合作院校共建 8 个示范专业点，1 个示范性实训基地，1 个职业教育集团。

1. 共建优势专业

黑龙江交通职业技术学院在广东交通职业技术学院的协助下做好航海技术和轮机工程技术专业申报工作，邀请 8 名广东交通职业技术学院的客座教授来学院举办讲座。两校就道路桥梁工程技术、高速铁道工程技术、城市轨道交通通信信号技术、城市轨道交通工程技术等 12 门课程建设进行交流并研讨共建资源库计划；黑龙江建筑职业技术学院组织 20 人团队到广州番禺职业技术学院就智慧校园建设、现代学徒制人才培养、技能大赛筹备等方面进行交流；大兴安岭职业学院与广东轻工职业技术学院围绕"本科层次职业教育试点"专业设置以及艺术设计类专业的选考科目进行意见交换，两校草拟了《广告设计与制作国家级专业教学资源库共建协议》，计划于 2020 年上半年签订协议。

2. 共立优质课题

以《职业教育东西协作行动计划落实协议书》为背景，以立项的全国"十三五"教育部重点课题《粤黑两省职业教育东西协作的行动研究》为载体，以提升教学质量为目的，共组建 16 个职业教育子课题研究组，两省 8 所中高等职业学校，近百人直接参与了课题的研究工作，并在教师培训交流方式、专业共建、课程开发等方面取得了初步成果。

3. 共享教育资源

为适应创新型国家建设对工程技术领军人才的需求，哈尔滨工业大学与南方科技大学开展工程博士联合培养项目，共招收联合培养工程博士 50 名；黑龙江交通职业技术学院 57 名教师加入广东交通职业技术学院 35 门在线课程开发建设团队；黑龙江建筑职业技术学院与广州番禺职业技术学院双方共同申报建筑智能化工程技术专业国家级教学资源库项目，目前已签署承诺书和应用推广协议；广东轻工职业技术学院为大兴安岭职业学院提供"轻工教育在线"平台，学院将已建成的省级资源库、国家级精品资源共享课、省级精品开放课程等线上教学资源共享对口合作院校，进而提升对口院校信息化教学水平。

4. 共办技能大赛

黑龙江旅游职业技术学院财经贸易系与广东科学技术职业学院商学院共同举办第二届"互联网＋"荔枝大赛；黑龙江交通职业技术学院王燕梅教授受广东交通职业技术学院邀请，担任其学院承办的"2019 年广东省轨道交通信号控制系统设计与应用"大赛专家组组长，并与来自深圳职业技术学院等十几所广东兄弟院校的专家共同制订竞赛方案、审定竞赛规则，同时为广东兄弟院校进行集训和参赛技术指导；齐齐哈尔市职业教育中心学校举办的第二届教师职业能力大赛暨省、市教师职业能力大赛选拔赛活动中，广东省部分院校教师参与了网上教研、网上公开课点评、教学分析指导等大赛工作。

5. 共推信息化建设

黑龙江职业学院信息化建设过程中，受到顺德职业技术学院技术方面的有力支持，对全量数据中心建设、校园办事大厅建设方案给予相关帮助，并推荐中山大学信息化专家郭清顺教授为建设内容把关。目前，黑龙江职业学院已组建成实力强大的信息化建设队伍，学院信息化建设水平大幅提升。

（二）抓牢合作交流

2019 年，两省对口合作院校互派挂职锻炼教师 64 人，教师交流学习 130 人次。开展培训项目 24 项，共有 122 人次参加。66 名学生开展交流，推荐 1074 人毕业生到广东省就业。

1. 开展交流合作

黑龙江旅游职业技术学院和广东科学技术职业学院商学院围绕专业建设、课程建设、信息化建设等方面进行互访交流。其中，黑龙江旅游职业技术学院院领导赴粤 2 次，广东科学技术职业学院院领导来黑 2 次。两校就联合主办《职业技术》学术期刊、东西部合作专业共建、校企合作深度融合、职教集团建设等事宜进行深入对接和商讨；黑龙江农业工程职业学院与广东农工商职业技术学院在党的建设、思政工作、教学管理、国际交流与合作等方面进行深度交流，并就服务农垦、精准农业、智慧农业、热带农业装备等领域进行深入探讨；黑龙江省商务学校与广东省经济贸易职业技术学校建立教学互动交流机制，进而推动两校专业建设、课程建设、实训室建设等教育教学工作。

2. 开展研修培训

黑龙江职业学院与顺德职业技术学院经过沟通研究，由黑龙江职业学院选派 19 名教师到顺德职业技术学院参加研修培训；黑龙江旅游职业技术学院受到广东科学技术职业学院中高职师资培训国培项目 4 期 8 个指标的支持；黑龙江省商务学校由校长带队一行 4 人受邀请赴粤，参加由广东省物流职业教育集团主办、广东省经济贸易职业技术学校等单位承办的"深化产教融合提升育人质量"专题论坛暨广东省物流职业教育集团第二届理事

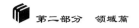

会研讨交流。

3. 推进学生实习实训

黑龙江旅游职业技术学院分5批次选派26名教师赴广东科学技术职业学院进行交流学习。在广东科学技术职业学院大力协助下，学院与广东长隆集团建立校企合作实训基地，已选派16名高职学生、24名中职学生赴广东长隆集团进行实习。

4. 开展挂职学习

牡丹江市职业教育中心学校分三批选派26名教师、23名职教集团成员单位教师和干部到广东省轻工职业技术学校、东莞市轻工业学校进行为期4周的挂职学习。期间，教师和干部通过召开座谈会、实地考察学校、师徒结对、影子学习、跟岗锻炼、走访企业等形式进行挂职锻炼。黑龙江省商务学校4位骨干教师与广东省经济贸易职业技术学校6位骨干教师结对互派。

二、2020 年工作安排

2020 年，两省将不断加强沟通协调，以更大力度、更实举措、更强担当，推动两省教育合作取得实效。

（一）完善定期会商机制

举办2020年黑粤职业教育对口合作推进会议，研究、部署、落实重点工作。推动双方各9所对口合作院校开展多种形式的校际会商、交流，共同推进合作任务。

（二）教师互派

以专业建设为切入点，构建同类专业对口合作路径，互派教师及教学管理人员交流经验。结合两校各自优势，利用挂职、交流、考察、学习等形式，提升专业建设水平，提高教师和管理人员业务能力。

（三）专业共建

合作推进各结对院校重点专业群建设，双方就学习现代学徒制、"1 + X"制度、双高计划等项目开展深度交流，探索产教深入融合的有效路径，提升教育教学水平。

（四）加大培训交流力度

邀请两省高校校长、教学名师等专家开展专题讲座，学习交流有关经验做法。举办应用型本科院校、职业院校中高级管理干部培训班、高教大讲堂、职教大讲堂。

（撰稿人：王明福、李海涛、石笑朋、翟秀梅、梅毅、邓国华）

第十三章　人力资源交流合作

黑龙江省人力资源和社会保障厅　广东省人力资源和社会保障厅

2019 年，黑龙江省与广东省人力资源对口合作工作以习近平新时代中国特色社会主义思想为指导，深入推进习近平在东北振兴座谈会重要讲话精神和考察黑龙江重要指示精神，树立人才是第一资源的工作导向，加大推进两省人才资源对口合作力度，为黑龙江全面振兴全方位振兴提供人才保障。

一、2019 年对口合作工作进展情况

根据《黑龙江省与广东省对口合作 2019 年重点工作计划》（黑发改对外合作〔2019〕292 号）和《关于印发黑龙江省与广东对口合作实施方案及任务分工安排表的通知》（粤发改对口〔2018〕2018 号）要求，认真落实各项对口合作任务，取得了较好成效。

（一）技工院校对口合作深入推进

1. 签署合作协议

充分发挥两省人才智力优势，深入推进人才资源对口合作，两省签订《黑龙江省与广东省人力资源和社会保障工作对口合作框架协议（2018－2020 年)》，为两省技工教育合作、高层次人才互访交流、加大专技术人才交流、搭建劳务输出平台等工作开展提供了规范的顶层设计和良好的政策遵循；制定《黑龙江省与广东省技工院校对口合作实施方案》，明确了专业建设、师资培养、校企合作、互通互访等合作内容。在此基础上，2019 年 1 月，黑龙江省人社厅与广东省人社厅签订《技工教育合作协议》，广东、黑龙江 10 所技工院校成功签署对口合作协议，两省技工院校对口合作进入实质性推进阶段。首批两省各选择 5 所技工院校开展合作试点。黑龙江技师学院、哈尔滨技师学院（哈尔滨劳动技师学院）、哈尔滨铁建工程高级技工学校、大庆技师学院、牡丹江技师学院分别与广东机械技师学院、深圳技师学院、广东省城市建设技师学院、广东省技师学院、东莞技师学院建立对口合作关系，在校企合作、人才培养、专业建设、多元评价、世赛培训、教学改革、师资培训、信息化建设、互通互访等方面开展了卓有成效的合作，推动两省技工院校合作进入实质阶段。

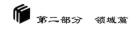
2. 共建优势专业

两省院校合作项目均是双方优势互补的项目，合作内容务实。黑龙江技师学院与广东省东莞市技师学院在电子商务等专业建设方面开展合作，由东莞技师学院帮助协调引进京东集团校园实训中心项目，该项目作为东北地区技工院校第一家京东校园实训中心，企业方拟投资156万元，包括5年200个京东系统授权、京东企业专用网络、客服管理师认证课程、电商行业知识培训等，预计2020年上学期建成，将极大提高电子商务专业建设水平。牡丹江技师学院与广东度才子集团有限公司合作共建"软件工程师牡丹江训练基地"，引入广东度才子集团的专业课程、教学资源、实习实训、就业推荐服务等人才培养体系，共同进行学生培养和社会培训，该专业"大学生＋技师"班已经进入招生阶段。哈尔滨铁建工程高级技工学校与广东城建技师学院在电气自动化设备安装与维修专业实训室改造建设、实训项目等方面开展合作，增加了安全用电等实习项目，使实训室功能更加完善，同时，学校帮助广东城建技师学院开设了铁路客运服务、航空服务2个专业。大庆技师学院与广东省技师学院在机电系产品检测与质量控制专业、3D打印技术专业就人才培养方案制定、实训室建设、教学实施、以老带新、随堂听课学习等内容制定了合作措施。

3. 开展校企合作

以对口合作为途径，黑龙江合作院校与广东企业深入开展合作。黑龙江技师学院与广东信科教育科技有限公司合作共建工业机器人专业实训室，企业方投资80万元，设备包括3台四轴工业机器人实训台、1套智能仓储（AGV小车、仓库），企业方定期选派技术人员来学院授课指导。牡丹江技师学院承办了"牡丹江—东莞校企合作座谈会"，来自东莞市的23家知名企业参加座谈会，学院与东莞职介中心在会上签订了校地人才战略协议，与东莞中科蓝海智能视觉科技有限公司合作共建"智能视觉创新创业中心"，通过中科蓝海引进智能视觉、软件和机器人高科技项目入驻。牡丹江市人民政府、深圳华实城市文化娱乐投资有限公司、牡丹江技师学院，政、企、校三方合作，规划建设牡丹江技师学院新校区，三方签订了共建协议。哈尔滨铁建工程高级技工学校通过广东城建技师学院合作途径，与广东度才子集团合作的软件工程专业、广东信科教育科技公司合作的工业机器人应用与维护专业已经落地开展合作。

4. 开展大赛交流

黑龙江技师学院与广东省机械技师学院同为第44、45届世赛数控车项目集训基地，在数控车、数控铣等世赛项目选手培养交流方面开展了深度合作。2019年6月，在广东省机械技师学院的协调帮助下，黑龙江技师学院邀请第45届世界技能大赛数控车项目国家队专家组长北京航空航天大学教授宋放之、北京工业技师学院专家王展超、翻译马丽、广东省机械技师学院教练余远杰、广东省机械技师学院教练陈智民、广东省机械技师学院选手黄晓呈（第45届世赛数控车项目冠军）一行六人来学院开展一个星期的世赛走训。邀请广东省机械技师学院副院长李作专、竞赛科副科长陈建立到学院指导学院第45届世赛数控车项目集训基地建设和技能大赛选手的培养工作。2019年11月，邀请广东省机械技师学院教师、第44届世界技能大赛数控铣项目冠军杨登辉到学院针对世赛数控铣项目进行为期10天的专项指导，并为师生进行了参赛分享；2019年春季，哈尔滨铁建工程高级技工学校组织的第七届学生职业技能大赛中，工程电工专业、学前教育手工制作专业、CAD制图3个专业的赛项，由广东城建技师学院帮助制订赛题、制订标准开展竞赛，对促进该专业技能人才培养和提高专业竞赛标准和质量发挥了重要作用。

（二）增进互访合作交流

1. 加强访问交流

两省人社部门选派骨干力量对接洽谈，互利共赢，开展相关活动。对口合作协议签署之后，两地合作院校持续开展互通互访，商讨合作事宜，2019年两省院校领导教师互访交流达10余次，100余人次。2019年3月，哈尔滨铁建工程高级技工学校赴广东城建技师学院就教育、教学、教研、专业建设等方面开展研讨交流；2019年4月，大庆技师学院赴广东省技师学院研讨对接，确定了《广东省技师学院与大庆技师学院2019年交流合作项目实施方案》；2019年5月，黑龙江技师学院赴广东省机械技师学院考察交流，针对世赛数控车项目大赛训练等方面内容进行交流商定；牡丹江技师学院先后两次赴东莞市技师学院学习考察，深入了解了东莞市技师学院学习型工厂、实训室建设、专业发展和技能竞赛等方面的情况；2019年11月，哈尔滨技师学院（劳动技师学院）参加了深圳技师学院第"十六届技能节"交流学习活动及校企合作高端论坛。通过访问交流，两省合作院校制定了合作的具体措施，推动了合作协议的贯彻落实。

2. 加强高级专家服务团交流

为进一步畅通技术、智力、管理、信息等要素向基层流动，更好地助力大庆转型发展，2019年11月由黑龙江省人社厅主办，大庆市人社局承办的高级专家服务团助力脱贫攻坚活动在大庆隆重举行，邀请广东省材料科学工程、石油化工等领域顶尖专家，分别就页岩油、油头化尾等领域进行项目对接，通过开展技术指导、培训授课、交流座谈等对口服务，答疑解惑、把脉问诊、精准服务，解决基层生产实际难题。达成建立东北石油大学油头化尾研究院的合作意向，推动项目支援合作、助推当地科技创新和经济发展。国家人社部专业技术人员管理司司长俞家栋出席活动现场并致辞。

3. 知识更新高研班给予倾斜

以实施专业技术人才知识更新工程为抓手，广东省在项目培训名额上给予黑龙江省更大的倾斜力度，2019年在"数字经济时代下电子商智能商务的转型""乡村产业发展与扶贫攻坚""人工智能＋智能制造技术融合与应用""地质防灾减灾及救灾能力建设"和"超算＋智能制造技术融合与应用""大数据在母婴精准医疗、保健、健康质量管理应用"6期国家级高级研修班中，重点培训黑龙江省高层次专技人才和高级管理人才62余人次，为龙江高层次人才创造一流的进修和交流环境。

4. 搭建劳务输出平台

黑龙江省积极组织相关市（地）认真梳理去产能企业从业人员就业需求情况，开展摸底调查，建立基本信息台账，详细了解有转移意愿务工群众的文化程度、技能水平、薪酬待遇等情况，形成"求职需求清单"提供给广东省相关部门。积极指导哈尔滨、双鸭山等市定期向广东省对口地区深圳、佛山发布岗位需求信息，建立劳务输出对接机制，适时开展劳务对接活动。

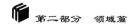

二、下一步工作打算

2020 年，两省将进一步贯彻落实《黑龙江省与广东省人力资源和社会保障工作对口合作框架协议（2018~2020 年）》《黑龙江省与广东省技工院校对口合作实施方案》，推动两省对口合作取得更大实效。

（一）夯实技工教育合作

1. 加大师资培训

采取挂职、交流、考察、学习等形式，两省合作院校定期组织干部和教师在专业技能、教学方法、职业素养、教学管理等方面进行交流互访，互相学习办学理念和办学模式。选派专业骨干教师到广东省机械技师学院学习数控加工、汽车检测与维修、电子商务、计算机网络应用等专业的相关内容，提高教师和管理人员业务能力。

2. 加强专业建设

两省合作院校建立相关专业合作办学工作机制，深化在联合招生、人才培养、课程建设、资源共享等方面的合作，带动合作专业建设水平不断提升。深入推进双方共享新能源汽车检测与维修、电子商务、汽车维修、幼儿教育、机电一体化、数控加工、计算机网络应用等专业的人才培养方案和课程标准，及时掌握相关专业建设的新方向和新技术。

3. 推进世赛交流

借助广东省技工教育参与世赛的先进经验以及与世赛标准对接的世赛实训基地的优势，定期组织合作院校教师和参赛选手的相互交流，开展相关项目的教练、选手专业技能提升培训，提升黑龙江技工教育参与世赛的能力和水平。

4. 加深校企合作

借用双方地域优势，两省合作院校开展与知名企业的校企深度合作，共建高技能人才实训基地。引入高端企业规范、人才标准，引入企业真实项目，采用产教融合的教学模式，培养适应经济发展和企业需求的高技能人才。

（二）深化两省高层次人才互动交流

充分发挥黑龙江省科创资源优势和广东省产业发展优势，继续推进两省高层次人才资源互动交流，带动技术、智力、管理、信息等要素向双向流动。注重发挥典型引领作用，吸引集聚广东省高层次人才为黑龙江省传统产业优化升级、加快发展新兴产业服务，促进区域经济协调发展，实现两省优势互补、合作共赢。

（三）开展专业技术人才交流培训

进一步深化两省专业技术人才的培训合作，广东省举办的国家级知识更新工程高级研修班中继续单独给予黑龙江省每期 10~20 个培训名额，为黑龙江高层次人才提供学习、交流的平台。

（四）强化跟踪服务力促项目落地

建立专家咨询长期合作互鉴互学机制，通过电话回访、邮件、微信等现代技术手段，针对合作项目推进过程中遇到的关键性问题进行研讨、交流、咨询。主动加强与广东省人社部门、地方企事业单位、高层次人才之间的协调沟通，及时打破项目合作壁垒和阻碍，推动项目落地生根、开花结果。

（撰稿人：李双春、李宏、赵媛英子）

第十四章　城乡建设与管理对口合作

黑龙江省住房和城乡建设厅　广东省住房和城乡建设厅

2019 年，在两省省委省政府的高度重视下，黑龙江省住房和城乡建设厅与广东省住房和城乡建设厅密切沟通、深化合作、共谋发展，积极探索建立高效务实的合作机制，促进理念互融、信息互通和成果共享，推动对口合作取得扎实成效。

一、见学融智，共谋发展新理念

思想是行动的先导，先进的思想观念、现代化的管理方法是推动黑龙江省住建领域高质量发展的重要保障。为此，黑龙江省住建厅先后多次组织干部赴广东省住建厅参观见学，学习广东省住建领域先进的发展理念、科学的管理方法和成熟的发展经验，得到了广东省住建厅的大力支持和无私帮助。

2019 年 10 月 28 日，黑龙江省住建厅党组成员、副厅长李守志率队赴广东省住建厅参观见学，并对行业发展，特别是行业行政审批工作进行学习交流。学习期间，调研组人员列席了由广东省住建厅党组成员、副厅长郭壮狮主持召开的全省推行建设工程企业资质电子证书工作部署会议，对有关工作有了进一步了解。参加了广东省住建厅二级巡视员魏振发组织相关处室召开的经验交流座谈会，就行业发展和行政审批信息化建设等方面，进行了深入交流和讨论，并达成了在行政审批信息化建设方面进一步加强合作的共识。

通过交流见学，推进了两厅合作更为高效务实，建立了携手向前、共谋发展、健康长久的合作机制。

二、高效务实，信息化建设再结新成果

2019 年 3 月 18 日，由广东省住建厅援建的黑龙江省住建厅政务服务管理信息系统正式上线运行，标志着两厅的合作在黑龙江大地上开花结果。该系统的上线运行推动黑龙江省住建领域行政审批信息化建设迈上了新台阶，实现了权限内企业类资质申报和审批全程电子化，形成了省、市两级住建系统行政审批"一张网"，基础数据"一个库"，行业监

管"一条线"的新模式，为实现权限内资质类行政许可事项"不见面"审批提供坚强保障。

2019 年 12 月，在两厅党组的大力支持与推动下，广东省住建厅在援建黑龙江省住建厅政务服务管理信息系统基础上，又为黑龙江省住建厅开发了电子证书功能，权限内企业类资质证书全部实现了电子化管理。黑龙江省住建厅成为黑龙江省首家推行电子证书的机关单位。真正实现了建设类企业资质审批"不见面"、证书"秒制发"、企业"零跑动"、查验"全社会"，审批事项、流程、时限得到进一步压减，为企业办事带来更大的便利。

2020 年，两省住房和城乡建设厅将继续开展好对口交流合作，继续完善电子政务平台对接，进一步做好政务服务网对接工作，确保政务服务管理信息系统稳定有效地运行，推动对口合作继续取得扎实成效。

（撰稿人：王作中、吴贵楷）

第十五章 智库对口交流合作

黑龙江省社会科学院（省政府发展研究中心）
广东省人民政府发展研究中心

2019 年，按照《国务院办公厅关于印发东北地区与东部地区部分省市对口合作工作方案的通知》和《黑龙江省与广东省对口合作实施方案（2017－2020 年）》要求，广东省政府发展研究中心与黑龙江省社会科学院（省政府发展研究中心）加强信息沟通和协调互动，推动智库对口合作务实开展。

一、智库对口交流合作情况

（一）进展顺利，认识提升

党的十八大以来，黑龙江省与广东省建立对口合作关系。2017 年，作为两省政府智库机构，广东省发展研究中心与黑龙江省社科院（省政府发展研究中心）签署了对口合作框架协议。广东省 13 个地级以上市分别与黑龙江 13 个地市实现"一对一"结对。2018 年，双方积极开展合作研究，分别形成《加强粤龙优势整合推动拓展对俄经贸合作》《加强龙粤合作推进对俄经贸高质量发展》两份研究报告，并得到省领导批示。2019 年，广东省发展研究中心和黑龙江省社科院（省政府发展研究中心）认真开展"不忘初心牢记使命"主题教育和巡视整改工作，以加强党的领导和党的建设为牵引，努力开拓各项业务工作包括粤龙智库合作新局面。通过学习，大家认识到组织东北地区与东部地区部分省市建立对口合作机制，是以习近平同志为核心的党中央作出的重大决策部署，完全符合广东和黑龙江两省发展实际和需求。两省省委省政府始终将其作为重大政治任务和促进两省经济社会共同发展的重大机遇来抓。作为政府智库，广东省发展研究中心和黑龙江省社科院（省政府发展研究中心）要坚持党的领导，围绕大局服务中心工作，坚决落实党中央关于对口合作工作的部署要求，把中央要求、两省所需、两地所能结合起来，加强东北振兴与粤港澳大湾区建设的战略对接，系统谋划双方未来合作，探索创新合作模式，实现高水平共赢发展。

（二）优势明显，省市互动

广东是古代海上丝绸之路的发源地、近现代革命的策源地、当代改革开放的前沿地、实验区，经过全省人民 70 年接续奋斗，从沿海落后农业省份转变为全国第一经济大省、外贸大省、创新大省和全球重要的制造基地。黑龙江省是东北振兴战略的重要区域，是对俄沿边开放的桥头堡和枢纽站，资源禀赋、区位条件、产业基础、科技实力等具有独特优势，发展潜力和空间巨大。加强两省智库对口交流合作，是两省对口合作总体框架下的重要内容。作为两省智库间合作交流的牵头单位，2017 年以来，在对口合作框架协议的框架下，双方依托各自比较优势，不断完善两省智库常态化合作交流机制。包括：建立沟通协调机制，明确具体联络处室和推进团队；建立两省发展研究中心和社科院工作讨论会制度，实现对接联系常态化，共商智库对口合作重大事项；健全研究课题合作机制，聚焦两省经济建设和社会发展的重点、热点、难点问题，形成高质量研究报告；联系相关企业，推动举办企业家、智库对话交流；共享智库平台等。同时，加强与广东省社科院的联系沟通，加强与广东各地市发展研究中心的协调指导，定期召开宏观经济形势分析会议，如指导深圳市发展研究中心中心按照"小机构、大网络"开门办研究思路，加强与海关总署研究室、香港贸发局研究部、黑龙江相关智库的研究合作，强化与中国全球化智库（CCG）、广东农村研究院等"民办官助"政府购买服务合作机制，组织企业代表、专家学者等办好论坛等，推广广东经验，履行对口合作责任。2019 年 5 月，深圳前海创新研究院东北分院和东北亚创新研究中心在哈尔滨市成立，将通过发挥智库作用，探索内陆与沿海协同发展的新模式和新形态。

（三）加强往来，互学互惠

为推动两省智库合作不断走向深入，近两年，双方人员往来交流明显增多。2018 年 4 月，黑龙江省社科院（省政府发展研究中心）区域经济处赴广东省调研，考察广东对外经贸合作思路、经验和做法。2018 年 6 月和 7 月，广东省发展研究中心与黑龙江省社科院（省政府发展研究中心）组成调研组，赴等黑龙江绥芬河、东宁、同江、抚远等地，就黑龙江省构建以对俄合作为重点的对外开放新格局和黑龙江省陆路、水陆口岸开放建设等情况开展联合调研。2018 年 9 月，广东省发展研究中心派员随同省领导赴黑龙江开展相关对口合作考察工作。2019 年 10 月，黑龙江省社科院（省政府发展研究中心）党委副书记、院长董伟俊一行赴广东省调研人才流入和引进、粤港澳大湾区规划建设等情况，召集广东省发改委、科技厅、工信厅、人社厅、自然资源厅、交通厅、地方金融局、中山大学等参与座谈，了解粤港澳大湾区核心区域的重点项目、建设情况、主要经验和未来设想，并就留住、引进高校人才的经验与做法及如何进一步提升区域发展增长极开展了深入讨论。通过加强实地调研的方式，两省智库就新型智库建设、合作研究、推动成果转化等进行探讨，凝聚共识，互学互鉴，带着感情和责任推动合作走向深入。

二、2020 年工作思路

2020 年是"十三五"规划圆满收官、全面建成小康社会，实现"两个一百年"奋斗目标的第一个百年奋斗目标的关键节点，也是粤龙两省对口合作走向纵深，智库合作更上

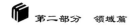

一层楼的重要时期。坚持以习近平新时代中国特色社会主义思想为指导，将建设高端智库、深化智库合作、提高研究水平作为提升治理能力的一项制度性安排，聚焦资源共享、合作研究、成果交流等重点合作事项，以更务实的措施提升两省智库对口合作成效和水平。

（一）以对口合作助推高端智库建设

改革发展任务越重，就越需要智力支持。当前，面对中华民族伟大复兴的战略全局和世界百年未有之大变局，各种问题短板、风险挑战更加突出，经济下行压力增大。要加强向兄弟省份学习，加强智库间交流合作，针对中美经贸斗争、技术创新瓶颈、发展不平衡不协调等具有全局性、系统性的问题，认真开展调查研究，多出一批高质量研究成果。围绕建设成为具有重要影响力和较高知名度的政府综合性高端智库的目标，构建决策咨询大网络，形成多层次的学术交流平台和成果转化渠道。加强信息化智慧化建设，尽快建成"宏观经济运行与决策咨询大数据平台"，并推动两省数据共享。要创新决策咨询工作和服务机制，充分发挥两地大学、省直有关研究院所、省重点智库等方面优势，延伸决策咨询服务触角。

（二）推动智库交流合作常态化，推动对口合作走向深入

结合《黑龙江省与广东省对口合作实施方案》部署和工作安排，围绕两省对口合作领域和重点任务，提炼总结两省在对口合作机制创新、激发内生动力和活力、各领域不同层次对口合作等方面的有益经验，不断深入研究推进两省对口合作的相关政策建议。加强在决策咨询服务机制等方面的交流合作，在举办省长与专家座谈会、决策咨询课题招投标和《发展蓝皮书》出版、筹建宏观经济运行与决策咨询大数据平台等方面，进一步沟通信息、征求意见、互学互鉴。探索在党的建设、支部共建等方面加强交流，拓宽智库合作的范畴，构建更坚强的政治保证。

（三）研究推动干部挂职和人才培训

当前建设高端智库仍然面临诸多不少亟待解决的问题，主要表现在人才管理体制、研究条件和信息化手段落后等方面。只有抓住机遇，解放思想，主动作为，联合培养人才，才能探索出一条符合决策需求和智库规律的发展道路。加强干部培训，让广大干部切实感受习近平新时代中国特色社会主义思想的真理力量、实践力量；感受国家实施沿边开放战略、兴边富民取得的巨大成效；两省互学互鉴推进新型高端智库建设的好做法好经验。坚持正确的用人导向，结合工作实际，推动互派干部挂职交流，特别是争取黑龙江省干部赴粤挂职学习培训，实地考察广东，为两省智库对口合作架起一座"友谊和智慧的桥梁"。

（撰稿人：古燕萍、邹飞祥）

第十六章　干部人才对口交流培训

中共黑龙江省委组织部　中共广东省委组织部

按照党中央深入推进老工业基地振兴的战略部署和近年来相继印发的对口合作支持性文件要求，两省在不断深化经济、社会等各领域对口合作的同时，把推动两省干部人才交流培训，作为深化两省对口合作的重要举措，作为强化干部培养锻炼的重要方式，持续推动两省干部人才对口合作取得良好成效。

一、2019 年主要工作情况

（一）强化工作对接

两省组织部门始终高度重视推动干部人才对口交流培训工作，注意加强日常沟通联系，互通交流培训需求，商讨推进落实举措。2019 年 3 月 11～14 日，时任黑龙江省委常委、组织部部长王爱文带领调研组赴广东省进行了学习考察，期间，与广东省委常委、组织部部长张义珍会面，共同研究谋划深化两省干部人才交流的工作方向和具体措施，推动干部人才交流培训取得新进展。调研组在粤组织召开了两个座谈会（广东省有关省直部门、部分市委组织部座谈会，哈尔滨市第二批赴深圳市挂职干部座谈会），学习广东省干部队伍建设先进做法，听取挂职干部收获体会和意见建议；参观考察了广州无线电集团、广州广电运通金融电子股份有限公司、广州海格通信集团有限公司、广州励丰文化科技股份有限公司、深圳湾创业广场、腾讯计算机系统有限公司和深圳前海蛇口片区，近距离学习借鉴广东现代化信息化企业发展经验。

（二）持续推动干部挂职

2019 年，黑龙江省各地市选派 31 名干部到对口合作城市挂职锻炼，促进干部开阔视野、学习先进、锻炼成长。通过几个月挂职锻炼，挂职干部学习到了广东省干部身上的开拓意识、国际视野、工匠精神和服务理念，借鉴参考了很多广东省成型的经验做法，对于促进黑龙江省各项工作起到了积极作用。同时，挂职干部充分发挥桥梁纽带作用，与广东、港澳企业家建立联系，积极协调招商引资项目，有效推动了两省"寒来暑往""南来北往"的互利合作。广东省接收地（单位）合理安排挂职干部岗位和分工，积极为他们

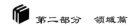

学习锻炼创造条件、提供平台。

（三）深入开展交流培训

两省紧紧抓住对口合作有利契机，充分发挥广东省优质教学资源作用，开展干部人才交流培训，有效促进了观念互通、思路互动、作风互鉴、办法互学。一是组织对口培训。黑龙江省选派4批共39名省管干部赴广东省委党校"市厅级干部进修班"进行"嵌入"学习，有效加强了两省省管干部学习交流。二是实施异地教学。黑龙江省委党校春秋两个学期第56、第57期省管干部进修班教学课程中，单独安排一周时间（分别是4月21～27日、10月12～18日）赴广东省深圳市考察学习，共培训省管干部84人。三是进行专题培训。黑龙江省委政研室、省工商联、省科技厅分别组织举办"深化改革推动高质量发展""民营科技型企业学深圳创新发展""提升科研院所创新发展能力"等赴广东专题培训班，共培训相关领域领导干部188人。通过到广东省开展交流培训，加强了两省间干部学习交流，使干部开阔了视野、增长了见识、拓宽了思路、提升了本领。

二、下一步工作思路

（一）扎实做好干部挂职锻炼

两省组织部门积极对接沟通，根据对口合作需要合理商定互派挂职干部数量，呈报中组部同意后组织实施，两省统筹做好挂职干部的跟踪管理服务工作，确保挂职锻炼取得实效。

（二）推动异地培训常态化

黑龙江省继续选派地市党政班子成员、省直经济部门副职或省属企业相当职务管理人员赴广东省委党校市厅级干部进修班交流学习，促进干部在发达地区学习经验、锻炼成长，提升素质能力。

（三）加强高层次人才交流合作

按照市场原则"不求所有，但求所用"，搭建好两省人才信息共享交流平台，持续加大柔性引才力度，吸引广东优秀人才到黑龙江省开展交流合作和专题辅导。推动黑龙江省重点高校、大型国企的高级专业技术人才赴粤交流，促进科研成果、技术力量、专业资源的互通互用。

（撰稿人：李鹏、唐晓棠）

第十七章 黑龙江自贸区与
广东自贸区合作

哈尔滨市松北区商务和国际合作促进局
中国（黑龙江）自由贸易试验区绥芬河片区管理委员会
黑河边境经济合作区经济合作局
中国（广东）自由贸易试验区深圳前海蛇口片区管理委员会
中国（广东）自由贸易试验区广州南沙新区片区管理委员会
中国（广东）自由贸易试验区珠海横琴新区片区管理委员会

2019 年 8 月 30 日，中国（黑龙江）自由贸易试验区正式揭牌。按照战略定位，黑龙江省将以制度创新为核心，以可复制可推广为基本要求，全面落实中央关于推动东北全面振兴全方位振兴、建成向北开放重要窗口的要求，着力深化产业结构调整，打造对俄罗斯及东北亚区域合作中心枢纽。11 月 30 日，在哈尔滨太阳岛宾馆，哈尔滨、绥芬河、黑河三个片区分别与深圳前海蛇口、广州南沙新区、珠海横琴新区三个片区签署合作框架协议。根据框架协议，哈尔滨片区与深圳前海蛇口片区将围绕推进改革创新经验复制推广、推进改革创新系统集成、建立人才交流合作机制、推进科技成果转化共享、推进贸易便利化领域合作、推动优势产业合作发展、支持跨区域金融产业合作、支持物流企业良性互动优势互补等方面展开合作。绥芬河片区与广州南沙新区片区、黑河片区与珠海横琴新区片区将围绕制度创新、政务服务、产业发展、金融创新、贸易便利化、人才引进与交流等领域深化合作。

一、哈尔滨片区与深圳前海蛇口片区对口合作

（一）打造对口合作样板，推动深圳（哈尔滨）产业园区建设

1. 引入深圳标准，推进园区规划设计

哈尔滨片区支持深圳（哈尔滨）产业园区建设引入《深圳市城市规划标准与准则》、《深圳市城市规划条例》、《深证市法定图则编制技术指引》，按世界一流园区标准高起点、高标准建设深哈产业园。

2. 复制深圳创新政策，保障园区发展

推进实行招投标评定分离、新型产业用地（M0）等创新政策在园区先行先试；创新企业用地方式，探索先租后让、联合竞买等新型土地供应模式，保障入园企业用地需求。

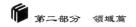

3. 引用深圳先进经验，完善运营模式

建立政企合作的园区运营服务模式，依托政务服务中心，为园区企业、人才提供便利化服务；积极推进"智慧+园区"开发模式，实现园区信息基础设施智慧化、运营服务信息化、数据平台开放化，将深圳（哈尔滨）产业园打造成互联互通、便捷高效的智慧园区典范。

（二）率先形成国际化、法治化、便利化的营商环境改革高地

1. 开放动能强劲

作为中国（黑龙江）自由贸易试验区的核心片区，通过联动黑河、绥芬河，依托哈黑、哈绥等五大开放廊道，强化哈尔滨片区辐射带动作用，形成"哈绥黑"沿边开放带，着力构建国家物流枢纽，充分发挥开放、改革、发展、创新的叠加优势，打造成集改革与开放于一体的综合试验田。

2. 体制机制灵活

哈尔滨片区内形成了行政区、开发区、高新区、自贸试验区、国家级新区"五区联动"，享受多重政策叠加，通过整合多种体制机制，赋予了哈尔滨片区更为灵活的制度优势。同时，充分利用深哈对口合作机制，建设"飞地经济"，按照"能复制皆复制，宜创新皆创新"的原则复制推广深圳经验，为哈尔滨片区加快对接国际贸易规则奠定了坚实基础。

3. 营商环境不断优化

主动服务意识进一步增强，创新承接省市下放事权，"带土移植"深圳市经验，审批服务的"一门、一窗、一网和一章"改革加快推进，"承诺即开工""办照即营业"等一批先行先试举措逐步发挥改革效用。出台创业、教育等七方面惠民聚才政策，抢抓自贸试验区机遇，初步提出了超过百项的年度改革任务清单。市场活力明显增强，平均每天新设立企业300多户，同比增长30%以上。企业登记自主申报智能审批改革、离岸外资企业登记服务等制度创新成果均为国内领先或首创。围绕提升外向型经济水平，哈尔滨片区管委会着力加大招商引资力度，协议引进外资签约额48.22亿美元，直接利用外资1.2亿美元，龙运集团B型保税物流中心等一批外贸企业和功能项目落户片区，自贸区的政策集聚效应持续显现。

（三）形成联通内外、辐射欧亚的东北亚商贸物流枢纽

1. 国际江路空"三港"联动大通道

哈尔滨片区整合公路、铁路、江海铁联运、航空等资源，全力推进多式联运物流体系建设，构建全方位、立体化的国际物流平台，打造以中欧班列为出口的陆路口岸、以"哈尔滨港"为出口的沿江口岸、以哈尔滨机场为出口的空港口岸的江陆空立体开放架构。深度整合"三港"资源，大力发展保税物流、空港物流以及铁路集装箱物流，全力搭建一体化联动、线上线下互动的第三方物流和交易平台。

2. 东北亚商贸物流组织中枢

以龙运集团为依托，大力发展对俄出境公路货物运输，开发国际货运线路，建立国际物流网络体系，促进物流、人流、资金流、信息流的汇聚和货值落地。

依托利民物流园区、松北润恒物流园区、对青国际陆港和哈尔滨北站商贸物流服务园等载体，发挥空铁双通道优势，完善服务体系，构建东北亚商贸物流组织中枢。

以哈尔滨市开展跨境电商试点工作为契机，推动中俄"网上丝绸之路"电子商务经济合作试验区内海关监管场所、电子商务交易平台、电子商务企业、支付企业、物流企业、海关、外汇、国税等相关管理部门之间数据交换与信息共享，提供涵盖电子商务出口报关、检验检疫、结汇、退税等全流程服务，实现跨境电子商务进出口商品快速检验过关、便捷出口退税和阳光收汇结汇。

（四）成为对俄及东北亚全面合作示范区

哈尔滨片区积极打造经贸、金融、科技、文旅、教育、信息 6 个对俄合作平台。片区企业对俄业务不断拓展，每年有 300 多名高校教师和学生到俄罗斯交流学习，有近 200 名俄籍专家常年在区内工作。

1. 产业基础雄厚，打通中俄合作产业链

哈尔滨片区产业基础雄厚，叠加了哈尔滨新区已有的产业基础，包括深圳（哈尔滨）产业园区、宝能国际经贸科技园、绿地东北亚国际贸易中心（会展中心）、文化旅游产业园等多个重点产业园区，集聚了一大批以新一代信息技术、新能源、新材料为主的战略性新兴产业，拥有 215 个科研院所、23 所高校和 200 家高技术企业，通过科创策源，厚植发展新动能。

哈尔滨片区将加强与乌克兰、俄罗斯等国在航空航天、生物医药等领域合作，打造黑龙江自贸试验区的特色竞争优势和开放型产业集群。

2. 区位优势明显，打通中俄合作物流链

哈尔滨处于东北亚的中心位置，是连接中蒙俄经济走廊和亚欧国际货物运输大通道的重要节点，以及联通欧亚与北美的航空枢纽，与俄罗斯远东地区、蒙古、日本、韩国均处在 2 小时航空交通圈，航运可与俄罗斯远东港口相通，可对接国际陆海联动大通道。

哈尔滨片区规划建设 B 型保税物流中心，支持片区内企业到俄罗斯远东地租租赁港口，搭建区域性国际贸易公共服务平台和促进平台，探索建立区域供应链管理体系。

3. 金融合作初见成效，打通中俄合作金融链

哈尔滨片区依托哈尔滨银行，成立了全国首家中俄跨境金融服务中心，中俄金融联盟加盟金融机构达到 72 家，为对俄企业开展结算业务提供了全方位服务。成为中国（黑龙江）自由贸易试验区的核心片区，为构建开放型经济新格局创造了条件。

哈尔滨片区将加快推进落实中俄金融联盟及对俄跨境金融服务中心的建设，积极推动对俄结算中心及清算中心的建设，谋划设立对俄大宗商品期货交易市场。

4. 科技创新实力较强，打通中俄合作科创链

哈尔滨片区是东北地区重要的技术创新中心和科研成果转化基地，现有国家和省级研发机构 162 个，高等院校 23 所，省级以上技术转移示范机构 6 家，国家认定的高新技术企业 219 户。是第二批全国大众创业万众创新示范基地，2018 年"双创"工作受到国务院督察激励。打造了"众创空间—孵化器—加速器—产业园"四位一体的全链条技术孵化和成果转化体系，集聚孵化器及众创空间 53 个，总面积 122.2 万平方米，在孵企业 2654 家。新光光电成功登陆科创板。

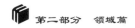

哈尔滨片区将推动深圳、哈尔滨、俄罗斯三方合作，搭建联合研发平台，支持扩建黑龙江石墨烯新材料实验室、哈尔滨网络安全实验室等创新平台。

二、绥芬河片区与广州南沙新区片区对口合作

（一）互动交流进一步增强

2019 年 11 月 25 日，绥芬河市委副书记王镭一行到广州南沙新区片区调研，参观了明珠湾开发展览中心、政务服务中心，并召开座谈会就合作框架协议各项内容进行了研究讨论。2019 年 11 月 30 日，广州南沙新区片区与绥芬河片区在哈尔滨签署战略合作协议，双方不断加强交流合作，切实抓好协议相关内容的落实工作。2019 年 12 月 1 日，广州南沙新区片区管委会副主任潘玉璋带队，政务服务数据管理局、创新工作局、口岸工作办公室等相关部门一行到绥芬河片区对接，双方就进一步开展互动合作、资源共享、先行先试展开深入交流，并在人才交流合作、政务系统合作、经贸领域合作、金融领域合作等方面达成合作共识，初步确定 2020 年春季，派干部赴广州南沙新区片区跟班学习。2019 年 12 月 17 日，牡丹江市副市长齐忠彦带队，绥芬河市市长、绥芬河片区专职副主任王永平参加，赴广州南沙新区片区就对口合作进行回访，先后考察了广州南沙新区片区明珠湾开发建设展览中心、政务服务中心，并与广州南沙新区片区管委会相关领导进行了座谈交流，绥芬河片区与广州南沙新区片区合作交流的互访机制逐渐建立。

（二）制度创新复制推广工作进展顺利

广州南沙新区片区在制度创新方面累计形成了 506 项改革创新成果，其中 42 项在全国复制推广，104 项在全省复制推广，"跨境电商监管模式"、"企业专属网页"、"智能化地方金融风险监测防控平台"等入选商务部"最佳实践案例"。在 2019 年 12 月 1 日座谈中，广州南沙新区片区为绥芬河片区提供了《中国（广东）自由贸易试验区广州南沙新区片区制度创新案例汇编》，汇编涵盖了广州南沙新区片区积累的大批创新经验，从投资便利化、贸易便利化、政府职能转变、金融开放创新、法治营商环境等六个方面精选了 122 个制度创新案例，供绥芬河片区学习借鉴。绥芬河片区对案例进行了深入的研究和学习，将其中符合绥芬河片区实际的重要创新举措纳入市委、市政府未来重点工作方向，将"'照、章、银、税、金、保'6 个必办事项力争 1 天办结"、"项目审批多证合一、多审合一、多验合一、多图联审"等创新事项写入政府工作报告，作为 2020 年重要任务，进行借鉴学习、复制推广、探索再创新。

（三）政务服务领域合作进一步深化

为推进绥芬河片区与广州南沙新区片区的在线政务服务合作，学习借鉴广州南沙新区片区在商事登记等方面的先进改革经验，2019 年 12 月 29 日至 2020 年 1 月 4 日，绥芬河片区市场监督管理局、营商环境监督管理局一行组成专题考察组，赴广州南沙新区片区就

证照分离改革、行政审批制度改革进行学习考察，考察期间听取了广州南沙新区片区市场监督管理局关于商事制度、证照分离的经验介绍，向政务服务数据管理局咨询了数据交换业务，与行政审批局了解"一枚印章"管审批流程，向相关企业了解了全程电子化操作系统（人工智能＋机器人）现场走流程相关事宜。通过调研学习，对绥芬河片区在压缩企业开办时间、政务大厅布局及窗口设置、容缺受理机制、推行"不见面审批"等方面提出了多项可行性意见建议，进一步推进了绥芬河片区政务服务改革工作。

三、黑河片区与珠海横琴新区片区对口合作

（一）加强政务服务领域合作

学习珠海横琴新区片区先进管理经验，促进黑河片区自贸服务的透明化、公开化、便利化水平，明确下一步准入类和监管类事项清单的任务目标和改革方向，加强对进驻窗口工作人员的培训和指导。落实单一窗口模式，缩短企业开办时间流程图，压减审批事项，简化服务流程，优化政务服务环境。

（二）提升贸易便利化水平

双方同意建立沟通机制，就通关便利化和创新进行借鉴学习；双方共同打造黑河跨境电子商务产业园区—俄罗斯布拉戈维申斯克海外仓项目，利用此项目建设对俄进出口新通道。

（三）推动优势产业合作发展

双方发挥珠海横琴新区粤澳合作中医药产业园平台和黑河边境药材通关口岸资质优势，依托俄阿穆尔州、鞑靼斯坦共和国富集的中药资源，先期做了以下两项工作：一是对俄方中草药种类、品质开展初步调研，以确定中医药产业合作的最佳路径；二是通过黑河对俄合作全方位桥梁渠道，促进澳门葡语系与俄斯拉夫语系群体在中成药、保健品等方面的交流对接。

（四）加强金融领域合作

黑河片区近期成立了黑河龙鑫股权投资有限公司，为两地企业以相互参股方式发起设立各类专项产业发展基金做好前期准备。下一步，黑河片区计划设立两岸征信查询系统，用于查询俄资企业的信用信息，配合区内银行开展人民币贸易投资便利化业务和跨境金融资产交易服务。

（五）建立人才交流合作机制

黑河片区计划与珠海横琴新区片区加强双方干部交流，黑河片区选派干部到珠海横琴新区片区挂职锻炼学习，珠海横琴新区片区选派干部到黑河片区进行业务指导，帮助黑河

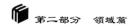

片区开展人才培训工作。

（六）协作推进制度创新

就建立"信息共享、创新共推、模式共建"的自贸试验区制度创新合作机制，进行了初步对接。推动黑河片区管委会与珠海市横琴创新发展研究院合作，在黑河设立创新合作研究机构，加强制度创新经验双向输出、信息共享和研究成果双向转化。

（撰稿人：吴庆勇、练心宏）

第三部分　地域篇

第一章　哈尔滨市与深圳市对口合作

哈尔滨市发展和改革委员会　深圳市扶贫协作和合作交流办公室

2019 年，在黑龙江和广东两省省委、省政府的坚强领导下，在哈尔滨和深圳两市市委、市政府的大力推动下，深哈对口合作工作在顶层设计、干部交流、园区建设、项目合作等多方面取得突出成效。

一、2019 年哈尔滨市与深圳市对口合作工作情况

（一）强化顶层设计和高位推动

2019 年 5 月和 11 月，深哈两市分别在哈尔滨和深圳召开了深哈对口合作第三次、第四次联席会议。第三次联席会议审议通过了《哈尔滨市与深圳市对口合作 2019 年工作计划》，确定了重点推进的 8 方面 27 项任务；第四次联席会议审议通过了《哈尔滨市与深圳市对口合作 2020 年工作计划》，确定了需要重点推进的 8 方面工作，为全面推进 2020 年深哈对口合作指明了方向。全年，两市市级领导带队进行了 18 次互访，其中，深圳市委书记王伟中分别于 5 月和 9 月两次到哈尔滨指导推进工作，哈尔滨市市长孙喆带队到深圳共同召开了第四次联席会议，高层互访对接有力地推动了对口合作向纵深发展。互访期间，两市先后组织了深圳—哈尔滨对口合作交流会、哈尔滨—深圳对口合作现代产业发展座谈会暨项目签约仪式以及深哈国资国企对口交流座谈对接会等高层次对接交流活动。

各区、县（市）对口合作同步推进。5 月，坪山区代表团赴五常市开展对口合作和商贸交流；福田区企业服务中心带领辖区各行业 10 余家优秀企业到哈尔滨实地考察；前海蛇口自贸片区与哈尔滨香坊区在哈尔滨签署《自贸区改革创新协同发展示范区合作框架协议》，前海蛇口自贸片区与哈尔滨新区在深圳签署了《战略合作框架协议》。

（二）积极推进干部挂职和学习交流

哈尔滨市第二批 8 名市管干部完成赴深挂职，深圳市第二批 4 名干部完成在哈挂职。哈尔滨市委组织部、市发改委先后组织 150 名机关干部赴深圳学习培训，其中 10 月 27 日至 11 月 3 日举办的"哈尔滨学习深圳改革创新经验培训班"，为深圳市首次委托专业培

训机构为哈尔滨市进行集中专题培训，取得了良好效果。

哈尔滨市委、市政府高度重视向深圳学习工作，制订了《哈尔滨市各有关部门2019年与深圳市对口部门学习交流计划》，哈尔滨市发改委已有10名干部赴深对口部门挂职工作，市财政局、市工信局、市科技局、市国资委、市统计局、市医保局等10余个部门分别赴深圳对口部门开展了学习交流活动，各区、县（市）和有关部门先后选派66名干部赴深圳对口区、部门开展了学习交流。哈尔滨市国资委组织8名交通集团国企干部、15名哈尔滨科技企业孵化器负责人赴深圳挂职、培训。在深圳市政府的大力支持下，两市干部学习交流成效显著。

（三）积极学习借鉴体制机制

在创新企业服务方面，学习深圳先进经验，哈尔滨市松北区创建了企业服务中心，实现了企业全生命周期综合服务；道里区、香坊区、平房区、双城区、依兰县等区、县（市）先后探索建立了适合本区域情况的企业服务政策或机制。在优化营商环境方面，学习深圳经验加快落实《哈尔滨市"最多跑一次"改革实施方案》，全市累计1.2万个事项实现"最多跑一次"，占全部事项的91.79%。在学习借鉴深圳政策方面，先后制定出台了《哈尔滨市战略性新兴产业投资基金管理暂行办法》《哈尔滨市市级财政专项资金股权投资基金管理暂行办法》《哈尔滨市香坊区产业发展监管办法（试行)》。起草了《松北一体化发展区控制性详细规划及调整暂行规定》，在深圳（哈尔滨）产业园区范围内，引入"混合用地"概念，编制50公顷控详规划，保证合理确定建设用地开发强度，提高单位土地利用效率和效益。

（四）加快推进深圳（哈尔滨）产业园区建设

在深哈两市市委、市政府主要领导的直接推动下，2019年5月9日，两市市政府签署了《合作共建深圳（哈尔滨）产业园区协议》，园区规划面积26平方千米，先期规划启动1.53平方千米，首个启动项目科创总部总投资39.4亿元。9月1日，科创总部项目举行奠基仪式，标志着深哈对口合作进入新阶段、创造出新模式，也成为其他对口城市学习的标志性合作成果。园区从签订土地合同到取得施工许可证仅用50天，逐步形成"深哈50"标准。9月30日，科创总部展览馆项目封顶，充分体现了深圳精神、深圳速度。截至2019年底，园区已累计完成投资5.2亿元。一是对标"世界一流园区"，开展深圳（哈尔滨）产业园区全流程综合规划编制，涵盖空间规划、产业、政策、建筑、招商、运营等，确保一张蓝图绘到底。二是推动深圳先进经验"带土移植"哈尔滨，成功引入新型产业用地M0、招投标评定分离、城市单元规划等10余项深圳制度，形成了"飞地引入、园区复制、新区推广"的实践路径。正在积极推进的政策及机制包括审批事项互通互认机制、科技创新成果转化政策、进出口及首台套设备税收减免政策、高层次人才个税减免及人才引进奖励等。三是建立高效的决策管理机制，两市搭建了"两市联席会议＋两市园区共建协调小组＋合资公司"的决策管理机制，高效推进园区开发建设。

（五）推动产业项目合作

各区、县（市）积极开展对深圳企业的产业项目合作，精准承接深圳市产业转移项目，积极推动深圳（哈尔滨）产业园区、宝能国际经贸科技城、哈尔滨前海园等项目开工建设。其中，哈尔滨前海园项目探索导入前海金融业相关先行先试政策，重点引入金融持牌、私募股权投资、金融科技等机构服务东北实体经济发展。截至 2019 年底，哈尔滨推进深哈对口合作项目累计 132 个，总投资 2272.7 亿元，完成投资 206.9 亿元。其中，竣工项目 28 个，完成投资 56.6 亿元；在建项目 39 个，总投资 484 亿元，完成投资 143 亿元；签订正式协议、意向协议项目 65 个，总投资 1732.1 亿元，项目前期到位资金 6.8 亿元，万科·先锋云城现代物流商贸产业生态创新区、哈尔滨新区中俄产业园、正威（哈尔滨）新一代材料技术产业园、恒大未来生态城等项目签约额均超过 100 亿元。此外，两市正在洽谈项目 46 个，意向投资 755 亿元。

（六）强化经贸合作

深哈两市政府先后组织代表团参加了哈尔滨进口食品博览会、哈尔滨制博会、深圳文博会、深圳高交会、中俄博览会以及深圳绿博会。中俄博览会期间，组织召开了深圳—哈尔滨对口合作交流会，深圳 25 家市直管企业和 17 家市属控股上市公司主要负责人与哈尔滨 18 家国企、4 个国家级开发区管委会、各区县（市）政府主要负责人进行了对接交流；在深圳组织召开哈尔滨—深圳对口合作现代产业发展座谈会，哈尔滨市市长孙喆、相关市直部门及相关区、县（市）主要领导与 100 多位深圳企业家面对面交流，会上哈尔滨相关部门、区县（市）与深圳 18 家相关企业签署合作协议，协议签约额 900 多亿元；组织了哈尔滨 72 家企业参加深圳绿博会，达成意向签约额 5421.1 万元；联合举办坪山·五常对口合作交流暨第二届五常大米节，招商推介会共签约企业 10 家，签约额 15 亿元。组织深圳（哈尔滨）产业园区在中俄博览会、深圳—哈尔滨对口合作交流会、东北亚博览会上进行了主题推介。

（七）强化重点领域合作交流

在国企合作方面，哈尔滨哈西集团与深圳中国燃气集团共同出资成立的"黑龙江中燃电力发展有限公司"，已启动首个"天然气冷热电三联动"分布式项目；哈尔滨地铁集团物业管理有限公司引进战略投资者深圳玉禾田集团，目前已完成增资；深圳巴士集团在哈尔滨市公共资源交易中心通过公开摘牌方式受让哈尔滨交通集团持有的哈尔滨通翼巴士客运公司 21% 的股权，成为哈尔滨通翼巴士客运公司第三大股东。同时，哈尔滨交通集团与深圳巴士集团在哈尔滨新区公交公司股权合作上达成意向，并签订战略合作协议；哈尔滨投资集团供热板块通过与深圳中国燃气集团积极接洽，已达成合作意向，双方签订了股权投资协议；哈尔滨投资集团、哈尔滨创投集团与深圳合作的多个基金项目已经落户哈尔滨，管理基金规模超过 10 亿元。

在农业和绿色食品领域，深圳华南城哈尔滨优质农产品（深圳）直销中心正式运营；组织哈尔滨 72 家企业参加了深圳绿博会；共同举办第二届中国优质稻米之乡·五常（乔府大院）大米节。

在科技领域，启动了中国（深圳）创新创业大赛项目征集工作，哈尔滨 162 个项目报名参赛，12 个项目入围决赛；推进深圳四方网盈公司与黑龙江省工研院在哈共建孵化器。

在文化旅游领域，在深圳举办 2020 年冰雪季文化旅游推介活动；哈尔滨交响乐团一行 93 人赴深圳参加了深圳草地节音乐会，与深圳交响乐团联合演出了"深交与哈响不朽的柴可夫斯基"交响音乐会。

在交通物流领域，支持深航参与哈尔滨市国际航线项目，正在帮助深航争取国家民航局支持，设立深航哈尔滨基地；《哈尔滨市综合交通运输智能指挥中心建设研究》软课题正在完善中期报告成果。

在教育领域，先后组织开展了深圳中小学生来哈参加冬令营、哈尔滨中小学生赴深圳开展"2019 深哈研学暨夏令营活动"。

在医疗卫生领域，哈尔滨与中兴网信合作的健康医疗云平台建成投用，已接入 30 家二级及以上医院。

二、2020 年哈尔滨市与深圳市对口合作工作安排

按照国家、两省对口合作的工作要求，根据深哈第四次联席会议精神，就 2020 年深哈对口合作工作安排如下。

（一）进一步推进两市干部挂职交流和学习培训工作

一是做好市直部门干部双向对口交流学习工作。深圳按照哈尔滨所需深圳所能原则，在发改、工信、科技、资源规划、营商环境、自贸区等领域，选派一批干部到哈尔滨对口部门进行学习交流，推动深圳经验在哈尔滨转化落地。围绕深入学习深圳建设社会主义先行示范区经验，哈尔滨选派 30 名相关部门干部赴深圳开展为期半年至一年的学习交流。二是做好干部集中培训工作。依托深圳市培训机构，分两批次选派哈尔滨 100 名市直部门和区、县（市）干部赴深进行专题培训。三是做好各区、县（市）干部学习交流工作。四是做好重点企业、行业协会学习交流工作。

（二）进一步推动深圳优化营商环境经验在哈尔滨落地

一是推动哈尔滨新区（自贸区哈尔滨片区）全面学习借鉴深圳优化营商环境经验。支持哈尔滨新区（自贸区哈尔滨片区）全面对标深圳，全方位带土移植、离土移植深圳优化营商环境、推动科技成果转化、培育产业发展新动能等各领域体制机制和政策经验，全面复制深圳前海蛇口自贸片区制度创新成果和经验做法。二是强化学习深圳以"放管服"为核心的重点领域创新管理经验。学习深圳"放管服"改革及"一网通办"等改革经验，推行告知承诺制审批和容缺后补审批模式，推动"秒批"和"信用审批"举措在哈尔滨落地。开展营商环境评价，推进社会信用体系建设，推进政务服务标准化。

（三）加快推进深圳（哈尔滨）产业园区开发建设

一是积极抓好园区建设工作。完成科创总部项目一期建设，实现园区综合服务中心运营；完成园区基础设施、学校、公园等配套建设；启动园区人才社区建设；推进智慧园区

建设，建立园区大数据运营平台，推进一批智慧平台和设施落地。二是积极抓好园区产业发展。按照市场法则积极吸引有向东北地区及东北亚地区扩张需求的深圳企业，力争落地一批战略性新兴产业项目。三是建立支持合作园区产业高质量发展政策体系。借鉴深圳经验，制定实施《关于支持深圳（哈尔滨）产业园区高质量发展若干措施》，强化对新一代信息技术产业、新材料、科技成果产业化、人才保障等方面的专项政策支持。借鉴深圳基金管理经验，吸引金融、投资机构和社会资本共同参与成立天使投资基金和深哈合作产业投资基金。四是积极争取国家和省政策支持。积极争取国家和两省对深圳（哈尔滨）产业园区资金支持。五是探索和完善发展"飞地经济"的体制机制。以深圳（哈尔滨）产业园区为载体，逐步探索行政许可跨区域互认、与深圳标准对接和结果互认。创新指标统计口径和方法，完善发展成果分享机制。六是复制推广园区成熟经验。对园区试用的新型产业用地政策（M0）等成熟政策和经验进行梳理，及时向哈尔滨新区以及哈尔滨全市范围复制推广。

（四）做好深圳产业转移承接工作

一是精准承接深圳产业转移。认真落实国家和两省产业转移结对机制有关文件精神，以哈尔滨新区（自贸区哈尔滨片区）、哈尔滨国家级和省级重点开发区、临空经济区为主要承接平台，开展深哈两市产业共建和转移的相关工作，精准承接深圳有向东北地区转移需求的重点产业和企业。二是进一步做好双方已签约项目、在建项目的落地和服务工作。强化与在建项目的对接和服务保障，确保项目尽快投产达效；加强对已签约项目的协调服务，落实好各项建设要素，加快推动项目签约落地。三是强化项目招商引资。进一步明确各区与深圳市对口合作主攻方向、合作目标以及招商引资重点产业和企业。

（五）积极推进深哈两地科技交流合作

一是积极融入深圳国家综合科学中心建设进程。以深圳建设国家综合科学中心为契机，引导深圳企业与哈市校所合作，在深圳（哈尔滨）产业园区设立部分领域产业研究院，共同加强基础研究和应用研究。实施关键核心技术攻坚行动，联合承接国家重点研发计划和重大专项，突破高端装备等领域的一批关键技术。研究在哈尔滨设立东北亚国际科技信息区域中心，构建东北亚区域新兴产业科技咨询服务平台。二是联合深圳开展对俄及东欧等国家的科技合作。深哈携手与俄罗斯、东欧等国家在航空航天、装备制造、电子信息、医药、新材料、能源、农业、环保等领域，共同开展基础理论研究并承接研究成果落地转化。三是促进科技成果产业化。以深圳（哈尔滨）产业园区为载体，围绕科技成果展示、交易、转化等关键环节，推动园区与两市科技部门建立常态化合作机制，构建"哈尔滨—深圳（哈尔滨）产业园—深圳"的双向平台，吸引大学大所科技成果到园区集中转化，将园区打造成为深圳和哈尔滨科技成果产业化基地。联合举办园区科技创新成果展示、发布和创新创业大赛等活动，营造充满活力的科技创新文化；建立面向科技创新领域的风险补偿机制。

（六）进一步加强其他领域合作

鼓励深圳企业参与哈尔滨国企改革，鼓励深圳资本参与哈尔滨公共服务领域建设，加

大对外开放领域合作，组织参加经贸交流活动，推进文化旅游合作，加强绿色农产品领域合作，加强医疗卫生和教育合作交流。

（七）共同开创海洋事业发展新局面

一是两市合力做大做强海洋经济。支持哈尔滨广泛参与粤港澳大湾区海洋经济发展，共同建设现代海洋产业基地。二是两市深入合作实施科技兴海。着力培育海洋科技创新人才，推动涉海企业与科研院所创新活动深度融合，支持深圳加快海洋大学、国家深海科考中心建设工作。

（八）共同做好对口合作评估工作

根据国家对口合作工作评估办法要求，共同做好国家对口合作评估工作，确保相关工作成果获得国家认可。

（撰稿人：陶宇、刘勃）

第二章　齐齐哈尔市与广州市对口合作

齐齐哈尔市与广州市对口合作工作领导小组办公室
广州市扶贫协作和对口支援合作工作领导小组办公室

2019 年，齐齐哈尔市与广州市坚持以习近平新时代中国特色社会主义思想为指导，认真贯彻落实习近平总书记视察东北黑龙江及齐齐哈尔市的重要讲话和重要指示精神，根据《黑龙江省与广东省对口合作 2019 年重点工作计划》相关要求和两省省委、省政府统一安排，坚持"政府搭台、社会参与、优势互补、合作共赢、市场运作、法制保障"的原则，全面推进各项对口合作工作，两市对口合作向宽领域、深层次、高水平迈出新的步伐。

一、2019 年两市对口合作工作总结

（一）坚持政治站位，全力推进对口合作工作

1. 强化组织领导，持续高位推动

齐齐哈尔与广州两市市委、市政府坚持政治站位，持续高位推进对口合作工作的落实，两市领导积极对接交流，研究推进重大合作事项。2019 年，两市市领导先后 10 次双向互访交流，齐齐哈尔市孙珅书记、李玉刚市长等主要领导先后与广州市张硕辅书记、温国辉市长、陈建华主任、黎明副市长等市领导及党政代表团会见交流。2019 年 4 月，齐齐哈尔市孙珅书记一行在广州与广州市张硕辅书记座谈，双方就完善对口合作机制、共建产业园区、拓宽市场渠道等工作进行对接交流，指出两市要在营商环境、装备制造、现代农业、医疗卫生、文化旅游等领域深化合作。2019 年 6 月，广东省马兴瑞省长率省政府代表团赴齐齐哈尔市考察对口合作工作，对两市对口合作取得的成效表示肯定，指出要进一步深化两地对口合作，找准两地企业在资源、市场和技术等方面特点，强化优势互补，深入推进产业对接、项目合作。广东代表团在齐期间，齐齐哈尔市李玉刚市长与广州市温国辉市长座谈，双方就进一步推动两地全方位、深层次、宽领域开展对口合作进行了深入交流，形成在园区共建方面深化合作的共识。

2. 加强统筹协调，扎实开展各项经贸洽谈活动

两市进一步发挥对口合作工作领导小组作用，督促各牵头部门扎实推进对口合作工作。两市对口合作工作领导小组办公室协商制订并印发了《广州市与齐齐哈尔市对口合作 2019

年重点工作计划》，科学谋划、集中发力，协调各部门在重点合作领域取得实际成效。2019年，两市发改、农业、商务、文旅、科技、教育、体育、妇联等各部门组织企业和各类团体开展各类对接交流活动 40 余次，其中组织企业、商会共同参加的经贸洽谈考察对接活动 30 余次，有效推动两市对口合作的合作领域进一步扩大，合作内容进一步丰富。齐齐哈尔市组织 32 家企业参加 2019 广东 21 世纪海上丝绸之路国际博览会暨第 27 届广州博览会，参展企业数量和参展产品数量均增长 10% 以上；应邀参加 2019 中国广州国际投资年会分会 "穗·鹤·黔产业合作投资推介会"，对齐齐哈尔市生态资源、工业基础、发展空间等优势进行了推介宣传。广州市组织企业赴齐齐哈尔市参加中国（齐齐哈尔）第十九届绿色有机食品博览会，其间，广州金齐环保公司与克东县政府签订投资 1 亿元的环卫设备项目；协调广州万菱广场第一次组团参加第十六届中国（齐齐哈尔）国际小商品交易会。

（二）推进园区共建，巩固合作基础

两市市委市政府高度重视园区合作共建，多次协商研究深化共建园区，探索跨地区产业合作方面的工作创新。2019 年 4 月，广州市黎明副市长率代表团赴齐齐哈尔市考察推进现代农业产业园和农业科技示范园合作共建工作，明确了合作共建园区的基本思路、模式和任务。两市全力推动齐齐哈尔—广州现代农业产业园和齐齐哈尔—广州农业科技示范园合作共建，制定《齐齐哈尔—广州共建现代农业产业园和农业科技示范园项目规划（2019－2023 年）》。广州开发区组织咨询团专家组对齐齐哈尔市产业园区规划建设思路、招商引资建设、区域经济发展进行把脉问诊，共享园区建设发展理念。广州粤旺农业集团率先入驻现代农业产业园，计划项目总投资 5 亿元的农业产业化综合开发项目于 2019 年 7 月开工，目前办公楼、厂房、库房已完成土建部分。广东福美软瓷有限公司投资 2 亿元的依安福美低碳经济产业园已开始安装调试设备。

（三）突出产业合作，各领域合作成效显著

两市紧扣资源禀赋、市场环境、技术、资金等优势，重点推进产业项目、绿色农产品、文化旅游、装备制造等互补性强、合作空间大的领域合作，采取政府引导、市场运作、企业主导的形式，推动两市达成现代农业、食品加工、商贸物流、医疗健康、装备制造等对口合作产业项目 26 个，意向投资额 76.34 亿元，其中亿元以上项目 13 个，2019 年新增项目 5 个。科技领域及贸易合作项目 44 个，其中 2019 年新增 8 个，协议金额 8.18 亿元。

1. 农畜产品产销方面

以建设粤港澳大湾区 "菜篮子" 工程为契机，加强农畜产品产销合作，齐齐哈尔粤旺农业科技有限公司和齐齐哈尔市星光蔬菜加工有限责任公司被列为粤港澳大湾区 "菜篮子" 产品配送中心；龙江元盛和牛产业股份有限公司成为粤港澳大湾区 "菜篮子" 生产基地和产品加工企业。泰来县与广州大参林药业达成合作协议，利用大参林药业 100 余家实体店销售泰来大米。中国一重新能源发展集团有限公司、星光商贸物流园、泰来县大米办公室、梅里斯红参胡萝卜专业合作社、梅里斯洋葱专业合作社与广州长运集团签订了物流运输、营销合作、绿色有机蔬菜基地建设等 5 个合作框架协议。

2. 文化旅游合作方面

依托对口合作关系，充分发挥两地的旅游客源优势、旅游资源优势，开展人才共育、

市场共建、宣传共推、游客共送、品牌共塑、信息共享的深度合作，推动互为客源地，携手开拓旅游市场。2019 年，齐齐哈尔市在广州市开展专项旅游推介活动 4 场，参加了第 27 届广州国际旅游展览会和广州市旅行社年会。广州市在赴异地开展旅游推广活动时将齐齐哈尔市纳入其中，共同宣传"鹤城"风光。在"活力广东，精彩广深珠"2019 年广深珠旅游联盟（哈尔滨）文化旅游推介会、"活力广东·多彩广佛肇"——广佛肇旅游联盟推介会上，齐齐哈尔市分别作了精彩的旅游推介，将优秀旅游资源推介给全国各地。首趟广州旅游专列"和谐夕阳号"载着 600 余名游客于 2019 年 6 月 1 日抵达齐齐哈尔。齐齐哈尔市在广州成功举办了"黑龙江督军署往事"展览，加深了两地文化互通与融合。《天堂模样——国内外代表性图书馆》和《中国抗战第一枪——江桥抗战展》文化展分别在两市举办，将广州悠久深厚的岭南文化与齐齐哈尔"鹤文化""黑土文化""抗战精神"进行了充分展示。

3. 装备制造业合作方面

广州数控与齐重数控的深度合作取得新成效。2019 年 6 月，广州数控与齐重数控在两省省长的见证下签订《共建重型数控机床系统国产化及智能化重点实验室合作协议》，共同研发数控系统，促进国产数控系统在重型机床领域广泛应用，解决国外技术"卡脖子"问题。中国一重与广州黄埔造船厂签订总额约 2.8 亿元销售协议，订购 14 套设备；中国一重与启帆机器人对接，共同合作齐车集团智能化柔性加工线项目；齐齐哈尔高端重型装备产业联盟与广州机床工具行业协会、广州工业机器人制造和应用产业联盟签约合作，促进双方的会员企业开展多角度、全方位的交流与互动；协调广州地铁集团与齐齐哈尔北盛机械集团就拓展地铁配件采购进行对接合作。

4. 医疗健康合作方面

2019 年 5 月，齐齐哈尔第一医院正式挂牌成为南方医科大学非直属附属医院，南方医科大学将全力在人才培养、科学研究、医疗技术交流等方面提供支持，推动齐齐哈尔第一医院朝着"医院国际化、水平现代化、学科精品化、服务多样化"的方向迈进，提升齐齐哈尔市医疗科研水平。2019 年 4 月，齐齐哈尔市民政局与广州市民政局共同举办对口合作对接会，签订了合作框架协议，协助齐齐哈尔市在穗开展养老服务招商推介活动。广州市国资委组织广州白云山医药股份有限公司、广州风行发展集团有限公司、广州轻工集团、广州市建设投资集团有限公司四家国有企业加入齐齐哈尔市工业大麻产业联盟。

5. 科技领域合作方面

广州市科技局将南方医科大学与齐齐哈尔第一医院合作的神经胶质瘤防治项目列入了 2019 年广州市民生科技攻关计划，支持 100 万元专项资金；将齐重数控和广州数控合作开展的重型数控机床系统国产化合作研发项目，齐齐哈尔医学院与南方医大、广东南芯医疗合作的乳腺癌外泌体标志物项目列入 2019 年广州市健康医疗协同创新重大专项三期项目计划。齐齐哈尔市金属新材料产业联盟与粤港澳大湾区金属新材料产业联盟开展合作，现已形成了中国一重与广东技术师范大学联合开展长寿命切削刀具研制、中车齐车与华南理工大学开展基于铁路货车轻量化的铝合金液态模锻工艺性能研究和铝钢间高载荷微动接触电位腐蚀防护研究、中国一重 40 万吨优质铁水下游产业链招商等 12 条合作线索。中车齐车与广州市金属学会联合在华南理工大学开展热模拟试验机及拉压疲劳试验机设备的培训和试验合作正式签约。广州"一起开工社区"众创空间与齐齐哈尔市富拉尔基区创业

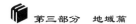

帮孵化器签订了合作协议，双方在人才交流、共建电竞产业园区、电商培训和线上代运营等方面开展合作。

6. 教育领域合作方面

2019年6月，齐齐哈尔市教育局与广州市教育局召开了教育对口合作座谈会，签署了教育对口合作框架协议。齐齐哈尔市实验中学、第一中学、齐齐哈尔中学、第三十四中学、第三中学、永安小学、光荣小学7所学校与广东广雅中学、广州市玉岩中学、广东仲元中学、广州市知用中学、广州市执信中学琶洲实验学校、广州市天河区旭景小学、广州市荔湾区芳村小学7所优质中小学签订了友好合作学校框架协议，广州市教育信息中心为齐齐哈尔市1500名教师登录广州数字平台授权。

7. 体育领域合作方面

两地积极在体育基础设施建设、赛事合作、商业运营等方面加强对接合作，促进两地体育事业蓬勃发展。广州市学习借鉴齐齐哈尔市在冰雪运动训练输送、青少年人才培育、办赛参赛、场馆建设等方面的经验，拓展合作领域，提升合作水平，探索南国冰雪运动发展之路。2019年1月，广州市体育局组织赴齐齐哈尔市围绕冰雪运动、对口合作城市体育交流、跨季跨项跨界运动员选材输送等工作开展调研交流，探索推动冰雪运动在广州落地。广州轻工工贸集团先后赞助了在齐齐哈尔市举行的全国U21青年篮球锦标赛（黑龙江齐齐哈尔赛区）、"双鱼杯"乒乓球黄金大奖赛黑龙江赛区分站赛等赛事活动，并为齐齐哈尔市乒乓球队赞助了20万元的乒乓球运动器材。

8. 人才交流培训方面

2019年，广州市各部门赴齐齐哈尔市举办招商人才、医疗卫生人才、科技企业孵化人才、工商系统干部等培训，培训各类人才干部共300余人。齐齐哈尔市派出由经合局、高新区、齐齐哈尔绿色食品产业园区、富拉尔基经济开发区、泰来开发区的5名同志组成的招商工作组，以广州开发区为支点，向粤港澳大湾区城市开展重点招商，走访50多家重点企业进行洽谈，形成有价值的招商线索6条。两市加强年轻企业家的交流合作，齐齐哈尔市组织24名年轻企业家与广州市年轻企业家合班学习，先后参加了广州大学、厦门大学、延安大学、南开大学年青一代企业家培训班。

9. 对外开放方面

两市通过在交通、贸易等方面加强联系与合作，助推齐齐哈尔市融入粤港澳大湾区建设和"一带一路"建设，促进广州市扩大对俄贸易，共同提升对外开放程度。在前阶段协调南方航空公司恢复开通广州经大连至齐齐哈尔飞机航线的基础上，于2019年6月进一步协调南方航空公司将广州—沈阳航线延长至齐齐哈尔，形成两地每周4次航班。广州市充分利用齐齐哈尔市三间房编组站在对俄欧铁路大通道建设中所处的战略位置优势，扩大对俄对欧贸易。

二、2020年两市对口合作工作计划

2020年，两市坚持以习近平新时代中国特色社会主义思想为指导，全面贯彻落实习近平总书记对两省的重要讲话和重要指示批示精神及党中央的决策部署，按照《黑龙江省与广东省对口合作实施方案》，结合两市实际开展对口合作工作。

（一）加强统筹谋划

1. 强化工作协调统筹

两市分别组织召开对口合作工作领导小组会议，总结和部署对口合作重点工作。健全对口合作工作机制，强化领导小组牵头单位配合，形成工作合力，按照职能分工共同推动重点领域合作。

2. 健全信息共享制度

建立健全信息共享制度，做好对口合作双向投资项目、工作动态等信息收集汇总工作。畅通信息沟通渠道，及时向对口合作工作领导小组报送工作情况。

3. 加大统筹推进力度

重点推进已达成合作协议的项目，推进在建项目投产达效，签约项目开工建设；密切跟进达成意向线索项目，相关部门和县（市）区成立专班跟进项目，加快项目洽谈进度力争实现签约；密切两市合作联系，挖掘合作项目线索，发挥企业市场主体作用，推动企业积极开拓市场，探寻合作商机。

（二）加强交流创新合作

1. 深化干部人才交流

根据需要合理商定互派挂职干部，共同推动两市干部人才交流合作。继续选派齐齐哈尔市干部到广州市开展定点招商工作；深化专业技术人才和高级管理人才培训合作，联合举办技术等交流活动；充分发挥工商联、贸促会、商（协）会作用，积极推进招商、旅游、农业、科技、教育等方面人才的交流培训。

2. 深化改革经验交流推广

深化交流两市在"放管服"改革、营商环境改革、行政管理体制改革、机构编制管理改革等各方面经验。积极主动宣传齐齐哈尔市营商环境改善情况，提升广州市各类市场主体对齐齐哈尔的认知度、友好感、行动率，激发广州市企业家到齐齐哈尔投资的信心和热情。

3. 推动民营经济交流合作

相互交流两市在发展民营经济方面的经验做法，鼓励齐齐哈尔市企业家学习广州市企业家的市场意识、竞争意识、经营管理理念，培育优秀企业家精神。支持广州市民营经济参与齐齐哈尔市企业改组改制。

（三）加强产业合作

1. 加强装备制造业合作

加强两市在电力装备、农业机械装备、高档数控机床、自动控制系统等领域的交流合作，推进两市在产用结合和产业链方面的上下游整合。重点推进广州数控集团与齐重数控"重型数控机床系统国产化"研发项目合作。推动中国一重与广州黄埔造船厂、启帆机器人等重点企业合作项目。

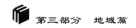

2. 加强新兴产业合作

进一步深化生物制药、石墨加工、燃料乙醇、网络信息等新兴产业合作。推进齐齐哈尔金属新材料产业联盟与粤港澳大湾区金属新材料产业联盟合作，与广州工业机器人制造和应用产业联盟合作。

3. 加强农业和绿色食品产业合作

充分利用两市在农产品产销供方面的互补性强、合作空间大的特点，不断深化两市农产品产销对接合作。搭建服务平台，促进两地农业企业直接对接联系，深化农畜产品上下游产业链合作，重点推进广东云鹰集团马铃薯全产业链项目。组织两市农业科研、推广机构共同开展农作物新品种、新技术的研究，加快农业科技成果转化，推动齐齐哈尔纳入粤港澳大湾区"菜篮子"工程。

4. 深化金融领域合作

进一步加强资本市场合作，借鉴广州市在资本市场运作方面的先进经验，引导齐齐哈尔市金融机构创新金融产品和服务。加强两市在地方金融风险防控、防范化解重大风险等方面开展合作。

5. 深化文旅产业合作

坚持互为旅游目的地的理念，推广两市文化和旅游资源产品，鼓励更多社会资本积极参与，共同开发文化和旅游项目，持续打造"广结齐缘"旅游品牌，推动广州与齐齐哈尔两市旅游专列稳定运行，探索开通新的直航航线和加密旅游专列。

6. 加强健康产业合作

以齐齐哈尔市第一医院挂牌南方医科大学非直属附属医院为示范，深化两市在学科共建、高级人才培养及防治服务体系建设等方面合作交流，推动新技术推广应用。引导广州市制药企业在黑龙江省建立药材种植及加工基地。加强旅居健康养老领域合作，加快推进康养产业融合发展，深入推进两市"互动式"养老，共同致力于城市间养老资源共享和养老产业互促共进。

（四）加强科教领域合作

1. 深化科技创新合作

加快复制推广广州市孵化器建设和管理先进经验，联合开展孵化器从业人员培训。加强两市在科技方面的经验交流，鼓励科技成果产业化，吸引广州市优秀的创业投资企业和创业投资管理团队参与齐齐哈尔市创业投资发展。

2. 深化教育合作

深化两市在现代学徒制、职教集团等领域合作，探索共同建设职教实习实训基地。深化两市教育领域管理干部、骨干教师、学生间的培训与交流。推进开展多领域的联合课题研究，深化两市对口合作院校教育合作，提升专业建设水平。

（五）加强平台载体建设

1. 深化合作园区共建

重点推进广州—齐齐哈尔科技农业示范园和现代农业产业园共建，创新合作模式，完善建设规划，加强招商引资引智，推动合作项目落地。加强对现有重点合作项目跟踪服务工作，强化示范效应，引导更多更好的企业参与合作。

2. 研究推进精准承接广州市产业转移工作

探索建立产业精准转移长效机制和支撑措施，实现"一南一北"产业精准转移，促进两市共赢发展。围绕 12 个重点产业和县（市）区主导产业，立足当前、谋划长远，按照产业发展规划，突出资源和产业优势，承接技术含量高、税收贡献大、就业能力强、市场前景好的产业项目，与当地优势产业相辅相成、共同发展。

3. 健全和创新工作机制

按照国务院和两省统一部署，结合两市实际，积极摸索和创新两市对口合作的新渠道、新领域、新方法，深挖合作潜力，推动对口合作更具实效。加强两市对口合作办公室常态化协调联动，提高统筹兼顾、统筹协调、统筹落实能力，全面推进各项工作具体落实，以实实在在的成效推动两市经济高质量发展。

（撰稿人：何建涛、唐蜀军）

第三章　鸡西市与肇庆市对口合作

鸡西市发展和改革委员会　肇庆市发展和改革局

一、2019 年两市对口合作进展情况

（一）在建立健全合作机制方面

2019 年 8 月，两市发改部门联合编制并印发了《黑龙江省鸡西市与广东省肇庆市 2019 年对口合作工作重点任务》（鸡发改振兴〔2019〕4 号），明确在综合、产业、农业、服务业、科技创新、园区、干部人才、政府效能 8 个方面开展合作。

（二）在两市互访方面

2019 年 1 月 20 日，鸡西市副市长钱言考带队市直及县区旅游部门负责同志，受邀参加了在肇庆举办的"请到广东过大年"活动。期间，考察团对肇庆市的文化、体育、旅游场馆设施等进行考察参观并进行了合作协商交流。两市均表示将进一步增进友谊、凝聚共识、共谋发展，找准两市在文化体育旅游领域合作的契合点，在文化活动、体育赛事、体育人才培养、体育场馆运营、旅游客源互组等重点领域、多个层次开展多种渠道的合作交流。

2019 年 6 月 12～14 日，肇庆市市长范中杰率肇庆市政府代表团来鸡西市开展对口合作交流活动，重点考察了鸡西市园区建设、产业发展、科技创新、历史文化、旅游开发、生态保护等情况。期间，召开了对口合作座谈会，两市发改、工信、科技、旅游、商务、文体广电和旅游、供销等部门参加，在农产品、中医药、石墨新材料、旅游康养、人才人力等方面进行了深入对接。两市主要领导均表示要把对口合作工作具体落到县（市、区），落到部门、落到园区、落到项目、落到企业家，通过对口合作实现共赢发展。

（三）在产业及项目合作交流方面

2019 年 1 月 18～22 日，鸡西市副市长钱言考带队市直及县区农业农村局、农产品加工企业负责同志，联合肇庆市、中山市共同举办鸡西市特色农产品展示暨现代农业产业宣传推介会。推介会上，鸡西市参展企业共达成口头意向 1 项，签署意向性协议 6 项，涉及

金额 155 万元。

2019 年 6~7 月，鸡西市组织农业农村局及农产品加工企业和农民专业合作社代表团，参加由肇庆市政府主办的 2019 "广东扶贫济困日" 脱贫攻坚农产品宣传推介会和粤港澳大湾区肇庆（怀集）绿色农副产品集散基地展销会。参展产品有木耳、猴头菇、雪蜜、杂粮、大米等黑土地上优质农产品，与广东省 19 户企业达成黑蜂雪蜜、大米、杂粮、食用菌等各类产品的购销合同、意向协议金额总计 144 万元。鸡西市在肇庆农副产品肇庆展销中心设立的农产品专柜，销售大米、杂粮、鹿茸、木耳、蘑菇、蜂蜜等 125 种优质绿色农产品，总价值 108 万元，同时肇庆市德庆县的砂糖橘也通过鸡西市供销社经营网络体系走进了鸡西市百姓家。

2019 年 6 月 14~19 日，肇庆市受邀组织了电子信息、机械制造、汽车配件、高新材料和现代农业（含食品）等重点行业企业 20 多人的经贸代表团参加第六届 "中国—俄罗斯博览会"。6 月 15 日，鸡西市在哈尔滨举办了鸡西市重点产业推介·项目签约仪式，邀请了广东省肇庆市广东鸿图科技有限公司、广东亚太新材料科技有限公司、广东聚优信息技术有限公司、肇庆市香满源食品有限公司等企业参加，组织了鸡西市文体广电和旅游局、恒山区政府等部门与肇庆参会企业在旅游产业、汽车配件制造等方面进行了洽谈交流。

2019 年 8 月 22 日，鸡西市组织鸡西市贝特瑞石墨产业园有限公司，代表全省对口合作领域企业，参展第十二届中国—东北亚博览会。期间，展示了该公司的球形石墨、高纯石墨、锂电负极材料、车用负极材料、微粉石墨等产品，并与多家企业进行了业务交流洽谈。

2019 年 10 月 14~18 日，鸡西市组织市文体广电和旅游局相关负责同志，先后赴上海市、苏州市，应邀参加了 "活力广东·多彩广佛肇" ——广佛肇旅游联盟推介会，推介宣传鸡西市 "不一样的江湖" 产品线路和品牌形象，叫响 "生态旅游名城" 名片，进一步加强旅游对外交流合作，拓展客源市场。期间，还就重点推进鸡西市与肇庆市在文化、体育、旅游领域加强对口合作，与省内相关地市旅游部门研究谋划开展龙江东部湿地旅游联盟工作，推动南北区域旅游联盟之间密切对接互动合作等进行深入交流。

2019 年 10 月 14~17 日，鸡西市与肇庆市组织两市旅游部门相关负责同志，共同赴广州国际旅游交易会进行旅游推介活动，进一步深化两市在旅游业发展方面合作。

二、2020 年两市对口合作工作计划

2020 年，两市将按照《黑龙江省与广东省对口合作实施方案》和《黑龙江省鸡西市与广东省肇庆市对口合作实施方案》的有关要求，协调两市对口单位继续开展合作交流，完善沟通联系机制，继续推进和落实干部挂职合作成果，推动两市企业加强合作，务求取得实效。

（一）完善对口合作工作机制

一是推动沟通联系常态化。协调两市对口单位继续保持交流，相互吸收对方先进经验，建立常态化的沟通联系机制。二是共同争取政策支持。积极谋划，主动对接两省相关部门，积极争取两省的政策支持，探索在产业、科技等方面开展深入合作。三是组织两市对口单位，全领域开展调查研究，深度挖掘合作有利因素和优势。

（二）强化人才交流合作

一是继续推动鸡西市领导干部到肇庆挂职交流及培训。二是探索教育、医疗等专业型人才短期挂职交流，组织两市专业型人才培训班等，提升鸡西市公共服务部门工作人员的业务水平和服务质量。三是推动两地职业院校资源共享、专业共建、联合培养，提升鸡西市职业院校高层次人才培养能力。四是通过两地就业对接平台和招聘会，实施定向接收，有序组织劳务供给，为两市企业发展提供人力资源保障。

（三）推动重点合作项目落地见效

一是加强优势产业合作。突出两市在资源和产业发展等方面的互补性，发挥各自优势。重点推进鸡西石墨新材料产业与肇庆新能源汽车、动力电池制造产业合作。落实好对口合作重点工作任务，既加强产业项目等方面的"硬合作"，又加强体制创新、干部挂职培训等方面的"软合作"。二是推动农业领域合作。加强在农业和绿色食品产销对接、粮食精深加工等食品行业方面合作对接。三是推动南药北药合作。发挥各自优势，重点围绕中医药产业发展趋势、产业合作路径等进行广泛交流与合作。四是加强文化旅游对接合作。充分发挥双方旅游资源，开展"寒来暑往、南来北往"合作，互为旅游客源地和目的地，通过共同开发、共同宣传等多种方式，打造"鸡西—肇庆"特色旅游品牌。五是推进园区共建。依托鸡西市丰富的农产品资源，引进一批产品科技含量较高、拉动力较强的食品精深加工企业，在鸡西市共建食品产业园区。

（撰稿人：赵欣儒、卢坤华）

第四章 鹤岗市与汕头市对口合作

鹤岗市发展和改革委员会 汕头市发展和改革局

党中央、国务院作出开展东北地区和东部地区对口合作的战略部署以来，鹤汕两市市委、市政府高度重视，积极部署，将抓好对口合作，作为城市转型、实现跨越发展的重大契机，两市各县区和各部门主动作为、积极对接，两地对口合作工作有效开展，多领域合作取得实质成果。

一、2019 年两市对口合作进展情况

（一）积极主动开展对接，密切两地合作关系

在黑龙江省委省政府、省发改委的帮助和指导下，鹤岗市主动与广东省汕头市取得联系，建立了对口合作关系，为加深友谊、深化合作，双方市委、市政府主要领导，多次率团考察，全面对接；双方县区、市直部门多次派考察团相互考察对接，双方企业和社会团体多次组织活动，共谋合作。截至目前，两市共组织各层面考察互访 48 次，召开各类座谈会、洽谈会 50 余场，签署县区、部门合作框架协议 23 个；通过各级领导和部门的密切沟通，签署项目合作协议 27 个，达成意向 40 余个，双方相互参加农民丰收节等展会活动 10 余次，对口合作逐步走向深入。

（二）健全组织机构、完善工作机制，科学统筹推进对口合作

一是双方签署了《黑龙江省鹤岗市人民政府与广东省汕头市人民政府对口合作协议》，明确了合作方式、任务目标、重点领域、保障措施和协调机制，为工作提供了制度支撑，鹤岗市与汕头市对口合作工作机制全面确立；二是为加强对口合作工作的领导，组建了鹤岗市与汕头市对口合作领导小组，下设干部人才交流合作、绿色食品和粮食仓储合作、电子商务和科技交流合作、园区共建合作等 7 个重点领域专项推进组，各部门、各县区也都把开展对口合作作为"一把手"工程，明确专人负责推进此项工作，为对口合作的顺利开展提供了有效的组织保障；三是科学制订方案，起草了《黑龙江省鹤岗市与广东省汕头市对口合作的对接工作方案》，明确了合作方式、任务目标、重点领域、保障措施和协调机制等内容，为工作提供了制度支撑；四是在原来《框架合作协议》基础上，

双方共同研究，形成了《鹤岗市与汕头市对口合作 2019 年重点工作计划》，明确了 2019 年双方将在发展农业和绿色食品产业、文化、旅游和健康产业、园区合作共建、区（县）合作共建、干部人才交流培训等 20 个重点领域开展合作，并列出《2019 年鹤岗市与汕头市对口合作重点工作任务分工安排表》，将各项工作任务细化分解，明确责任单位；五是两市高层会议后形成《鹤岗市与汕头市对口合作领导小组办公室会议纪要》（以下简称《纪要》），《纪要》明确了 2019 年两市将突出抓好商会交流互访方面、园区建设、农贸合作三方面工作，《纪要》发双方参会领导和部门，推进会议落实。

（三）突出重点领域优势互补，实现互惠共赢发展

在全市上下合力推动下，紧密跟踪合作项目进展情况，及时协调解决有关问题，积极做好服务相关工作，确保合作项目顺利推进。

1. 绿色、特色产品互销方面

利用鹤岗市农产品绿色无公害优势，积极开展两地特色产品食品"南货北调、北货南运"销售合作。广东心瓷公司与鹤岗市萝北县达成森林食品达成精品粮油合作，开展了大米联合营销活动，销售萝北县大米近 300 吨，随着线上的不断营销推广，萝北大米在南方沿海地区的市场将逐步扩大；鹤岗市绥滨县在汕头超市开设店中店，并且在龙湖区开设绥滨农产品专卖店——绥滨米铺，由汕头市提供的房屋，现已装修完成进行营业，绥滨米铺已销售农产品 15 吨，销售额约 17 万元；迦泰丰粮油食品有限公司与汕头市粮丰集团开展粮食加工合作，拟在鹤岗市范围内推广种植 5 万亩优质"稻花香"水稻销往广东潮汕地区，拟合作建设粮食产业化联盟，目前，已完成备案、土地测量、地质灾害报告、压覆矿产报告，正在办理土地预审和规划手续；绥滨县畜牧局与汕头市企业签订饲养狮头鹅框架协议，2019 年 6 月购置鹅雏 2000 只。鹤岗市东山区积极推进金龙米业有限公司与汕头市恭发粮店合作，项目建成后年粮食批发精装酵素大米 600 吨，年稻米总销量可达 6000 吨。目前，鹤岗地区向汕头销售稻米共计 1700 余吨，汕头及周边地区近 20 万户家庭吃上鹤岗的绿色米。此外，汕头的牛肉丸、海鲜等特色美食，以及针织商品、儿童玩具等特色产品在鹤岗市销售额共计 350 余万元。

2. 商贸物流方面

鹤岗市萝北县与汕头市心瓷科技有限公司合作，在汕头市搭建萝北馆农产品展示区，展馆已装修完成，并投入使用。打通了"线上平台销售、线下批量销售、实体经营展示"三种经销渠道，形成了"先付款、后发货"的销售模式。近期心瓷公司又联系了当地多家企业，近 300 家线下门店，采购萝北 4500 袋杂粮和新大米作为销售样品，准备开展更深层次的合作。鹤岗市兴山区美联美网络科技有限公司与汕头派一电子商务有限公司开展电子商务合作，在两地互建地方特色名优产品馆，累计销售汕头针织品达 130 余万元。在 2019 年新年期间双方开展了年货节促销活动，共对接鹤岗市 18 家企业的 80 余款产品，春节期间实现销售额 120 余万元。鹤岗市萝北县与友好县区汕头市澄海区就网络直播教学方面进行合作，通过百龙职校网络直播免费为萝北县电商领域从业人员开展培训。鹤岗南翔国际物流有限公司与汕头市派一电子商务有限公司就建设"汕鹤"农特产品大市场达成一致，拟建设汕头产品展示区、俄罗斯名优产品展示区、东北名优产品展示区等，汕头提供了 216 平方米的店面和 1 万平方米的场地，建立云仓，作为农贸市场集散地，让鹤岗

市的相关企业无偿使用 5 年，该项目已办理"黑龙江鹤汕商贸有限责任公司"的备案登记，目前，汕头展厅正在进行店面装修，争取年底前装修完毕。

3. 粮食仓储销售方面

为充分发挥鹤岗市粮食资源富裕、粮食品质优质绿色、国有粮食企业仓储设施完好和管理水平专业等优势，鹤岗市粮食局积极与汕头方对接，双方就市级动态储备粮异地代储工作达成一致意见，2019 年 9 月 10 日双方签订了《汕头市市级动态储备粮委托代储合同书》，先行试点代储原粮（水稻）5000 吨已全部收储完毕，汕头方也已进行质量验收，2019 年收储工作已圆满完成。此项工作，弥补了鹤岗市没有省外异地储备粮的空白，实现了"南粮北储、合作互赢"的目标。

4. 在园区建设方面

鹤岗市经开区与工农区政府充分发挥经开区发展空间广阔与工农区招商引资实力强的优势，按照发展"飞地经济"的合作思路，将石墨产业园划出 20 公顷土地，建设"工农区与汕头金平区园区"。目前，合作共建协议已签订，正在推进中。

5. 市场主体培育方面

经双方多次往来沟通，有一批项目已达成合作意向，正积极向前推进中。黑龙江如柏科技有限公司拟利用现有的两条日生产量 40 吨稻壳、秸秆制浆示范生产线，与汕头优势包装设备生产企业合作，探索建设纸壳包装箱生产线；经纬生物科技集团拟利用东北特色非转基因大豆生产的豆皮、腐竹等现有产品，与广东一家人食品有限公司等食品加工企业合作，利用其品牌及市场优势，在大豆即食食品加工上开展合作；鹤岗市广亿森木业有限公司与梅州市木业协会，就俄罗斯木材深加工就地转化项目达成合作共识，目前已签订战略合作框架协议；鹤岗市南山区利用汕头龙湖区先进技术和销售渠道，积极推进鹤岗天鼎彩印公司与龙湖区仁恒彩印包装有限公司开展彩印包装和纸箱板项目，帮助区属企业扩大经营；鹤岗市海宇米业公司与汕头大发水产公司签订合作协议，正在积极商讨合作具体事项；汕头宏基混凝土构件公司与鹤电水泥厂签订合作协议，正在研究在鹤岗建设水泥制品加工项目；广东信泽食品公司与鹤岗市泓博来商贸公司签订了合作协议，正在探讨引入汕头本地特色商品销售；泓博来商贸公司与汕头企业正在洽谈引进潮汕美食；汕头中圣科营热电有限公司与兴安区峻源煤矿达成了燃煤供销合作意向。汕头市科技局还为鹤岗市科技孵化器项目提供 50 万元资金支持。

6. 加强人才互动，促进两地互学互鉴方面

鹤岗市委组织部积极推进两地干部挂职交流工作，建立了与汕头市对口合作干部交流培训工作机制。在干部挂职锻炼上，鹤岗市将选派干部赴汕头挂职锻炼纳入全市"百名干部挂职锻炼计划"，共选派 23 名干部赴汕头挂职，其中，市级领导 1 名，市直单位处级领导 4 名，县区党政班子副职 7 名和县区科级干部 11 名，截至 2019 年 2 月，23 名干部全部挂职期满。挂职领导和干部在挂职期间，积极推进合作项目，实地开展调查研究，深入探寻合作切入点，全方面宣传推介鹤岗，有力推动了合作纵深发展。各县区也分别与对口区县开展互派干部交流，鹤岗市绥滨县派经开区副主任刘凯锋到潮阳区农业局任副局长挂职锻炼，汕头市澄海区委常委、组织部部长庄素桦带领部工作人员及拔尖人才 29 人来到结对县区萝北县，就基层党建、文化旅游、乡村振兴、产业发展等领域进行深入交流。在干部学习培训上，鹤岗市选派 64 名干部，分别参加了汕头市委组织部在中山大学举办的

"政务服务专题研修班"与浙江大学举办的"防范和化解经济风险专题研修班"、上海市交通大学举办的"市工业园区建设管理专题研修班"、县（处）级干部进修班、中青年干部培训班等学习。在教育人才交流上，鹤岗市工农区教育局与汕头市金平区教育局建立了互访培训机制，受金平区邀请工农区5所学校校长赴深圳学习交流。通过学习，干部都反映开阔了视野、提高了能力、增长了才干，收获良多，受益匪浅。

7. 社会事业合作方面

鹤汕两市卫生健康部门积极沟通，对鹤岗市医养康项目情况进行了推介，绥滨县拟与汕头合作建设医疗养老一体化综合服务项目，正在洽谈中。2019年6月，汕头代表团参加了鹤岗市举办的第二届中俄犹文化精品鉴赏节。鉴赏节期间讲述潮汕故事、传播传统文化、弘扬中国精神的汕头杂技剧报告剧《心烧·眷恋》在鹤岗市矿区文化宫精彩演绎，为鹤岗市民带来了一场视听盛宴；汕头文创企业参加了文创产品博览会，各种航模、创意玩具、潮汕美食展示出了汕头独特的文化底蕴，为加强两市文化交流和经贸合作起到了推动作用；鉴赏节期间在鹤岗市美术馆举办了四城市会谈，鹤岗市与汕头市围绕文化、旅游、体育等方面进行了广泛交流。鹤汕两市旅行社进行了对接，鹤岗运通国际旅行社与汕头新旅国际旅行社就互相组成旅游团队对发等方面达成合作意向，确定推出2条旅游新线路：汕头—鹤岗，直航双飞六天北国之旅；鹤岗—汕头，8日游。同时，双方已在各自的电视台、网站等媒体推介两地市的资源、产品和旅游线路。

鹤岗市接待了3个汕头旅游团。10月举办了"汕头市旅游协会赴鹤岗开展对口合作惠民之旅"，首发团29名汕头游客开始了精彩的鹤岗之旅。此外，绥滨县结对友好县区汕头市龙湖区，投资2万元在绥滨县建设的绥龙广场已经建成并投入使用，为绥滨人民休闲、娱乐、健身提供了良好的场所。汕头市濠江区无偿赠与鹤岗市向阳区2架无人机等。

二、2020年两市对口合作工作思路

（一）抢抓建设广东省产业转移重点示范园区机遇

黑龙江省即将与广东省签订《黑龙江省精准承接广东省产业转移结对合作框架协议》，鹤岗市引导各县区积极谋划，推动鹤岗市承接广东省产业转移，借鉴汕头市在服装、玩具、装备制造等领域的突出优势，充分利用鹤岗在资源、土地、环境承载能力等生产要素上承接产业转移、发展飞地经济的突出优势，以及对轻工业产品需求及对俄贸易上的区位优势，承接广东省产业转移合作的空间巨大，合作前景广阔。利用鹤岗市及周边地区广阔的食品包装物市场，研究探索与汕头优势包装设备生产企业合作投资建厂，开拓黑龙江省食品包装物市场。

（二）做好、做足资源深加工这篇文章

围绕鹤岗储量居亚洲第一的石墨资源，利用汕头电池新能源行业多年积淀经验及高新技术研发优势，与汕头战略新兴产业对接，在石墨新能源材料、石墨烯材料、超硬材料及

研发平台、科技孵化等新兴产业建设上开展合作，唱响"南北合作"新材料品牌。

（三）打好、打响北药开发这张牌

围绕鹤岗野生中药材资源蕴藏丰富，生态适宜中药材生长，利用汕头生物制药研、产、销及品牌体系，与汕头制药企业研发部门对接，在中草药种植养殖基地建设和精深加工、生物制药上开展合作，唱响"南北合作"北药品牌。

（四）开展卫生医疗等社会事业合作

以医养康项目作为合作切入点，卫生医疗领域广泛开展合作。开展中医药领域合作。加强与汕头市中医药学术交流，选定重点专科，组建团队，定期开展中医药学术交流、培训等相关工作。开展医学学术交流合作。邀请汕头市卫生部门优秀的医疗、养老、康复团队来鹤岗进行培训指导。开展南病北治、北药南用。依托鹤岗优美的环境，医养康综合体的功能，让汕头广大患者和养老群体到鹤岗进行医疗、养老、康复、旅游体验，充分发挥鹤岗气候、环境、生态、旅游及中医药资源特色和优势，把南病北治、北药南用做大做强。开展远程协作。与汕头市建立网络远程协作，开展远程授课平台，通过互联网进行专业技术远程指导，提升鹤岗医疗服务水平。开展旅游推介活动。积极引进战略合作伙伴，进行鹤岗—汕头美食节、鹤岗啤酒美食节、汕头市鱼丸节等系列宣传推介活动，实现与汕头市互相推介，双方互相组成更多旅游团队对发，促进旅游深入交流。

（五）制定优惠政策，加大项目扶持力度

围绕对口合作项目，有针对性地出台专项支持政策：一是优化行政办事流程，对两市对口合作项目，开通专门绿色通道，提高办事效率，简化审批流程，依据项目规模，指派各县区、各部门主要领导包保，帮助解决项目建设中遇到的困难；二是加强要素保障，凡对口合作项目在资金、用地、用电、取水、交通、供热等要素保障上给予倾斜；三是出台专门政策，对口合作项目在项目前期、项目建设期和投产运营阶段，给予重点支持。

（六）狠抓落实，推进重点领域合作

一是围绕两市签署的合作协议，围绕重点领域，明确任务书、时间表和路线图，狠抓落实。特别是在绿色食品、电子商务、轻工纺织、园区共建和优化营商环境上，取得更大的实质性合作成果。二是对鹤岗的资源、农特产品深加工研发，生产、销售等环节进行研究论证，招引汕头企业到鹤岗进行合作生产。三是推进两地市已签约项目早日开工建设、早日达产达效。

（撰稿人：郑异军、田新宇、张源锋）

第五章 双鸭山市与佛山市对口合作

双鸭山市发展和改革委员会 佛山市发展和改革局

2019 年是双鸭山市与佛山市对口合作的深化年、提升年，在黑龙江省委、省政府的坚强领导下，双鸭山市认真贯彻落实习近平总书记重要讲话和重要指示精神，紧紧抓住"龙粤合作"的难得机遇，把深化双鸭山市与佛山市对口合作（简称"双佛合作"）作为加快城市转型发展和全面振兴全方位振兴的突破口，推动对口合作取得了阶段性成果，为全市转换发展动能、实现高质量发展注入了新动力、新活力。

一、2019 年对口合作工作开展情况

（一）两市互访交流频繁

2019 年以来，市级以上领导带队互访交流 11 次、对接人数 185 人，部门和企业对接互访 52 次、对接人数 995 人，举办各类招商会、恳谈会、商贸展销会等活动 7 次，签订各类协议 23 份。6 月 15 日，双鸭山市市长郑大光参加了"黑龙江·广东对口合作及经贸交流座谈会"并与佛山市冠牌不锈钢有限公司总裁吴党权就《不锈钢管材制造及不锈钢交易中心项目》正式签约。

6 月 16 日，佛山市委副书记、市长朱伟带领佛山市政企考察团一行 49 人来双鸭山市对接考察。期间，举行了"双鸭山市·佛山市对口合作第五次联席会议暨签约仪式""双鸭山市与佛山市企业对接推介会"。在"双鸭山市·佛山市对口合作第五次联席会议暨签约仪式"上，双鸭山市委书记宋宏伟与佛山市委副书记、市长朱伟进行了佛山市支持双鸭山市民生及基础设施建设第二批资金 1.1 亿元支票交接，两市共有 10 个项目进行签约，签约金额 5.4 亿元。在"双鸭山市与佛山市企业对接推介会"上，双鸭山市各县区商务局、经合局、各界企业家与佛山市冠牌不锈钢有限公司、广东明珠众达商业开发有限公司、佛山市南海区粮油总公司、佛山市中科企业孵化器有限公司、广东志高集团、广东碧桂园农业控股有限公司、广东万和集团、佛山市海天（高明）调味食品有限公司等 16 家企业进行了对接推介，有 2 个项目进行了签约，签约金额 4500 万元，并形成了 5 个项目线索。

10 月 26 日，市委副书记、市长郑大光带队赴广东省对对口合作工作进行再推进、再

落实。27 日，在深圳市正威国际集团总部召开项目推进会，会上对"双佛合作"石墨（烯）产业集群项目发展规划进行了介绍；与正威国际集团就在双鸭山市和佛山市建设石墨（烯）产业园区项目进行了深度交流。28 日，在广东省发改委召开座谈会，与广东省发改委副主任曹达华就宝清县万里润达燃料乙醇进行了产品推介。

（二）体制机制改革初见成效

充分借鉴佛山市"一门式、一网式"政务服务模式，深入推进双鸭山市"最多跑一次"改革取得实绩。一是打通"一网"，助力审批服务提速增效。加快一体化政务服务平台建设，全力推进"一网通办"，通过多方式、多渠道提升网办比率，实现了"2019 年底，市县网上可办率不低于 70%"的工作要求。二是归集"一门"，推进政务服务事项集中办理。为实现企业和群众办事"只进一扇门"，印发了《关于加快推进政务服务事项进驻综合性实体大厅有关事宜的通知》，市民服务中心已进或拟进驻政务服务事项 745 项，占市级政务服务事项总数的 90.4%，同时拓展政务服务覆盖面，着力服务群众"最后一公里"，将政务服务的媒介延伸到群众身边。三是综合"一窗"，不断优化大厅"一站式"功能。全面实施"综合窗"服务模式改革，制发了《行政权力和公共服务事项纳入"一窗式"综合服务授权委托书》，实行"前台综合受理，后台分类审批，窗口统一出件"的服务流程，实现"一次叫号、一窗受理、一网通办"的服务新模式。双鸭山市借鉴佛山市经验创新推行的"综合窗"模式，在黑龙江省政务服务方面处于领先，在省深化机关作风整顿优化营商环境培训工作会议上进行了经验介绍，并被省作风整顿领导小组纳入典型案例综合汇编，在全省介绍推广。

（三）产业项目有序推进

坚持"优势互补、合作共赢"的原则，与佛山市在粮食和农产品精深加工、中草药种植及精深加工、新材料及高效钾肥等深加工方面开展了深入的产业合作，一批对口合作项目取得实质性进展。其中，总投资 1.58 亿元的北大荒米高农业年产 8 万吨高效钾肥项目已于 2 月 28 日投产，目前已生产硫酸钾 13810 吨、盐酸 16248 吨。通过佛山市"众陶联"，黑龙江"众农联"成功落户双鸭山，目前共完成交易 4184 笔，成交企业 1124 家，个人农户 730 家，覆盖由北到南 15 省份与 3 个直辖市，粮食及相关产品累计成交量 555.22 万吨，累计成交额 149.78 亿元。总投资 6 亿元的佛山市冠牌不锈钢有限公司不锈钢管材制造及不锈钢交易中心项目于 6 月 15 日"黑龙江·广东对口合作及经贸交流座谈会"上正式签约，6 月 18 日正式开工建设。双鸭山市智慧养老系统建设项目快速推进，5 月 22 日广东壹佰健大健康科技有限公司来双鸭山，对双鸭山智慧养老综合平台进行安装及调试。住友富士电梯黑龙江升降设备售后服务运营中心（分厂）项目、佛山市缘喜房车文化有限公司房车营地建设项目、超高压绿色方便食品科技产业化项目正在持续跟踪推进中。同时，按照"三个一批"，即开工建设一批，洽谈磨合一批，谋划储备一批的指导思想，以四县四区及经开区为主要承载主体，建立了《双鸭山市与佛山市对接合作线索项目库》《双鸭山市与佛山市对接合作储备项目库》《双鸭山市与佛山市对接企业（企业家）库》并持续更新，为后续产业项目推介工作打下基础。此外，双鸭山市出台了《双鸭山市生产加工产业项目扶持办法》，与佛山市携手发挥两市政策叠加优势，加大对重点

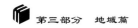

产业项目的招引力度，合力推进项目开工落地。

（四）加强农业产销合作

在巩固两市 2018 年粮食产销合作的基础上，2019 年 4 月由双鸭山市粮食局牵头在佛山市举办了"2019 年双鸭山市粮食领域好粮油进佛山宣传品鉴推介会"，并精选 2 户农民种植合作社、2 户加工企业的 10 个品种、18 款系列近两吨产品在佛山市南海区桂城粮油超市正式上架销售。双鸭山市饶河县粮食局与佛山市顺德区粮食局签订粮食销售合同并达成战略合作伙伴关系，第一批精装大米（20 吨）已运达佛山市顺德区粮食局并开始经营销售。

（五）加强旅游产业合作

抢抓学生放寒假契机，设计推出哈尔滨冰雪大世界、双鸭山青山国家森林公园、北大荒农机博览园、圣洁摇篮山滑雪场、七星山国家森林公园双飞 7 天研学游线路。2019 年 1 月 28 日，佛山市第一中学研学旅行交流团一行 52 人赴双鸭山一中研学旅游交流，开启"双佛合作"研学旅游新篇章。市文化广电和旅游局副处级调研员姚义明于 5 月赴佛山市对接交流，与佛山市旅游局、旅游协会、旅行社就组织游客来双旅游的旅游线路、旅游产品开发、优惠政策等进行协商，并取得初步合作意向。11 月初，由集贤县东极国旅组织佛山市商务旅游团来双鸭山旅游观光，开启双鸭山"南来北往、寒来暑往"冰雪观光帷幕。

（六）加强科技和高校合作

1 月 10 日，佛山市顺德区伦教街道党工委委员、区教育局局长黄炫丹带队一行六人赴双鸭山第五中学进行考察交流。2 月 11～17 日，双鸭山市第一中学钱成吾副校长带领 30 余名师生赴佛山一中开展研学旅行活动。3 月初，双鸭山市第三十二中学与佛山荷城中学共同开展了"冲刺中考，决胜未来"的百日誓师大会以及"书香润泽校园，读书成就梦想"活动。4 月 23 日，由双鸭山市第三十七中学校长带队一行 8 人赴佛山汾江中学进行对接交流。6 月 16 日，双鸭山市科技局与佛山市博古科技投资有限公司就合作建设双鸭山市"一站式"科技创新服务平台签订了《双鸭山市与佛山市合作共建科技创新服务平台协议书》。

（七）加强园区共建合作

双鸭山市把园区建设作为促进区域经济发展的重要载体和平台，以招商引入企业为手段，以项目逐渐落地开工建设并形成一定程度的集聚为牵动，以共建园区整体规划和征地及基础设施建设为重点，以创新共建园区管理和服务体制机制为路径，逐步打造成支撑"双佛合作"成果的强大平台载体。按照互惠互利的市场经济原则，双鸭山市与佛山市达成共识，共同给予入园企业优惠政策，形成政策叠加效应，吸引企业入驻。目前，已完成合作园区的初步规划及污水处理、道路、供气等相关配套设施建设。

（八）加强民生领域合作

佛山市 2018 年至 2020 年共支持双鸭山市 3.8 亿元建设"双佛合作"民生项目 10 个，

现已向双鸭山划拨 2.32 亿元。其中双山全民健身中心、双鸭山市城市科技馆于 2019 年 4 月开复工；四方台区污水处理厂提标改造项目于 2019 年 2 月 17 日开工建设，已完成基本建设及设备安装；四方台区紫云岭公益性公园建设项目（一期）、四方台区紫云岭科普园项目 2 个项目也分别于 9 月 22 日、25 日开工建设；四方台区南环路、连接路已于 10 月全线贯通；双鸭山市四方台区紫云岭公益性公园建设项目（二期）花海种植区已将种植土置换完成，山上栽植树坑完成 15000 余处；饶河县季华健康公园项目正在进行场地平整；双鸭山市四方台区背街巷路改造建设工程项目正在办理前期手续，预计 2020 年 5 月开工。

（九）加强干部人才合作

按照建立"全方位、多层次、常态化"的双向干部交流和人才培育机制的要求，在互派干部挂职交流、人才培训共享等方面开展了对口合作。5 月 13 日，双鸭山市第三批 9 名四县四区及市直机关单位的副处级以上干部赴佛山市开展为期 4 个月的挂职锻炼。2019 年两市已组织各类企业家、年轻干部、机关工作人员互访培训交流 2 批次，累计培训人员 75 人。

（十）加强医疗卫生合作

4 月初，双鸭山市人民医院派出一名眼科医生和一名耳鼻喉科医生赴佛山市第二人民医院进修学习。佛山市妇幼保健院新生儿科专家来双鸭山出诊并授课，双鸭山市妇幼保健院麻醉科主任赴佛山市妇幼保健院进修学习一个月，佛山市妇幼保健院"无痛分娩"新技术正在双鸭山推广应用。佛山市第四人民医院副院长严军雄带队来双鸭山市对接交流，并就结核病防治一体化、医院电子信息化管理、慢病一体化防控等方面进行了深入交流。双鸭山市中医院骨科骨干前往佛山市中医院骨伤科进行了为期三个月的进修，同时佛山市中医院骨伤科专家来双鸭山市中医院进行了业务指导并出诊。

二、2020 年对口合作工作计划

（一）对民生项目实行倒排工期

积极协调各责任部门，划分好项目前期手续办理和项目建设时间节点，制定翔实的建设方案及合作协议，加快推进项目建设。全力配合各相关部门依法依规地采取有效措施破解手续办理等难题，争取 2020 年双山全民健身中心、四方台区紫云岭公益性公园、四方台区紫云岭科普园项目、南环路、连接路、污水处理厂提标改造工程 6 个项目竣工，争取双鸭山市城市科技馆年内完成土建工程。

（二）对产业项目实施分类推进

对已经开工建设的佛山市冠牌不锈钢有限公司不锈钢管材制造及不锈钢交易中心项目列入双鸭山市发改委重点推进项目，强力推进项目建设；对计划在双鸭山市投资建设的中国中药控股有限公司中国中药（双鸭山）产业园项目，超前谋划，做好项目要素条件配置工作，争取尽快有实质性进展；对正在洽谈的佛山市缘喜房车营地建设项目等，积极与企业对接，加强沟通磨合，为项目落地做好准备工作。

（三）持续推进园区共建事宜

持续加强两市的沟通联系，争取共建园区早日见成效。共建园区以招商引入企业为手段，以项目逐渐落地开工建设并形成一定程度的集聚为牵动，以共建园区整体规划和征地及基础设施建设为重点，以创新共建园区管理和服务体制机制为路径，以中央和两省（广东省、黑龙江省）及佛山资金支持为新动力，逐步打造成支撑"双佛合作"成果的强大平台载体。

此外，不断深化两市在农业产销、旅游、科技和高校、干部人才交流、医疗、金融、体制改革等方面合作，按照省委、省政府的决策部署，真正把对口合作工作做深、做宽、做实、做细、做长、做出成效，为黑龙江全面全方位振兴贡献力量。

（撰稿人：侯俊涛、陈传明）

第六章 大庆市与惠州市对口合作

大庆市发展和改革委员会 惠州市发展和改革局

按照《国务院办公厅关于印发东北地区与东部地区部分省市对口合作工作方案的通知》《黑龙江省与广东省对口合作实施方案》等文件的要求，大庆市与惠州市始终坚持以习近平新时代中国特色社会主义思想为指导，坚持"政府搭台、社会参与、优势互补、合作共赢，市场运作、法治保障"原则，积极沟通，深入对接，扎实推进各项工作务实高效开展，对口合作工作取得一定成效。

一、两市对口合作主要做法

（一）坚持顶层设计，建立工作机制

两市充分发挥对口合作组织机构的职能，召开了专题工作会议，研究推进对口合作工作，制订印发了《大庆市与惠州市对口合作 2019 年重点工作计划》，围绕营商环境、民营经济、金融领域、重点产业、经贸领域等 13 个方面，提出 22 项具体合作事项，进一步明确了合作领域和合作内容。同时，建立健全了组织机构会议制度、高层交流制度、对口合作联络员制度、重大事项请示汇报制度以及工作信息报送制度，保障了对口合作工作有序务实开展。

（二）立足合作重点，开展互访交流

结合两市产业基础、资源禀赋、区位优势等实际，针对科技、商务、旅游、人才交流等具体合作事项签订了 22 项合作协议、备忘录。加强两市高层互访，2019 年 5 月，大庆高新区管委会主任韩雪松率队参加惠州"石化联合会园区年度会议"期间，与大亚湾经开区党工委书记和管委会主任交流了园区建设、管理、招商引资方面的经验。6 月，惠州市委副书记、市长刘吉率领惠州党政考察团来庆商谈对口合作事宜。8 月，大庆市政府领导带领市发改委、工信局等部门，两次赴广东省开展定向招商，深入推进有关企业项目合作。同时，两市发改、工信、金融、旅游等部门间累计开展 63 次交流活动，扎实推进各领域对口合作，在项目合作上取得了较好成果。

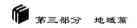
（三）结合两市实际，引进产业项目

为进一步深化落实黑龙江和广东"龙粤"对口合作战略部署，两市政府积极推动发改、工信、农业、商务等有关部门及园区管委会，商（行）会、企业等互访交流，谋划合作项目，通过开展各类对接活动，累计达成26个合作协议项目和意向合作项目，合作项目及协议涵盖农业、粮食、旅游、电子信息等多个领域。邀请惠州代表团参加第六届中国—俄罗斯博览会。在经贸交流座谈会上，广东海纳农业有限公司与大庆市杜尔伯特县政府签订了战略合作协议，拟在江湾乡建设10万亩有机水稻现代农业产业园。大庆市高新区参加仲恺高新区在深圳招商推介会，考察了德赛西威汽车电子、亿纬锂能、华星光电等公司，引导相关企业融入大庆市汽车和智能制造供应链体系。同时，结合惠州石化能源新材料、电子信息等优势产业集群，重点挖掘产业项目，拓宽合作领域，初步促成了一批有利于大庆转型振兴的新兴产业项目。

此外，两市还积极主动地将对口合作工作拓展到彼此周边地市，寻找合作机遇。大庆市与广东省储备粮总公司合作共建广东异地储备合作项目，引进深圳慈航无人机组装及植保等项目。大庆市积极参加深交会和第七届广州金交会，推介产业投资基金以及"油头化尾"、高新技术、奶业、大健康等专项基金建设需求，吸引各方资金加入。惠州市拟与哈尔滨工业大学共建哈尔滨工业大学国际教育科研基地，引进哈工大机器人智谷（惠州）项目等优质项目，促成本地粮企与五常市、绥化市、佳木斯市等地粮食企业达成购粮协议。大庆金融办组织拟上市企业代表到惠州、深圳、东莞实地考察，深度了解珠三角地区资本市场、基金建设、产业金融等领域资源，并且在培育企业上市、运用债务融资工具、建设云上基金小镇、发展供应链金融等方面达成合作协议。

二、对口合作取得的成效

（一）营商环境方面

大庆市考察学习惠州"首席服务官"制度、"零跑动"服务、并联审批改革，吸取惠州在项目服务、行政审批等方面先进经验，结合大庆实际，成立重点产业项目推进服务办公室，创新实施重点产业项目"五制"服务制度，成立7个项目推进工作组，为企业提供"一对一"个性化精准服务。2019年4月，惠州市工信部门赴大庆市中小企业局沟通联系，把《民营经济十条》政策措施、开通"直通车"解决民营企业实际诉求及"惠企通"平台等做法与大庆中小企业局进行交流，大庆市充分借鉴相应经验做法，制定了当地促进民营经济发展的政策措施，进一步提升了各类市场主体对大庆的认知度、友好感。

（二）园区合作方面

2019年6月，广东省商务代表团及外省商会企业考察团来庆交流，在交流会上经开区推介园区并与部分企业建立了联系，拟在产业园区投资建设和管理运营、智能化产品产业等方面开展合作。8月，大庆高新区与惠州仲恺高新区签订了《惠州仲恺高新技术产业开发区、大庆高新技术产业开发区对口合作框架协议》，双方在"优势互补、互惠互利、共同发展"的合作原则指导下，推动区域间科技创新要素和资源优化配置，探索建立利益共享机制。

（三）产业项目方面

大庆坚持以惠州为平台，面向珠三角，围绕石油化工、汽车制造、电子信息、新材料、中草药深加工等产业合作，推动合作项目共计26个。着眼对口合作契机，赴惠州等地开展招商引资专项行动，与正威集团等企业签订框架合作协议，推进氢燃料电池系统制造、大庆石墨烯产业园等一批战略新兴产业项目。惠州市组织比亚迪、亿纬锂能等汽车制造相关企业赴大庆市开展项目前期研究，推动广东利元亨装备、赢合科技等智能制造企业与大庆市相关企业对接，推广机器人企业应用。

（四）人才交流方面

充分利用惠州优质教学资源，大庆市先后选派20余名优秀年轻干部到惠州市以挂职、插班等方式学习培训，在惠期间累计开展工作调研170多次，搜集整理广东省以及惠州市先进经验资料100余份。组织大众创业孵化基地5家孵化器共计10人次参加了龙粤科技企业孵化器高级培训班，学习先进孵化器管理经验。邀请惠州市第八期"两新"组织党组织书记培训示范班来大庆市外延培训，举办2期干部培训班，共培训市县两级干部93名。

（五）粮食产销方面

两市粮食部门发挥各自优势，建立长期稳定的粮食产销对口合作关系。两市粮食龙头企业签订了7项粮食购销协议，鲶鱼沟大米已成功在惠州中石化易捷便利店销售。惠州自主研发的"粮油质量溯源服务平台"专利技术在大庆实现免费应用共享，有力支撑了大庆建设粮油二维码溯源系统，大幅度提升了粮油质量安全监管工作能力。2019年10月，惠州市发改局组织了储备军粮供应公司、惠粮物流有限公司等5家粮食龙头企业参加2019年黑龙江第十六届金秋粮食交易暨产业合作洽谈会和第七届黑龙江绿色食品产业博览会，与大庆在内的多地签订了多项粮食产销合作协议。

（六）旅游开发方面

签订两市旅游协会合作协议，就两地旅游产品开发、旅游线路嫁接等方面开展深入合作。通过开展互换冬天、互换夏天、互换客源等主题活动宣传推介两地特色旅游，联合举办冰雪等特色旅游推广活动。2019年9月，大庆市旅游部门赴惠州，详细介绍大庆旅游招商项目，邀请惠州企业来大庆考察投资。10月，惠州市邀请大庆市参加2019年广东旅游文化节暨第十届（惠州）东坡文化节。期间，大庆市文化广电和旅游局代表大庆市参展2019广东（惠州）文化旅游体育产业博览会并参加采风踩线活动。推动了两地旅行商开展市场化合作，有效促进了两地旅游市场共享、游客互送。

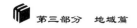

（七）科技合作方面

大庆市科技企业孵化器服务创新联盟与惠州市孵化器协会签署了战略合作协议，双方拟在人才交流、组织活动、资源共享等方面开展深入合作，与惠州东北商会、南方工程检测修复技术研究院、惠州高视公司等 12 家企业建立了联系，在市场开拓、技术支持、人才引进等方面探讨合作空间，与部分科技型企业建立了联系，并就大庆中蓝能源环保公司在惠州市设立分公司达成初步共识。

（八）金融合作方面

大庆瞄准上市企业量偏少的短板，进一步加强企业上市培训，学习借鉴惠州在培育上市企业方面的经验做法，定期与惠州、深圳等地企业上市培育工作专家学者对接交流，开展了为期 3 个多月的后备上市企业专项调研，深入企业 34 家，充实完善后备上市企业 17 家。推动供应链金融项目在大庆落地，惠州市组织协调 TCL 集团、深圳鸿泰得国际物流集团、浪潮大数据公司以及相关金融机构与大庆市博斯科技有限公司就供应链金融业务模式与风控技术开展靶向招商，该项目已落户大庆高新区，拟重点针对石油化工、汽车、商贸旅游等产业领域提供金融信息和应收账款融资服务。

三、2020 年对口合作工作打算

大庆市与惠州市将深入贯彻习近平总书记考察东北三省及视察广东的重要讲话精神，在两省省委、省政府的统一部署下，夯实合作基础，创新合作思路，深挖合作潜力，推动对口合作纵深发展，携手推进经济高质量发展。

（一）加强产业对接合作

两市将进一步发挥彼此产业优势，重点推进石油化工、汽车与装备制造、电子信息等优势产业的合作。开展两市石化下游产业合作，延伸产业链条，提升产业规模和竞争力。谋求开展汽车产业合作，加强产品研发、零部件生产等领域的配套协作。加强食品加工产业合作，提升产业层次和品牌影响力。建立两地民营企业家联系协调机制，推动惠州远大石化机械有限公司与大庆市石化企业在石化高端检测设备项目方面的合作，承接惠州市民营经济外溢，助力大庆加快解决民营经济偏弱问题。加强两地"惠企政策"的经验交流与研究，及时学习借鉴双方在推动民营经济和服务企业方面好的经验做法，推动两地民营经济持续健康发展。

（二）加强粮食产销合作

加强两市在粮头食尾等方面的经验交流，完善粮食对口合作项目供求信息平台，探索利用网上平台促进本市粮食销售，线上线下共同加强两市粮食贸易合作。共同协助推动广东海纳农业有限公司与杜尔伯特县合作建设 10 万亩有机水稻现代农业产业园，以及与林甸县合作建设 10 万吨有机肥料厂等合作项目进入实质性阶段。充分利用好"黑龙江好粮油中国行"营销活动的契机，加大品牌认知度，抢占市场占有率，推动两市农业合作再上新台阶。

（三）加强经贸交流合作

联合组织对口合作经贸交流、项目对接活动，支持、引导两市商会、行业协会开展多种形式的考察交流活动，加强企业对接交流，引导两地企业到对方城市投资兴业，推动合作意向尽早落实，推动服务贸易和服务外包业创新发展，促进洽谈项目尽快落地。两市代表团互相邀请参加惠州高校科技成果交易会、广东 21 世纪海上丝绸之路博览会、哈洽会、中俄博览会等经贸交流活动，进一步推进两市企业洽谈对接，开展多层次多产业领域务实合作。

（四）加强金融对接合作

两市将共同探索开展银团贷款等业务，推动金融机构通过跨区域参股、兼并重组等方式实现业务拓展。围绕在资本、行为、功能等方面的地方金融监管任务，以及防范和处置非法集资、开展金融领域扫黑除恶等重点工作，在机制建设、模式创新等方面加强交流合作。惠州市将加强大庆优质资产的推介力度，推动两地金融市场合作。推进两市金融专家、学者开展高端论坛，深化两市金融领域合作。

（五）加强人才交流合作

探索建立两市干部挂职交流长效机制，搭建两市人才信息共享交流平台。大庆市将继续选派干部赴惠州挂职锻炼。惠州市结合培训班安排，邀请大庆市干部参加有关培训。两市还将根据专项工作、具体合作事项的实际需要，互派干部开展为期一周或十天的短期培训、跟班学习等交流活动，进一步丰富人才交流模式。

（六）拓展合作新空间

围绕两市石化、新能源、新材料、电子信息、汽车制造等优势产业，加强沟通交流，谋划在油气集输、油品检测与分析等方面在惠州高等院校开设新的专业课程，服务石油化工产业发展。大庆市拥有板蓝根、防风、柴胡等丰富的中草药资源，还拥有丰富的温泉资源，亟待规模化开发，惠州市将充分发挥制药优势、旅游资源开发优势以及招商优势，组织业内龙头企业赴大庆市考察，合作开发中草药、温泉等资源，培育大庆产业新优势。两市还将在教育、卫生、文化、科技等领域积极开展交流合作，共同推进社会事业发展，增进两地民生福祉。

（撰稿人：邱天、谢和民）

第七章　伊春市与茂名市对口合作

伊春市发展和改革委员会　茂名市发展和改革局

按照中央和两省的决策部署，2019 年伊春市与茂名市认真贯彻落实《黑龙江省与广东省对口合作 2019 年重点工作计划》《黑龙江省伊春市广东省茂名市对口合作框架协议》，双方强化工作部署，积极开展多层次高效对接，广泛开展经贸交流合作、干部异地培训等活动，合作机制日趋完善，互学互鉴逐步深化，重点领域合作交流取得阶段性成效。

一、2019 年对口合作工作进展情况

（一）强化工作部署

两地市委、市政府高度重视对口合作，市委常委会、市政府常务会多次部署对口合作工作，伊春市委书记赵万山召开市委常委会专题听取对口城市合作进展情况汇报。"推动与广东茂名对口合作"写进 2019 年伊春市政府工作报告。"密切与伊春市对口合作关系"写进茂名市委全会报告和 2019 年茂名市政府工作报告。2019 年 7 月，经两市政府同意，两市发展改革部门联合印发《黑龙江省伊春市与广东省茂名市对口合作 2019 年重点工作计划》，伊春市政府办公室印发《伊春市政府与茂名市政府对口合作座谈会会议纪要》，茂名市政府向广东省政府报送《关于开展对口合作城市交流活动情况的报告》。2019 年 11 月，两市政府联合印发《黑龙江省伊春市与广东省茂名市对口合作实施方案》。

（二）开展多层次高效对接

2019 年，茂名市委市政府主要领导分别率党政代表团到伊春市考察学习并进行合作对接。6 月 12～14 日，茂名市委副书记、市长袁古洁率市政府代表团到伊春市开展对口城市合作交流。考察期间，两市发展改革、工信、商务、市场监管、供销社、工商联等部门及企业代表分别进行了合作对接。茂名市民营企业商会、广东天恩药业股份有限公司、广东绿恒制药有限公司、广东欧美泰集团股份有限公司、茂名市金信米业有限公司、茂名市国旅国际旅行社有限公司、广东豪信科技股份有限公司 7 家企业随团参加活动，考察期间与伊春市有关企业进行对接，部分企业达成初步合作共识。

6月15日，茂名市委副书记、市长袁古洁率领茂名市经贸代表团赴黑龙江省哈尔滨市参加第六届中俄博览会和第三十届哈尔滨国际经济贸易洽谈会，推动茂名市企业开拓东北市场、国际市场，推动中俄友好合作交流。参观了中—俄博览会广东馆和对口合作城市伊春展馆，并与伊春市委副书记，市长韩库进行了交谈。袁古洁市长还参加了广东—黑龙江两省经贸对口合作交流座谈会暨企业代表签约仪式见证会。

7月17～18日，伊春市金融局局长张亚林带领伊春市发改委、中国人民银行伊春中心支行、伊春银保监分局、伊春市嘉荫县政府、伊春市、县农合机构有关单位一行13人，到茂名市就金融改革创新、农商行改革、金融支持实体经济工作开展专题考察学习。

8月26～28日，茂名市委书记、市人大常委会主任许志晖率党政代表团赴伊春市开展对口交流合作，并参加在伊春市举行的第二届黑龙江省旅游产业发展大会，就进一步务实推动两市对口合作进行座谈交流，伊春市委书记赵万山出席座谈会。北京茂名商会、香港茂名同乡总会、广州茂名商会、珠海茂名商会等负责人参加交流活动，两地商会、民营企业家积极开展互动交流对接。

11月19～20日，伊春市副市长王忠秋、伊春市卫生健康委主任丁智慧率卫生健康系统调研组一行13人，到茂名市调研中医药服务及中医康养等工作情况。伊春市调研组先后调研了茂名市中医院、茂名市人民医院、高州市中医院、茂南区公馆镇中心卫生院、公馆镇十万七卫生站、高州市分界中心卫生院、高新区潘茂名纪念公园、水东湾新城康养产业等，考察学习茂名大健康产业园规划与发展情况。

（三）积极开展经贸交流合作

1. 推动粮食和农产品产销合作

茂名市粮食收储有限公司派员参加"2019·黑龙江第十六届金秋粮食交易暨产业洽谈会"。茂名市金信米业有限公司与铁力市金海粮米业有限公司签订了农副产品购销合同。茂名壹坊农业有限公司与黑龙江省伊春市北货郎森林食品有限公司签订了《森林食品购销协议》，与黑龙江省五常市千尊禾优质稻米种植农民专业合作社签订了《购销五谷杂粮协议》，目前累计购进伊春市农产品20种，其中向黑龙江伊春市北货郎森林食品有限公司购进森林食品12批次，金额13.6万元，向黑龙江省五常市千尊禾优质稻米种植农民专业合作社购进农产品4批次，金额16万元。茂名现代农业展示中心设置伊春市食品和农产品展示专区，宣传推介和展销伊春市农产品，播放伊春市农业产业宣传片，推广伊春市农产品品牌。广东欧美泰集团股份有限公司与铁力市金海粮米业有限公司达成合作意向，拟购进铁力市金海粮米业有限公司高级大米，该公司计划到伊春进一步洽谈合作事宜。

2. 推动医药、旅游等行业企业对接合作

广东绿恒制药有限公司与伊春市黑龙江九峰山养心谷有限公司继续努力扩大合作，争取在两年内把合作药材种植面积扩展到万亩以上。茂名市民营企业商会、广东三环药业有限公司、广东天恩药业股份有限公司正与伊春市企业积极对接、商洽合作。伊春市制定出台了《伊春市招徕省外旅游客源奖励办法》，鼓励省外旅行社组团到伊春旅游，进一步刺激了茂名市旅游客源地市场，提升了茂名旅游企业、旅行社向伊春输送旅游客源的积极性。伊春市还根据两地旅游合作的实际情况，推出持茂名市身份证的游客免门票这一优惠

措施，共同推进两地旅游市场繁荣。茂名市国旅国际旅行社有限公司与伊春市招商国际旅行社对接洽谈，拟合作推广伊春市旅游线路，输送旅游团队。2019 年春晚以短视频的方式与茂名市互致问候，传播友谊，沟通交流城市文化。

3. 推动相关部门开展对接合作

伊春市商务局、科技局、卫健委、工商联等部门积极与茂名市相关单位加强沟通合作。伊春市商务局与电子商务协会工作人员赴茂名对接电子商务领域两市合作事项。在茂名市商务局有关同志陪同下，参观了茂名市电子商务协会，并进行了深入的座谈交流，商定了对口合作方式，签订了对口合作协议。伊春市科技局相关人员赴茂名围绕两地科技创新合作、共建科技创新平台等方面进行了初步探讨，建立了两地科技合作工作交流群，双方有关领导和各相关科室在线上建立了联系。伊春市卫生健康委相关人员赴茂名市就茂名市中医药事业发展、中医馆建设、医养结合工作、健康产业发展等情况进行调研学习，形成了《伊春市赴广东省茂名市调研中医药事业发展情况调研报告》报市政府，用以指导伊春市中医药事业的发展。伊春市工商联与茂名市工商联结成友好工商联，积极开展民营企业对接交流。将伊春市雪中王山特产品有限公司、黑龙江九河泉农业公司等 21 家有投资建厂、产品经销等合作意向民营企业，与茂名民营企业进行信息互享、寻求共赢发展商机；茂名市政府考察团到伊春期间，组织茂名企业到伊春志友森林食品有限公司、伊春市高山森林食品市场、伊春市鑫旺山特产品开发有限公司等企业实地考察，拓展两地产品互销渠道，增进交流。

（四）积极开展干部异地培训

3 月 20 ~ 25 日，茂名市委党校组织第二十二期处级干部进修班 54 名学员赴伊春市委党校开展了为期一周的联合办学活动，开展"解放思想推动高质量发展大讨论"活动；8 月 1 ~ 5 日，茂名市委党校组织茂名市税务系统基层党组织书记 70 人前往伊春市委党校学习培训，培训期间，茂名市税务局领导到伊春市税务局进行调研座谈；8 月 6 日，茂名市委组织部率市管优秀专家和拔尖人才一行 44 人赴伊春市开展人才交流活动；9 月 1 日，茂名市税务系统基层党组织书记培训班在伊春市举办；10 月 9 ~ 14 日，茂名市委党校第三十期中青一班 48 名学员赴伊春市委党校进行一周的学习培训；10 月 21 ~ 26 日，伊春市委党校组织伊春市优秀青年干部培训班 35 人到茂名学习培训，并赴滨海新区、露天矿博物馆等地开展现场教学，深入了解茂名经济社会发展成就和发展新思路；12 月 16 ~ 23日，伊春市委组织部组织部分市管人才赴茂名开展人才交流研修活动。

（五）加大宣传力度

两市广播、电视、报刊、网站等媒体互相报道两地对口合作进展情况，积极推介两地优势资源。东北网、伊春市政府网站等媒体报道茂名市党政代表团到伊春市考察学习活动。茂名日报主要版面刊发《以旅游合作为切入点务实推动对口合作结出丰硕成果》《深化交流推动对口合作务实有效开展》《伊春梧州两地培训班在茂名市委党校开班》等报道，茂名市广播电视台刊播了《伊春、梧州两市干部在茂开班培训》等新闻报道。茂名晚报刊登伊春仙境雪景，详细介绍伊春深冬时节银装素裹、雪玉冰清的美景。茂名发布、茂名网等新媒体大力宣传两市合作交流情况。

二、2020 年工作计划

（一）完善对口合作机制

按照两省对口合作 2020 年重点工作计划和《黑龙江省伊春市与广东省茂名市对口合作实施方案》确定的工作任务，推动重点领域合作取得新进展。依托两市中药资源优势和市场需求，探索建立合作开发医药产品机制。探索建立茂名市与伊春市药企互相参与对方制药加工企业深度合作机制，提升企业市场竞争力。在继续加强两地对接交流基础上，探索两地县、市（区）建立结对合作关系，依托资源优势、特色产业、市场需求开展工作对接，开拓性地开展工作，鼓励结对县（市、区）开展互访、组织干部挂职培训、开展经贸交流活动、开展企业、机关干部经验交流活动、推动各领域对口合作项目落地，协调解决项目合作中存在的问题和困难，积极推动合作项目早日取得成效。加强两市高新区、经开区、专业园区、特色园区间的交流与合作，创新园区管理，优化园区服务，推动产业集聚，促进园区创新发展、优化发展。强化交流学习，借鉴茂名市在园区管理体制、招商引资、项目融资、运营机制等方面的先进经验，助力提升伊春市园区建设。双方探索以市场化方式共同开发产业园区，吸引两地企业落户。

（二）搭建企业合作交流平台

积极引导两市企业对接，继续组织两地行业协会、商会、企业家开展友好交流及投资环境考察活动，搭建平台促进双方交流合作，推动更多企业积极开展互访联谊、展会推介等活动，吸引茂名优势企业走进伊春，吸引伊春优势企业走进茂名，互相支持企业投资兴业。组织伊春市制药加工企业、规模药材基地赴茂名市考察洽谈，寻求合作切入点；推动伊春市北药产品进入茂名市医药市场销售；探讨合作双方在对方区域内建设销售网络；支持茂名市制药企业到伊春市建立药材种植和加工基地，共同扩大伊春市北药和茂名市南药的品牌影响力。

（三）加强农产品产销合作

支持伊春市粮油企业在茂名建立更加广泛的销售渠道，继续组织相关企业积极参加各类粮油产销合作洽谈会，及时发布两市粮食合作项目供求信息，促进"伊粮入茂"取得进一步成效。加强两地特色农产品推介，借助两地展销平台，进一步推介伊春的绿色有机食品、茂名的特色水果。

（四）开展文化旅游交流合作

搭建促进双方交流合作平台，互相开展文化旅游交流推介活动，互相宣传文化旅游资源，打造旅游品牌和线路，进一步加强旅游合作，挖掘和提升两市的特色旅游资源和产品，互推客源，开辟旅游市场。加强交流合作，推动两市客源市场互为客源地和目的地。

加大文化交流力度，让"好心茂名"品牌与伊春"森林里的家"品牌互相认可。

（五）推进干部人才培训交流

落实伊春市、茂名市干部人才交流培训合作协议，有计划地选派优秀年轻干部进行学习考察，促进两市相关部门、战线、领域的干部之间业务交流、能力提升。围绕乡村振兴战略、园区和产业项目建设、资源开发利用等方面，积极开展干部异地培训交流，定期组织师资交流和学员互访。

（六）举办展销活动、开展多领域务实合作

按照《关于印发黑龙江省伊春市与广东省茂名市对口合作实施方案的通知》（伊政发〔2019〕13号）的相关内容，为进一步深化伊春市与茂名市双方对口共建，推动企业间的交流合作，拟通过举办两地名优特产品展销、推介活动，让茂名消费者了解、体验伊春优质、绿色、健康、安全的产品，宣传伊春森林产品品牌形象，扩大伊春名优特产品知名度和市场占有率；同时伊春企业通过此活动了解茂名市名优特产品，学习茂名创新发展的好经验好做法，找准与企业发展建设的结合点，开展多领域务实合作，促进优势互补，实现共赢发展。

（七）依托电商平台、促进经贸合作

加强两市电子商务工作的交流合作，两市商务部门将通过实地考察、参加展会、信息互通等多种形式，促进两地的专业交流和行业互动；同时向对方推荐当地特色产品，搭建两地特色产品对接平台；双方将为当地特色产品背书，以及整合当地仓储、快递物流等资源，共同搭建特色产品电商供应链；两市将开展人才交流与培训，为两地电子商务领域的合作共同寻求新的发展契机。在双方展销活动中，利用电商直播手段，开展线上线下互动，提升展销推介效果。

（撰稿人：张彦明、李耀浩）

第八章　佳木斯市与中山市对口合作

佳木斯市发展和改革委员会　中山市发展和改革局

一、2019年两市对口合作进展情况

2019年以来，两市各相关部门和企业积极主动开展交流互访，对接合作，取得系列成果，达成十余项意向或协议。这些成果有：深圳市联兴新材料科技公司对佳木斯市泉林公司秸秆综合利用项目表现出很大兴趣，将来佳木斯实地考察；广东省食品学会同意尽快组织学会知名企业赴佳市实地考察，把佳木斯市绿色食品通过更多方式、更广渠道引进广东乃至全国；佳木斯煜鑫建材公司与广东绿研环境科技公司就利用绿研公司专利技术生产A级防火板达成合作意向；佳木斯电机股份与广东船舶行业协会就扩大在华南地区电机销售达成协议；北大荒绿色食品公司与九阳公司就代餐粉产品在佳市生产加工达成合作意向；飞马公司愿借助维汝堂电商平台销售佳市优质农产品，并把佳木斯市作为绿色原料供应基地开展长期合作；广东省大豆产业联盟有意把佳市非转基因大豆推向高附加值深加工市场，促成佳木斯市与李锦记集团（江门新会）食品公司、海天集团初步达成非转基因大豆供应意向；佳木斯市与深圳市高力高科实业有限公司就建设食品用纸等项目达成合作意向；佳木斯市与华南理工大学食品学院建立工作联系，开发农产品深加工新项目；佳木斯葵花食品酿造有限责任公司与广东美味鲜调味食品有限公司达成合作意向，广东美味鲜调味食品有限公司将派员赴佳木斯市葵花食品酿造有限责任公司实地考察，洽谈具体合作事宜；中山火炬开发区与佳木斯高新区对口合作共建孵化器项目启动仪式在佳木斯市举行，广东大唐盛视与佳木斯高新区对口合作的科技企业孵化器项目落地佳木斯；中山商务局委托广东果美农业发展有限公司与佳木斯市6家农副产品生产企业签约，广东果美农业发展有限公司在中山设立佳木斯市农副产品展厅，并通过多种渠道开展促销。佳木斯大米旗舰店入驻中山市黑龙江商会，佳木斯市商务局与中山市黑龙江商会在中山共同成立商务联络处。

2019年12月31日，首家中山市对口合作（帮扶）地区农副产品集市（以下简称集市），在沙朗水果蔬菜批发市场正式开业。集市由广东果美农业发展有限公司倾力打造，来自佳木斯的300余种优质农副产品在集市中入场，涵盖了优质大米、黑木耳、松茸、有机紫苏籽油、高原雪菊等。集市有望成为佳木斯地区农副产品在中山的集散窗口，下一步

将通过窗口作用将这些优质的农副产品辐射到中山全市各个镇区，将来自原产地的优质农副产品送到中山市民的家中。

2019年5月8日，佳木斯高新区创新创业基地举行揭牌仪式，这标志着佳木斯市首个与中山市合作建设项目全面启动。该项目由广东大唐盛视科技产业有限公司与佳木斯高新技术创业服务中心共同运营，孵化场地达到10500平方米，建成"创业苗圃—孵化器—加速器—产业园"多层级孵化器模式，提供孵化工位、联合创业空间、独立空间等多形式众创空间，启动"5C"培育计划，构建五链融合的高新技术创新创业服务体系，突出"服务"属性，建平台、汇资源、聚人才，全力打造科技企业和人才储备基地，增强当地发展后劲。佳木斯高新技术创业服务中心将当地企业科研优势和累积的硬件基础与大唐盛视新思维理念和独具的创新管理模式相互渗透融合，力促双创基地完成南北方技术和市场、创意和资源、资本和人才、创业和创新的有效融合，为两地经济提供双向互通平台。

大唐盛视与佳木斯合作的第二个园区佳中产业园，于2019年9月29日举行开工仪式。项目由广东大唐盛视科技产业有限公司与佳木斯天鸿孵化器科技有限公司共同出资建设运营。该园区占地5万平方米，项目计划投资1亿元，分为孵化器、加速器及共享车间三个板块，力图建设从产业孵化、科技成果转化、投融资，到共享打样、共享中试、共享生产、共享品牌服务平台七位一体的生态型、产业赋能新型产业园区。

2019年，哈工大机器人（中山）有限公司依托哈工大机器人集团（HRG）海外资源建立了中山翠亨新区硅谷科技孵化器（海外人才工作站），从国外引进机器人与智能制造领域人才、技术、项目。目前该公司通过人才工作站等多种渠道向新区推荐项目近30个，包括意利自动化有限公司、微链视觉机器人等一批优质项目等待落地。HRG中山基地承接"翠亨国家重大仪器科学园"项目在翠亨新区的产业化工作，并由专人负责开展前期对接工作。目前基于敞开式离子源的现场快速检测质谱仪投资项目、医用全自动微量元素检测仪产业化等7个项目正处于深入对接阶段。

目前，HRG中山基地产业已初步完成了产业集群的构建，共有在孵企业14家，研究院在研项目7个，包括谭久彬院士团队的国家科技重大专项落地项目2项。基地累计聚集人才355人，申报及获得知识产权305项，申报各类资质认证80多项。产业集群内企业已认定高新技术企业5家，中山市级工程技术研究中心3家，投产及在研项目60多个，与中山本地合作项目70多项。自中山基地建设以来，各项目公司累计实现营收4.5亿元，其中，2019年实现营收3.15亿元。

第二期龙粤科技企业孵化器高级培训班5月在佳木斯开班，来自黑龙江全省各地市科技部门的创业孵化业务负责同志和科技企业孵化器、大学科技园、众创空间等单位的管理人员共计130余人参加培训，高级培训班取得圆满成功。佳木斯市博物馆赴中山市开展了馆际交流展览，主题为《锦绣天成——赫哲族鱼皮制作技艺专题展》，中山市文化广电旅游局组织市旅游协会、市文化促进会组成交流合作团赴佳木斯市开展文化旅游交流合作。在文化旅游发展规划、市场开发计划、文化旅游政策等发展重大决策方面形成互相学习、借鉴和合理互动的合作机制，确定"按照互利、双赢"的合作原则，设立固定的联络和工作机构，优势互补、客源互济，推动两地文化旅游资源开发；逐步消除文化旅游壁垒，推进两地无障碍文化旅游合作；共建文化旅游信息平台，实现文化旅游信息共享；为今后"寒来暑往、南来北往"旅游对口合作工作的顺利开展再次奠定坚实基础。

哈洽会期间，佳木斯举行了佳木斯经贸合作交流会暨招商引资项目签约仪式，黑龙江省商务厅及广东省商务厅、中山市政府参加了签约仪式，北京、广东、浙江和省内各地的109位嘉宾齐聚一堂。共签订项目52个，签约总额418.88亿元，签约额度位列全省第二位。其中，佳木斯与广东省签约项目5个，协议项目金额57.5亿元。

重点合作项目情况。2019年初以来，两市各相关部门和企业积极主动开展交流互访，对接合作，特别是哈洽会期间，对口合作工作取得系列成果，达成数项重点项目，其中三个项目已开工建设，两个项目开展前期工作。

二、2020年两市对口合作工作计划

2020年重点做好以下工作：一是继续推进互访交流。继续组织好佳木斯市挂职干部选派工作，第三批赴中山市挂职干部拟选派6~8名，选派工作正在进行中。邀请中山市文化广电旅游局领导和相关人员参加佳木斯市三江杏花节活动。由佳木斯市卫健委牵头组织的部分医院影像专家团近期赴中山市考察，积极推进佳木斯"人工智能"影像诊断系统在医疗上的应用。二是抓好已有线索对接。在已有线索的基础上，明确项目对接责任人，加强有合作意向或招商线索的企业信息沟通，做好项目跟踪和对接工作。与李锦记集团、海天集团、广东恒福糖业集团等新线索企业加强联系，登门拜访，邀请对方来佳木斯实地考察，寻找合作商机。三是跟踪有协议、有意向的项目。对已签协议的项目，尽快落实建设条件，早日开工；对有意向的项目紧紧抓住不放手，争取早签约，早开工。四是加强项目落地服务，促进开工建设。对已落地项目，指派专人负责，全程跟踪服务，协调解决项目建设过程中遇到的各类问题，保证按时开工建设。五是抓好企业市场对接。借助协会、商会、电商平台，拓展佳木斯企业销售渠道，协助佳木斯企业与维汝堂、丽水山耕等销售平台进一步对接，争取尽快合作，实现共赢；帮助佳电股份尽快落实与广东船舶协会对接确定的目标；推进佳木斯代餐粉企业与飞马公司、维汝堂等对接，开展委托加工、贴牌等合作方式，快速做大佳木斯代餐粉产业。六是紧抓对口合作机遇，搭建经贸合作交流平台。继续发挥桥梁和纽带作用，以两市商务领域交流合作，不断深入为契机，积极构建有利因素，增强对接交流的精准度，组织引导佳木斯商协会和企业与中山市开展经贸交流合作，使两市的商务领域合作不断迈上新台阶。七是动员社会力量参与对口合作。加大对口合作宣传及佳木斯投资环境的推介力度，争取社会各界积极参与，共同推进政策落地，共建对外开放平台，通过项目把对口合作引向纵深，形成合力推动两市对口合作工作，实现优势互补、互利共赢，携手共谋中佳两地大发展。

（撰稿人：史春胜、贾康、陈振耀）

第九章　七台河市与江门市对口合作

七台河市发展和改革委员会　江门市发展和改革局

2019 年是七台河市和江门市对口合作工作的深化年、提升年、攻坚年，两市坚持以习近平新时代中国特色社会主义思想为指导，按照《黑龙江省与广东省对口合作实施方案》及《黑龙江省七台河市与广东省江门市对口合作工作方案（2018－2019）》总体要求，落实《2019 年七台河市和江门市对口合作任务清单》总体部署，经过不懈努力，两市对口合作工作取得了明显成效。

一、2019 年对口合作工作情况

（一）密切开展交流往来，积极对接高效推进合作

2019 年以来，江门市与七台河市领导分别组织考察团互访，开展系列调研考察活动，促进友好交流合作。4 月，七台河市委常委、副市长安虎贲带队，赴江门市学习考察，围绕国企改革、城市投融资、产业园区建设、交通运输、区域经济合作、工业运行保障等方面进行交流。6 月，应七台河市政府邀请，江门市委副书记、市长刘毅率政企代表团赴哈尔滨参加"哈尔滨国际贸易洽谈会"，探讨建立更深更广的对口合作机制，为两地企业搭建商务对接渠道。

12 月，七台河市委书记杨廷双到江门市考察，与江门市委书记、市人大常委会主任林应武座谈，双方决定以共建江河融合绿色智造产业园为载体，促进两市产业务实合作，推进鹤山工业新城模式在江河融合绿色智造产业园落地，探索组建管理公司，创新园区建设、管理和招商新方式，进一步深化江河融合绿色智造产业园共建方案。

（二）积极搭建合作平台，探索共赢发展新路

两市充分发挥市委、市政府在对口合作中的引导带动作用，推动两市经贸互动合作。两市共同参加"哈尔滨国际贸易洽谈会"，广东千色花化工公司与北京石墨烯研究院（BGI）、宝泰隆新材料公司在哈洽会上签约，共同打造 BGI 宝泰隆研发中心江门石墨烯产业基地，推动石墨烯科技成果在江门市落地转化和产业化，在活动中产生了积极的影响。七台河市举办的中国（七台河）石墨烯应用创新创业大赛、有机酱油峰会等活动中江门

市政府和企业积极参加，共商产业发展合作。江门市为拓展七台河市影响力，助力七台河市筹建"江门—七台河对口合作产业展厅暨宝泰隆科技创新展厅"，帮助七台河市获取更多的发展机会和机遇。

（三）拓宽合作发展领域，打牢两市对口合作基础

一年来，两市合作广泛、交流不断，各领域各部门深化合作交流，谋求务实发展。

1. 经验交流方面

七台河市借助对口合作机遇，深入查找思想观念、发展理念、体制机制等方面的短板和不足，在全市开展了"学江门、找差距、谋转型、促振兴"为主题的学习年活动。七台河市营商环境建设监督局到江门市行政服务中心调研交流，深入学习江门市行政服务中心"一门""一网""一次""一线"政务服务改革、企业群众办事便利化、政务服务大厅"一站式"服务、四级政务服务体系规范化建设、12345政府服务热线的建设及运行管理机制等方面情况，详细了解江门市的政务服务改革情况，为七台河推进政务服务改革提供先进经验。

2. 农业合作方面

广州海大集团总部与七台河桃南国家粮食储备公司签署了正式协议，以代收代储方式启动了粮食收购，3.3万吨玉米成交，交易金额5417万元。2019年1月，在江门市成立的"江门黑小七原味农产品生活体验店"正式营业，体验店集合了七台河的宏泰松果公司、荣盛达有机酱油公司、三胜谷物杂粮公司、岚棒山系列产品、良民纯粮酒厂、富嘴食品有限公司、乐宝食品有限公司及东之星果蔬有限公司的30多种产品。这不仅仅是一个七台河农产品的体验窗口，更是一个七台河农产品与外部市场集合对接交流的平台。

3. 教育合作方面

江门市教育研究院陈育庭副院长带队，率领正高级教师、特级教师等一行12人组成考察团，赴七台河市进行教育考察，推进落实江门市与七台河市在教学科研、名师队伍建设等方面的对口交流合作工作，搭建两地中小学教学科研和名师队伍建设等领域的交流平台。江华小学与七台河市第九小学已初步达成姐妹学校合作伙伴关系的意向，并与七台河市第十小学初步达成教研共建的合作意向。

4. 商务合作方面

一是利用广东省对外开放合作资源，共同拓展东盟市场。积极参加2019广东21世纪海上丝绸之路国际博览会、第五届珠西先进装备制造业投资洽谈会、2019粤澳（江门）产业合作示范区招商推介会、中德工业城市联盟第八次全体会议，推介七台河市的投资环境，拓展国际化招商网络。二是共同开展对俄经贸合作，拓展东北亚市场。两市商务部门组成经贸代表团于2019年9月前往俄罗斯开展一系列经贸活动，先后拜访了俄罗斯中国总商会、莫斯科格林伍德国际贸易中心、圣彼得堡俄中商务园等，共同考察俄罗斯市场环境，商谈江门和七台河产品进驻俄罗斯有关贸易中心等平台进行推广及商讨在俄设立商务交流处的可行性等事宜，顺利完成了既定出访计划，取得了预期成效。三是积极与港澳地区加强经贸投资合作。在江门市协助下，七台河市建立大湾区招商联络处和驻江门招商联络处。

5．产业合作方面

一是江门市借助同方（广东）科技园的有利条件，促成七台河与同方股份合作。七台河市政府与同方股份旗下华控赛格股份有限公司签约投资合作协议，清华同方投资 6 亿元的奥原锂离子电池负极材料项目落地七台河市，并深化与清华大学研究生院和宝泰隆石墨烯公司的合作，该项目计划 2020 年开工建设。二是宝泰隆股份有限公司与江门市华材新材料股份有限公司双方签订战略性合作协议，在石墨烯应用方面开展合作，华材利用宝泰隆提供材料用作海洋防腐工程，目前正在对产品进行测试。双方全力推进华材公司在七台河设立节能锅炉生产点和产品销售中心，目前正处于洽谈阶段。三是三江变压器与海鸿电气在引进立体卷铁心项目、合作开发矿用防爆立体卷铁心干式变压器、引进敞开式立体卷铁心干式变压器技术、作为海鸿公司组合式变压器北方销售总代理 4 个方面达成战略合作协议。

6．文化旅游方面

2019 年 5 月，七台河市文化广电和旅游局前往江门市进行夏季文化旅游宣传推介活动。通过播放宣传片、发放宣传册等方式，向江门人民展示了七台河市独特的冬奥冠军文化、抗联英雄文化、生态园林文化和冰雪林海文化的魅力，通过七台河特色文旅产品勃利黑陶、橡木酒桶的展览，引起了江门市民和旅行社的浓厚兴趣。在整个推介过程，江门市文化广电旅游体育局给予大力支持，组织了 30 余家旅行社参加宣传推介活动，充分体现了两市一家人。

（四）合作共建产业园区，吸引优势产业集聚发展

2018 年 12 月，两市政府签署了《七台河市与江门市合作共建产业园区框架协议》，确定共建"黑龙江省七台河市江河融合绿色智造产业园区"，为两市合作共赢搭建了平台。2019 年，"江河"园区从无到有、从小到大，已经成为七台河产业转型发展的"主战场"。七台河市计划投入 30 余亿元，用于园区的基础设施建设，对拟入驻企业提供高质量服务保障，北京泰银公司在园区计划投资 120 亿元建设生物制药项目，项目现正按照规划顺利进行。除此之外，鹿山紫顶光合项目、博达生物科技项目和辰能生物质发电项目均已开工建设。

（五）推动人才培训交流，促进干部人才互学互鉴

2019 年，七台河选派了 8 名干部，累计共选派了 28 名干部到江门市挂职交流，江门市委、市政府为七台河挂职干部搭建了施展才能的平台，创造了良好的学习交流环境。在江门挂职的同志为七台河带来了新理念、新思维和新方法，在各自的岗位上都发挥了巨大作用。七台河职业学院分别与江门职业技术学院和五邑大学签订了合作协议，在深化校际交流与合作，共建服务平台、优化师资培养等方面开展了合作。七台河职业技术学院选派了两位教师到五邑大学交流学习，五邑大学专门根据选派教师的专业背景及交流学习目的，安排智能制造学部和生物科技与大健康学院制订了详细的交流学习方案，圆满完成各项学习交流任务。同时，上半年，江门职业技术学院完成了七台河职院 2 名管理干部培训工作。

二、2020 年对口合作工作思路

为了深入实施国家区域协调发展战略，进一步深化江门市与七台河市对口合作，2020年两市将在两省省委、省政府的统一部署下，夯实合作基础，创新合作思路，深挖合作潜力，共同推进对口合作工作向纵深发展，携手推进经济高质量发展。

（一）创新园区管理模式

以共建江河融合绿色智造产业园为载体，促进两市产业务实合作，推进江门市鹤山工业新城模式在江河融合绿色智造产业园落地，探索组建管理公司，创新园区建设、管理和招商新方式，进一步深化江河融合绿色智造产业园共建方案。加强两地园区产业合作。推动江门有对外投资意向的企业落户江河融合绿色智造产业园或与七台河市本地企业开展合作。利用江门市招商推介活动平台，大力宣传七台河，积极营造优良发展投资环境。

（二）巩固深化合作成果

加强江门市与七台河市石墨烯相关产业的合作，推动千色花与北京石墨烯研究院、宝泰隆石墨烯新材料有限公司细化合作内容，制订工作方案，加快项目落地，并在项目落地、研发中心建设等方面依法依规给予大力支持。持续跟进清华同方（黑龙江）新材料产业基地落户七台河市项目推进情况，与七台河市、同方公司通力合作，推动项目早日开工建设，早日投产，并以此为契机，继续推动落实对口合作工作。

（三）切实加强经贸合作

充分发挥对口合作双方优势，积极搭建合作平台。共同参加第三十一届哈尔滨国际经济贸易洽谈会，搭建两地企业互动交流的合作平台，为两地企业合作创造更多的发展机遇。利用"江门市对口支援地区名优特产品体验馆"展示平台将七台河市的优质产品引入江门。

（四）继续推进农业合作

建立农业和绿色食品长期产销对接关系，强化两市在粮食精深加工、绿色食品产业发展方面深度合作。深化"六方"区域现代化农业高质量发展区域合作，充分发挥各自优势，促进共同发展，牵引和带动乡村振兴。开展七台河市名优特农产品展销，助力七台河市经济发展，支持七台河市名优特色农产品在江门销售，依法选择运营企业，在江门大型商场设立七台河市名优特农产品展销点，并且开设网上销售。

（五）加强"放管服"改革领域的合作

积极借鉴江门"数字政府"综合改革、商事制度改革等方面的成功经验，进一步提升七台河市政务服务水平，优化七台河市营商环境。

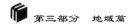

（六）拓宽文化旅游合作空间

开展乡村游交流推介活动，共同举办文旅产品、非遗项目展览展销活动，充分展示两地文化特色，进一步促进两市文旅产业的交流与合作。加大旅游宣传力度，充分利用两市日报旅游专版、微信公众号、官方网站等媒体，加大对双方旅游市场、旅游 IP 的宣传，扩大双方文旅资源的知名度和影响力。

（七）加强干部人才培训交流

一是推动党建工作交流互鉴，互相选派党建工作人员学习考察，交流基层党建方面创新理念和成功经验；二是推动干部交流互学，继续开展干部人才交流学习，推动两地干部人才相互学习、相互借鉴，转变观念，提高工作水平；三是深化教育领域合作，开展教师互派，有效整合教育资源，实现资源共享，在学校管理、师资培训、教学科研、教育信息化等方面开展对口交流；四是推动七台河职业学院和五邑大学、江门职业技术学院进一步完善高校互访交流学习机制，在专业建设、师资培训培养和教学科研成果交流等方面继续深化合作。

（撰稿人：张建夫、王金鑫、李明洋）

第十章　牡丹江市与东莞市对口合作

牡丹江市经济合作促进局　东莞市发展和改革局

2019 年是牡丹江市与东莞市确立对口合作关系的第三年，也是两市对口合作工作的关键之年。两市市委、市政府始终坚持以习近平新时代中国特色社会主义思想为指引，坚持"政府搭台、社会参与，优势互补、合作共赢，市场运作、法制保障"原则，主动沟通，积极作为，深入对接，交流体制机制基本确立，经贸合作初见成效，产业合作有所突破，对口合作各项工作取得了阶段性成果。

一、2019 年两市对口合作工作回顾

（一）积极友好往来，推动多层次的互动交流

1. 高层积极互访

2019 年 6 月中旬，东莞市肖亚非市长率东莞市政府代表团访问牡丹江市，双方举办了深化牡丹江—东莞对口合作工作座谈会暨合作协议签约仪式，随行的东莞企业家与牡丹江市企业签订了 12 个经济贸易合作协议，涉及粮食购销、服务贸易、物流和电子商务等领域，东莞市政府还赠送两台东莞企业生产的干燥机给牡丹江市，帮助牡丹江市发展农林产品加工，同时参加了第六届中国—俄罗斯博览会。

7 月中旬，牡丹江市王文力市长率市政府代表团访问东莞市，两市就落实产业园区合作进行了深入交流，进一步推动两市合作向更广领域、更深层次开展，商定努力建设两市对口合作的标志性项目，推进两市在旅游、木材深加工和铁路运输方面的合作。

10 月底，牡丹江市委书记马志勇率牡丹江市党政代表团到东莞市进行了访问，市政府常务副市长、分管副市长、副秘书长、市直有关部门负责人和六县（市）主要领导参加。代表团在莞期间，与东莞市委市政府召开了座谈会，召开了黑龙江自贸区（绥芬河片区）推介说明会和牡丹江—广东企业家恳谈会，参观考察了东莞市民服务中心、东莞市城市规划馆和松山湖高新区，各县（市）分别与东莞市镇街和企业进行了合作项目对接洽谈。马书记与东莞市委梁维东书记商定：2020 年春季在牡丹江市会晤，同时围绕健全对口合作工作机制、加大人才交流力度、深化产业务实合作和探索园区合作交流四个方面进一步加强工作力度。

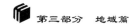

2. 干部挂职学习

2019 年 9 月，牡丹江市委组织部组织全市外经贸和利用外资领域的业务领导和部分企业家共 48 人赴东莞市和深圳市开展了为期五天的提升外经贸水平和推动转型升级培训班；牡丹江市委党校已安排 12 名教学和管理人员到东莞市委党校学习；牡丹江各县（市）区也组织干部到东莞市对口镇街挂职交流，目前已选派两批 14 名科级干部在东莞对口镇街工作。

3. 部门主动对接

两市卫健部门按照已签订的《对口合作协议书》，重点围绕院际技术合作和为东莞提供优秀医科毕业生两个领域开展合作，东莞方面连续派人参加牡丹江医学院的毕业人才供需见面会，已有 6 名应届毕业生应聘到东莞工作；牡丹江市交通局落实王文力市长访问东莞时商定的工作内容，积极与东莞物流协会和东莞铧为物流有限公司对接，正在积极推进开通东莞—牡丹江—绥芬河—俄罗斯班列。两市文广旅体部门制定了《东莞市文化广电旅游体育局 2019 年对口协作工作方案》，积极协助牡丹江市开展旅游资源招商活动，积极发动东莞市旅游企业到牡丹江市投资兴业。目前东莞市至少有 30 家旅行社推出牡丹江市旅游线路，基本覆盖了牡丹江市的著名景点。2019 年 1 ~ 11 月，东莞市旅行社组团赴牡丹江市开展旅游交流活动的人数共约 3000 人，已成为到牡丹江市旅游主要客源地之一，有效地促进了两地旅游文化交流。

（二）借助平台渠道，开展多领域的经贸产业合作

1. 用好展会平台

东莞市继续组织企业参加 2019 年的哈洽会和中国（绥芬河）国际口岸博览会等活动，会上有众家联木材集采中心、玉米汁加工等 4 个东莞投资合作项目签约；牡丹江市组织 12 户境外园区企业参加在东莞市举办的第十届加工贸易博览会，取得了一定效果；牡丹江市工信局组织企业参加第四届广东机器人与智能装备博览会，在第五届中国国际新材料产业博览会设立牡丹江—东莞联合展馆。

2. 推动产业合作

截至 2019 年底，两市已开展合作项目 14 个，涉及木制品加工、智能设备和电子商务等领域，合同投资额 11.15 亿元。其中，已建成投产项目有 3 个，总投资 2.15 亿元；已开工建设项目 3 个，总投资 8 亿元；签约项目有 1 个，总投资 1 亿元；另有已确定投资意向，正在深入推进的项目 7 个。

（三）聚焦重点领域，实施多元化的务实合作

1. 启动以孵化器为标志的科技合作

两市确定了产学研对接、高校沟通协作和科技创新服务平台三项重点任务。牡丹江市孵化器服务创新联盟分别与东莞市科技孵化协会和东莞市松山湖华科产业孵化有限公司签订了合作协议，为牡丹江市产业项目引进、创新平台搭建、孵化服务能力提升和创新体制机制改革提供服务。

2. 开展以职业教育为中心的人才合作

牡丹江市职教中心与广东省轻工职业技术学校签订了《对口合作协议》，先后选派三批 41 名职教干部赴广州市和东莞市，开展集体交流 5 次，观摩、研讨、校验等活动 50 多次，东莞方面也三次派人来牡丹江市开展考察交流和调研指导；牡丹江市技师学院与东莞市轻工业学校签订了《校际合作协议》，与东莞企业合作创建了智能视觉创新创业中心和软件工程师牡丹江训练基地，合作共建的机器人和计算机网络应用两个专业已开始招生。

（四）加强县镇对接，构建全方位的合作格局

1. 结成友好合作对子

牡丹江市东宁市与东莞市石龙镇，牡丹江市西安区与东莞市茶山镇，牡丹江市东安区与东莞市万江街道分别签订了友好合作协议，建立了长效工作机制，双方开展频繁互访交流，围绕产业项目合作积极开展对接；东莞市宁安市、阳明区和林口县选派优秀干部，常驻东莞市常平镇、桥头镇和厚街镇等镇街挂职工作，走访企业，跟进线索，建立稳定工作联系渠道，在推动两市友好往来和招商引资方面发挥了较大作用。

2. 重点开展项目合作

牡丹江市穆棱市抓住家具和塑料两个重点，先后与东莞市大岭山、厚街等镇街的 27 家家具企业和 13 家塑料企业进行了对接洽谈，现已成功落地亮剑家具、子乔家具、华盛木业和境外木材加工园区 4 个项目；海林市委市政府主要领导亲自带队，先后五次赴东莞市黄江、茶山和大朗镇对接，与徐福记集团、太阳神集团、金凤凰集团等企业对接，就 5 个项目确定合作，其中已开工项目 1 个；绥芬河市依托口岸优势，瞄准东莞出口型企业集中的大朗镇和大岭山等镇，积极对接，寻求承接加工贸易转移和开展俄罗斯原料深度加工，目前众家联木材集采中心项目已投入使用，大朗镇毛纺织出口基地项目正在积极推进中；爱民区重点与塘厦镇开展了对接，先后与东莞市 9 家专业协会和 8 家企业建立了紧密联系，与东莞市融峰家具公司和东莞市鸿运鞋材鞋业广场建立了合作意向，正在深入洽谈推进中。

二、2020 年两市对口合作工作目标与思路

2020 年是东北地区与东部地区部分省市对口合作工作的收官之年，为了完成这一意义深远的政治任务，必须进一步加大力度，持续推动两市对口合作走实、走高、走深。必须始终坚持政治高站位，切实增强责任意识和使命担当，全面落实《牡丹江市与东莞市对口合作工作备忘录（2017—2020）》的具体内容，促进两市紧密合作，相互借鉴，优势互补，共同发展。

截止到 2020 年底，在完善对口合作沟通协商、信息交流等工作机制的同时，全面推动园区共建，围绕传统产业升级和新兴产业发展，重点建设一批标志性的、有一定规模和拉动效应的产业合作项目，两地合作开拓境内外市场取得一定成效，常态化干部交流学习体制基本形成，由企业、机构和社会团体等各方力量共同参与的多元化交流合作体系建设初见成效，科技、教育、旅游等领域合作取得一定成果，"南北合作、南北共建"的格局初见雏形。

（一）以园区共建为核心

一是开展多形式合作。围绕提升牡丹江市国家级经济技术开发区基础设施水平和承载能力，具体针对北区铁路专用线等一批基础设施项目开展 PPP 等多种方式运作，积极吸引东莞企业参与建设运营。二是加强经验交流。学习借鉴东莞经营运作园区的成功经验，引进东莞优秀管理团队，开展制度嫁接和管理输出，努力吸引大企业和先进企业入区发展。三是加大协调对接力度。推动两市合作在牡丹江市建设产业园区。

（二）抓住"两个机遇"

1. 抓住黑龙江自贸区（绥芬河片区）获批的机遇

一是着力充实自贸区企业群体，加快完善基础设施，加快制定相应政策，鼓励吸引东莞外贸型企业入区建厂，开展加工贸易，尽快形成规模，打造面向东北亚地区的进出口加工制造基地；二是支持引导东莞企业境外发展，利用牡丹江市境外园区资源，结合东莞"造船出海"的境外发展经验，积极助力东莞企业生产前移、产业转移，同步实现在俄罗斯布点和开拓东北亚市场。

2. 抓住粤港澳大湾区国家战略实施的机遇

一是加强两地物流业、金融服务业、中介服务业等领域合作，构建要素有序自由流动、资源高效配置、市场深度融合、南北开放互动的沿边开放体系；二是利用牡丹江市对俄开放桥头堡和东莞市大湾区中心枢纽位置，依托牡丹江市对俄口岸、保税区和东莞市石龙的中俄产业园，通过"互联网＋商贸"等形式，搭建两市，乃至俄罗斯和粤港澳大湾区的经贸平台，共同推进粤港澳和东北亚的互联互通，积极参与"一带一路"建设。

（三）实现"四个扩大"

1. 扩大产业合作

一是围绕绿色食品、生物医药、林木林纸和传统装备制造等牡丹江市优势产业，积极对接东莞制造业企业，推动产用结合、产需对接和相互配套，推动共同转型升级，共同扩大国内国外市场；二是针对黑龙江省实施中医药和石墨产业发展战略，以及东莞集中发展生物医药、新材料等新兴产业，利用牡丹江市的资源优势和东莞市的企业群体优势，鼓励吸引东莞企业来牡丹江市发展，推动资源就近利用，产业链上下游配套发展，共同开拓国内国外市场。

2. 扩大农业合作

一是利用好牡丹江市的优质农业资源，在保持两市农产品购销规模的基础上，积极在东莞发展营销网点和直营实体店，设立绿色农产品展示展销中心，借助东莞开设牡丹江市优质农产品供应粤港澳大湾区的销售渠道；二是利用好牡丹江市的境外农业园区资源，发挥牡丹江市"精品农业"优势，探索两市在粮食种植、农产品深加工和出口基地等领域的合作，探索依托牡丹江市共同建设对俄日韩特色农产品生产加工集散基地。

3. 扩大外经贸合作

一是依托牡丹江市口岸优势，继续支持鼓励东莞企业建设中俄双向流动的综合跨境电子商务平台，利用牡丹江市保税物流中心（B 型）、绥芬河综合保税区和境外园区建设边境仓和海外仓，为电商新业态延伸产业链、提升价值链、构建全产业链提供新方案；二是针对东莞电子商务发达，消费水平高，探索在东莞市设立俄罗斯特色商品线下体验馆和实物展示馆，将特色俄罗斯商品推向东莞市场。

4. 扩大旅游合作

一是利用牡丹江市已给予东莞市市民国有景区市民待遇这一政策，相互开展旅游营销推介活动，牡丹江市到东莞市开展夏季避暑和冬季冰雪旅游专题推介，东莞市到牡丹江市开展辐射广东和港澳地区的旅游项目推介，共同打造"寒来暑往、南来北往"旅游合作品牌；二是依托两市已签订的旅游合作协议，组织两地旅游企业赴对方城市考察"踩线"，开发精品线路，共同设计旅游产品，探索互为省际旅游接待方。

（四）开展"四个推进"

1. 推进通道建设合作

一是抓住两市对口合作的机遇，打造绥芬河—牡丹江—东莞的"龙粤产业联动班列"，着力打通双向运输通道，解决牡丹江市及周边区域南下货物运费高、周期长，北上货物少，空箱率高的工业品物流瓶颈问题；二是依托顺畅的物流通道带动俄粮全境回运以及牡丹江市"北粮南运"，推动农副产品、纸浆、纸制品、木制品等工业制品的"南运"规模和流转速度，进而拉动牡丹江市乃至黑龙江省经济的新增长。

2. 推进科技教育合作

一是提升孵化服务能力，抓住广东省协助黑龙江省各地建设孵化器的有利时机，主动联络对接东莞市有关部门，依托双方已达成的合作意向，全面推动牡丹江市孵化器建设；二是加强技术教育合作，在两市职教中心和技师学院签订校际合作协议的基础上，继续拓宽领域和深度，推动人才挂职交流、专业合作建设、学员交换培养和资源互补利用等方面的合作。

3. 推进医疗养老合作

一是按照两市医疗系统已商定的合作方向，推进牡丹江市重点在心血管治疗和肿瘤治疗两个领域加强与东莞市的技术交流和往来合作，向东莞推荐其急需的优秀医科大学毕业生；二是利用两市一南一北、资源互补的条件，围绕构建"北飞养老，南飞过冬"康养模式，相互在对方城市举办康养产业产品推介活动，探索养老产业合作。

4. 推进干部人员交流

一是加大推动干部交流双向化。研究干部选派挂职细则和激励措施，调动干部异地挂职的积极性和主动性。根据工作实际，不拘泥于形式，灵活选择培训方式和渠道，推进干部培训多元化。二是结合东莞市场主体活跃，企业家精神普遍的特点，加大两地企业家交流力度，组织牡丹江市企业家赴东莞市参观考察，参加金融、科技等方面的专题培训，开阔眼界，提升经营管理水平。

（撰稿人：张鹏、皮圣洁）

第十一章　黑河市与珠海市对口合作

黑河市经济合作促进局　珠海市发展和改革局

2019年，黑河市与珠海市对口合作工作以习近平新时代中国特色社会主义思想为指导，深入贯彻落实党的十九届四中全会精神和习近平总书记在深入推进东北振兴座谈会上的重要讲话精神，在两省省委、省政府的正确领导下，在两省发改委的大力支持和通力合作下，按照黑河与珠海两市市委、市政府的决策部署，通过市场化合作有力促进黑河市与珠海市要素合理流动、资源共享、经贸往来，积极开展干部交流培训。

一、2019年两市对口合作工作情况

黑河和珠海两市市委、市政府将对口合作工作纳入重要议事日程，精心组织、主动作为，积极探索、力求实效。两市相关方面深入开展互访交流、项目洽谈、企业考察等活动，对口合作取得了良好成效。

（一）坚持顶层设计，全力推动对口合作工作开展

两市市委、市政府高度重视，多次召开市委常委会、市政府常务会专题研究部署对口合作工作，对口合作责任部门制订了高层互访计划，提升了工作实效性，强化了任务落实。6月中旬，珠海市政府代表团结束参加中俄博览会工作任务后，由珠海市委副书记、市长姚奕生带队赴黑河，就进一步加强珠海与黑河开展对口合作进行考察对接。珠海市政代表团先后参观考察了黑河市重点项目，进行了两市对口合作座谈，确定了2019年对口合作工作重点，并对下一步工作进行了安排部署。这是对口合作开展以来，珠海市政府主要领导首次来访，此次工作访问，提升了两市对口合作工作的深度，加快了重点项目的推进，加强了两市重点产业的务实合作，进一步推动了两市对口合作工作开展；8月中旬，时任黑河市委副书记孙恒义、副市长张瑾忠带领相关部门和县（区）负责同志赴珠海等地落实对口合作重点工作任务，推进对口合作工作。两市共举行了两次对口合作工作会谈，会谈就落实2019年工作计划、两市政府会谈确定的重点工作任务进行了讨论，形成了工作成果，加快了重点工作落实和推进；11月底，广东省副省长张虎率广东省代表团赴黑河，就加快两省自贸片区合作、推进重点产业合作进行考察对接，黑龙江省委常委、常务副省长李海涛陪同，两省领导对黑河的资源和地缘优势加以肯定，对广东省和黑龙江

省利用黑河发展对俄产业、能源合作方面达成共识。两省领导表示，今后两省将进一步加强沟通与联系，结合产业特点，探索合作方式、推进优势互补，实现双赢。

开展对口合作以来，双方高层领导对接15次。其中，省级领导1次；市级领导带队互访对接14次，其中珠海5次、黑河9次，两地通过加强顶层设计，为深化合作奠定了坚实基础。两市所辖的区（市、县、功能区）也积极结对子，珠海市各行政区（功能区）分别与黑河市各区县（经济区）相继确定对口合作关系，签订对口合作框架协议。到目前为止，两地市区部门间共开展互访对接21次，其中黑河12次、珠海9次，形成了全方位、多层次的对接合作关系。

（二）加强改革经验交流，促进观念转变和体制机制创新

1. 加强干部挂职交流和跟班学习

两地组织部门建立干部交流机制，促进两地干部交流互动、经验互鉴，实现两地干部在不同的工作环境中得到锻炼提高。2019年，黑河市共派出20名干部到珠海市直部门、行政区（功能区）相关部门跟班学习。通过学习、考察、实践、交流，学到了经验、开阔了视野、得到了锻炼、促进了合作；黑河干部通过到珠海挂职，返回岗位后给当地带来了新的理念、经验、精神，成为两地合作的使者。

2. 加强体制机制改革经验交流

结合中国（黑龙江）自由贸易试验区黑河片区获批，两市不断加强在自贸领域可复制经验交流，黑河自贸试验片区管委会多次派出干部赴横琴自贸片区进行学习交流，在投融资体制、重点项目建设和现代产业发展等方面进行全方位沟通，提高了自贸片区投资便利化，促进了黑河自贸片区重点产业发育。黑河市经合局在学习珠海横自贸片区投资优惠政策方面的先进经验后，结合黑河实际起草了《中国（黑龙江）自由贸易试验区黑河片区促进投资优惠政策》，已经黑河市政府常务会和市委常委会讨论通过，现已对外发布。

3. 促进民营经济创新发展新动力

为加快完善黑河市民营经济发展的政策环境、市场环境、金融环境、创新环境、人才环境和法治环境，加快构建亲清新型政商关系，加强两市民营企业间的交流合作，并使之成为常态化、制度化，两市政府做出了大量卓有成效的工作。引导珠海民营企业积极参与"一带一路"与中蒙俄经济走廊建设；组织推动两地民营企业、商会协会"黑河行"、"珠海行"经贸交流活动；引导珠海市民营企业参与推动两市企业建立农业和绿色食品精深加工和营销方面合作。一是2019年6月15～19日，珠海市组织15家重点企业参加第六届中俄博览会，期间参加了两省政府组织的对口合作座谈会，将两市经贸领域务实合作推向纵深发展；二是在黑龙江·广东对口合作及经贸交流座谈会上，羽人航空与北大荒集团签订了合作协议，在北大荒农垦推广农业无人机水稻精量直播技术，计划示范推广面积20万亩，2019年羽人航空公司预计在黑龙江销售额达1000万元；三是格力电器与俄罗斯客户Euroclimag达成采购意向，将加大空调及小家电产品出口，预计全年出口额达600万美元；四是中电珠海与俄罗斯俄速通将在跨境电商开展合作，双方初步达成了约200万美元的农业配套电子产品意向采购订单；五是珠海市赛纳打印加强与黑河市电脑耗材经销企业合作，利用当地合作伙伴资源优势辐射俄罗斯远东地区，年销售额达到4200万元，同比增长10%；六是9月上旬，珠海市商务局组织中国电子进出口珠海有限公司、骏马打

印耗材、再生时代文化传播、横琴跨境说网络科技等6家企业前往黑河市开展对口经贸交流工作。共同探索共建境外产业园区、发展跨境电商等特色产业、推动企业入园设立贸易公司，为珠海企业开拓东北及俄罗斯远东市场助力。

（三）开展重点领域合作，加快形成合作成果

两市建立对口合作关系以来，深入分析研究资源禀赋、产业基础、互补空间和市场前景，围绕农业、商务、科技、旅游、中医药等产业发展，谋求务实合作，力争互惠共赢。

1. 在农业合作方面

一是2019年9月中旬，由珠海市供销社系统有关农产品销售企业赴黑河市参加"汇聚百城千品供销一带一路"中俄绿色特色农产品黑河展销会。并与黑河市供销合作联社签订《珠海市供销社协助黑河市供销社销售黑河绿色农副产品的协议》，与黑河市爱辉区新生鄂伦春族乡签订《协助爱辉区新生鄂伦春族乡销售农副产品的协议》，建立了双方联络沟通机制，全面促进了两地供销合作社的交流协作。二是珠海粤琪食品有限公司向黑河市相关企业购买25000吨大豆，交易金额近1亿元，该公司与五大连池市隆达豆制品公司达成了委托加工豆皮的合作协议，正在设计产品包装。

2. 在两地互联互通方面

2019年3月，珠海市与黑河市签订《珠海—郑州—黑河航线开通及补贴协议》，由南方航空珠海公司执飞珠海经停郑州至黑河的往返航线，每周三班，执飞机型为空客A320，协议为期一年。在双方的共同努力下，2019年4月1日，首班珠海—郑州—黑河航线从珠海金湾机场起飞，解决了制约两地合作发展的交通瓶颈。截至2019年底，黑河航线共执飞117班，运送旅客48681人次，平均综合客座率为63%。

3. 在旅游产业合作方面

2019年3月25日，以黑河—郑州—珠海航线开通为契机，黑河市副市长陈晓杰带队，组织黑河文化旅游部门、重点旅游企业和俄阿州旅游部门和企业共同赴珠海举办"中俄风情之都北国养生福地"文化旅游推介活动。4月3日，珠海旅游部门组织旅游企业负责人实地踏查黑河旅游项目，在黑河召开"寒来暑往，浪漫河海"2019珠海文化旅游体育产品推介会。通过两地的旅游推介活动，让两地游客进一步了解了黑河和珠海旅游资源和发展现状，提升了黑河"冰雪游"和珠海"海岛游"等特色旅游产品的发展水平。构筑了黑河与珠海及大湾区其他城市、地区的交流平台，促进黑河与珠海两地人文交流向更高领域、更深层次发展。

4. 在深化土地跨省交易合作方面

两市自然资源部门深入研究推进土地开发整理及跨省耕地指标交易合作相关事宜，拟定了《广东省珠海市黑龙江省黑河市土地开发整理及跨省耕地指标交易战略合作意向协议书》，并报请两地市政府同意，双方按照"优势互补、真诚合作、互惠双赢、共同发展"原则，引进珠海资金，开发黑河后备资源，新增耕地用于中药材种植，为"粤澳合作中医药科技产业园"提供原材料；新增耕地指标用于珠海横琴新区易地占补平衡。

5. 在跨境服贸产业合作方面

珠海免税集团与黑河市国投集团、黑河市金龙港公司签署了合作协议，计划在黑河成立合资公司，共同运营黑河跨江索道步行口岸出入境免税商场项目。项目总投资5000万

元人民币，计划在中方联检大厅内建设 1000 平方米的免税店，在俄方联检大厅内建设 3000 平方米的免税店，主要经营高档免税商品，项目已随跨江索道同步开工，预计 2021 年竣工投入使用。珠海九州集团与黑河国投集团关于索道项目合作达成意向，争取 2020 年完成九州集团对跨江索道项目的并购工作。

6. 在教育合作方面

为共同推进教育与就业深度融合，2019 年 12 月，珠海市教育考察团一行来到黑河市进行考察，并签署《黑河市教育局与珠海市教育局 2020 年交流合作项目》，确定了 2020 年要在提升黑河市教育从业队伍专业素质、开展校际联谊活动、共同加强对俄教育交流合作、加强两市教育领域对粤港澳交流、提升两市研学实践活动水平等重点领域加强合作，标志着两市教育对口合作工作全面展开，提升了教育合作的深度和广度。

7. 在推动产业园区合作共建方面

两市不断深化园区交流合作，探索合作共建示范园区模式。一是两市达成合作意向，利用黑河市农产品、中草药资源优势和黑河口岸中草药进口的政策优势打造瑷珲对俄进出口加工基地"绿色有机农产品和中医药产业园"，发展中草药种植及共建园区，共同引入企业，推进中草药种植、加工项目和集散服务平台建设。二是两地共建"珠三角产业园区"，拟推动珠海市有实力的园区在黑河黑龙江大桥桥头区设立珠三角（珠海）对口合作示范园区，吸引电子信息、生物医药、装备制造、绿色食品加工等优势产业集聚。三是利用黑河边合区五秀山俄电加工区低廉电价优势，发展高载能项目，采取置换园区建设用地的模式，拓展现有园区规模，提升"俄电加工区"基础设施水平，共同开展招商工作，研究收益分配机制，共建两地产业项目合作"飞地园区"，或利用黑河天然气价格低廉的优势，结合珠海石化产业优势，探索两地利用俄气发展石化产业，承接珠海化工产业项目转移。

2019 年 8 月中旬，珠海市工业和信息化局与黑河市爱辉区在前期沟通对接的基础上，在珠海召开专题会议，研究探讨共建瑷珲对俄进出口加工基地相关工作措施。随后，起草了《珠海市与黑河市共建黑河市瑷珲对俄进出口加工基地工作方案》（以下简称《工作方案》），初步提出开展联合规划、联合招商、联合开展医药开发研究、联合开展市场开拓和联合推进配套设施建设五项工作举措。为推动加工基地建设，《工作方案》提出建立沟通协调机制、强化政策支撑和深化合作交流三项保障措施。《工作方案》已完成双方相关单位的第一轮征求意见，现正进行第二轮征求意见。

二、2020 年两市对口合作工作目标和思路

按照《黑河市与珠海市对口合作实施方案》确定的工作任务，一项一项对接，一件一件落实，推动对口合作工作取得实实在在的成效。重点推进合作共建产业园区、土地指标跨省交易、文化旅游及康养产业合作、深化农产品精深加工合作、深化中药材加工合作、深化人才交流合作等方面重点工作，共同推进对口合作政策落地生效。进一步加强两市各层级沟通交流、促进产业合作、深化经贸往来，细化对口合作重点工作任务和推进步

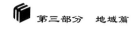

骤和路径，加快黑河与珠海对口合作的工作步伐，更好地推动两市对口合作工作的开展。

（一）共同推进合作政策落地生效

围绕国家对口合作方案出台的突破性、创新性政策，积极向国家争取改革试点支持，抓好政策落地生效。要探索以更有效的方式共同建设合作示范园区，发展"飞地经济"。要积极向国家争取开展跨省耕地占补平衡试点，以土地指标调剂补偿换取更大发展空间。双方要加大合作力度，共同招商引资，以后的合作要向更广的领域延伸。

（二）推动重点领域实现突破

对双方已达成共识的重点工作，要加快工作进度，制定时间表和路线图，争取早日落地开工。

1. 合作共建产业园区

瑷珲对俄进出口加工基地。一是尽快出台《珠海市与黑河市共建黑河市瑷珲对俄进出口加工基地工作方案》（以下简称《工作方案》），并按照《工作方案》抓好工作落实，搭建沟通协调机制，协调解决共建加工基地过程中遇到的问题和困难。二是开展园区产业招商。组织以汤臣倍健、丽珠医药为代表的珠海企业前往黑河开展意向考察，争取为黑河导入医药或绿色食品加工企业。三是组织对接交流。协助安排黑河市企业到珠海市企业进行考察调研，进行产品对接或经验交流。

合作共建境外园区。加强珠海市、黑河市与俄罗斯阿穆尔州地方政府之间的交流合作，共同推进"布拉戈维申斯克—黑河"跨境集群建设。加快发展跨境电商等特色产业，协助珠海市在园区设立贸易公司，帮助格力电器股份有限公司、魅族科技有限公司等珠海市企业开拓俄罗斯市场，将境外园区打造成"一带一路"倡议与欧亚经济联盟两大战略对接的示范项目。

2. 深化土地指标跨省交易合作

根据《国务院办公厅关于印发跨省域补充耕地国家统筹管理办法和城乡建设用地增减挂钩节余指标跨省域调剂管理办法的通知》（国办发〔2018〕16号），目前跨省域补充耕地由国家统筹调剂。下一步，两市共同研究跨省域补充耕地可行性，分别报请两省政府同意后，申请向国务院争取单项支持，将黑河市耕地占补平衡指标（水田指标）交易给横琴新区，实现两地资源互补、利益共享。

3. 深化旅游康养产业合作

发挥黑河市与珠海市旅游资源富集优势，借助黑河—郑州—珠海航线开通机遇，加密宣传推介频次，创新宣传方式，加强两地旅游康养企业合作，鼓励珠海市有实力的旅游开发企业整体开发黑河市优势旅游资源，共同打造特色旅游产品。吸引珠海市游客夏季到黑河市避暑休闲，发展俄罗斯经由黑河市至珠三角冬季康养产业，输送更多黑河市及俄罗斯游客冬季到珠海市康养旅游，不断释放黑河至珠海航线运能，促进两地间乃至俄罗斯的客源流动，实现客源互送、互利互惠。

4. 深化人才交流合作

结合两地特点和发展需求，继续互派干部挂职锻炼，组织双方企业人员到两地开展互访交流，依托双方党校（行政学院）教研资源开设专题培训班，促进观念互通、思路互动、办法互学。围绕中国（黑龙江）自由贸易试验区黑河片区建设工作开展，由珠海市对黑河市相关部门人员开展业务培训，并派出工作专班到黑河市协助推进筹建工作。

5. 加快推进黑河—珠海农产品食品类仓储物流分拨中心建设进度

启动黑河—珠海农副产品加工园区项目落地前期工作，力争 2020 年上半年项目开工建设。

6. 深化中药材加工合作

发挥黑河市拥有边境药材通关口岸资质优势，依托黑河市及俄罗斯阿穆尔州富集的中药资源，协助引进广东省及粤澳合作中医药科技产业园内的医药研发生产企业入驻黑河市，共同开展中药研发和加工等方面合作。组织粤澳中医药科技产业园与黑河市北药研究开发中心建立紧密合作工作机制，开展"北药南用"和俄罗斯药用动植物资源科技研发和推广等合作。研究建设粤澳中医药科技产业园黑河寒地道地中药材种植示范基地和原料保障基地。引导珠海制药企业在黑河投资建设饮片、颗粒及配套仓储物流等项目。

（三）加强经贸商务交流合作

两市联合组织对口合作经贸交流、项目对接活动，支持、引导两市商会、行业协会组织两地企业"珠海行"、"黑河行"等多种形式的考察交流活动，加强黑河企业对接交流，推动合作项目落地。组织两市相关单位及企业参加中俄博览会、中俄边境城市展览会、中拉博览会、粤港经济技术贸易合作交流会、21 世纪海上丝绸之路国际博览会等展会活动；协助珠海市与俄罗斯商协会建立联系，协助黑河市与香港、澳门、东南亚商协会建立联系，双方共同为企业开拓国际市场搭建对接合作平台。共同参与中蒙俄经济走廊建设，联合开展面向东北亚的开放合作，共同开拓周边市场，协同推进"一带一路"建设，打造对俄跨境电子商务平台。

（四）加强科技创新合作

鼓励珠海市优秀的创业投资企业和创业投资管理团队参与黑河市创业投资发展，加快黑河市"双创"示范基地建设。加强两市园区、企业孵化器发展的经验交流，黑河市组织有关园区、企业孵化器赴珠海市交流借鉴专业孵化器运营管理，以及科技成果转化、"互联网＋创新创业"等方面的经验做法，加快黑河市孵化器基地建设。推动两市科技成果双向转移转化，实现两市科技计划项目立项对标合作。

（五）开展教育领域全方位合作

引导两市高校和科研院所间开展交流合作，鼓励学科共建和学生联合培养，定期组织师资交流和学生互访。鼓励两市高校合作办学，共建大学科技园和创业创新平台。遴选两市职业院校建立结对合作关系，在院校发展、专业和课程建设、实习实训、教学改革、技能大赛、信息化建设等领域开展交流与合作，建立两市职教定期会商机制。组织黑河市职业教育中心管理干部和骨干教师赴珠海市培训，珠海市职业教育（含技工教育）专家赴黑河市交流，共同推动黑河市职业院校、技工院校提升办学水平和办学质量。

（六）推进干部人才培训

依托珠海市各类干部培训机构和优质教育资源，安排对黑河市市直有关部门及地方党政负责同志、企事业单位管理人员、专业技术人员开展培训。继续组织两市干部挂职交流，结合实际合理商定两市干部挂职交流需求并抓好组织落实，促进干部观念互通、思路互动、作风互鉴、办法互学。依托现有各类人才交流项目，组织珠海市高层次人才对口支持黑河市科技创新和企业发展，实现高层次人才共享。围绕筹建中国（黑龙江）自由贸易试验区黑河片区，由珠海市对黑河市相关部门人员开展业务培训，并派出工作专班到黑河市协助推进筹建工作。

（七）积极争取国家政策支持

各项重点工作牵头部门积极与上级相关部门对接，争取国家、省有关部门在政策实施、规划编制、项目安排、改革创新先行先试等方面大力支持。围绕与黑河市共同合作的园区和合作项目，积极争取上级财政资金和金融机构融资支持。引导两地社会资本通过市场化方式设立对口合作产业、投资基金，支持对口合作重大项目建设。

（八）加强宣传工作

借助传统主流媒体、新媒体和各类会展平台宣传两市对口合作工作，及时报道两市对口合作工作亮点和成效，营造良好舆论氛围。

（撰稿人：白宇涛、李锦镇）

第十二章　绥化市与湛江市对口合作

绥化市发展和改革委员会　湛江市发展和改革局

2019 年，按照龙粤两省省委、省政府的工作部署，绥化和湛江两市认真谋划、积极对接，频繁互动、主动作为，围绕对口合作内容既完成了常规动作，又开展了自选动作，不断拓展合作领域，逐渐扩大合作成果，对口合作工作取得了阶段性成效。

一、2019 年两市对口合作开展情况

（一）高层互访成效明显

2019 年 6 月 14 日，湛江市委副书记、市长姜建军率领湛江市党政代表团到绥化市参观考察。双方就加强政府合作、干部挂职交流、推动产业协作、鼓励民间交往等问题进行全方位洽谈磋商，双方将坚持"政府搭台、社会参与，优势互补、合作共赢、市场运作、法治保障"的原则，建立健全长效对口合作机制，共同探索出一条南北联动、协同发展、互利共赢的新路径。6 月 22 日，湛江市遂溪县委书记余庆创一行到绥化市望奎县考察调研，就合作项目和合作前景进行深入探讨，为已签约项目和潜在项目的推进落实提供了有力保障。

（二）完善机制体制建设

1. 民营经济发展

2019 年 6 月中旬，绥化市组织召开了绥化·湛江对口合作企业家座谈会，参加座谈的有绥湛两市副市长、有关部门负责同志和两市优秀企业家代表共计 40 余人，通过座谈交流，找准了双方合作的切入点，通过政府搭台、企业唱戏，让企业双方增进了解、增强信任、实现双方的合作共赢。

2. 商务合作交流

2019 年 5 月 30 日至 6 月 2 日，在湛江市举办的 2019 广东·东盟农产品交易博览会期间，绥化市作为黑龙江省唯一参加本届东盟农博会的地区，共签订经销合同 99 份，经销额 27484.95 万元。其中，展会签约额 17352.2 万元，进社区、进商超、进校园、进市场、进企业签约额 10126.3 万元，现场销售额 6.45 万元；在第六届中俄博览会、第三十届哈洽会以及黑龙江—广东"家 520"购物节上积极组织两市企业参会参展，全市累计签约项

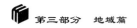

目 17 个，总投资额 16.86 亿元。

（三）开展产业务实合作

1. 农业合作

一是建立两地农产品产销合作。多次召开湛江与绥化农副产品对接会、恳谈会，"寒地黑土"品牌影响力和市场占有率逐步扩大。绥化市兰西县在"五进"工作上加大力度，取得突破性进展，展会上仅兰西县就签订销售合同 10 个，合同额度达 7150 万元；绥化市肇东市俊龙专业合作社在本届农博会上与湛江医学院签订了大米常年供应合同。金岭集团在东盟农博会与绥化市青冈县签订购进 1000 吨玉米油，价值达 1000 万元的采购合同。组织绥化市特色农产品如寒地黑土大米及东北杂粮进驻湛江京东特色馆销售。二是建立农业合作共赢机制。绥化市庆安鑫利达米业有限公司与广东源泰农业科技有限公司签订了《绿色健康农业合作协议》，由广东源泰农业科技有限公司确定品种，庆安鑫利达米业有限公司负责订单生产，合作种植面积 20000 亩，生产优质稻谷 8000 吨。2019 年，广东粤良种业有限公司、遂溪县一亩田万禾农业科技公司和黑龙江望奎县龙薯现代农业专业合作社联社启动北薯南种"稻—稻—薯"项目，广东省农业农村厅拨付资金 400 万元作为前期核心基地启动资金。项目以广东一年两茬的水稻种植模式与冬种马铃薯相结合，形成"早造优质稻—晚造优质稻—冬种马铃薯"一年三造的高产高效栽培模式。组建"粤黑合作稻—稻—薯高效生产示范基地"建设，共同承担北薯南种"粤黑合作稻—稻—薯高效生产示范基地"。项目以 5G 技术为统领，建设集研发、加工、冷链物流、仓储、5G 高标准种植栽培和销售为一体的核心区。2019 年 3 月，在遂溪县城月镇石塘村建成 1000 亩"稻—稻—薯"高效生产示范基地，用于"稻—稻—薯"生产新模式基地。期间共举办现场观摩会 4 场（2 场水稻观摩会、2 场马铃薯观摩会），观摩人员达 200 多人次。

2. 粮食合作

绥化市粮食局与湛江市粮食局签订合作协议，湛江市在绥化市异地储备水稻 11500 吨，分别是望奎县三维粮食收购有限公司和湛江市坡头粮食储备库达成对口合作协议储水稻 5000 吨和庆安东禾金谷粮食储备库与湛江市粮食中心储备库达成对口合作协议储水稻 6500 吨。合作协议以常年实际库存量在承储计划 87.5% 以上的情况下，以自主轮换、动态储备、推陈储新的方式有效地避免了粮食发生质量变化，保证了粮食安全。两市产销合作对口企业 2019 年完成大米加工合同 8000 吨。

3. 文化和旅游合作

2019 年 5 月 20～24 日，在广东省湛江市举办了绥化—湛江书法作品交流展。此次书法展，绥化市共参展书法作品 80 幅，其中 70 幅是中书协捐赠给望奎县获得全国奖、兰亭奖等国家级奖项的优秀作品，10 幅是绥化书法家为本次展览精心创作的。湛江市书法参展作品 50 幅。期间，绥化市 4 名书法家与湛江书法家进行了交流笔会。通过此次活动，启发和激励了两地书法工作者奋发进取、不懈努力，进一步促进了湛绥两地的文化事业交流发展。

（四）推动两地各领域对口合作、优势互补

1. 教育对口合作

一是大力推进职教合作。为加强两地职业教育交流合作，绥化市选派 2 名职教中心护

理教研室教师到湛江卫校进行为期两周的学习交流，通过实地参观、教学研讨、参加集体活动等方式，学习先进教学理念、管理理念、服务理念，收获成效明显。

二是积极开展院校合作。绥化学院与岭南师范学院联合黑龙江省寒地黑土经济与文化学术交流基地，就两校双边工作及学术交流会，围绕岭南文化、民俗文化和寒地黑土文化的历史与特质差异，及两校相关研究院所的工作状况等进行了交流讨论。为推动两市特殊教育事业的发展，在绥湛两市教育部门组织指导下，庆安县特殊教育学校和湛江市特殊教育学校相互派遣考察团到当地开展考察交流活动。经过充分协商交流后，双方院校本着"优势互补、资源共享、互惠互利、共同发展"的原则，达成合作共建协议。在湛江市特殊教育学校 30 年校庆之际，双方签订了合作共建协议，并举行了揭牌仪式。

三是全力协助湛江普通话普及提高。受湛江方面邀请，绥化市委派 3 名语言教育工作者参加湛江市普通话水平大赛评审工作，并作普通话演讲示范演出，为湛江市普通话普及应用做出突出贡献。

2. 科技创新合作

一是严格落实三年服务计划。结合双方签订的《绥化市科学技术局湛江市科学技术局开展科技成果转化合作框架协议书》，对具体目标进行细化分解，并设定推进完成时限，从双方实际情况出发，对三年期的对接工作明确了目标。

二是联合申报推广科研项目。两地科技部门认真谋划、深入交流，联合申报"北薯南种优良品种筛选与优质生产关键技术研发与应用"和"马铃薯大垄双覆膜下滴灌机械化生产示范与应用"两个科研项目，由绥化方提供技术，湛江给予科研立项，2019 年立项北薯南育技术，推广 1.2 万亩。其中，"北薯南种优良品种筛选与优质生产关键技术研发与应用"项目已由绥化市望奎县科技局龙薯联社在湛江遂溪注册成立合作社进行推广，当前，该项目正在稳步推进。

三是大力宣传科技合作创新成果。湛江市科技局作为海博会产业馆筹办单位，为绥化市设立 36 平方米"黑龙江省绥化展位"。绥化市科技局组织天有为电子、汇丰生物科技、安瑞佳和金龙油脂等 15 户科技型企业的 21 项技术及产品，进行宣传展示。

3. 干部人才交流培训

按照两省对口合作的总体安排，为深入贯彻落实绥化市与湛江市对口合作意见精神，推进以干部人才交流挂职的"软合作"取得实效，绥化市委组织部分别在 2019 年 2 月和 8 月分两批每批选派 6 名优秀处、科级干部到湛江挂职锻炼，重点学习湛江支持民营经济发展、项目建设、产业结构调整、商贸流通、加强社会管理等方面的先进经验和做法。湛江市委组织部门分两批对绥化市 2019 年选派的 12 名挂职干部进行了期满考核。经过一年的努力，两地互派干部挂职工作取得了比较丰硕的成果，达到了预期目的和效果。

二、2020 年两市对口合作工作目标与思路

绥化与湛江对口合作已经度过了互相了解的"试探期"和互表好感的"确定期"，进入了互动合作的"蜜月期"。为了充分利用各自优势，切实将对口合作工作推向深入，打

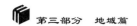

造跨区域合作样板，取得更大实效，下一步拟重点开展以下几方面工作：

（一）加大产业项目合作力度

依托绥湛两地资源优势，强化重点项目谋划、产业招商、重点区域招商、招商引资体制机制创新和招商引资平台建设。共同探索"飞地经济"等创新模式，共建产业园区、"园中园"等，力争在产业合作上实现突破。

（二）促进民营经济合作交流

统筹组织两市民营企业互访考察，加强两市在推进民营经济发展以及企业先进的管理理念、营销理念、市场理念等方面的经验交流。研究探讨联合举办双创主题服务活动，促进两市双创服务机构、基地和企业对接，共同推动民营经济健康发展。

（三）拓宽两地旅游合作市场

推动信息共享，联合举办"互换冬天""冰雪与大海"等对话活动，鼓励各自区域内的旅行社推介对方路线，积极推动互为客源地的进程。联合参加国内大型旅游推介会，互相借力，共同推进冬休旅游市场开发。

（四）搭建科技创新创业平台

建立长期科技合作机制，加大创新创业企业招商，促进科技成果转化落地；支持科技企业孵化器、众创空间和科技园区建设，推动两市高新区、科技园区以及高校、科研院所和企业，开展多样化的产学研合作；搭建科技创新服务平台，加强科技信息、科技成果、科技专家和科技创新平台等基础性科技资源共享；科学设立科技计划项目，联合开展技术攻关。

（五）扩大农业粮食合作成果

建设农产品物流配送中转仓，实现寒地黑土优质农产品"北菜南销"，热带瓜果、海产品"南菜北运"；发挥两市农业部门职能作用，建立产销精准对接机制，实现农副产品购销的互通互补；开展两地绿色食品、有机食品基地生产合作；相互培育销区市场，加强农业科技人员的交流培训；继续推动异地代储对口项目合作。

（六）强化对口合作组织保障

进一步健全完善对口合作工作机制，及时研究解决对口合作的重大问题。明确工作流程，制订年度计划，建立项目清单、台账，建立跟踪问效反馈机制，定期开展联席会议机制，动态跟踪合作进展情况，确保对口合作工作走深走实。

（撰稿人：张鹍曦、朱嘉红）

第十三章　大兴安岭地区与揭阳市对口合作

大兴安岭地区行政公署发展和改革委员会　揭阳市发展和改革局

2019年按照黑粤两省对口合作的统一安排，在两省省委省政府的坚强领导下，大揭两地通过完善工作机制、密切双方交流、开展企业对接、推进项目合作和人才挂职交流等举措，各项工作取得了积极进展。

一、2019 年对口合作工作取得的成效

（一）完善合作机制

一是签订友好协议书。2019年1月、9月大兴安岭地区呼中区、漠河市分别与揭阳市揭东区、普宁市签署了缔结友好城市协议书，双方同意在市场商贸、产业联动、文化旅游、社会事业等方面加强合作。大兴安岭地区呼玛县与揭阳市榕城区达成了缔结友好城市意向，正在履行有关程序。二是选派干部挂职交流。大兴安岭地区选派7名干部到揭阳市发改局、工信局、文广旅游体育局、揭东区、揭东区埔田镇、普宁市池尾街道、榕城区砲台镇挂职，选派5名干部参加揭阳市党校春季主体班学习，务实推进两地交流合作。

（二）加强互访交流

为落实大兴安岭地区与揭阳市对口合作框架协议内容，加快推进全面对口合作，两地开展了多层次、多领域的交流活动。2019年4月1日，揭阳市委书记、市人大常委会主任李水华率市考察团，搭上当天开通的揭阳潮汕国际机场至漠河新航线首次航班，赴大兴安岭开展为期2天的考察对接，与大兴安岭地委书记苏春雨等领导共商推进两地合作事宜。6月14~16日，揭阳市委常委、常务副市长陈定雄带队赴哈尔滨参加黑龙江与广东省对口合作及经贸交流座谈会。6月20~24日，揭阳市委常委、宣传部部长方赛妹，揭阳市人大常委会副厅级领导巫奕琦，揭阳市政协副主席秦雯率揭阳市文化旅游考察推介团赴大兴安岭地区，举办揭阳市旅游宣传推介暨企业交流洽谈会，并实地考察大兴安岭文化旅游产业发展情况，进一步深化揭阳市与大兴安岭地区文化旅游

产业对口合作。11 月 6 ～ 7 日，大兴安岭地委书记、行署专员、林管局局长李大义率领地区考察团到揭阳市开展考察活动，与揭阳市委书记叶牛平、市长张科举行会谈，两地就促进优势互补、资源共享，精准深入推进对口合作达成共识。

（三）推进旅游交流合作

一是推动潮客北上。2019 年 3 月 19 日，大兴安岭地区与揭阳市共同在揭阳举办了"神州北极大美漠河"旅游产品推介会暨揭阳至漠河航线通航发布会。通过播放宣传片、主题推介、抽奖互动等多种形式，向潮汕地区的 200 多家旅行社重点推介了大兴安岭旅游资源和旅游产品。二是推动北客南下。2019 年 6 月，揭阳市在大兴安岭地区漠河市举办揭阳市旅游宣传推介暨企业交流洽谈会，围绕优势互补、对口合作这一主题，推介文化之旅、山海之旅、购物之旅。望天湖生态旅游度假区等 3 家景区也分别作旅游宣传推介，力求吸引北方游客去揭阳市旅游观光。三是共同开展旅游宣传。2019 年 5 月，大兴安岭旅游产品亮相揭阳市"5·19 中国旅游日"宣传活动现场，大兴安岭十大旅游核心资源和绿色有机食品成为活动一大亮点。四是促进两地客源互送。2019 年，大兴安岭地区共接待潮汕地区旅行团 10 个，游客约 240 人。五是促进旅游交流合作。2019 年 11 月，大兴安岭地区考察团到揭阳市考察交流，开展以"冷静北极·冻感兴安"为主题的"神州北极大美兴安"2019 大兴安岭民宿项目招商暨冬季文旅产品推介会。推介会有效地宣传了大兴安岭旅游资源和产品，特别是富有特色的民宿信息，吸引了潮商对大兴安岭民宿产业的兴趣，进一步促进了两地旅游业交流合作。

（四）开展宣传报道

自对口合作以来，两地分别通过电视台、网络、报纸等媒体广泛宣传对方旅游资源、地方文化、节事活动、美食小吃、特产手信等旅游全产业链情况，提高双方民众对两地对口合作工作的知晓度。"发现揭阳"微信公众号不定期推出"南来北往"专栏介绍大兴安岭地区特色旅游产品。2019 年 3 月 26 日以来，已推出 28 期介绍。大兴安岭地区文体广电和旅游局官方公众号也相应推出"南来北往"专栏介绍揭阳地区文旅产品。

（五）推动开通两地直飞航线

为破解合作交通瓶颈，搭建漠河市至揭阳市直航航班，两地政府积极协调揭阳潮汕机场、东方航空公司、民航东北局等相关部门，推动揭阳—哈尔滨—漠河航线于 2019 年 4 月 1 日正式开通。截至年底，揭阳至漠河游客累计达 8721 人，平均上座率达 60%。

（六）推动产业项目合作

一是推动两地 8 家企业联姻。2018 年 9 月，揭阳市的康美药业、望天湖、良康、达华节水、电商协会、揭东润丰生猪养殖专业合作社、博信进出口贸易、安大农牧有限公司 8 家企业与大兴安岭地区 8 家企业签订合作框架协议，双方就医药、农业科技、电商、生猪养殖、粮食等方面开展合作。二是推动绿色食品销售合作项目落地。2019 年 4 月 28 日，大兴安岭绿色产品揭阳旗舰店在揭阳市正式开业；7 月 28 日，大兴安岭绿色产品普宁旗舰店在揭阳市正式开业。旗舰店的建成开业，为大兴安岭丰富的绿色产品与揭阳市庞大的消费市场对接搭建一个线上线下互动交易平台，有效促进两地商贸合作。三是积极推动北药南销。广东良康医药集团加强与大兴安岭地区加格达奇林业局联络沟通，就合作"北药"的具体品种进行磋商，并与黑龙江鼎恒升药业有限公司合作进行了首期销售合作。四是开展食用菌购销。黑龙江省天锦食用菌有限公司十八站分公司与揭阳市欣润有限公司完成12.25吨食用菌销售任务，销售额98万元。五是开展电商合作。推动大兴安岭职业学院与揭阳职业学院签订合作协议，就电商培训、玉器加工、中药材、旅游专业等方面开展合作。大力推进绿色产品交易工作，推动大兴安岭地区绿色产品企业的黄芪、蓝莓和菌类等系列产品利用揭阳电商、网络销售企业平台进行销售，现已进行试销售，目前日销售额达万元以上。

（七）推动教育领域合作

2019年8月16～23日，揭阳市组织52名优秀普通高中学生到大兴安岭研学营地开展研学实践教育活动。通过集体旅行、集中食宿、集中研学的方式进一步拓宽了学生视野，增强了同学们的探究意识、团队意识、合作意识与分享意识，为两地教育系统实现更广泛的合作奠定了基础。

二、2020年对口合作工作打算

2020年是对口合作工作收官之年，为确保两地对口合作工作取得实效，大揭两地将在《大兴安岭地区与揭阳市对口合作实施方案（2017—2020年）》基础上，进一步制定《大兴安岭地区与揭阳市对口合作工作推进方案》及《工作任务分解表》，明确下一步对口合作工作的总体思路、主要目标、重点任务和保障措施，针对目前对口合作工作推进难、项目落地难的实际，积极谋划工业、文旅、物流、商贸、北药、绿色食品、电子商务等领域对口合作项目，开展精准对接。

（一）开展精准对接

充分发挥市场配置资源作用，双方既要做好广撒网、大水漫灌式的推介宣传，更要推动旅行社、景点景区、商贸企业等市场主体精准有效对接、盘活存量资产，做好市场调查和研究，发挥各自优势，实现资源共享、平台共享、优势互补。

1. 开展文旅产业精准对接

利用大兴安岭地区闲置的资产，进行民宿开发，加强候鸟式康养合作对接，建立大兴安岭揭阳村；北极村景区景点对揭阳居民免费开放；大兴安岭旅游社到揭阳旅游采线；建立海滨渡假村；继续利用两地的旅游官网官微、主流媒体等，互相宣传对方旅游资源、地方文化、节事活动、美食小吃、特产手信等旅游全产业链情况，进一步提高两地民众对两地对口合作工作的知晓度。

2. 开展教育领域精准对接

开展双方教育研学游活动；加强两地高校院所科技交流方面开展精准对接。

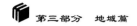

3. 开展新模式新业态

建立揭阳电商产业园＋大兴安岭电商产业新模式；互邀双方知名企业家就新理念、新模式、新业态进行培训，帮助企业家提高前瞻意识、转变理念，提高经济转型期的适应能力。

4. 谋划推进项目精准对接

一是谋划推进工业领域合作项目。积极推进大兴安岭呼中区偃尾山铜矿开发项目合作。二是谋划推进文旅领域合作项目。积极推进加格达奇区生态旅游康养城项目、"大北极旅游圈东部节点"生态旅游建设项目、加格达奇林业局百泉谷生态风景区建设项目等合作。三是谋划推进物流、商贸领域合作项目。充分利用揭阳市作为国家电子商务示范城市和揭阳市电子商务企业的运营、快递物流等方面优势，组织发动市电商协会和电商企业推动大兴安岭绿色食品"上网触电"。积极谋划和推介大兴安岭北药大市场暨物流中心、大兴安岭生态有机产品销售平台建设项目合作。四是谋划推进北药、绿色食品等林农领域合作项目。积极推介大兴安岭呼中区偃松系列产品深加工项目、呼中区杜香精深加工项目、阿木尔林业局蓝莓酵素开发建设项目合作。五是创新大兴安岭绿色产品旗舰店经营模式，解决好旗舰店"昙花一现、不可持续"的问题。探索培育线上线下新零售模式，以市场化方式，建立旗舰店、体验馆、实体店和物流配送共享仓。六是继续做好产业服务。做好康美药业股份有限公司等企业与大兴安岭签约项目的跟踪服务工作。

（二）搭建双方交流互访平台

一是加强各地领导及相关职能部门间交流互访。二是加强两地干部挂职交流。三是加强企业中高层管理人员培训。

（三）进一步打造工作平台

完善政府搭建合作平台，在以稳线路、稳旅游、稳交流为先导的基础上，以项目精准有效对接为重点，精心谋划、认真组织，探索建立促进两地互为客源地的"候鸟式生态康养新模式"和产业优势互补的"南北药合作新品牌"等合作平台。通过互联网平台、5G技术等新技术、新手段缩短两地距离，规避制约发展的短板弱项。积极探索、拓展揭阳＋大兴安岭发展模式，推动两地对口合作稳中求进、形成示范。

（撰稿人：王红梅、程驰）

第四部分　案例篇

第一章 点面结合 促进两省商务多层次对口合作

黑龙江省商务厅 广东省商务厅

2019年，黑龙江省商务部门与广东省商务部门以两省商务领域对口合作框架协议为指导，积极开展对内对外开放、商会和行业协会对口合作，助力两省经贸交流发展。两省在招商引资、"家520"购物节、中国—俄罗斯博览会等活动上，成效显著，亮点纷呈。

一、招商引资，奠定黑粤合作基础

2019年5月8~9日，黑龙江省副省长程志明带领省商务厅、省贸促会主要负责同志和哈尔滨市、齐齐哈尔市、绥化市及哈尔滨新区、平房区，肇东市、海林市相关负责同志，先后赴广东省广新控股集团、广州数控设备有限公司、深圳心里程控股集团有限公司、比亚迪股份有限公司、深圳华侨城等企业就生物科技、数控机床、总部经济、新能源汽车、文化旅游等领域进行上门招商。此外，程志明副省长还考察了深圳前海蛇口自贸区，与深粮控股股份有限公司董事长祝俊明、六桂福珠宝首饰集团股份有限公司董事长翁国强、玉禾田环境发展集团股份有限公司董事长周平、深圳市格灵人工智能与机器人研究院董事长张华进行了座谈交流，就已在黑龙江省投资项目和进一步扩大投资进行了对接。

此次活动是落实黑龙江省招商引资工作部署的具体举措，为两省对口合作增添了实质内容，为在谈项目尽快落地投资增强了信心，为发挥黑龙江省高端制造、绿色食品、旅游及石墨等矿产资源优势，进一步拓宽和深化与广东合作奠定了基础。

（一）推动黑龙江省承接广东省产业转移

5月8日，黑龙江省副省长程志明带领省商务厅、省贸促会及绥化市相关负责同志赴广东省广新控股集团上门招商。广新控股集团党委书记、董事长黄平表示，在黑龙江省政府的重视和支持下，更有信心将集团控股的广东肇庆星湖生物科技股份有限公司整体转移搬迁到肇东市，希望黑龙江省给予相应支持。程志明副省长对广新控股集团在产业转型、建设国有资本投资公司中取得的明显成效表示赞赏，要建立省市县三级联动机制，全力支持承接好广东肇庆星湖生物科技股份有限公司整体向黑龙江省转移。同时，要进一步深化在玉米、大豆、石墨、铝材、航空航天、军民融合等多领域的战略合作，实现"一南一北"优势互补，合作共赢。

（二）推动黑龙江省装备制造业转型升级

5月8日，黑龙江省副省长程志明带领省商务厅、省贸促会及齐齐哈尔市相关负责同志赴广州数控设备有限公司上门招商。广州数控董事长何敏佳表示公司与哈工大、哈量具等都有良好的合作，哈工大已有四项科研成果在广州数控成功转化。在黑龙江省政府和齐齐哈尔市政府的支持下，将加快推进与齐重数控装备股份有限公司在重型机床数控系统国产化领域的合作进程。程志明副省长表示要全方位、全力支持广州数控与齐重数控的合作，并在此基础上进一步扩大与哈工大在工业机器人领域的合作，尽快实现产业化。特别是发挥黑龙江省农业资源优势，找准在农业种植和加工领域合作的切入点，实现农业产业的智能化。

5月9日，黑龙江省副省长程志明带领省商务厅、省贸促会及哈尔滨市相关负责同志赴比亚迪股份有限公司上门招商，考察并体验了云轨和云巴。比亚迪集团副总裁、电池事业群 CEO 何龙表示，将联合五矿集团深化与黑龙江省在石墨及新能源电池等领域的合作。程志明副省长表示欢迎云轨、云巴及新能源汽车在黑龙江省销售，更希望云轨、云巴和新能源汽车在黑龙江省实现生产制造。黑龙江省拥有丰富的石墨资源，特别是石墨烯作为动力电池电极材料具有巨大的发展潜力。目前，五矿集团正在与黑龙江省就石墨深加工进行深入探讨，希望比亚迪进一步扩大与黑龙江省的合作领域。

（三）推动黑龙江省总部经济实现新发展

5月9日，黑龙江省副省长程志明带领省商务厅、省贸促会及哈尔滨市相关负责同志赴深圳心里程控股集团有限公司进行上门招商。心里程控股集团董事长彭国远表示，心里程集团准备把集团东北区域总部落户哈尔滨，功能包括研发中心、结算中心、销售中心、创业孵化基地、研学旅行基地、双培双训基地等，预计年产值达 20 亿元。程志明副省长表示欢迎心里程控股集团区域总部落户黑龙江，发挥黑龙江省科技、教育、装备制造等优势进一步扩大合作领域。

（四）推动黑龙江省文化旅游业提档升级

5月9日，黑龙江省副省长程志明带领省商务厅、省贸促会及牡丹江海林市相关负责同志赴深圳华侨城进行上门招商。华侨城集团总经理、党委副书记姚军表示，黑龙江省旅游资源独特，特别是哈尔滨历史文化底蕴厚重，目前虽然集团还没有在北京以北进行投资，但近期将组成考察组来黑龙江省实地考察文化旅游项目，寻求项目落地黑龙江省。程志明副省长代表王文涛省长、王永康副省长邀请姚军总经理来黑龙江省考察，寻求合作共赢。

二、"家520"购物节，探索黑粤消费合作新模式

为深入贯彻党的十九大精神，以"培育消费新增长点，推进消费升级，促进形成强

大国内市场"为主题的大型惠民消费活动，2019 黑龙江—广东"家 520"购物节活动于 5 月 20 日在哈尔滨市举行启动仪式。活动由黑龙江省商务厅、广东省商务厅共同主办，广东省电子商务协会、道里区商务局、大商哈尔滨新一百购物广场有限公司承办。

启动仪式上，黑龙江省商务厅巡视员赵文华、广东省商务厅副巡视员陈虎出席活动并致辞，哈尔滨市商务局、湛江市商务局、大商哈尔滨新一百购物广场有限公司、广东果美农业发展有限公司领导分别作了发言。两省各对口合作市商务局领导、黑龙江省商务厅驻广州、深圳办事处、广东省人民政府驻沈阳办事处同志、有关行业商协会、企业代表、新闻媒体记者等参加了此次活动。此次活动现场共有 11 对 22 家企业公司及电商协会进行签约，涉及电器、厨具、食品、粮食、电子商务等物资产品。

（一）消费促进工作部署的有益尝试

"家 520"购物节是广东省商务厅 2018 年首推的一个促消费活动平台，"重点突出'家'这个主题，蕴含着包容、温暖和幸福"。这个平台推出以来得到了全省各地商家的积极响应，也受到了消费者的广泛认可，树立了良好的节庆品牌形象。"家 520"购物节围绕家庭生活场景下的商品消费，着力打造与"家"相关的"商品＋服务"消费生态，全省各地市共同参与，重点行业商协会、商贸流通企业联手推动，统一部署，线上线下融合、产业融合、区域融合，共同掀起消费新热潮。

2019 年的购物节，广东省商务厅首次与黑龙江省商务厅合作，是两省商务部门对商务部消费促进工作部署的有益尝试，发挥两省各自消费优势，探索两省对口消费合作新模式，共同开展消费促进活动。以消费升级促进产业升级，以消费作为动力，将促进"家"元素商品提升品质，发展高质量、多层次的商品体系。同时，消费作为原动力将带动企业提升配套服务体系，提升服务品质，以更低的价格、更贴心的服务、更优质的消费环境反过来刺激消费，形成良性循环。

（二）黑粤携手期待掀起新的消费高潮

下步工作中，要更好地发挥两省对口合作的契机，发动各地商家加大力度，多措并举，以"家·生活"为元素，组织更多更丰富的商品促销活动，体现家的温馨，家的情怀。将黑龙江的特色产品带到广东，加强两省商协会的对接联系，采取线上线下合作，把"家 520"购物节活动，以"家"为主线的优质商品带进千家万户，掀起新的消费高潮，满足人民美好生活的需求！

三、中俄博览会，展示黑粤对口合作成果

2019 年 6 月 14～16 日，广东省省长马兴瑞率广东省代表团赴哈尔滨市参加第六届中国—俄罗斯博览会（下称"中俄博览会"）。广东省代表团由广东与黑龙江对口合作的 13 个地市分团组成，共 190 多家企业，超 200 人。其中重点组织了 30 多家包括世界 500 在内的黑龙江省龙头企业开展对口合作、对俄合作等经贸交流活动。

6月15日，第六届中国—俄罗斯博览会和第二届中俄地方合作论坛拉开序幕，两国国家领导人出席论坛开幕式并致辞。广东省省长马兴瑞出席论坛全会并发言。随后马兴瑞省长会见了俄罗斯副总理阿基莫夫一行，双方就落实两国元首达成的重要共识，深化在科技创新、电子信息、教育、农业、能源、旅游等领域的互利合作进行了深入交流。

（一）搭建粤黑俄三地经贸合作平台

6月15日，广东省人民政府、黑龙江省人民政府和俄罗斯远东和北极发展部共同主办了中国（广东、黑龙江）—俄罗斯（远东）经贸合作圆桌会，为三地企业家深化经贸合作搭建沟通交流的平台。广东省省长马兴瑞、黑龙江省常务副省长李海涛、俄罗斯滨海边疆区州长科热米亚科、萨哈（雅库特）共和国行政长官尼古拉耶夫、远东和北极发展部国际司副司长乌佳索娃出席会议并致辞，俄罗斯阿穆尔州第一副州长波洛瓦依金娜出席会议。来自广东和黑龙江直及各地市以及俄罗斯远东各州的政府、相关机构、企业与媒体代表约120人出席。三方代表共12家企业分别发言，现场互动频频，气氛热烈。

（二）推进黑粤经贸合作交流

两省政府还举办了黑龙江—广东对口合作及经贸交流座谈会，来自两省13个对口地市，两省组织、发改、商务以及企业代表约200人参加会议。广东省省长马兴瑞、黑龙江省省长王文涛出席座谈会并讲话。座谈会总结了2017年以来，两省领导高层互访、干部交流培训、地市合作互鉴、企业投资合作情况。会上举行了项目签约仪式，签约项目14个，金额超100亿元。

博览会期间，广东省省长马兴瑞陪同国家领导人出席博览会展馆开幕式并参观广东馆。广东作为第六届中俄博览会主宾省，搭建693平方米的广东馆，重点展示广东省与黑龙江省对口合作成果及广东对俄经贸合作情况，集中展示广东先进制造、高新技术、绿色家电、电子信息等百余件名优产品。

博览会后，马兴瑞省长率代表团部分政府成员赴齐齐哈尔市考察。黑龙江省商务厅组织代表团部分企业赴黑龙江省哈尔滨、大庆和齐齐哈尔等市开展经贸考察和交流对接活动，务实推进两省商务领域对口合作。黑龙江省各对口合作地市与黑龙江省有关地市开展了形式多样的对接活动。

广东省商务厅厅长郑建荣全程陪同马兴瑞省长参加活动。广东省商务厅党组成员、自贸办副主任陈广俊参加上述活动并率团赴黑龙江有关地市考察。黑龙江省商务厅交流处、合作处组织上述有关活动，办公室派员参加。

第二章　多措并举　助力两省产业对口合作

黑龙江省工业和信息化厅　广东省工业和信息化厅

2017 年 12 月，黑龙江省工业和信息化厅与广东省工业和信息化厅共同签署了《黑龙江省与广东省工业和信息化领域对口合作框架协议（2017～2020 年）》，确立对口合作关系。2019 年，两省抓住对口合作机遇，多措并举，助力两省产业合作，取得了显著成效。

一、落实两省对口合作工作机制，积极推动项目合作

为推动两省工业和信息化领域对口合作，广东省工信厅厅长涂高坤借"中俄博览会"举办期间，参加广东省政府代表团赴黑龙江省开展对口合作交流活动之机，于 2019 年 6 月 14 日带领厅领导、机关有关处室人员和中国中药控股有限公司等广东省企业一行 12 人，在哈尔滨与黑龙江省工信厅举行了两省对口合作座谈会。双方认真总结回顾了 2018 年工作。一是在装备制造业领域，促成了广东省韶铸集团、广重集团分别与齐二机床达成采购机床、立车的意向协议；加强了农业机械、电力装备领域的精准对接，达成合作意向。二是在新兴产业领域，广东省积极组织企业参加第五届中国国际新材料产业博览会；推动企业与大庆市"油头化尾"产业合作。三是在医药领域，中国中药控股有限公司带动黑龙江省黑河饮片厂、鹤岗双兰星制药有限公司加快发展；哈药集团采购珠海联邦制药、丽珠合成制药原料药，交易额近 3 亿元。四是在民营经济领域，借助第十届 APEC 中小企业技术展览会，组织企业"一对一"深入交流；通过第十五届"中博会"平台，两省共同举办了黑龙江省中小企业专题推介交流会，企业达成意向性合作项目 35 个。座谈中，双方就对口合作工作中遇到的问题，进行了深入剖析、研究，并达成共识，就广东省企业代表提出的中医药、电子等合作项目存在的疑惑，黑龙江方面逐一进行了解答。对已开展合作或有意向合作的企业，建立了项目台账。双方形成了两省工信领域对口合作座谈会第二次《会议纪要》。

期间，代表团赴哈尔滨新区、大庆高新区分别考察了哈尔滨天顺化工科技开发有限公司碳纤维产业化生产基地、中国中药控股有限公司哈尔滨呼兰产业园、大庆石化、大庆油田惠博普科技有限公司、大庆佳昌晶能科技有限公司等企业。

二、依据合作工作开展进度，适时进行回访推进落实

按照第二次《会议纪要》安排，11月13～16日，黑龙江省工信厅副厅长、巡视员方安儒率机关有关处室人员及哈尔滨医大药业、黑龙江参鸽药业、哈尔滨康隆药业、哈尔滨城林科技等企业一行11人赴广东省进行了工作回访，并在广东省工信厅举行了第三次两省对口合作座谈会。随行的黑龙江省医药企业、环保企业代表提出了合作需求和意愿。座谈会就下一步工作安排达成一致意见：一是两省工信部门进一步梳理、细化对口合作事项，建立工作台账，跟踪之前洽谈和落实新谈项目。二是利用中国国际中小企业博览会、哈洽会等重大活动交流平台，加强两省间的交流互动，促进更多项目对接合作。三是结合黑龙江省实施的"百千万工程"，双方重点在"装备制造、生物医药、食品、新材料"等特色产业上加强合作。

代表团还重点考察了珠海横琴新区粤澳合作中医药科技产业园，双方医药企业在南北中医药合作领域进行了深度交流，为深化两省中医药产业合作奠定了基础。同时，考察学习了珠海格力电器股份有限公司在智能制造方面的成功经验以及国内唯一拥有领先打印技术和自主知识产权的珠海赛纳打印科技股份有限公司在打印技术领域的成功经验。

三、借助展会平台，积极推进民营企业开展灵活合作

6月24～27日，第十六届中国国际中小企业博览会（简称"中博会"）在广州举行。按照"解难题、拓市场、聚人气"的办展思路，本届展会配套举办中国中小企业高峰论坛等一系列活动，并首次设立了专精特新展区和创新服务展区。

为抓住此次对口合作机会，黑龙江省组织了省内2家专精特新"小巨人"、8家国家小型微型创业创新示范基地孵化企业、1家中小企业单项冠军企业、5家国家中小企业公共服务示范平台及12家农产品生产加工等40余家企业106人赴广州参加了展会。期间，企业参加了中小企业投融资及跨境对接会、"创客中国"大中小企业融通发展项目对接会、"一带一路"专项行动等论坛活动。牡丹江中大木工机械有限责任公司、黑龙江硅智机器人有限公司、鸡西市中汇石墨制品有限公司、北大仓集团有限公司、哈尔滨东盛金属材料有限公司、黑龙江多多制药有限公司、五常市乔府大院农业股份有限公司等参展企业携带企业最新产品，集中展现了黑龙江省中小企业优势产品和最新科技成果。企业共签约合作意向金额9563.8万元，合同金额1761万元。

四、落实领导指示，搭建企业家学习平台

为贯彻落实黑龙江省委书记张庆伟提出的"加大对民营企业家特别是年青一代的培训力度，组织他们到经济发达地区和先进企业参观调研，举办头脑风暴培训班，使其看到差距、更新理念"的要求，黑龙江省工信厅总经济师李学东带领中小企业局、创业与培训处工作人员及哈尔滨嘉盛生物科技发展有限公司、大庆中亿电缆材料有限公司等17名省内中青年科技型企业家于12月10~13日，赴广东省开展了新一代信息技术培训考察活动。

通过清华大学特聘教授赵永新围绕大数据和企业数字化应用进行讲解，参观金雅福集团（区块链公司）、长亮科技集团（信息化建设服务公司）和火力专车（航空、高铁信息服务公司）实地考察，使企业进一步了解、掌握了新一代信息技术发展趋势，借鉴成功经验，拓展了发展思路。

参训人员触动极大，感受颇深。企业纷纷表示，活动策划组织得好，为企业学习提供了难得的机会，此行开阔了眼界，看到了差距，明确了方向，取到了"真经"，坚定了信心，要将学习成果消化、吸收、转化到企业创新发展中，感谢两省领导对企业家的关爱，感谢广东省的精心安排和热情接待，回到岗位上将所学内容及时消化、运用到企业创新发展中。一些企业还有感而发撰写了心得体会。

哈尔滨爱普智达管理咨询有限公司董事长马晓雁在体会交流时说：本次参观中，多个企业的不同经营内容让我近距离地感受到了深圳人的先进理念、深圳速度、深圳专业精神和行动力，企业想不落伍，必须要有创新意识、了解智能信息化领域知识和应用、要跟上时代的步伐。七台河宝泰隆新材料股份有限公司董事长助理焦强说：这次考察我深刻感受到企业要发展，企业就要换思想。作为传统能源行业，我们要与互联网、大数据深度融合，拥抱互联网、芯片、边缘计算、人工智能、大数据等新技术，减少能源损耗，增加技术投入，建设绿色化工，未来，要对新能源行业加大投入，为中国新能源发展奉献企业的一份力量。

第三章 "北薯南种" 开启两省农业对口合作新模式

黑龙江省农业农村厅 广东省农业农村厅

近年来,黑龙江省绥化市望奎县紧紧抓住两省对口合作新机遇,创新性打破马铃薯种植的空间与时间制约,充分开发利用两省冬季闲置农业生产资源,组织龙薯联社开创了"北薯南种、北社南营"新模式。2016 年 3 月 8 日"两会"期间,中央电视台《新闻联播》栏目播发了由央视记者采录的望奎县龙薯现代农业农民专业合作社联社"千里去耕种、冬闲变冬忙"的报道,此后,新华社、中国网、新华社黑龙江分社等国家主流媒体分别对联社"北薯南种"进行了报道,黑龙江省委、市委主要领导等到联社调研,给予了充分肯定。"北薯南种"实现了南北资源优化配置,提高了劳动生产效率,促进了农民增收和脱贫致富,带动了两地乡村振兴事业发展,成为两省农业对口合作典范。

一、创新思维,开启"北薯南种"新模式

"北薯南种"就是望奎县农民在秋季收获马铃薯后,南下广东湛江种植马铃薯,待第二年二三月份湛江基地收获后留少量人员种植青储玉米及其他农作物,将技术骨干撤回北方,准备新一年马铃薯基地种植。南北两个基地"双管齐下",不但让北方农民体会到"一年三茬"(北方一茬、南方两茬)收获的喜悦,还实现了农户增收致富、精准扶贫的目的。

2012 年,原东郊镇党委书记李亚文(现望奎县人大常委会副主任)萌生了让农民冬天南下种地的想法,并赴福建学习了冬种经验。2013 年,李亚文参加在广东省召开的全国马铃薯大会,在与广东省湛江市遂溪县草潭镇党委书记庞宇交流时,了解到他们那里地处北部湾北岸,气候炎热且湿润,土地沙化属红砂土,特别适宜种植马铃薯,于是她产生了打破马铃薯种植时间和空间限制的大胆想法。一个月后,她选中了湛江市遂溪县草潭镇钗仔村的 500 亩红土地,并于 2014 年试种了马铃薯。当年,马铃薯每亩产量达到 5000 斤,每斤卖 1.3 元钱,卖出了苹果的价钱,每亩纯效益达 2000 元。种完马铃薯,他们又种植青贮玉米,每亩又收入 600 元,效益可观。初见成效后,望奎县委、县政府开始把"北薯南种"列为振兴乡村经济、助力脱贫攻坚的重要途径,不仅积极出面解决了大型机械运输、资金等问题,还协助龙薯联社与"上好佳"、"麦肯"等大企业签订了利益均沾、

风险共担的常年合作经营协议，产品全部由企业收购，彻底解决了种植户的后顾之忧。

二、扩大规模，开始"北社南营"

2015年，黑龙江省望奎县龙薯联社租下了草潭镇钗仔村4800多亩土地，签下10年合同，投入3240万元。其中，包括异地投入34台套农机具，价值980万元；南运6套大型喷灌配套设备，价值600万元；投入打机电井及配套，价值110万元；为农户种植5000亩耕地垫付租地款、种子、化肥农药、机耕费等资金1550万元。种植面积从500亩发展到13000亩，种植品种从最初的马铃薯、玉米两茬，不断扩展到马铃薯、地瓜、西瓜、鲜食玉米、青贮玉米等多茬，年可实现利润近1500万元。目前，在两地政府的支持下，龙薯联社从最初的"北薯南种"，逐渐开始"北社南营"。继2017年位于湛江市中心的望奎农产品体验店开业并受热捧后，位于遂溪县遂城新中心市场一楼黄金铺位的"双龙"农产品体验店也正式营业。

三、精准扶贫，实现脱贫致富

2018年末，联社"南种基地"引领社员农户82户（其中：贫困户27户），户均年增收5万元，共计为社员增收410万元，联社纯收入达450万元。望奎县龙薯联社本埠以土地入社社员中有27户为贫困户，贫困户每户种植10～20亩地，由合作社先提供土地、种薯、药肥等，待盈利之后再还账，贫困户年户均增收达2.5万元以上。带动周边乡村250户贫困户中的267人来联社打工，平均每人月收入达2000元以上，户月增收4000元左右。同时，联社到广东经营土地后，不仅将那里闲置的土地盘活了，而且带来了先进的种植技术和经营理念，实现了从种到收"一条龙"作业的现代化大农业经营模式，有力地推动了当地农业的转型升级，促进了农民增收，实现了双赢。在农忙时节，联合社每天会雇用当地农民达300多人，他们平均每天工资在70元以上，加上土地流转的收入，年可为当年农民创造利润500多万元。

四、政府助力，促进产业升级

2017年，黑龙江省与广东省正式建立对口合作关系，"北薯南种"模式引起了两地政府的高度重视，"北薯南种"迎来了产业升级新曙光。2019年，黑粤两省政府主管理部门牵头，成立了项目组织管理机构，龙薯联社正式开始实施黑粤省际现代农业产业园"稻—稻—薯"生产模式项目工作计划，创建了"粤黑合作稻—稻—薯现代农业示范基地"。在遂溪县流转 1000 亩连片水田，落实了选点租地，完善核心研究试验示范基地的基本农田建设和设施，完善机耕道路、标准面积田块、排灌系统、辅助设施设备的建设，开展标准化"稻—稻—薯"生产模式试验示范和现代农业相关技术研究试验，全方位提升"稻—稻—薯"生产效率和效益。目前，1000 亩马铃薯收获完毕，亩产达到 2.2 吨，种植的荷兰 15 商品薯以 3.3 元/公斤的价格销售，仅此就实现了销售收入 726 万元，同时采取"前收后种"的方式播种水稻 300 亩。

五、推广成果，促进黑粤农业新发展

"北薯南种"升级为"稻—稻—薯"，黑龙江省望奎县龙薯联社盘活了两地闲置资源，既符合市场需求又实现高效生产，产业基础扎实。龙薯联社总结冬种马铃薯的成功经验，分析湛江当地近年来冬种马铃薯发展情况，并引入广东粤良种业有限公司（简称"粤良种业"）及一亩田新农网络科技有限公司（简称"一亩田"），致力于推进"稻—稻—薯"生产模式的规模化、产业化和信息化，打造成可复制可推广的区域合作新模式，努力推广黑粤两省合作"稻—稻—薯"现代农业生产模式、北薯南种和现代农业先进生产技术，引导转移北方冬季富余劳动力和闲置的农机等农业资源，充分利用湛江地区及广东省冬季气候条件和闲置的土地资源优势，为黑粤两省现代农业合作生产开辟新领域，树立新典范。今后，将共同创建和打造全新的农业生产模式和产业链，为黑粤两省闲置农业资源再利用、农业种植结构的调整优化、农业增效和乡村振兴开创新途径，做强做大"稻—稻—薯"现代农业产业链，实现乡村经济振兴。

第四章 抓好重点项目建设 推动两省粮食对口合作上新台阶

黑龙江省粮食局 广东省粮食和物资储备局

黑龙江和广东两省本着"政府搭台，市场运作""重点突破、示范带动""适度超前，提高标准""加强对接，主动作为"的原则，贯彻市场化、法制化、合作共赢的理念，全面加强两省粮食领域对口合作。广东省在黑龙江省建立粮食生产、收储、加工、物流基地以及粮食异地储备基地；黑龙江省在广东省建立粮食销售基地，大力开展"黑龙江好粮油中国行"走进广东专项营销行动。其中，黑龙江金禾现代农业（集团）有限公司（以下简称"金禾集团"）与广东春谷园粮食集团有限公司（原广东盈盛投资控股集团有限公司，以下简称"春谷园集团"）的合作项目成为两省粮食领域对口合作的亮点。

一、立足发展，科学规划合作进程

金禾集团与春谷园集团双方合作始于 2015 年，初始项目仅涉及水稻种植基地，建设面积共 1.5 万亩。2017 年起，借两省推进对口合作的东风，双方企业本着政府搭台、社会参与、优势互补、合作共赢和市场运作、法制保障的宗旨和原则，充分发挥各自优势，在原有的种植收购基础上，科学规划、创新模式，进一步拓宽合作领域。将金禾集团独特的种植资源、地理资源、遍布全国的销售网络和对俄贸易优秀粮食产品代理权，以及春谷园集团的战略理念、科技基础和在粤港澳的销售渠道等资源充分融合，形成跨现代农业种植、有机农产品销售、绿色农业旅游、农业综合开发、农业项目申报等多个领域的深度合作，共同打造"金禾—盈盛·黑龙江生态农业科技产业园区"项目，进一步激发双方企业的内生活力和动力，为双方继续深化合作奠定了坚实基础。

二、明确目标，稳步升级合作模式

项目实施过程中，双方企业力求做到科学、规范，以提高共建项目科技含量为主要目标，细化分解双方职责，探索推进模式升级，着力延长有效合作供需链。一是深耕合作项目。在对双方原有的 1.5 万亩松散型合作种植基地细化分类的基础上，从中筛选出 5000 亩水田进行集中规划，建设生态农业种植基地，开发科普、观光旅游等农业文娱项目。同时，根据双方约定，在各自单方面经营的其他非对口合作领域也相互给予产品服务支持和优惠待遇。二是制定发展规划。由春谷园集团制定长期项目规划，策划种植基地深度开发，引进先进生产技术，指导提质改造，并对基地进行整体营销宣传。相关项目由金禾集团具体实施建设、经营管理。深度融合双方各自平台、渠道、资源打造全球优质农产品销售网络。三是打造专项产品品牌。产品经金禾集团择优选种、专业化种植、科学存储、初级加工后，再运交春谷园集团在全球销区进行分类精加工、定向销售，通过产、运、加、销等多环节的一体化、规范化经营模式，有效提升产品品质，共同打造印有双方标识的优质五常大米品牌，助推五常大米走向世界。四是推动人才交流共进。为优化使用人力资源，提升双方合作的积极性和凝聚力，双方积极开展人才培训和人力资源交流，全年共派驻员工相互考察、学习、流动 100 余人次，为双方企业长期合作提供保障。

三、互利共赢，合作取得显著成果

（一）产品知名度不断提升

五常市是全国十大粮食生产先进县（市）、全国水稻五强县（市）之一。"五常大米"因其独特的产品特性和鲜明的品牌特征，已成为享誉全国的地理标志商标产品，在 2019 年中国品牌价值评价—区域品牌（地理标志产品）榜中排名全国第 6 位、大米类第 1 位。双方依托坐落于五常大米核心产区的水稻种植基地，及周边辐射区域内 30 万亩可控种植面积产出的优质稻源，有效促进终端粮食产品提质升级，丰富完善合作产业链条。

双方充分发挥各自在资金、技术、优质农产品和流通销售渠道等方面的优势，逐步建立增设绿色优质农产品展示销售中心、社区体验店、专营店等营销网点和仓储物流设施等周边配套，构建线上线下营销网络体系，着力提升品牌知名度和产品销售量。

（二）全产业链条不断升级完善

通过深入交流合作，双方经营文化不断磨合、相互渗透，对种植基地生产过程提出更高要求，带动了当地水稻生产产业链条的精细化程度发展，极大提升了当地种植水平和管理水平。一是引导种植技术升级。着力推进园区的方条田改造，进一步合理利用了土地资源，被认定为五常市黑土地保护试点项目区。通过实行智能化催芽、标准化育苗、水肥一体化管理，全面实现全程机械化作业、可视化管理。特别是钵体摆栽技术已被认定为哈尔滨市试点单位，无人机植保技术填补了当地机械化植保作业的空白。二是同步推进水稻全产业链技术提升。在国家粮食和物资储备局科学研究院有关专家的技术指导下，制定"育、种、储、加、煮五优标准"，对地产稻花香水稻从源头到餐桌过程中的各环节质量标准与生产科技含量进行整体的提升，为全产业链标准化操作提供科学依据。三是建立完善保障措施。建立水稻种研基地，主要用于稻花香水稻的提纯扶壮和具有自主知识产权新品种的研发；建设种子繁育区 1000 亩，专项落实地方政府推进稻花香 2 号水稻"提纯复壮"的品种改良项目；实施黑土地保护计划，为水稻生长提供良好的生长环境；建立全程可追溯体系，对水稻生产情况实时跟踪监管。

（三）一、二、三产业不断融合发展

在提供优质粮源的基础上，将种植基地进一步打造为集种植、养殖、加工、知识科普和观光旅游为一体的现代农业园区，内设水稻文化馆、千亩蒲公园、百米科普长廊、休闲观光驿站等设施，构建"稻米观光 + 稻米体验 + 稻米加工 + 稻米品鉴 + 稻米营销"的多维度全产业链，缔造五常稻米农业旅游品牌，积极探索推进一、二、三产业融合示范基地。

四、展望未来，稳步拓宽合作领域

双方企业拟在现有成果下，进一步发挥各自优势，加快补齐短板，深入整合资源，拓宽合作领域。一是加强合作流程管理，创造良好环境，为长期合作提供保障。对双方拟合作的各个子项目单独立项管理，为合作有序、有据进行创造良好条件。二是推进农业技术开发、进出口贸易和金融等方面合作项目。加快整合农业技术研发合作，为双方提供先进适用的生产技术；以金禾集团的优质稻谷资源和春谷园集团的进出口贸易渠道为基础和途径，在促进"龙粮入粤"的同时，加快推动龙粮走向国际市场；加快双方资金流通，发挥春谷园集团金融优势，为共建项目节本降耗。三是拓展健康食品研发合作项目。多年来，金禾集团作为项目基地，配合国家粮食和物资储备局科学研究院推进全谷物糙米方便主食、稻米资源深度开发利用项目。目前，金禾集团"全谷物糙米健康食品创制技术研发专业中心"被认定为"黑龙江省企业技术中心"，同时，金禾集团已被纳入"十三五"国家重点研发计划项目中"中式自动化中央厨房成套装备研发与示范"项目研发课题成员单位，现正在就该项目进入 2021～2035 年国家中长期科技发展规划战略研究食品专题进行筹备工作。双方拟基于现有研究成果深入开展合作，加快推进科研成果的转化和落地达成，推广一批以绿色健康为理念的终端产品，示范带动两省乃至全国水稻绿色产业链条的纵深发展。

第五章　联手打造品牌　助推两省
文旅对口合作迈向深入

黑龙江省文化和旅游厅　广东省文化和旅游厅

为贯彻落实《黑龙江省与广东省对口合作实施方案》，深入推进黑龙江省与广东省文化交流合作，两省文化和旅游部门于 2017 年签订了《黑龙江省文化厅广东省文化厅文化对口合作协议》和《黑龙江省和广东省关于建立旅游战略合作关系的协议》。近年来，两省文旅合作互动频繁，联手成功打造了音乐剧《木兰前传》和"寒来暑往、南来北往、常来常往"旅游品牌等，合作迈向深入。

一、推进演艺合作，打造文化标志性品牌

2018 年 7 月，在哈尔滨举办的文化产业合作座谈会上，两省就联合制作新编音乐剧《木兰前传》达成一致意向，将其作为两省文化合作的重点项目推进。该剧是黑粤合作结出的文化硕果，标志着在文化产业层面黑粤两地的又一次深度合作。此次合作，成为两省政府主导、跨省合作、企业运作的一次有益尝试，为进一步创新模式、拓展方式，跨省推进演艺合作、文旅融合发展探索成功经验。

（一）黑粤首度联手，打造舞台艺术标志性品牌

新编音乐剧《木兰前传》是黑粤合作首次联手打造的文化品牌，由黑龙江省文化和旅游厅、广东省文化和旅游厅联合出品，哈尔滨中泰兄弟文化传媒有限公司、广东省演出有限公司共同制作，黑龙江省评剧艺术中心的演员们倾情出演。《木兰前传》以花木兰从军前的故事为题材，以弘扬中华优秀传统文化为切入点，将戏曲元素融入音乐剧当中进行创造性转换、创新性发展，以新颖独到、不落俗套的呈现方式讲述一个巾帼英雄的故事，主题积极向上，激发民族气节、家国情怀，使中国故事和时代精神得到最精致的表达。2019 年 10 月 26 日，《木兰前传》在哈尔滨市委宣传部等单位联合主办的 2019 哈尔滨青年戏剧节上成功首演，现场座无虚席，得到了观众的喜爱和认可，并获得本届戏剧节"最佳青年戏剧奖"剧目。《木兰前传》在两省文化与交流合作方面起到了一个很好的桥梁作用，为两省观众打造出了一个不落俗套的成长励志故事。通过两省共同努力，《木兰前传》已成为两省文化艺术合作的标志性品牌。

（二）两省通力合作，实现资源优势互补

《木兰前传》是两省积极履行《黑龙江省与广东省对口合作实施方案》、对接粤港澳大湾区建设的重点合作项目，也是两省在舞台艺术领域的首次合作。广东省文旅厅和黑龙江省文旅厅高度重视，各投入200万元支持该项目。两省反复沟通和调研，多次召开专题座谈会进行交流探讨。坚持创新驱动发展理念，将这部音乐剧打磨成为两省合作的典范之作。双方各自发挥比较优势，整合资源，通力合作。广东省发挥与港澳台交流密切优势，选聘来自港澳台地区的黄金制作班底组建主创班子，负责剧本创作、导演、音乐创作、舞蹈编排、舞美设计等工作，并将组织该剧在粤港澳大湾区及全国巡演。黑龙江省发挥演艺资源优势，组建演出团队，统筹排练、合成及首演等环节。特别是对于黑龙江省舞台艺术来说，也是一次向先进省份和地区学习、汲取养分、更新观念、补齐短板的有利契机，借助广东的前沿优势，搭建了黑龙江省与港澳台地区艺术家合作的新平台。

（三）戏曲演员"跨界"，现代音乐剧演绎传统美

该剧的演出单位是黑龙江省评剧艺术中心，此次是该中心首次演出音乐剧，可以说是一次名副其实的"跨界"。演员们谦虚好学、精益求精，恰到好处地运用了水袖、武打等看家本领，努力克服了唱腔、身段等专业方面的一些固有习惯，刻苦钻研，全心排练，展现了黑龙江青年戏曲演员的敬业精神与精湛技艺。音乐剧《木兰前传》也是一次传统文化与现代流行文化的"混搭"之作，巧妙地将传统的戏曲元素融入音乐剧这种现代的艺术形式当中进行创造性转换、创新性发展，增强了该剧的中国意蕴与历史纵深感；同时，别出心裁地将中国传统的民俗场面歌舞化、趣味化，以现代化的舞台手法全新演绎，呈现出现代、时尚的气质，带给观众独特的观赏体验。

二、创新推介模式，强化黑粤旅游品牌

自2017年起，黑龙江省与广东省旅游部门共同策划推出了广东—黑龙江"寒来暑往、南来北往、常来常往"旅游品牌，深化两省间的旅游合作。目前，两省已相互成为了最重要的旅游目的地和客源地之一。2019年11月17日，由黑龙江省文化和旅游厅主办的2019黑龙江省冬季旅游推介会再次登陆广州。广东省和黑龙江省文化和旅游厅领导、广东省新闻媒体、OTA、旅行商、旅游商会、广州高校大学生代表及现场观众共计上万余人参加了本次推介会。此次推介会以"我在黑龙江等你"为主题，是一场融合了旅游与文化、冰雪与美食、科技与艺术、时尚与传统、体验与观摩的黑龙江精品旅游盛宴，邀请了三位明星站台，推出了三环推介助力、四项大奖颁发、十全之礼邀约等活动，为广州市民带来最美味的地方特色美食、最全面的实景体验和最震撼的冰秀表演，带给广州市民不一样的旅游推介体验。推介会还创新地采用全媒体互动直播方式进行宣传，让广州市民在直播过程中领略到黑龙江的美食、美景和深厚的冰雪

文化，数据显示在广州市同时段人气排行榜上位列第一。此次推介会既是一次黑龙江冬季文化旅游形象的现象级传播，更是黑龙江全域旅游发展成果的综合性展示，通过黑龙江冬季旅游产品介绍及体验，让广州市民更加深刻地体验到黑龙江的地域文化特色和冰雪旅游乐趣。

第六章 加强院校合作 深化两省卫生健康领域交流

黑龙江省卫生健康委员会 广东省卫生健康委员会

黑龙江省与广东省卫生健康部门围绕《黑龙江省与广东省卫生健康领域2019年对口合作实施方案》，积极推进和深化两省卫生健康领域的交流合作，取得了丰硕的成果。院校合作是两省卫生健康领域对口合作的亮点之一。2018年7月，齐齐哈尔市第一医院成为南方医科大学附属齐齐哈尔医院；2019年6月，与南方医科大学签署《合作协议书》，并开展了系列合作项目及培训交流活动。

一、积极加强科研领域合作

（一）联合申报科研项目

根据《广州市科技计划项目管理办法》，齐齐哈尔市第一医院积极参与2019年广州市民生科技攻关计划科技帮扶项目，医院理事、副院长肖健齐与南方医科大学联合申报的科研项目"建设以神经胶质瘤防治为研究重点的临床和科研合作平台"成功获批广州市政府100万元财政经费支持。通过双方合作建立颅内最常见的胶质瘤的基础和临床转化科研合作平台，定期双向派送专业技术人员进行科研和临床的交流学习，提升医院神经外科临床科研能力和业务水平，培养和建立人才梯队。

（二）共同筹建实验室

为提升医院科研创新及成果产出能力，齐齐哈尔市第一医院与南方医科大学共同筹备建立实验室。2019年8月，在齐齐哈尔市成功召开"齐齐哈尔市第一医院—南方医科大学黄文华教授科研团队合作洽谈会"，南方医科大学黄文华教授科研团队成员、第一医院相关领导及临床人员参加了洽谈会，与会人员就申请重点实验室及科研项目申报等进行了深入探讨交流，初步明确合作方向。临床医学实验室以科研为中心，研究科研转化途径，围绕研究型人才培养做好服务保障工作。目前，医院已经与南方医院中心实验室、南方医院药物临床试验机构对接，积极借鉴先进管理经验。

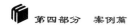

二、积极组织培训交流活动

（一）参加硕导遴选

齐齐哈尔市第一医院积极申报参加南方医科大学临床医学方向、中医药学方向及护理学方向硕士生导师遴选，获批硕士研究生导师 1 人、硕士研究生实践指导教师 37 人。

（二）参加培训活动

齐齐哈尔市第一医院作为南方医科大学非直属附属医院，先后选派 6 名临床、医技科室医务人员接受教学培训，选派 3 名骨干医生参加临床教学基地兼职教师培训班，以学促医，助推临床教学发展；选派 3 名 CT、骨外科骨干医生参加医学 3D 打印技术临床转化应用高级研修班并获得人社部相关资质证书。

（三）参加能力竞赛

为充分展现各教学医院的临床教学水平，提高临床教学质量，进一步规范和加强医学生临床实践教学，9 月 26～27 日，南方医科大学举行 2019 年临床能力竞赛，齐齐哈尔市第一医院 4 名内、外、妇、儿科临床带教教师参加了竞赛，并获得优秀奖。

（四）开展学术交流

2019 年 7 月举办了南方医科大学附属齐齐哈尔医院首届临床教学培训活动，南方医科大学教学指导委员会主任委员黄巧冰带队的专家组受邀莅临并进行了精心培训。2019 年 8 月，南方医科大学基础研究院赵克森教授受邀来到齐齐哈尔市第一医院作了题为《休克研究五十年》的专题讲座；南方医科大学南方医院许重远教授受邀参加齐齐哈尔市第一医院承办的"2019 年药物临床试验质量管理规范暨市级继续教育第一期培训班"，并作了学术讲座。2019 年 12 月，南方医科大学南方医院神经外科张喜安教授、刘亚伟主任莅临齐齐哈尔市第一医院进行科研合作洽谈并作了专题学术讲座。

三、积极开展远程医疗服务

齐齐哈尔市第一医院成为南方医科大学附属齐齐哈尔医院后，会诊中心作为特色科室，与大学附属医院进行了远程医学项目沟通。经过设备调试、协议拟定等前期准备工作，完全实现远程会诊、远程教学等内容。2019 年 6 月，齐齐哈尔市第一医院会诊中心邀请南方医科大学南方医院、南方医科大学珠江医院肿瘤科、胸外科专家，通过 MDT 多学科远程协作诊疗模式，为一例肺部肿瘤待排的患者进行了远程会诊。此次南北远程会诊平台的成功链接，打通了南、北医疗通道，为齐齐哈尔市第一医院专家提供了与业界权威学习交流的良好平台；将异地会诊与本地治疗有机结合，提高了治疗效果，降低了患者就医成本。

第七章 抓好重大人才交流活动
促进两省人力资源对口合作

黑龙江省人力资源和社会保障厅 广东省人才服务局

2019 年，黑龙江省与广东省人力资源和社会保障对口合作工作充分发挥两省人才智力优势，深入推进与广东省人才资源对口合作，创造了诸多工作亮点。2019 年 11 月，由黑龙江省和广东省省人社厅主办，大庆市政府、广东省人才服务局承办的高级专家服务团助力转型发展活动在大庆市举行。活动的举办是两省加强高端人才、高新产业等领域对口合作的务实之举，将推动两省互利合作、互学互鉴，让优质项目在黑龙江"落地生根""开化结果"。

一、细心筹划，为两省人才合作牵线搭桥

习近平总书记在黑龙江省考察期间，提出要着力优化产业结构，改造升级"老字号"，深度开发"原字号"，培育壮大"新字号"。以"油头化尾""煤头电尾""煤头化尾""粮头食尾""农头工尾"为抓手，推动发展转型。我们以两省对口工作为契机，充分发挥广东省人才、智力、产业和资源优势，努力构建两省高层次人才互学互鉴、交流合作平台。根据年初工作部署，征集相关市（地）项目需求，结合黑龙江省重点产业和特色优势，确定大庆为本次高级专家服务助力脱贫攻坚服务单位，牢牢抓住"油头化尾"这一战略方向，助推新旧动能转换，推动产业加速发展。国家人社部专业技术人员管理司司长俞家栋，黑龙江省人社厅副厅长赵志刚出席启动仪式并讲话。

二、专家解惑答疑，助力经济转型发展

应黑龙江省邀请，广东省非常规能源工程研究中心主任、博士生导师刘全稳和中山大学教授、博士生导师高海洋两位专家分别实地考察了东北石油大学"陆相页岩油气成藏及高效开发教育部重点实验室（东北石油大学）""提高油气采收率教育重点实验室"。

"陆相页岩油气成藏及高效开发教育部重点实验室"于2019年4月经专家组论证后开始建设，立足全国各大油田，通过承担和参加国家973项目、国家油气重大专项、国家自然科学基金、省部基金、国际合作和油田科技攻关项目，从基础理论研究到油田应用技术形成了完整的系列，为东部老油田稳产高产和西部油田的高效开发，尤其是大庆建设百年油田战略的实施做出了新的贡献。

"提高油气采收率教育部重点实验室"于2007年获批为教育部重点实验室，立足于石油工业发展，以提高油气采收率为核心，在化学驱、渗流机理等方面取得突破性进展，从基础理论研究到油田应用技术形成特色和优势，力争进入国家级重点实验室行列。

专家就油头化尾、页岩油等领域进行项目对接，给出"大庆的石油和化工产业发展从根本上要靠提高原料的转化效益和产品的附加值，通过技术进步实现产业升级，提高经济效益，实现转型发展"的良方。

三、拓展视野，为引才留才指出新方向

广东省非常规能源工程研究中心主任、博士生导师刘全稳和中山大学教授、博士生导师高海洋分别结合各自研究领域做了学术报告。刘全稳教授做了题为《地学研究与哲学思维——构造运动动力方程问题》专题讲座，从地球构造运动特性分析，到用数理方法研究地球轨道运动状态的改变情况，获得了地球运动动力方程，为正确认识地壳构造运动提供了理论依据。高海洋教授做了题为《高性能支化聚烯烃材料》专题讲座，介绍了在催化烯烃精准合成聚烯烃材料方面取得的最新进展。专家现场答疑，并就热点问题展开讨论，拓展了视野。

发展"油头化尾"产业，离不开高校和科研院所的技术支持。达成建立东北石油大学油头化尾工程技术研究院的合作意向，推动项目支援合作、助推当地科技创新和经济发展。油头化尾工程技术研究院作为特色新型研发机构，将为"油头化尾"战略推进和产学研深度融合搭建良好平台。在后继跟踪回访时，专家结合实际提出了一系列合理化建议。

第八章　打造深圳"飞地"哈尔滨"特区"
深圳（哈尔滨）产业园区建设日新月异

哈尔滨市发展和改革委员会　深圳市扶贫协作和合作交流办公室

深哈两市积极响应党中央、国务院号召，全面开展深哈对口合作工作，积极探索以"飞地经济"模式合作共建深圳（哈尔滨）产业园区。园区在哈尔滨新区，规划面积26平方千米，先期规划约1.53平方千米作为核心启动区。2019年9月1日，园区正式开工建设。2019年底，园区科创总部展览馆项目封顶，完成投资5.2亿元。深圳（哈尔滨）产业园成为东北地区与东部地区对口合作的第一个产业园，是深哈对口合作的标志性工程，是推动南北互动、优势互补、合作共赢的重要载体，得到了国家发改委和黑龙江、广东两省领导的充分肯定。

一、政府引导，企业主体，顶层设计按照深圳理念办

在两省领导的指导和关怀下，在两市主要领导的全力推动下，2019年5月，深哈两市政府在哈尔滨签署了合作共建深圳（哈尔滨）产业园区协议，双方共同投资39.2亿元，共同组建合资公司，按照市场化方式，以深圳（哈尔滨）产业园为载体，以制度创新为核心，创新产业园区服务体制和运作模式，打造从创新创业、科创总部到智能制造的全生命周期产业链，促进产业协同发展、集群发展，成为哈尔滨对标国际一流营商环境的战略性新兴产业发展高地。经过三至五年的探索实践，努力建设成为营商环境优良、新兴产业集聚、服务体系完善、配套设施齐全、运营管理高效的低碳智慧园区。

二、带土移植，全面复制，政策制度向着深圳经验看

深圳（哈尔滨）产业园区建设的目标就是建设"深圳飞地"，将深圳改革开放40年来的成功经验和政策复制到园区，按照"能复制皆复制、宜创新即创新"的原则，通过"带土移植"深圳团队、深圳体制机制、深圳政策体系、深圳理念、深圳作风和深圳精

神，打造成深圳"飞地"、哈尔滨"特区"。目前，已经有深圳市 M0 政策、土地作价出资办法、深圳市城市规划标准与准则、招投标评定分离办法等深圳政策在园区复制推广，开创了黑龙江史上第一例招投标"评定分离"和 M0 用地，形成了"飞地引入、园区复制、新区推广"的实践路径。其中，在招投标评定分离办法方面，将评标和定标作为相对独立的两个环节进行分离，实现"责权归位"，为投标人提供一个公平、公正的投标环境。让投资者到了深圳（哈尔滨）产业园就像到了深圳特区一样，享受一样的环境，实现一样的梦想。

三、精心规划，聚集产业，建设标准朝着世界一流干

按照世界一流园区标准，完成了园区空间规划、城市设计、市政交通、产业招商、政策体系及运营管理等全流程综合规划的编制。1.53 平方千米核心启动区，构建了郊野公园、城市公园、社区公园三级公园体系。实现 300 米见绿、500 米见园，引松江入城，建魅力绿湾。同时，还规划了 23 千米长的海绵城市滨水岸线，48 千米长的绿道，打造宜居、宜业、宜游的北方水城。在此基础上，重点发展新一代信息技术、新材料、智能制造等战略新兴产业和现代服务业，致力打造战略性新兴产业发展高地。在紧邻松花江的 1.53 平方千米核心启动区重点发展企业总部和研发办公等，在 26 平方千米重点建设生产制造基地，形成 0－1、1－10、10－100 的从孵化到加速到制造的产业全周期发展模式。初步建立了哈尔滨战略新兴产业地图；与深圳前海蛇口片区、深圳湾科技生态园建立了合作通道，促进深圳国际仲裁院同意落地园区。目前黑龙江鑫达新材料公司成为园区首个注册企业，注册金额 3.6 亿元；与中国银行等签署全面战略协议，获得近百亿元的授信支持。

四、优化流程，减少环节，审批服务围着优化营商环境转

通过审批流程优化，减少审批环节，压缩审批时间，实现深哈公司 1 天完成公司注册，11 天项目动工建设，63 天完成项目综合服务中心结构封顶，101 天完成地下室工程。园区从签订土地合同到取得施工许可证仅用 36 个工作日，塑造了深哈速度。目前，园区与哈尔滨新区正在共同研究制定"深哈 33"标准，也就是说正常情况下任何一个项目，无论项目大小、有没有政府关系，从取得土地到拿到施工许可证不超过 33 个工作日。

第九章　搭建六大平台　推动齐齐哈尔广州对口合作创新发展

齐齐哈尔市经济合作促进局

广州市扶贫协作和对口支援合作工作领导小组办公室

为深入贯彻落实党中央、国务院关于推进新一轮东北地区等老工业基地振兴战略的决策部署要求和黑龙江省与广东省的具体安排，齐齐哈尔市与广州市开展对口合作工作，两市党政务实推动，多措并举，致力互惠共赢，取得了务实成果。特别是习近平总书记考察齐齐哈尔市以及在深入推进东北振兴座谈会上的重要讲话和重要指示精神发表后，两市以习近平总书记关于对口合作的重要指示精神为遵循，抢抓发展机遇，推动合作向宽领域、深层次迈进，助力齐齐哈尔市全面振兴、全方位振兴。其中，齐齐哈尔市通过搭建六大平台，学习借鉴广州先进理念、经验和模式成为两市对口合作亮点。

一、搭建人文交流平台

齐齐哈尔市组织了15名县处级干部到广州挂职锻炼，选派了县区科技部门和孵化器负责人5人到广州挂职学习，另有11名医疗科研人员赴广州深造。两市工商联建立了联合培训青年企业家制度，已培训10多名企业家。截至目前，齐齐哈尔市商务、科技和金融等部门邀请广州相关对口合作部门到齐齐哈尔市开展招商、科技、工商等业务讲座，受众人员450余人。广东音乐曲艺团来齐演出"粤韵风华—情满鹤城"，齐齐哈尔市原创话剧《萧红》赴广州演出，在互演交流中学习广州文化产业市场化的发展理念。

二、搭建科技创新平台

齐齐哈尔第一医院成为南方医科大学唯一一家非直属附属医院，树立了医疗领域创新学科共建、技术合作的典范。齐齐哈尔市组织企业参加广州创新创业大赛，让参赛企业感受广州创新创业环境，提高创新创业意识和能力。两市联合举办以"突破体制机制壁垒，推进乡村振兴战略"为主题的北疆智库论坛，廓清了齐齐哈尔市未来乡村发展的基本框架，开拓了齐齐哈尔市实施乡村振兴战略的新思路。北疆智库论坛既是两市合作共建、对口帮扶的历史见证，也为两市在未来的发展中通过区位比较、资源互通和人才输出等形式，进一步拓展合作领域奠定了坚实的基础。

三、搭建旅游服务平台

广州市旅游咨询服务中心、旅游网等四大营销平台对齐齐哈尔市全面开放，推出"广结齐缘"系列旅游产品，带动优化齐齐哈尔市旅游产业链。一是在对口营销推介上有新突破，两市联合推介，融入齐齐哈尔元素，增加鹤城推介环节，为齐齐哈尔市创造更好的推介良机；二是在广州、黔南和齐齐哈尔三个地市开通城市一卡通方面达成共识，将为三省市的百姓游客互游，互动提供更多便利和优惠；三是将齐齐哈尔市文旅招商项目手册系统化、一站化纳入广州旅游资源交易平台，为两市深度招商招引，持续共谋合作，搭建更为广阔的平台。2018 年，齐齐哈尔市接待广东游客达 7 万人次；2019 年 6 月 1 日，齐齐哈尔市迎来首班广州旅游专列"和谐夕阳号"600 余名游客。

四、搭建粮食产销对接平台

2017 年，广州自产粮仅占全市消费粮食的 3.2%，近 97% 粮食靠市外粮源供给。广州市将继续完善与齐齐哈尔市对口合作，努力搭好服务平台，行政主管部门与粮食协会共同发力，引导两地粮食企业寻求多渠道、多形式的产销对接和贸易交流，利用产区和销区的优势互补，形成产、购、储、加工和销售的产业链，造福两地经济，促进粮食产业发展。广州侨益公司在齐齐哈尔市设立办事处，筹建粮食仓储物流项目；番禺粮储公司与齐齐哈尔市签订代购代储玉米协议，打造粮食营销新模式。2018 年，齐齐哈尔对广州销售粮食 3.3 万吨，销售额 1.57 亿元。

五、搭建合作招商平台

齐齐哈尔围绕食品、中药、装备、科技等产业，积极主动地寻求新的招商线索，不断扩大招商成果，持续招商形成常态化。积极对接广州美容化妆品企业，利用齐齐哈尔市小分子弱碱水、牛初乳和优质植物油优势资源，开展化妆品行业招商。齐齐哈尔派出了由市经合局、高新区、齐齐哈尔绿色食品产业园区、富拉尔基经济开发区、泰来开发区的 5 名同志组成的招商工作组，利用广州开发区招商平台长期驻点招商。

六、搭建经贸交流平台

齐齐哈尔积极开展招商推介和产业合作考察等经贸活动 20 余场次，组织参加了中国广州交易博览会、中国广州国际投资年会分会暨穗·鹤·黔产业合作投资推介会、广东（广州）21 世纪海上丝绸之路国际博览会等活动，大力宣传齐齐哈尔市良好的营商环境，赢得了良好口碑。8 月 28 日，中国（齐齐哈尔）第十九届绿色有机食品博览会在"绿色食品之都"齐齐哈尔市拉开帷幕，广州组织参加了此次绿博会。在绿博会期间，齐齐哈尔市还举办了与广州市绿色食品产加销合作协调推进座谈会，共同探讨未来农业对口合作相关事宜。

第十章　深化农业领域优势互补
开创鸡西肇庆对口合作新局面

鸡西市发展和改革委员会　肇庆市发展和改革局

进入 2019 年，鸡西与肇庆两市主要领导互访频繁，明确了要具体落到县（市、区）、落到部门、落到园区、落到项目、落到企业家的对口合作工作目标。以鸡西优质的绿色农产品和肇庆地处粤港澳大湾区的地缘和市场体系优势为依托，积极主动、认真谋划，农业领域对口合作成效显著。

一、签订农业合作协议，为农业领域合作奠定根基

根据两市对口合作方向，立足双方农业优势，组织肇庆市农业局与鸡西市农业委员会签订了《共同推进农产品市场营销和精深加工合作协议》，确定两市农业部门合作建立农产品展销中心和直营店，推动农产品加工企业与原料基地合作等事宜。

组织广东省黑龙江鸡西商会企业家到鸡西考察，与鸡西农产品生产经营企业、合作社洽谈对接，达成了大米、木耳、杂粮等营销合作意向。带领企业先后赴深圳、汕头、珠海、东莞、佛山等地，推介鸡西的优质农产品，洽谈农产品营销合作，与当地农业企业达成市场开发合作协议。

二、开展农业技术合作，为农业领域
合作提供技术支撑

（一）开展"北菜南种"技术合作

由鸡西市农委农技推广中心提供东北油豆角、菇娘等北方蔬菜种子和技术规程，肇庆市农业局农科所进行项目实施，目前东北油豆角等北方蔬菜已试验获得成功。

（二）开展"超敏蛋白复合酶"技术应用合作

鸡西市邀请哈尔滨嘉泽复合酶研究中心专家来肇庆考察，组织专家与果树、蔬菜、畜

牧养殖基地进行了对接，就应用超敏蛋白复合酶技术开展柑橘黄龙病防治、水稻和蔬菜减肥减药、提质增效试验达成了合作意向。目前，试验进展顺利。

（三）组织参加农业推介活动

2019年，组织两市农业部门及农业企业，先后参加了在肇庆市举办的黑龙江省鸡西市·广东省肇庆市农产品招商推介会、第六届中俄博览会和第三十届哈洽会鸡西市签约项目会、会同中山市联合举办的特色农产品展示暨现代农业产业宣传推介会、2019"广东扶贫济困日"脱贫攻坚农产品宣传推介会和粤港澳大湾区肇庆（怀集）绿色农副产品集散基地展销会等大型农产品展销会。两市30多家农业企业共计签署意向性协议20多项，金额超过300万元人民币。

三、成立农副产品展销中心，为农业领域合作创建窗口

协调两地农业、供销部门及农业企业合作，由肇庆市新供销农副产品配送服务有限公司负责经营，鸡西市农委负责装修，鸡西钲祥集团负责产品供应，建立了鸡西市农副产品肇庆展销中心。经过两地市领导、农业和供销部门、农产品经销企业等各界的支持帮助和宣传推广，鸡西优质农产品在肇庆市场开发初见成效，截至目前，已有30多家企业的160多种产品进驻展销中心。"东北道"牌普通大米累计已销售1万多斤，并与肇庆新供销农产品配送服务有限公司签订了100万斤的供货合同。鸡西黑木耳已销售1万多斤。同时，以鸡西市农副产品肇庆展销中心为支点，进一步加强了两地农业企业之间的联系，拓展了与深圳、广州等客商的联系，为两市的农产品进一步打开了市场。

第十一章 借鉴惠州"首席服务官"制度开辟大庆产业项目服务新篇章

大庆市发展和改革委员会 惠州市发展和改革局

自大庆与惠州开展对口合作以来，为深入贯彻习近平总书记在考察东北三省及视察广东的重要讲话精神，落实两省省委、省政府对口合作工作决策部署，大庆坚持抓项目服务就是抓营商环境改善，以优化产业项目建设环境为突破口，全力打造东北地区营商环境最优城市。在多次前往惠州学习"首席服务官"制度先进经验的基础上，结合大庆产业项目建设工作实际，创新提出了首席服务员制度，并推出项目承诺制、审批代办制、驻场服务制、集中会办制、领导包保制的"五制"服务举措，旨在打通项目推进服务的"最后一公里"，促进项目早开工、快建设、早投产。

一、"首席服务员"提供"保姆式"服务

针对大庆市确定的"百项开工建设"重点产业项目，并扩展到所有投资 500 万元以上产业项目，都设立了首席服务员。一是市委市政府副市级以上干部都是首席服务员，都有包保服务具体产业项目的任务。二是成立大庆市重点产业项目推进办公室，从全市范围内抽调包括 8 名部门副职在内共 52 名优秀干部作为专职首席服务员和推进专员，与原单位脱钩，逐个项目成立专班，进驻项目建设一线。三是各县区成立由县区领导和部门负责人组成的服务项目专班。四是市、县区相关审批服务职能部门都确定了 1 名部门负责人和至少 2 名业务人员作为部门联络员，负责领办本部门、本系统相关审批服务事项。

首席服务员覆盖面广，从市领导、项目推进办公室专职人员到县区推进专班人员和审批服务部门人员，都是首席服务员，仅县区专班人员就达到 150 多名。

首席服务员责任繁重，既要做协调员、联络员，更要做服务员、办事员，从项目开工前手续办理、建设过程中要素保障，一直到建成投产，提供全流程服务。

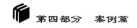

二、"五制"服务破解项目建设难题

在具体工作中，首席服务员主要通过"五制"举措服务项目，即项目承诺制、审批代办制、驻场服务制、集中会办制、领导包保制。

（一）实施项目承诺制，实现了由"先批后建"到"先建后验"的转变

对入驻 9 个省级以上园区的产业项目，只要符合国家产业政策、生态环保要求，企业做出书面承诺后就准许边建设边完善手续。伊利液态奶项目开工时间比预定时间提前了 1 个月，体现了项目开工建设的"大庆速度"。

（二）实施审批代办制，实现了由"企业跑"到"我帮办"的转变

大庆市抽调了 52 名懂业务、有干劲的年轻干部，组成 8 个项目服务组，派驻产业项目建设一线，全力帮助企业代办从项目落地到开工的审批事项，同时市政府 21 个相关职能部门建立了 37 个审批服务的"绿色通道"，体现了一切以项目为重的"大庆态度"。

（三）实施驻场服务制，实现了由"企业闭门想办法"到"政府上门解难题"的转变

大庆市为市级以上重点产业项目逐一配备了"首席服务员"，提供从开工到投产全过程的"一对一"服务，企业不出园区、不出厂区就解决了问题，体现了贴心式服务项目的"大庆程度"。

（四）实施集中会办制，实现了由"要我解决"到"我去解决"的转变

针对驻场团队和部门不能解决的问题，由市级领导或市重点产业项目推进服务办公室组织分级集中会办，2019 年已帮助企业解决基础设施配套、扶持资金争取等问题 70 多个，体现了攻坚克难上项目的"大庆强度"。

（五）实施领导包保制，实现了由"常规推动"到"提级推动"的转变

大庆市委市政府的副市级以上领导干部逐一认领、包保推进重点产业项目，定期听取汇报，现场调研办公，协调解决重大关键问题，体现了自上而下抓项目的"大庆力度"。

三、"六项"举措确保"五制"开花结果

在具体实施和工作实践过程中，大庆市主要采取了以下六方面举措。

（一）市级领导统筹调度

大庆市委、市政府主要领导负总责，分管工业副市长负责日常协调，包保领导定期听取汇报或现场调研，及时掌握项目进展，跟踪协调解决重大关键问题。

（二）组建两级工作专班

市级层面成立市重点项目推进服务办公室，县区层面组建专门服务团队，为每个项目配备 1 名服务领导和至少 1 名工作人员，两级专班形成合力，共同推进项目建设。

（三）建立协调联动机制

各行政审批部门确定 1 名分管领导和 2 名工作人员，领办本系统、本部门审批事项，项目推进专班与相关部门保持顺畅沟通渠道，实现项目协同审批，大幅提升行政审批效率。

（四）不断拓展服务外延

制定出台重点产业项目审批服务"绿色通道"和"办事不求人"两个实施方案，拿出 5 方面 24 条务实举措，公布第一批 21 个部门 37 条审批服务"绿色通道"，推动项目建设全生命周期"办事不求人"。

（五）搭建项目管理数字平台

开发基于计算机和手机等设备的重点产业项目管理系统和微信程序 APP，便于各级政府和项目推进人员及时掌握和反映项目建设情况，实现项目进展、投资、问题的网上填报、管理、查询、提示和督办，第一时间处理企业反映的困难和问题。

（六）强化项目跟踪督办

由市委督察考评办、市营商环境局、市发改委、市自然资源局等部门组成联合检查组，对项目开复工情况和投资完成情况开展"两率四节点"专项督导检查，保障项目按既定时限完成建设任务。

四、项目建设取得丰硕成果

"五制"服务模式实施以来，大庆市市级层面累计召开项目建设协调会 50 多次，帮助企业在手续代办、要素保障、政策咨询、技术研发、人才招聘、竣工验收、高管服务等各个方面解决痛点堵点和瓶颈问题，有力地促进了项目加快建设。2019 年，大庆市纳入"省百大"的 10 个产业项目都顺利实现了开复工，其中 3 个项目已建成投产投用，省"百大"项目投资完成率居全省第一、完成投资居全省第二；市"百项开工建设"重点产业项目全部开复工，当年完成投资 187.8 亿元，投资完成率 93.4%。石化公司 120 万吨连续重整、沃尔沃汽车升级改造、北园农产品批发集散中心等产业项目实现中交或建成投产投用，龙油 550 万吨重油催化热裂解、豫港龙泉铝合金加工材、伊利大庆液态奶生产基地等项目加快建设，形成了举全市之力大抓产业项目建设的良好氛围。

大庆市创新推出"首席服务员" + "五制"服务举措，已全部纳入《黑龙江省招商引资项目服务保障暂行办法》，在全省范围内复制推广。下一步，将继续完善提升"五制"服务，采取更加务实高效的举措，有效破解项目建设难题，进一步提升项目建设的效率和质量。同时，在对口合作中学习借鉴更多先进经验做法，创新谋划和推动经济发展的思路举措，加快建设"百年油田"，打造"工业强市"，争当全国资源型城市转型发展排头兵，努力为推动黑龙江全面振兴全方位振兴做出更多"大庆贡献"。

第十二章　推进干部人才交流互访
促进伊春茂名对口合作共赢

伊春市发展和改革委员会　茂名市发展和改革局

自伊春和茂名两市确定为合作共建城市以来，两地组织部门主动对接、积极谋划，按照对口合作交流框架开展干部教育培训互动交流等活动，取得明显成效。

一、扎实推进干部教育培训交流活动

（一）超前谋划，设计到位

为进一步深入解放思想，全面促进伊春市干部增型换脑、更新理念、开阔视野，在各年度计划中均重点谋划与茂名市的共建学习培训班次，重点派产业项目相关单位（部门）优秀的年轻处（科）级干部到对口合作的广东茂名市委党校开展学习交流活动，拓宽工作思路，创新工作方式，不断适应新形势、新任务提出的新要求，为加快伊春绿色化转型发展提供素质优良、能力过硬的干部队伍保障。

（二）规范互动，机制到位

自 2018 年 7 月伊春市委安排首个中青年干部培训班到茂名异地培训之始，与茂名市委党校就签订了《合作办学协议书》，本着平等协商、对等交流原则，就异地办学、科研协作、互派教师挂职、教学资源共享等达成一致，从教学计划沟通、主题课程设计、学员规范管理、加强后勤保障等方面规范操作流程，突出特色、取长补短、强化互动，力争实现两地委托培训机制常态化、长效化开展。

（三）突出优势，互补到位

在课程设置上尽可能突出地方特色与产业优势，努力实现优势互补、取长补短、互促共进的目的。在伊春培训，重点突出绿色、红色、文化三大主题，讲生态、抗联、多元文化；在茂名培训，重点去学先进理念、发展方式、工作作风。2018～2019 年，已接待和承办茂名党校赴伊春处级干部、税务系统基层党组织书记和中青年干部培训班共 4 期 231 人，组织全市优秀中青年干部学员赴茂名市委党校培训 2 期 79 人。

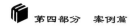

（四）科学组织，效果到位

精心组织谋划培训班日程，做到课程安排、现场教学、参观考察环节都紧张有序、内容充实，力争在有限的时间内实现培训效果的最大化。在培训期间，组织伊春市市直领导干部素质能力强化培训班优秀学员与外来学员进行入班交流研讨，也组织赴茂名优秀中青年干部与茂名市委党校的主体班次学员共上大课、共同研讨。通过交流经验、互鉴典型、学习先进、参观项目，进一步转换思维观念，提升发展理念，促进了两地校际思想交流与学员友谊和谐稳定发展。据学员反映，教学组织和实践效果良好，有效激发了学思实践活力与干事创业热情。

二、积极开展人才专家交流互访

为贯彻落实《黑龙江省伊春市与广东省茂名市对口合作框架协议》精神，促进两地人才交流合作，为两地人才专家提供交流对接平台，两市组织部门组织开展了人才专家交流互访活动。

2019年8月，茂名市组织44名人才专家赴伊春市开展交流活动。期间，分为产业、教育、医疗3个小组，分别赴伊春生态经济开发区、市第一中学、林业中心医院3处开展活动。活动中，茂名市人才专家重走了习近平总书记视察路线，重温了习近平总书记的重要指示精神，了解了伊春市绿色化转型发展所取得的成果，参观了林业中心医院和市第一中学，并与伊春市相应领域的专家开展了座谈交流。茂名市教育专家黄文毓还为市一中师生上了一堂生动的公开课。

2019年12月，伊春市组织30名市管人才专家赴茂名市开展人才交流活动。期间，分为产业、教育、综合3个组，分别到茂名高新区规划展览馆、粤西北部湾数据湖产业园创新中心、氢能源产业化高新技术研究院、茂名市人才驿站、茂名市第一中学等单位和企业进行了考察。与当地企业、教育、医疗、科技等领域人才专家代表进行了座谈交流，了解了茂名市经济社会发展情况，结合自身专业提出了意见建议，并对伊春市北药、旅游资源进行了推介。在茂名市人才驿站的组织下，伊春市与茂名市的农业人才专家还举办了农业科技专题交流会。

通过两次人才专家交流活动，不仅增进了两地人才专家的相互了解，达到了互相学习、共同进步的目标，也为双方进一步加强沟通和交流，推动各领域实现优势互补、合作共赢提供了契机。

三、突出实地研修，搭建人才交流平台

深入组织两市人才专家开展实习研修交流互访活动，促进两市双方人才进一步加强沟

通合作，推动各领域实现优势互补、合作共赢。一是人才项目对接精准务实。精准对接两市人才交流学习项目，重点学习茂名市在招才引智、项目转化等方面形成的产、学、研全产业链联动机制，借鉴茂名市在人才培养选拔定位、支持政策和保障制度方面的好经验、好做法，为着力破解人才发展的体制机制障碍积累经验，努力形成高层次人才聚集效应。二是人才研修交流硕果累累。组织部分伊春市管人才赴茂名市开展以"弘扬爱国奋斗精神，建功立业新时代"为主题的人才交流研修活动。伊春市人才专家分产业组、教育组、综合组分别到茂名高新区、茂名市人才驿站、茂名市第一中学等单位和企业进行了考察学习，与当地企业、教育、科技等领域专家代表进行了深入的座谈交流。承接了茂名市44名人才专家赴伊春市开展交流活动。三是两地文化交流内涵丰富。茂名市人才专家到伊春市交流研修期间了解了伊春市绿色化转型发展所取得的成果，参观了林业中心医院和市第一中学，并与伊春市相应领域的专家开展了座谈交流。伊春市人才专家赴茂名研修交流期间与当地企业、教育、医疗、科技等领域人才专家代表进行了深入的座谈交流，认真了解了茂名市经济社会发展情况，结合自身专业提出了意见建议，并对伊春市北药、旅游资源进行了推介；人才专家还到革命老区化州笪桥柑村瞻仰了革命烈士陵园，参观广东南路革命化州纪念馆，聆听化州革命历史，感受"红色"文化传承，感悟爱国情怀。通过两次人才专家交流活动，不仅增进了两市人才专家的相互了解，也为下一步深入合作奠定了基础。

第十三章　共建江河园区
深化七台河江门务实合作

七台河市发展和改革委员会　江门市发展和改革局

2018 年 12 月，七台河市与江门市为实现优势互补，促进共同发展，经过共同研商，签署了《七台河市与江门市合作共建产业园区框架协议》，确定共建黑龙江省七台河市江河融合绿色智造产业园区（以下简称江河园区），为两市合作共赢搭建平台。在两市政府努力推动下，2019 年，江河园区从无到有、从小到大，已经成为推动七台河经济高质量发展的"主战场"和重要"引擎"。

一、高起点规划江河园区，搭建两地务实合作平台

七台河市江河融合绿色智造产业园区位于黑龙江省七台河市茄子河区东南部，园区总面积 8588 公顷，分为 A、B 两个区域，其中 A 区 8388 公顷，B 区 200 公顷，为省级园区七台河经济开发区"一区多园"的产业园之一，正在申报独立省级园区。园区规划布局以"三横两纵"为发展主轴，园区内设综合服务、仓储物流和产业项目三大功能区，根据七台河资源禀赋，科学规划发展现代煤化工、精细化工、生物医药、新能源、新材料等优势主导产业。规划到 2025 年，园区预计实现产值 500 亿元以上，力争把江河园区打造成百亿级园区、千亿级产业集群，为七台河率先实现转型培育新的增长级。两市政府在理念上始终秉持高起点、高标准规划原则，领导督办、部门领办、专家承办成为园区规划设计的主要模式，江门市政府充分发挥人才技术优势指导园区规划设计，由江门市政府带队组织专家亲临园区选址处考察论证并给予良好建议，两地倾情努力和务实合作为园区建设奠定了坚实基础。

二、高标准建设江河园区，打造"七台河建设速度"

七台河市政府计划投入 30 亿元，用于江河园区道路、供排水、污水处理、固废处理、消防设施等基础设施建设，促进现有项目迅速落地建成并形成新的产能，为企业入驻和吸

引投资提供高质量基础保障，打通园区建设和运营"最后一公里"。2019 年一期工程已开工建设，政府预计先期投入项目资金 7 亿元，已完成项目规划设计，全面启动征地拆迁、道路建设工作。

江河园区坚持建设、运营同步推进。目前启动区内入驻企业 15 家，经两市共同推动，2019 年新入驻企业 5 家。联顺生物医药项目入驻园建设，开启了项目建设"七台河速度"。2019 年 7 月，北京泰银集团联顺生物科技 10 万立方米生物制药项目入驻园区并开工建设，项目总投资 120 亿元，建成投产后预计可实现年销售收入 190 亿元，可安置就业 3000 余人。这是七台河有史以来最大的项目，从洽谈到签约只用 56 天，从签约到开工奠基仅用 42 天，联顺制药项目刷新了七台河重大项目落户速度的纪录，为园区内项目建设按下了"快进键"。在"联顺项目"建设过程中，七台河市政府为企业协调解决 19 亿元债券资金问题，加快了项目建设和实施进度。在市区两级政府和项目专班全力支持和推动下，园区内鹿山紫顶光合项目、博达生物科技项目和辰能生物质发电项目均已开工建设。央视新闻联播推出系列报道东北全面振兴调研行节目，其中《黑龙江：守承诺重服务黑土地"热"起来了》以 4 分 30 秒的时长全面深入报道黑龙江省七台河市打造诚信守约的人文环境、高效透明的政务环境。央视"东北全面振兴调研行"首发地报道选择七台河，多家媒体纷纷转载，充分证明七台河良好的营商环境是信得过、靠得住、过得硬、叫得响的，用事实证明"跨过山海关，直奔七台河"是企业正确的战略选择。

三、高质量服务江河园区，
让企业"安心"项目"安家"

原来，承诺难兑现、政策难落实，是企业不敢到东北投资的最大心病。如何才能让企业愿意来投资呢？有一种"诚意"叫江河园区。市委、市政府主要领导紧盯机会不放，拿出七台河的热情和诚意，只要有一线希望，就付出百分之百的努力，以"咬定青山不放松"的韧劲把商招来、让项目落下。2019 年 3 月，市委常委、副市长安虎贲与北京泰银首次接触时，就带上了制药类企业所需、七台河提前规划好的项目选址等相关资料，让北京泰银颇觉"意外"，认为七台河是带着诚意有备而来，对项目志在必得。谈判中涉及的原料供应、水、电、土地、铁路专用线等生产要素保障问题，七台河有关部门事先做足"功课"，谈判中有问必答，答必面面俱到。七台河"袒胸敞心"相见，把"家底儿"全部展现在对方面前，不"藏着掖着"，在省内外 10 余个城市激烈竞争的情况下，七台河十足的诚意最终获得了认可。有一种"环境"叫江河园区。"一切围着企业转，一切围着项目干"昭示着江河园区打造优良营商环境的决心。七台河市政府制定出台了"黄金十条"系列实体经济发展扶持政策，涵盖了企业发展各个方面。2019 年，七台河兑现给企业的奖励扶持资金达 3.68 亿元。成立市级领导牵头的项目服务专班，全程跟踪服务，协调解决相关问题，确保企业以最快速度动工建设。帮助解决前期管理人员、技术人员生活需要，提供人才公寓和办公场所，对符合条件的人才，享受七台河市的人才引进补贴政策。这些看得见、摸得着、落得实的营商优惠政策、做法，让前来园区考察的企业印象深刻。有一种"效率"叫江河园区。政治生态好，正气就足，战斗力就强，效率就高。与北京泰银公司磋商期间，市政府主要领导与相关部门负责人就框架协议的每一项条款经常研究到第二天凌晨，然后早 8 点，又继续与北京泰银进行磋商。几轮磋商下来，企业负责人认为七台河干部很有战斗力，全市上下一心，能想事、能干事。面对园区的速度与效率，北京泰银负责人表示，会尽快启动项目建设，力争早日建成投产，为江河园区的发展贡献力量。

四、深化江河园区务实合作，共谋合作发展新篇章

为落实国家区域协调发展战略，进一步深化七台河市与江门市对口合作，2020 年两市将继续深挖合作潜力，共同推进对口合作工作向纵深发展，携手推进经济高质量发展。两市将以共建江河融合绿色智造产业园为载体，促进两市产业务实合作，推进江门市鹤山工业新城模式在江河融合绿色智造产业园落地，探索组建管理公司，创新园区建设、管理和招商新模式，进一步深化江河融合绿色智造产业园共建方案。加强两地园区产业合作。推动江门有对外投资意向的企业落户江河园区或与七台河市本地企业开展合作。利用江门市招商推介活动平台，大力宣传七台河，积极营造优良发展环境和投资环境。在两市的共同努力下，携手打造"江河合作"典范，实现合作共赢目标，共同造福两地人民！

第十四章　抓住机遇　优势互补
牡丹江东莞对口合作立新篇

牡丹江市经济合作促进局　东莞市发展和改革局

2019 年，牡丹江和东莞两市政府按照已签订的《对口合作框架协议》和《对口合作备忘录（2018－2020)》的具体要求，紧紧依托牡丹江对俄合作桥头堡和东莞粤港澳大湾区枢纽地位，围绕推动两地商品和物资的高效互动，共同构建南北大通道，开展了积极有效的工作。

一、针对堵点，谋求打通南北通道

运输通道是制约黑龙江省与广东省互联互通、优势互补、共同发展的瓶颈之一，物流通道不畅，运价居高不下，班列无货可运等问题一直是两省物流企业共同面临的也是影响广东企业来黑龙江发展的主要因素之一。自两地建立对口合作关系以来，牡丹江市与东莞市一直围绕打通这一堵点开展积极探索。2019 年更是集中发力，大胆先试，力求通过开通东莞经牡丹江至俄罗斯乃至欧洲的铁路班列，将农产品和原材料通过高效便捷的东部通道快速南下运送至珠三角地区，同时，粤港澳大湾区的工业品和日用商品也能够快速进入到俄罗斯乃至欧洲市场，进而实现牡丹江市和东莞市两地商品供应链基地的互联互通，最终通过内外贸通道建设，深入联通中国和欧洲。

二、激活存量，积极培育物流资源

为解决物流南下运输成本过高，同时北上无货可运的难题，牡丹江市积极挖掘南下货源，一是利用好自产农副产品资源，围绕已和东莞方面签订的四个农副产品购销协议，巩固与东莞供销集团、东莞常平粮油经营公司和广东集采物联网等企业的长期合作，建立起长期稳定的物流需求；二是利用好在俄资源，积极联络牡丹江在俄境内的农业园区，做好抓住机遇，开展"俄粮回运"的各项准备，同时利用好俄境内工作园区和政策机遇，力求将运输通道向乌里诺夫斯克等俄内陆地区延伸；三是利用好优秀企业资源，东莞众家联集团是一家很有影响和实力的木材深加工和流通企业，该企业在绥芬河设立了集采平台和产业园区，积极为国内众多企业集中采购和使用俄罗斯木材提供服务，目前已有 33 家木材代理企业以及 117 家大中型家具企业通过该平台采购俄罗斯木材，2019 年交易量达 10 万立方米（占广东市场份额的 12% 左右）。长虹木业已经在俄罗斯下诺夫哥罗德州建立境外木材加工园区，实行点对点加工销售，目前进驻了 6 家企业，年可加工木材 50 立方米。以上这些资源的有效利用，可建立起稳定的物流需求市场，做到了"有货可运"。

三、形成增量，努力扩大有效需求

为进一步扩大物流需求，牡丹江市利用其进口木材和东莞家具产业发达的优势，积极承接东莞家具产业转移。所辖穆棱市主动派干部到东莞驻点工作，积极与有关镇街和行业协会建立长期联系。截至目前，穆棱市已承接东莞家具产业转移项目 13 个，投资额达到 11.6 亿元。其中亮剑家具、长宏木业、子乔木业、奇联家具、华盛木业、特智能家具、双盈海绵制品、华鑫隆家具材料、劲道体育滑板 9 家企业已建成投产。2019 年，这 9 家企业创造产值 4.5 亿元，生产家具 20 万件/（套），其中出口量占 80%，占相关产业总产量的 20%，总出口量的 15%。这些东莞企业在牡丹江的发展，不仅提高了木材在本地的加工利用率，支撑了地方经济发展，同时也降低了企业的生产经营成本，零部件、半成品和成品的双向流动更为牡莞物流通道的发展提供了有效需求，形成了"有货够运"。

四、强化服务，力争形成长效动力

为进一步做大做强木材产业，并形成支撑地方经济和物流发展的长效动力，穆棱市在所辖经济开发区内辟建木材家具产业园，投资 6000 万元建设工业废水处理厂，建成国家家具及木制品检验中心和国家出口木制品质量安全示范区，开通运行海关监管场所，具备了仓储、物流、报关、报检、封签、结算、通关、货物代理"一站式"服务，为域内的外向型企业提供了口岸式的公共物流平台。广东家居商会供应链联盟在穆棱开展了木家居企业原材料、半成品质押仓，整合木家居企业资源，为联盟 6000 多家企业做原材料、半成品对点加工，打造半成品加工基地。这些都为吸纳家具企业进驻和扩大产业规模创造了良好条件，也为物流运输通道的延伸和发展提供了后劲。

五、政企联动，充分调动企业积极性

一是高位策划。牡丹江市政府高度重视，组建物流产业推进专班，市交通局等职能部门主动作为，先后十次赴国家、省等有关部门，请教国家物流采购与供应链协会等专题研究机构，请刘占山等国内知名物流行业专家，赴牡指导策划，编撰了《牡丹江国家物流枢纽承载城市规划框架》等。二是高位出动。牡丹江市领导领衔推进，2019 年 7 月，牡丹江市市长王文力在东莞与东莞市政府就建设莞牡物流通道达成共识，访问了东莞物流协会和骨干企业，坚定了铧为现代物流等东莞企业经营发展的决心和信心。三是强强联合。8 月，广东铧为现代物流股份有限公司与牡丹江华晟国运物流有限公司签订了《战略合作框架协议》，双方合作运营，牡莞班列资源和渠道共享。双方市政府正在配合企业积极同省有关部门联络，与铁路、海关等部门协调，落实各项政策，力争在 2020 年实现全面开通运行。

第十五章 "五谷杂粮下江南"
助推绥化湛江绿色食品产业发展

绥化市发展和改革委员会　湛江市发展和改革局

2019 年，绥化市按照两省对口合作工作有关要求，在绿色农产品营销合作上主动发力，面向对口合作结对城市湛江市对中高端农产品的需求，开展了常态化"五谷杂粮下江南"精准营销活动，对绥化"寒地黑土"千亿级品牌建设和绥湛两市绿色食品产业发展起到了显著的助推作用。

一、旗舰店 + 展销，推进"五谷杂粮下江南"

为了提高"寒地黑土"优质农产品知名度，绥化市挂职湛江市坡头区委副书记滕俊阁两次组织绥化市挂职湛江的几位副县（区）长、两地商务、农业部门同志及相关企业代表召开湛江与绥化农产品对接会、恳谈会，挂职同志纷纷表示在学习提升领导经验的同时，要勇于担当，自我加压，把绥化市在湛江的"五谷杂粮下江南"活动常态化开展下去，挂职干部变成一支永不撤退的销售队伍。坡头区委书记当场决定由区长负责协调为望奎三维米业免费提供产品经营场所，尽快把第一家门店开起来，明水、绥棱、青冈等县也原则上与坡头区达成在湛江建店的合作意向，"寒地黑土"品牌和价值优势得到提升。经湛江市坡头区委积极协调，绥化市在湛江共建立农产品销售旗舰店 3 家，其中：湛江市区 1 家，遂溪县 1 家，廉江市 1 家。

湛江市开发区远东大厦的望奎农产品体验店，由政府扶持资金主营山头芦大米及望奎县特色农产品，销量每年 300 吨左右，销售额 350 万元。湛江市遂溪县遂城新中心市场，望奎农产品体验店，由政府资金支持主营山头芦大米及北大荒豆油东北特产等，销量 100 吨左右，销售额 150 万元。与湛江市安铺人家供应链有限公司合作，在廉江市永安北路东 4 街 8 号建设了安达市农特产品廉江旗舰店，店铺营业面积 50 余平方米，主要销售安达市的乳制品、大米、面粉、杂粮等 20 余款农特产品和廉江安铺镇农特产品，通过近几个月线上线下的销售，安达农特产品销售额实现了 50 余万元。

为加强廉江市和安达市两地友好城市经济交流，增进产业互补，扩大内需，拉动消费，10 月 4 日，安达市政府联手廉江市政府在安达市举办了"廉江小家电—安达农特产品展销会"，展示销售廉江小家电产品和安达农特产品，通过现场品鉴和展销，农产品销售额达 68.5 万元，取得了良好的效果。

12 月 7 日，廉江市举办红橙节暨家电、农特产店博览会，特邀请安达市政府组织农特产品企业参加。按市政府要求安达市商务局提前对接，谋划农产品销售和建设农产品专卖店工作，通过廉江市科工贸局的协调帮助，安达市商务局组织四大乳企等十五家企业参加廉江红橙文化节，现场销售近 40 万元，达成签约意向 1.8 亿元。

二、"五谷杂粮下江南" 活动成效显著

一是活动得到了市场认可。广东省及湛江市领导亲临绥化市展位，湛江市工商联主席、著名企业家金岭集团董事长林水沙到绥化市展团考察对接洽谈，当场与青冈签订购进 1000 吨玉米油，价值达 1000 万元的采购合同。兰西县副县长王胜松亲自带领团队进企业、进市场、进商超、进校园、进社区，兰西县共签订销售合同 10 个，合同额度达 7150 万元。

二是活动获得了媒体好评。《湛江日报》、湛江卫视等多家主流媒体对绥化市参展工作进行了全方位、多角度的宣传报道，为北林区正大米业做了专题访谈；湛江电视台广告部还与绥化市望奎三维公司、庆安东禾米业签订了常年大米经销合同；广州市"家乡人网络"主播采访了绥化市参展企业，承诺会后长期免费宣传以提升绥化市企业和产品的知名度。

三是活动为绥化市优质农产品拓宽了销路。"五谷杂粮下江南"活动开展正值东盟贸易博览会开展期间，绥化市作为黑龙江省唯一参加本届东盟农博会的地区，农产品广受客商及市当地消费者的青睐，肇东市俊龙专业合作社在本届农博会上与湛江医学院签订了大米常年供应合同，而且价格好，企业表示明年将扩大生产能力，确保长期供货。

第十六章 "潮人北上，北货南下" 探索大兴安岭揭阳对口合作新路径

大兴安岭地区行政公署发展和改革委员会
揭阳市发展和改革局

2019年，大兴安岭与揭阳对口合作工作紧紧围绕《大兴安岭行署与揭阳市对口合作框架协议》的具体安排，进一步加大对接交流力度，拓展合作领域，深化合作成效，共同努力探索出一条南北联动、协调发展、互利共赢的新路径。

一、顺利实现两地航线开通

大兴安岭位于祖国北部边陲，与广东揭阳交通十分不便。为破解合作交通瓶颈、打通南北"空中通道"，两地政府积极协调揭阳潮汕机场、东方航空公司、民航东北局等相关部门，积极推动揭阳—哈尔滨—漠河航线开通。经多方不懈努力，仅用不到3个月的时间，航线于2019年4月1日正式开通，该航线是揭阳潮汕国际机场有史以来航程最长的一条国内航线，由上海航空执飞，机型为波音737，每周一、周五执飞，截至10月末，共执飞航班120架次，运送旅客8721人次，旅游旺季航班客座率均超过70%。通航以来，航班始终保持正常运行，取得了良好的经济效益和社会效益。大揭两地航线的开通，进一步拉近了两地之间的距离，不仅满足了广大百姓出行需求，而且使得大批潮汕地区的游客来到漠河领略初春雪景、夏季清凉；漠河百姓也走出去，感受潮汕不同的地域风光，两地游客互换得到大大提升，极大地促进了南北两地旅游事业的蓬勃发展，尤其实现了潮人北山和北货南下，对南北经济有很大的促进作用。同时也进一步推动了揭阳的产业优势与大兴安岭的资源优势有效对接，使揭阳庞大的消费市场与大兴安岭丰富的生态旅游、绿色产品资源对接，实现了互利互惠、合作共赢。

二、推动绿色产品销售合作项目落地

大兴安岭绿色产品旗舰店暨"北极珍品汇"电商平台新零售O2O体验馆分别于2019

年4月、7月在揭阳和普宁开业。揭阳旗舰店总投资105万元，货款等占用流动资金130万元，仅8个月时间销售额达164万元，其中实体店线下销售98万元，线上销售66万元；平均每天进店人数75人，转化率为92%，平均客单价260多元。普宁旗舰店总投资228万元，货款等占用流动资金110万元，仅5个月时间销售额达75万元，其中实体店线下销售38万元，线上销售37万元；平均每天进店人数50人，转化率为87%，平均客单价200多元。两家旗舰店中，主要销售产品均为大兴安岭的绿色食品及林下产品，如矿泉水、有机大豆及五谷杂粮、野生蓝莓深加工产品（蓝莓酒、蓝莓饮料、蓝莓花青素、蓝莓冻干粉、蓝莓口服液等）、食用菌类预包装食品、山野菜、北药材（黄芪、嵩山灵芝等）、蜂蜜等产品，其中红酒、口服液销量较高。根据店铺面积、销售额以及当地语言多样性等情况，两个旗舰店员工配置均为4人（大兴安岭人员2人、揭阳当地人员2人），这样的人员组合可以使当地的消费者深度了解大兴安岭的绿色产品和享受舒心的购物体验。销售方式也采用了新零售O2O体验营销模式，开展（百度、腾讯、微商相册、快手、抖音等）线上推广、线下促销、揭阳市政府背书等全面的营销，做到线上、线下连带销售，并借助"北极珍品汇"电商平台、微信公众号小程序、微营销引导顾客在家轻松线上下单，同城配货上门，有效提高客单价和复购率。让消费者在家乡也能买到放心、优质的大兴安岭绿色食品，做真正服务于广东消费者的企业。

为推介大兴安岭特色产品，揭阳旗舰店和普宁旗舰店特别在主要活动场地设置展位，进行精心布置，开展了一系列宣传促销活动：一是利用海报、万型架、现场视频等宣传展示；二是发放宣传单，对大兴安岭绿色产品进行推介与宣传；三是关注"大兴安岭绿色食品"公众号、入群享好礼，赠送小礼品；四是专为活动制作提货优惠券，现场购买优惠券，即可享受店内产品超值优惠，收到了很好的社会效果。普宁旗舰店也紧紧抓住首届广东东西部扶贫协作产品交易博览会等有利时机，全力宣传大兴安岭特色产品，为广东人民送去了带有大兴安岭特色的绿色食品，展位展出紧紧围绕着大兴安岭马铃薯系列、大豆系列、蓝莓系列产品，工作人员积极宣传推介，吸引了大量顾客前来询问购买，热闹的展区和过硬的产品质量深受顾客喜爱。

第五部分　政策篇

粤港澳大湾区发展规划纲要[*]

前　言

粤港澳大湾区包括香港特别行政区、澳门特别行政区和广东省广州市、深圳市、珠海市、佛山市、惠州市、东莞市、中山市、江门市、肇庆市（以下称珠三角九市），总面积5.6万平方千米，2017年末总人口约7000万人，是我国开放程度最高、经济活力最强的区域之一，在国家发展大局中具有重要战略地位。建设粤港澳大湾区，既是新时代推动形成全面开放新格局的新尝试，也是推动"一国两制"事业发展的新实践。为全面贯彻党的十九大精神，全面准确贯彻"一国两制"方针，充分发挥粤港澳综合优势，深化内地与港澳合作，进一步提升粤港澳大湾区在国家经济发展和对外开放中的支撑引领作用，支持香港、澳门融入国家发展大局，增进香港、澳门同胞福祉，保持香港、澳门长期繁荣稳定，让港澳同胞同祖国人民共担民族复兴的历史责任、共享祖国繁荣富强的伟大荣光，编制本规划。

本规划是指导粤港澳大湾区当前和今后一个时期合作发展的纲领性文件。规划近期至2022年，远期展望到2035年。

第一章　规划背景

改革开放以来，特别是香港、澳门回归祖国后，粤港澳合作不断深化实化，粤港澳大湾区经济实力、区域竞争力显著增强，已具备建成国际一流湾区和世界级城市群的基础条件。

第一节　发展基础

区位优势明显。粤港澳大湾区地处我国沿海开放前沿，以泛珠三角区域为广阔发展腹

＊　摘自中华人民共和国中央人民政府网站。

地,在"一带一路"建设中具有重要地位。交通条件便利,拥有香港国际航运中心和吞吐量位居世界前列的广州、深圳等重要港口,以及香港、广州、深圳等具有国际影响力的航空枢纽,便捷高效的现代综合交通运输体系正在加速形成。

经济实力雄厚。经济发展水平全国领先,产业体系完备,集群优势明显,经济互补性强,香港、澳门服务业高度发达,珠三角九市已初步形成以战略性新兴产业为先导、先进制造业和现代服务业为主体的产业结构,2017 年大湾区经济总量约 10 万亿元。

创新要素集聚。创新驱动发展战略深入实施,广东全面创新改革试验稳步推进,国家自主创新示范区加快建设。粤港澳三地科技研发、转化能力突出,拥有一批在全国乃至全球具有重要影响力的高校、科研院所、高新技术企业和国家大科学工程,创新要素吸引力强,具备建设国际科技创新中心的良好基础。

国际化水平领先。香港作为国际金融、航运、贸易中心和国际航空枢纽,拥有高度国际化、法治化的营商环境以及遍布全球的商业网络,是全球最自由经济体之一。澳门作为世界旅游休闲中心和中国与葡语国家商贸合作服务平台的作用不断强化,多元文化交流的功能日益彰显。珠三角九市是内地外向度最高的经济区域和对外开放的重要窗口,在全国加快构建开放型经济新体制中具有重要地位和作用。

合作基础良好。香港、澳门与珠三角九市文化同源、人缘相亲、民俗相近、优势互补。近年来,粤港澳合作不断深化,基础设施、投资贸易、金融服务、科技教育、休闲旅游、生态环保、社会服务等领域合作成效显著,已经形成了多层次、全方位的合作格局。

第二节　机遇挑战

当前,世界多极化、经济全球化、社会信息化、文化多样化深入发展,全球治理体系和国际秩序变革加速推进,各国相互联系和依存日益加深,和平发展大势不可逆转,新一轮科技革命和产业变革蓄势待发,"一带一路"建设深入推进,为提升粤港澳大湾区国际竞争力、更高水平参与国际合作和竞争拓展了新空间。在新发展理念引领下,我国深入推进供给侧结构性改革,推动经济发展质量变革、效率变革、动力变革,为大湾区转型发展、创新发展注入了新活力。全面深化改革取得重大突破,国家治理体系和治理能力现代化水平明显提高,为创新大湾区合作发展体制机制、破解合作发展中的突出问题提供了新契机。

同时,粤港澳大湾区发展也面临诸多挑战。当前,世界经济不确定不稳定因素增多,保护主义倾向抬头,大湾区经济运行仍存在产能过剩、供给与需求结构不平衡不匹配等突出矛盾和问题,经济增长内生动力有待增强。在"一国两制"下,粤港澳社会制度不同,法律制度不同,分属于不同关税区域,市场互联互通水平有待进一步提升,生产要素高效便捷流动的良好局面尚未形成。大湾区内部发展差距依然较大,协同性、包容性有待加强,部分地区和领域还存在同质化竞争和资源错配现象。香港经济增长缺乏持续稳固支撑,澳门经济结构相对单一、发展资源有限,珠三角九市市场经济体制有待完善。区域发展空间面临瓶颈制约,资源能源约束趋紧,生态环境压力日益增大,人口红利逐步减退。

第三节　重大意义

打造粤港澳大湾区，建设世界级城市群，有利于丰富"一国两制"实践内涵，进一步密切内地与港澳交流合作，为港澳经济社会发展以及港澳同胞到内地发展提供更多机会，保持港澳长期繁荣稳定；有利于贯彻落实新发展理念，深入推进供给侧结构性改革，加快培育发展新动能、实现创新驱动发展，为我国经济创新力和竞争力不断增强提供支撑；有利于进一步深化改革、扩大开放，建立与国际接轨的开放型经济新体制，建设高水平参与国际经济合作新平台；有利于推进"一带一路"建设，通过区域双向开放，构筑丝绸之路经济带和21世纪海上丝绸之路对接融汇的重要支撑区。

第二章　总体要求

第一节　指导思想

深入贯彻习近平新时代中国特色社会主义思想和党的十九大精神，统筹推进"五位一体"总体布局和协调推进"四个全面"战略布局，全面准确贯彻"一国两制"、"港人治港"、"澳人治澳"、高度自治的方针，严格依照宪法和基本法办事，坚持新发展理念，充分认识和利用"一国两制"制度优势、港澳独特优势和广东改革开放先行先试优势，解放思想、大胆探索，不断深化粤港澳互利合作，进一步建立互利共赢的区域合作关系，推动区域经济协同发展，为港澳发展注入新动能，为全国推进供给侧结构性改革、实施创新驱动发展战略、构建开放型经济新体制提供支撑，建设富有活力和国际竞争力的一流湾区和世界级城市群，打造高质量发展的典范。

第二节　基本原则

创新驱动，改革引领。实施创新驱动发展战略，完善区域协同创新体系，集聚国际创新资源，建设具有国际竞争力的创新发展区域。全面深化改革，推动重点领域和关键环节改革取得新突破，释放改革红利，促进各类要素在大湾区便捷流动和优化配置。

协调发展，统筹兼顾。实施区域协调发展战略，充分发挥各地区比较优势，加强政策协调和规划衔接，优化区域功能布局，推动区域城乡协调发展，不断增强发展的整体性。

绿色发展，保护生态。大力推进生态文明建设，树立绿色发展理念，坚持节约资源和保护环境的基本国策，实行最严格的生态环境保护制度，坚持最严格的耕地保护制度和最严格的节约用地制度，推动形成绿色低碳的生产生活方式和城市建设运营模式，为居民提供良好生态环境，促进大湾区可持续发展。

开放合作，互利共赢。以"一带一路"建设为重点，构建开放型经济新体制，打造高水平开放平台，对接高标准贸易投资规则，加快培育国际合作和竞争新优势。充分发挥港澳独特优势，创新完善各领域开放合作体制机制，深化内地与港澳互利合作。

共享发展，改善民生。坚持以人民为中心的发展思想，让改革发展成果更多更公平惠及全体人民。提高保障和改善民生水平，加大优质公共产品和服务供给，不断促进社会公平正义，使大湾区居民获得感、幸福感、安全感更加充实、更有保障、更可持续。

"一国两制"，依法办事。把坚持"一国"原则和尊重"两制"差异有机结合起来，坚守"一国"之本，善用"两制"之利。把维护中央的全面管治权和保障特别行政区的高度自治权有机结合起来，尊崇法治，严格依照宪法和基本法办事。把国家所需和港澳所长有机结合起来，充分发挥市场化机制的作用，促进粤港澳优势互补，实现共同发展。

第三节　战略定位

充满活力的世界级城市群。依托香港、澳门作为自由开放经济体和广东作为改革开放排头兵的优势，继续深化改革、扩大开放，在构建经济高质量发展的体制机制方面走在全国前列、发挥示范引领作用，加快制度创新和先行先试，建设现代化经济体系，更好地融入全球市场体系，建成世界新兴产业、先进制造业和现代服务业基地，建设世界级城市群。

具有全球影响力的国际科技创新中心。瞄准世界科技和产业发展前沿，加强创新平台建设，大力发展新技术、新产业、新业态、新模式，加快形成以创新为主要动力和支撑的经济体系；扎实推进全面创新改革试验，充分发挥粤港澳科技研发与产业创新优势，破除影响创新要素自由流动的瓶颈和制约，进一步激发各类创新主体活力，建成全球科技创新高地和新兴产业重要策源地。

"一带一路"建设的重要支撑。更好发挥港澳在国家对外开放中的功能和作用，提高珠三角九市开放型经济发展水平，促进国际国内两个市场、两种资源有效对接，在更高层次参与国际经济合作和竞争，建设具有重要影响力的国际交通物流枢纽和国际文化交往中心。

内地与港澳深度合作示范区。依托粤港澳良好合作基础，充分发挥深圳前海、广州南沙、珠海横琴等重大合作平台作用，探索协调协同发展新模式，深化珠三角九市与港澳全面务实合作，促进人员、物资、资金、信息便捷有序流动，为粤港澳发展提供新动能，为内地与港澳更紧密合作提供示范。

宜居宜业宜游的优质生活圈。坚持以人民为中心的发展思想，践行生态文明理念，充分利用现代信息技术，实现城市群智能管理，优先发展民生工程，提高大湾区民众生活便利水平，提升居民生活质量，为港澳居民在内地学习、就业、创业、生活提供更加便利的条件，加强多元文化交流融合，建设生态安全、环境优美、社会安定、文化繁荣的美丽湾区。

第四节　发展目标

到 2022 年，粤港澳大湾区综合实力显著增强，粤港澳合作更加深入广泛，区域内生发展动力进一步提升，发展活力充沛、创新能力突出、产业结构优化、要素流动顺畅、生态环境优美的国际一流湾区和世界级城市群框架基本形成。

——区域发展更加协调，分工合理、功能互补、错位发展的城市群发展格局基本确立；

——协同创新环境更加优化，创新要素加快集聚，新兴技术原创能力和科技成果转化能力显著提升；

——供给侧结构性改革进一步深化，传统产业加快转型升级，新兴产业和制造业核心竞争力不断提升，数字经济迅速增长，金融等现代服务业加快发展；

——交通、能源、信息、水利等基础设施支撑保障能力进一步增强，城市发展及运营能力进一步提升；

——绿色智慧节能低碳的生产生活方式和城市建设运营模式初步确立，居民生活更加便利、更加幸福；

——开放型经济新体制加快构建，粤港澳市场互联互通水平进一步提升，各类资源要素流动更加便捷高效，文化交流活动更加活跃。

到 2035 年，大湾区形成以创新为主要支撑的经济体系和发展模式，经济实力、科技实力大幅跃升，国际竞争力、影响力进一步增强；大湾区内市场高水平互联互通基本实现，各类资源要素高效便捷流动；区域发展协调性显著增强，对周边地区的引领带动能力进一步提升；人民生活更加富裕；社会文明程度达到新高度，文化软实力显著增强，中华文化影响更加广泛深入，多元文化进一步交流融合；资源节约集约利用水平显著提高，生态环境得到有效保护，宜居宜业宜游的国际一流湾区全面建成。

第三章　空间布局

坚持极点带动、轴带支撑、辐射周边，推动大中小城市合理分工、功能互补，进一步提高区域发展协调性，促进城乡融合发展，构建结构科学、集约高效的大湾区发展格局。

第一节　构建极点带动、轴带支撑网络化空间格局

极点带动。发挥香港—深圳、广州—佛山、澳门—珠海强强联合的引领带动作用，深

化港深、澳珠合作，加快广佛同城化建设，提升整体实力和全球影响力，引领粤港澳大湾区深度参与国际合作。

轴带支撑。依托以高速铁路、城际铁路和高等级公路为主体的快速交通网络与港口群和机场群，构建区域经济发展轴带，形成主要城市间高效连接的网络化空间格局。更好发挥港珠澳大桥作用，加快建设深（圳）中（山）通道、深（圳）茂（名）铁路等重要交通设施，提高珠江西岸地区发展水平，促进东西两岸协同发展。

第二节　完善城市群和城镇发展体系

优化提升中心城市。以香港、澳门、广州、深圳四大中心城市作为区域发展的核心引擎，继续发挥比较优势做优做强，增强对周边区域发展的辐射带动作用。

——香港。巩固和提升国际金融、航运、贸易中心和国际航空枢纽地位，强化全球离岸人民币业务枢纽地位、国际资产管理中心及风险管理中心功能，推动金融、商贸、物流、专业服务等向高端高增值方向发展，大力发展创新及科技事业，培育新兴产业，建设亚太区国际法律及争议解决服务中心，打造更具竞争力的国际大都会。

——澳门。建设世界旅游休闲中心、中国与葡语国家商贸合作服务平台，促进经济适度多元发展，打造以中华文化为主流、多元文化共存的交流合作基地。

——广州。充分发挥国家中心城市和综合性门户城市引领作用，全面增强国际商贸中心、综合交通枢纽功能，培育提升科技教育文化中心功能，着力建设国际大都市。

——深圳。发挥作为经济特区、全国性经济中心城市和国家创新型城市的引领作用，加快建成现代化国际化城市，努力成为具有世界影响力的创新创意之都。

建设重要节点城市。支持珠海、佛山、惠州、东莞、中山、江门、肇庆等城市充分发挥自身优势，深化改革创新，增强城市综合实力，形成特色鲜明、功能互补、具有竞争力的重要节点城市。增强发展的协调性，强化与中心城市的互动合作，带动周边特色城镇发展，共同提升城市群发展质量。

发展特色城镇。充分发挥珠三角九市特色城镇数量多、体量大的优势，培育一批具有特色优势的魅力城镇，完善市政基础设施和公共服务设施，发展特色产业，传承传统文化，形成优化区域发展格局的重要支撑。建设智慧小镇，开展智能技术应用试验，推动体制机制创新，探索未来城市发展模式。加快推进特大镇行政管理体制改革，在降低行政成本和提升行政效率的基础上不断拓展特大镇功能。

促进城乡融合发展。建立健全城乡融合发展体制机制和政策体系，推动珠三角九市城乡一体化发展，全面提高城镇化发展质量和水平，建设具有岭南特色的宜居城乡。加强分类指导，合理划定功能分区，优化空间布局，促进城乡集约发展。提高城乡基础设施一体化水平，因地制宜地推进城市更新，改造城中村、合并小型村，加强配套设施建设，改善城乡人居环境。

第三节 辐射带动泛珠三角区域发展

发挥粤港澳大湾区辐射引领作用，统筹珠三角九市与粤东西北地区生产力布局，带动周边地区加快发展。构建以粤港澳大湾区为龙头，以珠江—西江经济带为腹地，带动中南、西南地区发展，辐射东南亚、南亚的重要经济支撑带。完善大湾区至泛珠三角区域其他省区的交通网络，深化区域合作，有序发展"飞地经济"，促进泛珠三角区域要素流动和产业转移，形成梯度发展、分工合理、优势互补的产业协作体系。依托沿海铁路、高等级公路和重要港口，实现粤港澳大湾区与海峡西岸城市群和北部湾城市群联动发展。依托高速铁路、干线铁路和高速公路等交通通道，深化大湾区与中南地区和长江中游地区的合作交流，加强大湾区对西南地区的辐射带动作用。

第四章 建设国际科技创新中心

深入实施创新驱动发展战略，深化粤港澳创新合作，构建开放型融合发展的区域协同创新共同体，集聚国际创新资源，优化创新制度和政策环境，着力提升科技成果转化能力，建设全球科技创新高地和新兴产业重要策源地。

第一节 构建开放型区域协同创新共同体

加强科技创新合作。更好发挥内地与香港、澳门科技合作委员会的作用，推动香港、澳门融入国家创新体系、发挥更重要作用。充分发挥粤港澳科技和产业优势，积极吸引和对接全球创新资源，建设开放互通、布局合理的区域创新体系。推进"广州—深圳—香港—澳门"科技创新走廊建设，探索有利于人才、资本、信息、技术等创新要素跨境流动和区域融通的政策举措，共建粤港澳大湾区大数据中心和国际化创新平台。加快国家自主创新示范区与国家双创示范基地、众创空间建设，支持其与香港、澳门建立创新创业交流机制，共享创新创业资源，共同完善创新创业生态，为港澳青年创新创业提供更多机遇和更好条件。鼓励粤港澳企业和科研机构参与国际科技创新合作，共同举办科技创新活动，支持企业到海外设立研发机构和创新孵化基地，鼓励境内外投资者在粤港澳设立研发机构和创新平台。支持依托深圳国家基因库发起设立"一带一路"生命科技促进联盟。鼓励其他地区的高校、科研机构和企业参与大湾区科技创新活动。

加强创新基础能力建设。支持重大科技基础设施、重要科研机构和重大创新平台在大湾区布局建设。向港澳有序开放国家在广东建设布局的重大科研基础设施和大型科研仪器。支持粤港澳有关机构积极参与国家科技计划（专项、基金等）。加强应用基础研究，拓展实施国家重大科技项目。支持将粤港澳深化创新体制机制改革的相关举措纳入全面创新改革试验。

加强产学研深度融合。建立以企业为主体、市场为导向、产学研深度融合的技术创新体系，支持粤港澳企业、高校、科研院所共建高水平的协同创新平台，推动科技成果转化。实施粤港澳科技创新合作发展计划和粤港联合创新资助计划，支持设立粤港澳产学研创新联盟。

第二节　打造高水平科技创新载体和平台

加快推进大湾区重大科技基础设施、交叉研究平台和前沿学科建设，着力提升基础研究水平。优化创新资源配置，建设培育一批产业技术创新平台、制造业创新中心和企业技术中心。推进国家自主创新示范区建设，有序开展国家高新区扩容，将高新区建设成为区域创新的重要节点和产业高端化发展的重要基地。推动珠三角九市军民融合创新发展，支持创建军民融合创新示范区。支持港深创新及科技园、中新广州知识城、南沙庆盛科技创新产业基地、横琴粤澳合作中医药科技产业园等重大创新载体建设。支持香港物流及供应链管理应用技术、纺织及成衣、资讯及通信技术、汽车零部件、纳米及先进材料五大研发中心以及香港科学园、香港数码港建设。支持澳门中医药科技产业发展平台建设。推进香港、澳门国家重点实验室伙伴实验室建设。

第三节　优化区域创新环境

深化区域创新体制机制改革。研究实施促进粤港澳大湾区出入境、工作、居住、物流等更加便利化的政策措施，鼓励科技和学术人才交往交流。允许香港、澳门符合条件的高校、科研机构申请内地科技项目，并按规定在内地及港澳使用相关资金。支持粤港澳设立联合创新专项资金，就重大科研项目开展合作，允许相关资金在大湾区跨境使用。研究制定专门办法，对科研合作项目需要的医疗数据和血液等生物样品跨境在大湾区内限定的高校、科研机构和实验室使用进行优化管理，促进临床医学研究发展。香港、澳门在广东设立的研发机构按照与内地研发机构同等待遇原则，享受国家和广东省各项支持创新的政策，鼓励和支持其参与广东科技计划。开展知识产权证券化试点。

促进科技成果转化。创新机制、完善环境，将粤港澳大湾区建设成为具有国际竞争力的科技成果转化基地。支持粤港澳在创业孵化、科技金融、成果转化、国际技术转让、科技服务业等领域开展深度合作，共建国家级科技成果孵化基地和粤港澳青年创业就业基地等成果转化平台。在珠三角九市建设一批面向港澳的科技企业孵化器，为港澳高校、科研机构的先进技术成果转移转化提供便利条件。支持珠三角九市建设国家科技成果转移转化示范区。充分发挥香港、澳门、深圳、广州等资本市场和金融服务功能，合作构建多元化、国际化、跨区域的科技创新投融资体系。大力拓展直接融资渠道，依托区域性股权交易市场，建设科技创新金融支持平台。支持香港私募基金参与大湾区创新型科技企业融资，允许符合条件的创新型科技企业进入香港上市集资平台，将香港发展成为大湾区高新技术产业融资中心。

强化知识产权保护和运用。依托粤港、粤澳及泛珠三角区域知识产权合作机制，全面加强粤港澳大湾区在知识产权保护、专业人才培养等领域的合作。强化知识产权行政执法和司法保护，更好地发挥广州知识产权法院等机构作用，加强电子商务、进出口等重点领域和环节的知识产权执法。加强在知识产权创造、运用、保护和贸易方面的国际合作，建立完善知识产权案件跨境协作机制。依托现有交易场所，开展知识产权交易，促进知识产权的合理有效流通。开展知识产权保护规范化市场培育和"正版正货"承诺活动。发挥知识产权服务业集聚发展区的辐射作用，促进高端知识产权服务与区域产业融合发展，推动通过非诉讼争议解决方式（包括仲裁、调解、协商等）处理知识产权纠纷。充分发挥香港在知识产权保护及相关专业服务等方面具有的优势，支持香港成为区域知识产权贸易中心。不断丰富、发展和完善有利于激励创新的知识产权保护制度。建立大湾区知识产权信息交换机制和信息共享平台。

第五章　加快基础设施互联互通

加强基础设施建设，畅通对外联系通道，提升内部联通水平，推动形成布局合理、功能完善、衔接顺畅、运作高效的基础设施网络，为粤港澳大湾区经济社会发展提供有力支撑。

第一节　构建现代化的综合交通运输体系

提升珠三角港口群国际竞争力。巩固提升香港国际航运中心地位，支持香港发展船舶管理及租赁、船舶融资、海事保险、海事法律及争议解决等高端航运服务业，并为内地和澳门企业提供服务。增强广州、深圳国际航运综合服务功能，进一步提升港口、航道等基础设施服务能力，与香港形成优势互补、互惠共赢的港口、航运、物流和配套服务体系，增强港口群整体国际竞争力。以沿海主要港口为重点，完善内河航道与疏港铁路、公路等集疏运网络。

建设世界级机场群。巩固提升香港国际航空枢纽地位，强化航空管理培训中心功能，提升广州和深圳机场国际枢纽竞争力，增强澳门、珠海等机场功能，推进大湾区机场错位发展和良性互动。支持香港机场第三跑道建设和澳门机场改扩建，实施广州、深圳等机场改扩建，开展广州新机场前期研究工作，研究建设一批支线机场和通用机场。进一步扩大大湾区的境内外航空网络，积极推动开展多式联运代码共享。依托香港金融和物流优势，发展高增值货运、飞机租赁和航空融资业务等。支持澳门机场发展区域公务机业务。加强

空域协调和空管协作，优化调整空域结构，提高空域资源使用效率，提升空管保障能力。深化低空空域管理改革，加快通用航空发展，稳步发展跨境直升机服务，建设深圳、珠海通用航空产业综合示范区。推进广州、深圳临空经济区发展。

畅通对外综合运输通道。完善大湾区经粤东西北至周边省区的综合运输通道。推进赣州至深圳、广州至汕尾、深圳至茂名、岑溪至罗定等铁路项目建设，适时开展广州经茂名、湛江至海安铁路和柳州至肇庆铁路等区域性通道项目前期工作，研究广州至清远铁路进一步延伸的可行性。有序推进沈海高速（G15）和京港澳高速（G4）等国家高速公路交通繁忙路段扩容改造。加快构建以广州、深圳为枢纽，高速公路、高速铁路和快速铁路等广东出省通道为骨干，连接泛珠三角区域和东盟国家的陆路国际大通道。

构筑大湾区快速交通网络。以连通内地与港澳以及珠江口东西两岸为重点，构建以高速铁路、城际铁路和高等级公路为主体的城际快速交通网络，力争实现大湾区主要城市间1小时通达。编制粤港澳大湾区城际（铁路）建设规划，完善大湾区铁路骨干网络，加快城际铁路建设，有序规划珠三角主要城市的城市轨道交通项目。加快深中通道、虎门二桥过江通道建设。创新通关模式，更好发挥广深港高速铁路、港珠澳大桥作用。推进莲塘/香园围口岸、粤澳新通道（青茂口岸）、横琴口岸（探索澳门莲花口岸搬迁）、广深港高速铁路西九龙站等新口岸项目的规划建设。加强港澳与内地的交通联系，推进城市轨道交通等各种运输方式的有效对接，构建安全便捷换乘换装体系，提升粤港澳口岸通关能力和通关便利化水平，促进人员、物资高效便捷流动。

提升客货运输服务水平。按照零距离换乘、无缝化衔接目标，完善重大交通设施布局，积极推进干线铁路、城际铁路、市域（郊）铁路等引入机场，提升机场集疏运能力。加快广州—深圳国际性综合交通枢纽建设。推进大湾区城际客运公交化运营，推广"一票式"联程和"一卡通"服务。构建现代货运物流体系，加快发展铁水、公铁、空铁、江河海联运和"一单制"联运服务。加快智能交通系统建设，推进物联网、云计算、大数据等信息技术在交通运输领域的创新集成应用。

第二节 优化提升信息基础设施

构建新一代信息基础设施。推进粤港澳网间互联宽带扩容，全面布局基于互联网协议第六版（IPv6）的下一代互联网，推进骨干网、城域网、接入网、互联网数据中心和支撑系统的IPv6升级改造。加快互联网国际出入口带宽扩容，全面提升流量转接能力。推动珠三角无线宽带城市群建设，实现免费高速无线局域网在大湾区热点区域和重点交通线路全覆盖。实现城市固定互联网宽带全部光纤接入。建设超高清互动数字家庭网络。

建成智慧城市群。推进新型智慧城市试点示范和珠三角国家大数据综合试验区建设，加强粤港澳智慧城市合作，探索建立统一标准，开放数据端口，建设互通的公共应用平台，建设全面覆盖、泛在互联的智能感知网络以及智慧城市时空信息云平台、空间信息服务平台等信息基础设施，大力发展智慧交通、智慧能源、智慧市政、智慧社区。推进电子签名证书互认工作，推广电子签名互认证书在公共服务、金融、商贸等领域应用。共同推动大湾区电子支付系统互联互通。增强通信企业服务能力，多措并举实现通信资费合理下降，推动降低粤港澳手机长途和漫游费，并积极开展取消粤港澳手机长途和漫游费的可行性研究，为智慧城市建设提供基础支撑。

提升网络安全保障水平。加强通信网络、重要信息系统和数据资源保护，增强信息基础设施可靠性，提高信息安全保障水平。积极推动先进技术在香港、澳门、广州、深圳等城市使用，促进保密通信技术在政府部门、金融机构等应用。建立健全网络与信息安全信息通报预警机制，加强实时监测、通报预警、应急处置工作，构建网络安全综合防御体系。

第三节　建设能源安全保障体系

优化能源供应结构。大力推进能源供给侧结构性改革，优化粤港澳大湾区能源结构和布局，建设清洁、低碳、安全、高效的能源供给体系。大力发展绿色低碳能源，加快天然气和可再生能源利用，有序开发风能资源，因地制宜发展太阳能光伏发电、生物质能，安全高效发展核电，大力推进煤炭清洁高效利用，控制煤炭消费总量，不断提高清洁能源比重。

强化能源储运体系。加强周边区域向大湾区以及大湾区城市间送电通道等主干电网建设，完善城镇输配电网络，提高电网输电能力和抗风险能力。加快推进珠三角大型石油储备基地建设，统筹推进新建液化天然气（LNG）接收站和扩大已建LNG接收站储转能力，依托国家骨干天然气管线布局建设配套支线，扩大油气管道覆盖面，提高油气储备和供应能力。推进广州、珠海等国家煤炭储备基地建设，建成煤炭接收与中转储备梯级系统。研究完善广东对香港、澳门输电网络、供气管道，确保香港、澳门能源供应安全和稳定。

第四节　强化水资源安全保障

完善水利基础设施。坚持节水优先，大力推进雨洪资源利用等节约水、涵养水的工程建设。实施最严格水资源管理制度，加快制定珠江水量调度条例，严格珠江水资源统一调度管理。加快推进珠三角水资源配置工程和对澳门第四供水管道建设，加强饮用水水源地和备用水源安全保障达标建设及环境风险防控工程建设，保障珠三角以及港澳供水安全。加强粤港澳水科技、水资源合作交流。

完善水利防灾减灾体系。加强海堤达标加固、珠江干支流河道崩岸治理等重点工程建设，着力完善防汛防台风综合防灾减灾体系。加强珠江河口综合治理与保护，推进珠江三角洲河湖系统治理。强化城市内部排水系统和蓄水能力建设，建设和完善澳门、珠海、中山等防洪（潮）排涝体系，有效解决城市内涝问题。推进病险水库和病险水闸除险加固，全面消除安全隐患。加强珠江河口水文水资源监测，共同建设灾害监测预警、联防联控和应急调度系统，提高防洪防潮减灾应急能力。

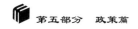

第六章 构建具有国际竞争力的现代产业体系

深化供给侧结构性改革，着力培育发展新产业、新业态、新模式，支持传统产业改造升级，加快发展先进制造业和现代服务业，瞄准国际先进标准提高产业发展水平，促进产业优势互补、紧密协作、联动发展，培育若干世界级产业集群。

第一节 加快发展先进制造业

增强制造业核心竞争力。围绕加快建设制造强国，完善珠三角制造业创新发展生态体系。推动互联网、大数据、人工智能和实体经济深度融合，大力推进制造业转型升级和优化发展，加强产业分工协作，促进产业链上下游深度合作，建设具有国际竞争力的先进制造业基地。

优化制造业布局。提升国家新型工业化产业示范基地发展水平，以珠海、佛山为龙头建设珠江西岸先进装备制造产业带，以深圳、东莞为核心在珠江东岸打造具有全球影响力和竞争力的电子信息等世界级先进制造业产业集群。发挥香港、澳门、广州、深圳创新研发能力强、运营总部密集以及珠海、佛山、惠州、东莞、中山、江门、肇庆等地产业链齐全的优势，加强大湾区产业对接，提高协作发展水平。支持东莞等市推动传统产业转型升级，支持佛山深入开展制造业转型升级综合改革试点。支持香港在优势领域探索"再工业化"。

加快制造业结构调整。推动制造业智能化发展，以机器人及其关键零部件、高速高精加工装备和智能成套装备为重点，大力发展智能制造装备和产品，培育一批具有系统集成能力、智能装备开发能力和关键部件研发生产能力的智能制造骨干企业。支持装备制造、汽车、石化、家用电器、电子信息等优势产业做强做精，推动制造业从加工生产环节向研发、设计、品牌、营销、再制造等环节延伸。加快制造业绿色改造升级，重点推进传统制造业绿色改造、开发绿色产品，打造绿色供应链。大力发展再制造产业。

第二节 培育壮大战略性新兴产业

依托香港、澳门、广州、深圳等中心城市的科研资源优势和高新技术产业基础，充分发挥国家级新区、国家自主创新示范区、国家高新区等高端要素集聚平台作用，联合打造一批产业链条完善、辐射带动力强、具有国际竞争力的战略性新兴产业集群，增强经济发展新动能。推动新一代信息技术、生物技术、高端装备制造、新材料等发展壮大为新支柱产业，在新型显示、新一代通信技术、5G 和移动互联网、蛋白类等生物医药、高端医学诊疗设备、基因检测、现代中药、智能机器人、3D 打印、北斗卫星应用等重点领域培育一批重大产业项目。围绕信息消费、新型健康技术、海洋工程装备、高技术服务业、高性能集成电路等重点领域及其关键环节，实施一批战略性新兴产业重大工程。培育壮大新能源、节能环保、新能源汽车等产业，形成以节能环保技术研发和总部基地为核心的产业集聚带。发挥龙头企业带动作用，积极发展数字经济和共享经济，促进经济转型升级和社会发展。促进地区间动漫游戏、网络文化、数字文化装备、数字艺术展示等数字创意产业合作，推动数字创意在会展、电子商务、医疗卫生、教育服务、旅游休闲等领域应用。

第三节　加快发展现代服务业

建设国际金融枢纽。发挥香港在金融领域的引领带动作用，巩固和提升香港国际金融中心地位，打造服务"一带一路"建设的投融资平台。支持广州完善现代金融服务体系，建设区域性私募股权交易市场，建设产权、大宗商品区域交易中心，提升国际化水平。支持深圳依规发展以深圳证券交易所为核心的资本市场，加快推进金融开放创新。支持澳门打造中国—葡语国家金融服务平台，建立出口信用保险制度，建设成为葡语国家人民币清算中心，发挥中葡基金总部落户澳门的优势，承接中国与葡语国家金融合作服务。研究探索建设澳门—珠海跨境金融合作示范区。

大力发展特色金融产业。支持香港打造大湾区绿色金融中心，建设国际认可的绿色债券认证机构。支持广州建设绿色金融改革创新试验区，研究设立以碳排放为首个品种的创新型期货交易所。支持澳门发展租赁等特色金融业务，探索与邻近地区错位发展，研究在澳门建立以人民币计价结算的证券市场、绿色金融平台、中葡金融服务平台。支持深圳建设保险创新发展试验区，推进深港金融市场互联互通和深澳特色金融合作，开展科技金融试点，加强金融科技载体建设。支持珠海等市发挥各自优势，发展特色金融服务业。在符合法律法规及监管要求的前提下，支持粤港澳保险机构合作开发创新型跨境机动车保险和跨境医疗保险产品，为跨境保险客户提供便利化承保、查勘、理赔等服务。

有序推进金融市场互联互通。逐步扩大大湾区内人民币跨境使用规模和范围。大湾区内的银行机构可按照相关规定开展跨境人民币拆借、人民币即远期外汇交易业务以及与人民币相关衍生品业务、理财产品交叉代理销售业务。大湾区内的企业可按规定跨境发行人民币债券。扩大香港与内地居民和机构进行跨境投资的空间，稳步扩大两地居民投资对方金融产品的渠道。在依法合规前提下，有序推动大湾区内基金、保险等金融产品跨境交易，不断丰富投资产品类别和投资渠道，建立资金和产品互通机制。支持香港机构投资者按规定在大湾区募集人民币资金投资香港资本市场，参与投资境内私募股权投资基金和创业投资基金。支持香港开发更多离岸人民币、大宗商品及其他风险管理工具。支持内地与香港、澳门保险机构开展跨境人民币再保险业务。不断完善"沪港通""深港通"和"债券通"。支持符合条件的港澳银行、保险机构在深圳前海、广州南沙、珠海横琴设立经营机构。建立粤港澳大湾区金融监管协调沟通机制，加强跨境金融机构监管和资金流动监测分析合作。完善粤港澳反洗钱、反恐怖融资、反逃税监管合作和信息交流机制。建立和完

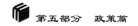

善系统性风险预警、防范和化解体系，共同维护金融系统安全。

构建现代服务业体系。聚焦服务业重点领域和发展短板，促进商务服务、流通服务等生产性服务业向专业化和价值链高端延伸发展，健康服务、家庭服务等生活性服务业向精细和高品质转变，以航运物流、旅游服务、文化创意、人力资源服务、会议展览及其他专业服务等为重点，构建错位发展、优势互补、协作配套的现代服务业体系。推进粤港澳物流合作发展，大力发展第三方物流和冷链物流，提高供应链管理水平，建设国际物流枢纽。支持澳门加快建设葡语国家食品集散中心。推动粤港澳深化工业设计合作，促进工业设计成果产业化。深化粤港澳文化创意产业合作，有序推进市场开放。充分发挥香港影视人才优势，推动粤港澳影视合作，加强电影投资合作和人才交流，支持香港成为电影电视博览枢纽。巩固提升香港作为国际高端会议展览及采购中心的地位，支持澳门培育一批具有国际影响力的会议展览品牌。深化落实内地与香港、澳门关于建立更紧密经贸关系的安排（CEPA）对港澳服务业开放措施，鼓励粤港澳共建专业服务机构，促进会计审计、法律及争议解决服务、管理咨询、检验检测认证、知识产权、建筑及相关工程等专业服务发展。支持大湾区企业使用香港的检验检测认证等服务。

第四节　大力发展海洋经济

坚持陆海统筹、科学开发，加强粤港澳合作，拓展蓝色经济空间，共同建设现代海洋产业基地。强化海洋观测、监测、预报和防灾减灾能力，提升海洋资源开发利用水平。优化海洋开发空间布局，与海洋功能区划、土地利用总体规划相衔接，科学统筹海岸带（含海岛地区）、近海海域、深海海域利用。构建现代海洋产业体系，优化提升海洋渔业、海洋交通运输、海洋船舶等传统优势产业，培育壮大海洋生物医药、海洋工程装备制造、海水综合利用等新兴产业，集中集约发展临海石化、能源等产业，加快发展港口物流、滨海旅游、海洋信息服务等海洋服务业，加强海洋科技创新平台建设，促进海洋科技创新和成果高效转化。支持香港发挥海洋经济基础领域创新研究优势。在保障珠江河口水域泄洪纳潮安全的前提下，支持澳门科学编制实施海域中长期发展规划，进一步发展海上旅游、海洋科技、海洋生物等产业。支持深圳建设全球海洋中心城市。支持粤港澳通过加强金融合作推进海洋经济发展，探索在境内外发行企业海洋开发债券，鼓励产业（股权）投资基金投资海洋综合开发企业和项目，依托香港高增值海运和金融服务的优势，发展海上保险、再保险及船舶金融等特色金融业。

第七章　推进生态文明建设

牢固树立和践行绿水青山就是金山银山的理念，像对待生命一样对待生态环境，实行最严格的生态环境保护制度。坚持节约优先、保护优先、自然恢复为主的方针，以建设美丽湾区为引领，着力提升生态环境质量，形成节约资源和保护环境的空间格局、产业结构、生产方式、生活方式，实现绿色低碳循环发展，使大湾区天更蓝、山更绿、水更清、环境更优美。

第一节　打造生态防护屏障

实施重要生态系统保护和修复重大工程，构建生态廊道和生物多样性保护网络，提升生态系统质量和稳定性。划定并严守生态保护红线，强化自然生态空间用途管制。加强珠三角周边山地、丘陵及森林生态系统保护，建设北部连绵山体森林生态屏障。加强海岸线保护与管控，强化岸线资源保护和自然属性维护，建立健全海岸线动态监测机制。强化近岸海域生态系统保护与修复，开展水生生物增殖放流，推进重要海洋自然保护区及水产种质资源保护区建设与管理。推进"蓝色海湾"整治行动、保护沿海红树林，建设沿海生态带。加强粤港澳生态环境保护合作，共同改善生态环境系统。加强湿地保护修复，全面保护区域内国际和国家重要湿地，开展滨海湿地跨境联合保护。

第二节　加强环境保护和治理

开展珠江河口区域水资源、水环境及涉水项目管理合作，重点整治珠江东西两岸污染，规范入河（海）排污口设置，强化陆源污染排放项目、涉水项目和岸线、滩涂管理。加强海洋资源环境保护，更加重视以海定陆，加快建立入海污染物总量控制制度和海洋环境实时在线监控系统。实施东江、西江及珠三角河网区污染物排放总量控制，保障水功能区水质达标。加强东江、西江、北江等重要江河水环境保护和水生生物资源养护，强化深圳河等重污染河流系统治理，推进城市黑臭水体环境综合整治，贯通珠江三角洲水网，构建全区域绿色生态水网。强化区域大气污染联防联控，实施更严格的清洁航运政策，实施多污染物协同减排，统筹防治臭氧和细颗粒物（PM2.5）污染。实施珠三角九市空气质量达标管理。加强危险废物区域协同处理处置能力建设，强化跨境转移监管，提升固体废物无害化、减量化、资源化水平。开展粤港澳土壤治理修复技术交流与合作，积极推进受污染土壤的治理与修复示范，强化受污染耕地和污染地块安全利用，防控农业面源污染，保障农产品质量和人居环境安全。建立环境污染"黑名单"制度，健全环保信用评价、信息强制性披露、严惩重罚等制度。着力解决人民群众关心的环境保护历史遗留问题。

第三节　创新绿色低碳发展模式

挖掘温室气体减排潜力，采取积极措施，主动适应气候变化。加强低碳发展及节能环保技术的交流合作，进一步推广清洁生产技术。推进低碳试点示范，实施近零碳排放区示范工程，加快低碳技术研发。推动大湾区开展绿色低碳发展评价，力争碳排放早日达峰，建设绿色发展示范区。推动制造业智能化绿色化发展，采用先进适用节能低碳环保技术改造提升传统产业，加快构建绿色产业体系。推进能源生产和消费革命，构建清洁低碳、安全高效的能源体系。推进资源全面节约和循环利用，实施国家节水行动，降低能耗、物耗，实现生产系统和生活系统循环链接。实行生产者责任延伸制度，推动生产企业切实落实废弃产品回收责任。培育发展新兴服务业态，加快节能环保与大数据、互联网、物联网的融合。广泛开展绿色生活行动，推动居民在衣食住行游等方面加快向绿色低碳、文明健康的方式转变。加强城市绿道、森林湿地步道等公共慢行系统建设，鼓励低碳出行。推广碳普惠制试点经验，推动粤港澳碳标签互认机制研究与应用示范。

第八章　建设宜居宜业宜游的优质生活圈

坚持以人民为中心的发展思想，积极拓展粤港澳大湾区在教育、文化、旅游、社会保障等领域的合作，共同打造公共服务优质、宜居宜业宜游的优质生活圈。

第一节　打造教育和人才高地

推动教育合作发展。支持粤港澳高校合作办学，鼓励联合共建优势学科、实验室和研究中心。充分发挥粤港澳高校联盟的作用，鼓励三地高校探索开展相互承认特定课程学分、实施更灵活的交换生安排、科研成果分享转化等方面的合作交流。支持大湾区建设国际教育示范区，引进世界知名大学和特色学院，推进世界一流大学和一流学科建设。鼓励港澳青年到内地学校就读，对持港澳居民来往内地通行证在内地就读的学生，实行与内地学生相同的交通、旅游门票等优惠政策。推进粤港澳职业教育在招生就业、培养培训、师生交流、技能竞赛等方面的合作，创新内地与港澳合作办学方式，支持各类职业教育实训基地交流合作，共建一批特色职业教育园区。支持澳门建设中葡双语人才培训基地，发挥澳门旅游教育培训和旅游发展经验优势，建设粤港澳大湾区旅游教育培训基地。加强基础教育交流合作，鼓励粤港澳三地中小学校结为"姊妹学校"，在广东建设港澳子弟学校或设立港澳儿童班并提供寄宿服务。研究探索三地幼儿园缔结"姊妹园"。研究开放港澳中小学教师、幼儿教师到广东考取教师资格并任教。加强学校建设，扩大学位供给，进一步完善跨区域就业人员随迁子女就学政策，推动实现平等接受学前教育、义务教育和高中阶段教育，确保符合条件的随迁子女顺利在流入地参加高考。研究赋予在珠三角九市工作生活并符合条件的港澳居民子女与内地居民同等接受义务教育和高中阶段教育的权利。支持各级各类教育人才培训交流。

建设人才高地。支持珠三角九市借鉴港澳吸引国际高端人才的经验和做法，创造更具吸引力的引进人才环境，实行更积极、更开放、更有效的人才引进政策，加快建设粤港澳人才合作示范区。在技术移民等方面先行先试，开展外籍创新人才创办科技型企业享受国民待遇试点。支持大湾区建立国家级人力资源服务产业园。建立紧缺人才清单制度，定期发布紧缺人才需求，拓宽国际人才招揽渠道。完善外籍高层次人才认定标准，畅通人才申请永久居留的市场化渠道，为外籍高层次人才在华工作、生活提供更多便利。完善国际化人才培养模式，加强人才国际交流合作，推进职业资格国际互认。完善人才激励机制，健全人才双向流动机制，为人才跨地区、跨行业、跨体制流动提供便利条件，充分激发人才活力。支持澳门加大创新型人才和专业服务人才引进力度，进一步优化提升人才结构。探索采用法定机构或聘任制等形式，大力引进高层次、国际化人才参与大湾区的建设和管理。

第二节　共建人文湾区

塑造湾区人文精神。坚定文化自信，共同推进中华优秀传统文化传承发展，发挥粤港澳地域相近、文脉相亲的优势，联合开展跨界重大文化遗产保护，合作举办各类文化遗产展览、展演活动，保护、宣传、利用好湾区内的文物古迹、世界文化遗产和非物质文化遗产，支持弘扬以粤剧、龙舟、武术、醒狮等为代表的岭南文化，彰显独特文化魅力。增强大湾区文化软实力，进一步提升居民文化素养与社会文明程度，共同塑造和丰富湾区人文精神内涵。吸收中华优秀传统文化精华，大力弘扬廉洁修身、勤勉尽责的廉洁文化，形成崇廉尚洁的良好社会氛围，共同维护向善向上的清风正气，构建亲清新型政商关系，推动廉洁化风成俗。

共同推动文化繁荣发展。完善大湾区内公共文化服务体系和文化创意产业体系，培育文化人才，打造文化精品，繁荣文化市场，丰富居民文化生活。推进大湾区新闻出版广播影视产业发展；加强国家音乐产业基地建设，推动音乐产业发展。加强大湾区艺术院团、演艺学校及文博机构交流，支持博物馆合作策展，便利艺术院团在大湾区内跨境演出。支持新建香港故宫文化博物馆、西九文化区戏曲中心等重点文化项目，增强香港中西合璧的城市文化魅力。支持香港通过国际影视展、香港书展和设计营商周等具有国际影响力的活动，会聚创意人才，巩固创意之都地位。支持深圳引进世界高端创意设计资源，大力发展时尚文化产业。支持香港、澳门、广州、佛山（顺德）弘扬特色饮食文化，共建世界美食之都。共同推进大湾区体育事业和体育产业发展，联合打造一批国际性、区域性品牌赛事。推进马匹运动及相关产业发展，加强香港与内地在马匹、饲草饲料、兽药、生物制品等进出境检验检疫和通关等方面的合作。

加强粤港澳青少年交流。支持"粤港澳青年文化之旅"、香港"青年内地交流资助计划"和澳门"千人计划"等重点项目实施，促进大湾区青少年交流合作。在大湾区为青年人提供创业、就业、实习和志愿工作等机会，推动青年人交往交流、交心交融，支持港澳青年融入国家、参与国家建设。强化内地和港澳青少年的爱国教育，加强宪法和基本法、国家历史、民族文化的教育宣传。开展青少年研学旅游合作，共建一批研学旅游示范

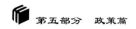

基地。鼓励举办大湾区青年高峰论坛。

推动中外文化交流互鉴。发挥大湾区中西文化长期交汇共存等综合优势，促进中华文化与其他文化的交流合作，创新人文交流方式，丰富文化交流内容，提高文化交流水平。支持广州建设岭南文化中心和对外文化交流门户，扩大岭南文化的影响力和辐射力。支持中山深度挖掘和弘扬孙中山文化资源。支持江门建设华侨华人文化交流合作重要平台。支持澳门发挥东西方多元文化长期交融共存的特色，加快发展文化产业和文化旅游，建设中国与葡语国家文化交流中心。鼓励香港发挥中西方文化交流平台作用，弘扬中华优秀传统文化。

第三节　构筑休闲湾区

推进大湾区旅游发展，依托大湾区特色优势及香港国际航运中心的地位，构建文化历史、休闲度假、养生保健、邮轮游艇等多元旅游产品体系，丰富粤港澳旅游精品路线，开发高铁"一程多站"旅游产品，建设粤港澳大湾区世界级旅游目的地。优化珠三角地区"144 小时过境免签"政策，便利外国人在大湾区旅游观光。支持香港成为国际城市旅游枢纽及"一程多站"示范核心区，建设多元旅游平台。支持澳门建设世界旅游休闲中心，在澳门成立大湾区城市旅游合作联盟，推进粤港澳共享区域旅游资源，构建大湾区旅游品牌，研发具有创意的旅游产品，共同拓展旅游客源市场，推动旅游休闲提质升级。有序推动香港、广州、深圳国际邮轮港建设，进一步增加国际班轮航线，探索研究简化邮轮、游艇及旅客出入境手续。逐步简化及放宽内地邮轮旅客的证件安排，研究探索内地邮轮旅客以过境方式赴港参与全部邮轮航程。推动粤港澳游艇自由行有效实施，加快完善软硬件设施，共同开发高端旅游项目。探索在合适区域建设国际游艇旅游自由港。支持澳门与邻近城市探索发展国际游艇旅游，合作开发跨境旅游产品，发展面向国际的邮轮市场。支持珠三角城市建设国家全域旅游示范区。促进滨海旅游业高品质发展，加快"海洋—海岛—海岸"旅游立体开发，完善滨海旅游基础设施与公共服务体系。探索以旅游等服务业为主体功能的无居民海岛整岛开发方式。建设贯通潮州到湛江并连接港澳的滨海景观公路，推动形成连通港澳的滨海旅游发展轴线，建设一批滨海特色风情小镇。探索开通澳门与邻近城市、岛屿的旅游路线，探索开通香港—深圳—惠州—汕尾海上旅游航线。

第四节　拓展就业创业空间

完善区域公共就业服务体系，建设公共就业综合服务平台，完善有利于港澳居民特别是内地学校毕业的港澳学生在珠三角九市就业生活的政策措施，扩宽港澳居民就业创业空间。鼓励港澳居民中的中国公民依法担任内地国有企事业单位职务，研究推进港澳居民中的中国公民依法报考内地公务员工作。在深圳前海、广州南沙、珠海横琴建立港澳创业就业试验区，试点允许取得建筑及相关工程咨询等港澳相应资质的企业和专业人士为内地市场主体直接提供服务，并逐步推出更多试点项目及开放措施。支持港澳青年和中小微企业在内地发展，将符合条件的港澳创业者纳入当地创业补贴扶持范围，积极推进深港青年创新创业基地、前海深港青年梦工场、南沙粤港澳（国际）青年创新工场、中山粤港澳青年创新创业合作平台、中国（江门、增城）"侨梦苑"华侨华人创新产业聚集区、东莞松山湖（生态园）港澳青年创新创业基地、惠州仲恺港澳青年创业基地等港澳青年创业就业基地建设。实施"粤港暑期实习计划"、"粤澳暑期实习计划"和"澳门青年到深圳实习及就业项目"，鼓励港澳青年到广东省实习就业。支持香港通过"青年发展基金"等帮助香港青年在大湾区创业就业。支持澳门建设中国与葡语国家青年创新创业交流中心。支持举办粤港、粤澳劳动监察合作会议和执法培训班。

第五节　塑造健康湾区

密切医疗卫生合作。推动优质医疗卫生资源紧密合作，支持港澳医疗卫生服务提供主体在珠三角九市按规定以独资、合资或合作等方式设置医疗机构，发展区域医疗联合体和区域性医疗中心。支持中山推进生物医疗科技创新。深化中医药领域合作，支持澳门、香港分别发挥中药质量研究国家重点实验室伙伴实验室和香港特别行政区政府中药检测中心优势，与内地科研机构共同建立国际认可的中医药产品质量标准，推进中医药标准化、国际化。支持粤澳合作中医药科技产业园开展中医药产品海外注册公共服务平台建设，发展健康产业，提供优质医疗保健服务，推动中医药海外发展。加强医疗卫生人才联合培养和交流，开展传染病联合会诊，鼓励港澳医务人员到珠三角九市开展学术交流和私人执业医务人员短期执业。研究开展非急重病人跨境陆路转运服务，探索在指定公立医院开展跨境转诊合作试点。完善紧急医疗救援联动机制。推进健康城市、健康村镇建设。

加强食品食用农产品安全合作。完善港澳与内地间的食品原产地可追溯制度，提高大湾区食品安全监管信息化水平。加强粤港澳食品安全合作，提升区域食品安全保障水平，建立健全食品安全信息通报案件查处和食品安全事故应急联动机制，建立食品安全风险交流与信息发布制度。保障内地供港澳食品安全，支持港澳参与广东出口食品农产品质量安全示范区和"信誉农场"建设，高水平打造惠州粤港澳绿色农产品生产供应基地、肇庆（怀集）绿色农副产品集散基地。

第六节　促进社会保障和社会治理合作

推进社会保障合作。探索推进在广东工作和生活的港澳居民在教育、医疗、养老、住房、交通等民生方面享有与内地居民同等的待遇。加强跨境公共服务和社会保障的衔接，探索澳门社会保险在大湾区内跨境使用，提高香港长者社会保障措施的可携性。研究建立粤港澳跨境社会救助信息系统，开展社会福利和慈善事业合作。鼓励港澳与内地社会福利界加强合作，推进社会工作领域职业资格互认，加强粤港澳社工的专业培训交流。深化养老服务合作，支持港澳投资者在珠三角九市按规定以独资、合资或合作等方式兴办养老等社会服务机构，为港澳居民在广东养老创造便利条件。推进医养结合，建设一批区域性健康养老示范基地。

深化社会治理合作。深入推进依法行政，加强大湾区廉政机制协同，打造优质高效廉洁政府，提升政府服务效率和群众获得感。在珠三角九市港澳居民比较集中的城乡社区，有针对性地拓展社区综合服务功能，为港澳居民提供及时、高效、便捷的社会服务。严格依照宪法和基本法办事，在尊重各自管辖权的基础上，加强粤港澳司法协助。建立社会治安治理联动机制，强化矛盾纠纷排查预警和案件应急处置合作，联合打击偷渡行为，更大力度地打击跨境犯罪活动，统筹应对传统和非传统安全威胁。完善突发事件应急处置机制，建立粤港澳大湾区应急协调平台，联合制定事故灾难、自然灾害、公共卫生事件、公共安全事件等重大突发事件应急预案，不定期开展应急演练，提高应急合作能力。

第九章　紧密合作共同参与"一带一路"建设

深化粤港澳合作，进一步优化珠三角九市投资和营商环境，提升大湾区市场一体化水平，全面对接国际高标准市场规则体系，加快构建开放型经济新体制，形成全方位开放格局，共创国际经济贸易合作新优势，为"一带一路"建设提供有力支撑。

第一节　打造具有全球竞争力的营商环境

发挥香港、澳门的开放平台与示范作用，支持珠三角九市加快建立与国际高标准投资和贸易规则相适应的制度规则，发挥市场在资源配置中的决定性作用，减少行政干预，加强市场综合监管，形成稳定、公平、透明、可预期的一流营商环境。加快转变政府职能，深化"放管服"改革，完善对外资实行准入前国民待遇加负面清单管理模式，深化商事制度改革，加强事中事后监管。加强粤港澳司法交流与协作，推动建立共商、共建、共享的多元化纠纷解决机制，为粤港澳大湾区建设提供优质、高效、便捷的司法服务和保障，着力打造法治化营商环境。完善国际商事纠纷解决机制，建设国际仲裁中心，支持粤港澳仲裁及调解机构交流合作，为粤港澳经济贸易提供仲裁及调解服务。创新"互联网＋政务服务"模式，加快清理整合分散、独立的政务信息系统，打破"信息孤岛"，提高行政服务效率。探索把具备条件的行业服务管理职能适当交由社会组织承担，建立健全行业协会法人治理结构。充分发挥行业协会商会在制定技术标准、规范行业秩序、开拓国际市场、应对贸易摩擦等方面的积极作用。加快珠三角九市社会信用体系建设，借鉴港澳信用建设经验成果，探索依法对区域内企业联动实施信用激励和失信惩戒措施。

第二节　提升市场一体化水平

推进投资便利化。落实内地与香港、澳门 CEPA 系列协议，推动对港澳在金融、教育、法律及争议解决、航运、物流、铁路运输、电信、中医药、建筑及相关工程等领域实施特别开放措施，研究进一步取消或放宽对港澳投资者的资质要求、持股比例、行业准入等限制，在广东为港澳投资者和相关从业人员提供"一站式"服务，更好落实 CEPA 框架下对港澳开放措施。提升投资便利化水平。在 CEPA 框架下研究推出进一步开放措施，使港澳专业人士与企业在内地更多领域从业投资营商享受国民待遇。

推动贸易自由化。加快国际贸易单一窗口建设，推进口岸监管部门间信息互换、监管互认、执法互助。研究优化相关管理措施，进一步便利港澳企业拓展内地市场。支持广州南沙建设全球进出口商品质量溯源中心。加快推进市场采购贸易方式试点。落实内地与香港、澳门 CEPA 服务贸易协议，进一步减少限制条件，不断提升内地与港澳服务贸易自由化水平。有序推进制定与国际接轨的服务业标准化体系，促进粤港澳在与服务贸易相关的人才培养、资格互认、标准制定等方面加强合作。扩大内地与港澳专业资格互认范围，拓展"一试三证"（一次考试可获得国家职业资格认证、港澳认证及国际认证）范围，推动内地与港澳人员跨境便利执业。

促进人员货物往来便利化。通过电子化、信息化等手段，不断提高港澳居民来往内地通行证使用便利化水平。研究为符合条件的珠三角九市人员赴港澳开展商务、科研、专业服务等提供更加便利的签注安排。统筹研究外国人在粤港澳大湾区内的便利通行政策和优化管理措施。加强内地与港澳口岸部门协作，扩展和完善口岸功能，依法推动在粤港澳口岸实施更便利的通关模式，研究在条件允许的情况下主要陆路口岸增加旅客出入境自助查验通道，进一步便利港澳与内地居民往来。研究制定港澳与内地车辆通行政策和配套交通管理措施，促进交通物流发展。进一步完善澳门单牌机动车便利进出横琴的政策措施，研究扩大澳门单牌机动车在内地行驶范围；研究制定香港单牌机动车进入内地行驶的政策措施；完善粤港、粤澳两地牌机动车管理政策措施，允许两地牌机动车通过多个口岸出入境。

第三节　携手扩大对外开放

打造"一带一路"建设重要支撑区。支持粤港澳加强合作，共同参与"一带一路"建设，深化与相关国家和地区基础设施互联互通、经贸合作及人文交流。签署实施支持香港、澳门全面参与和助力"一带一路"建设安排，建立长效协调机制，推动落实重点任务。强化香港全球离岸人民币业务枢纽地位，支持澳门以适当方式与丝路基金、中拉产能合作投资基金、中非产能合作基金和亚洲基础设施投资银行（以下简称亚投行）开展合作。支持香港成为解决"一带一路"建设项目投资和商业争议的服务中心。支持香港、澳门举办与"一带一路"建设主题相关的各类论坛或博览会，打造港澳共同参与"一带一路"建设的重要平台。

全面参与国际经济合作。依托港澳的海外商业网络和海外运营经验优势，推动大湾区企业联手走出去，在国际产能合作中发挥重要引领作用。积极引导华侨华人参与大湾区建设，更好地发挥华侨华人、归侨侨眷以及港澳居民的纽带作用，增进与相关国家和地区的人文交流。加强与世界主要经济体联系，吸引发达国家先进制造业、现代服务业和战略性新兴产业投资，吸引跨国公司总部和国际组织总部落户大湾区。加快引进国际先进技术、管理经验和高素质人才，支持跨国公司在大湾区内设立全球研发中心、实验室和开放式创新平台，提升大湾区对全球资源的配置能力。加强粤港澳港口国际合作，与相关国家和地区共建港口产业园区，建设区域性港口联盟。充分发挥港澳在国家对外开放中的特殊地位与作用，支持香港、澳门依法以"中国香港""中国澳门"名义或者其他适当形式，对外签署自由贸易协定和参加有关国际组织，支持香港在亚投行运作中发挥积极作用，支持澳门在符合条件的情况下加入亚投行，支持丝路基金及相关金融机构在香港、澳门设立分支机构。

携手开拓国际市场。充分发挥港澳对外贸易联系广泛的作用，探索粤港澳共同拓展国际发展空间新模式。鼓励粤港澳三地企业合作开展绿地投资、实施跨国兼并收购和共建产业园区，支持港澳企业与境外经贸合作区对接，共同开拓国际市场，带动大湾区产品、设备、技术、标准、检验检测认证和管理服务等走出去。发挥港澳在财务、设计、法律及争议解决、管理咨询、项目策划、人才培训、海运服务、建筑及相关工程等方面国际化专业服务优势，扩展和优化国际服务网络，为企业提供咨询和信息支持。发挥香港国际金融中心作用，为内地企业走出去提供投融资和咨询等服务。支持内地企业在香港设立资本运作中心及企业财资中心，开展融资、财务管理等业务，提升风险管控水平。支持香港与佛山开展离岸贸易合作。支持搭建"一带一路"共用项目库。加强内地与港澳驻海外机构的信息交流，联合开展投资贸易环境推介和项目服务，助力三地联合开展引进来和走出去工作。发挥澳门与葡语国家的联系优势，依托中国与葡语国家商贸合作服务平台，办好中国—葡语国家经贸合作论坛（澳门），更好地发挥中葡合作发展基金作用，为内地和香港企业与葡语国家之间的贸易投资、产业及区域合作、人文及科技交流等活动提供金融、法律、信息等专业服务，联手开拓葡语国家和其他地区市场。

第十章 共建粤港澳合作发展平台

加快推进深圳前海、广州南沙、珠海横琴等重大平台开发建设，充分发挥其在进一步深化改革、扩大开放、促进合作中的试验示范作用，拓展港澳发展空间，推动公共服务合作共享，引领带动粤港澳全面合作。

第一节　优化提升深圳前海深港现代服务业合作区功能

强化前海合作发展引擎作用。适时修编前海深港现代服务业合作区总体发展规划，研究进一步扩展前海发展空间，并在新增范围内实施前海有关支持政策。联动香港构建开放型、创新型产业体系，加快迈向全球价值链高端。推进金融开放创新，拓展离岸账户（OSA）功能，借鉴上海自贸试验区自由贸易账户体系（FTA），积极探索资本项目可兑换的有效路径。支持香港交易所前海联合交易中心建成服务境内外客户的大宗商品现货交易平台，探索服务实体经济的新模式。加强深港绿色金融和金融科技合作。建设跨境经贸合作网络服务平台，助力企业走出去开拓国际市场。建设新型国际贸易中心，发展离岸贸易，打造货权交割地。建设国际高端航运服务中心，发展航运金融等现代航运服务业。建设离岸创新创业平台，允许科技企业区内注册、国际经营。支持在有条件的海关特殊监管区域开展保税研发业务。建设国际文化创意基地，探索深港文化创意合作新模式。

加强法律事务合作。合理运用经济特区立法权，加快构建适应开放型经济发展的法律体系，加强深港司法合作交流。加快法律服务业发展，鼓励支持法律服务机构为"一带一路"建设和内地企业走出去提供服务，深化粤港澳合伙联营律师事务所试点，研究港澳律师在珠三角九市执业资质和业务范围问题，构建多元化争议解决机制，联动香港打造国际法律服务中心和国际商事争议解决中心。实行严格的知识产权保护，强化知识产权行政保护，更好地发挥知识产权法庭作用。

建设国际化城市新中心。支持在深圳前海设立口岸，研究加强与香港基础设施高效联通。扩大香港工程建设模式实施范围，推出更多对香港建筑及相关工程业界的开放措施。借鉴香港经验提升城市建设和营运管理水平，建设国际一流的森林城市，突出水城共融城市特色，打造可持续发展的绿色智慧生态城区。引进境内外高端教育、医疗资源，提供国际化高品质社会服务。支持国际金融机构在深圳前海设立分支机构。

第二节　打造广州南沙粤港澳全面合作示范区

携手港澳建设高水平对外开放门户。充分发挥国家级新区和自贸试验区优势，加强与港澳全面合作，加快建设大湾区国际航运、金融和科技创新功能的承载区，成为高水平对外开放门户。合理统筹解决广州南沙新增建设用地规模，调整优化城市布局和空间结构，强化与周边地区在城市规划、综合交通、公共服务设施等方面的一体化衔接，构建"半小时交通圈"。支持广州南沙与港澳合作建设中国企业走出去综合服务基地和国际交流平台，建设我国南方重要的对外开放窗口。

共建创新发展示范区。强化粤港澳联合科技创新，共同将广州南沙打造为华南科技创新成果转化高地，积极布局新一代信息技术、人工智能、生命健康、海洋科技、新材料等科技前沿领域，培育发展平台经济、共享经济、体验经济等新业态。支持粤港澳三地按共建共享原则，在广州南沙规划建设粤港产业深度合作园，探索建设粤澳合作葡语国家产业园，合作推进园区规划、建设、开发等重大事宜。在内地管辖权和法律框架下，营造高标准的国际化市场化法治化营商环境，提供与港澳相衔接的公共服务和社会管理环境，为港澳产业转型升级、居民就业生活提供新空间。

建设金融服务重要平台。强化金融服务实体经济的本源，着力发展航运金融、科技金融、飞机船舶租赁等特色金融。支持与港澳金融机构合作，按规定共同发展离岸金融业务，探索建设国际航运保险等创新型保险要素交易平台。研究探索在广东自贸试验区内设立粤港澳大湾区国际商业银行，服务大湾区建设发展。探索建立与粤港澳大湾区发展相适应的账户管理体系，在跨境资金管理、人民币跨境使用、资本项目可兑换等方面先行先试，促进跨境贸易、投融资结算便利化。

打造优质生活圈。高标准推进广州南沙城市规划建设，强化生态核心竞争力，彰显岭南文化、水乡文化和海洋文化特色，建设国际化城市。积极探索有利于人才发展的政策和机制，加快创建国际化人才特区。提升社会服务水平，为区内居民提供更加便利的条件。

第三节 推进珠海横琴粤港澳深度合作示范

建设粤港澳深度合作示范区。配合澳门建设世界旅游休闲中心，高水平建设珠海横琴国际休闲旅游岛，统筹研究旅客往来横琴和澳门的便利措施，允许澳门旅游从业人员到横琴提供相关服务。支持横琴与珠海保税区、洪湾片区联动发展，建设粤港澳物流园。加快推进横琴澳门青年创业谷和粤澳合作产业园等重大合作项目建设，研究建设粤澳信息港。支持粤澳合作中医药科技产业园发展，探索加强与国家中医药现代化科技产业创新联盟的合作，在符合相关法律法规前提下，为园区内的企业新药研发、审批等提供指导。探索符合条件的港澳和外籍医务人员直接在横琴执业。

加强民生合作。支持珠海和澳门在横琴合作建设集养老、居住、教育、医疗等功能于一体的综合民生项目，探索澳门医疗体系及社会保险直接适用并延伸覆盖至该项目。在符合横琴城市规划建设基本要求的基础上，探索实行澳门的规划及工程监管机制，由澳门专业人士和企业参与民生项目开发和管理。研究设立为澳门居民在横琴治病就医提供保障的医疗基金。研究在横琴设立澳门子弟学校。

加强对外开放合作。支持横琴与澳门联手打造中拉经贸合作平台，搭建内地与"一带一路"相关国家和地区的国际贸易通道，推动跨境交付、境外消费、自然人移动、商业存在等服务贸易模式创新。支持横琴为澳门发展跨境电商产业提供支撑，推动葡语国家产品经澳门更加便捷地进入内地市场。研究将外国人签证居留证件签发权限下放至横琴。

第四节　发展特色合作平台

　　支持珠三角九市发挥各自优势，与港澳共建各类合作园区，拓展经济合作空间，实现互利共赢。支持落马洲河套港深创新及科技园和毗邻的深方科创园区建设，共同打造科技创新合作区，建立有利于科技产业创新的国际化营商环境，实现创新要素便捷有效流动。支持江门与港澳合作建设大广海湾经济区，拓展在金融、旅游、文化创意、电子商务、海洋经济、职业教育、生命健康等领域合作。加快江门银湖湾滨海地区开发，形成国际节能环保产业集聚地以及面向港澳居民和世界华侨华人的引资引智创业创新平台。推进澳门和中山在经济、社会、文化等方面深度合作，拓展澳门经济适度多元发展新空间。支持东莞与香港合作开发建设东莞滨海湾地区，集聚高端制造业总部、发展现代服务业，建设战略性新兴产业研发基地。支持佛山南海推动粤港澳高端服务合作，搭建粤港澳市场互联、人才信息技术等经济要素互通的桥梁。

第十一章　规划实施

第一节　加强组织领导

　　加强对规划实施的统筹指导，设立粤港澳大湾区建设领导小组，研究解决大湾区建设中政策实施、项目安排、体制机制创新、平台建设等方面的重大问题。广东省政府和香港、澳门特别行政区政府要加强沟通协商，稳步落实《深化粤港澳合作推进大湾区建设框架协议》与本规划确定的目标和任务。鼓励大湾区城市间开展多种形式的合作交流，共同推进大湾区建设。

第二节　推动重点工作

　　中央有关部门要结合自身职能，抓紧制定支持大湾区发展的具体政策和措施，与广东省政府和香港、澳门特别行政区政府加强沟通，坚持用法治化市场化方式协调解决大湾区合作发展中的问题。广东省政府和香港、澳门特别行政区政府要在相互尊重的基础上，积极协调配合，共同编制科技创新、基础设施、产业发展、生态环境保护等领域的专项规划

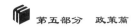

或实施方案并推动落实。国家发展改革委要会同国务院港澳办等有关部门对本规划实施情况进行跟踪分析评估，根据新情况新问题研究提出规划调整建议，重大问题及时向党中央、国务院报告。

第三节 防范化解风险

做好防范化解重大风险工作，重点防控金融风险。强化属地金融风险管理责任，做好重点领域风险防范和处置，坚决打击违法违规金融活动，加强薄弱环节监管制度建设，守住不发生系统性金融风险的底线。广东省要严格落实预算法有关规定，强化地方政府债务限额管理，有效规范政府举债融资；加大财政约束力度，有效抑制不具有还款能力的项目建设；加大督促问责力度，坚决制止违法违规融资担保行为。

第四节 扩大社会参与

支持内地与港澳智库加强合作，为大湾区发展提供智力支持。建立行政咨询体系，邀请粤港澳专业人士为大湾区发展提供意见建议。支持粤港澳三地按照市场化原则，探索成立联合投资开发机构和发展基金，共同参与大湾区建设。支持粤港澳工商企业界、劳工界、专业服务界、学术界等建立联系机制，加强交流与合作。扩大大湾区建设中的公众参与，畅通公众意见反馈渠道，支持各类市场主体共同参与大湾区建设发展。

国务院关于印发 6 个新设自由贸易试验区总体方案的通知*

国发〔2019〕16 号

各省、自治区、直辖市人民政府，国务院各部委、各直属机构：

现将《中国（山东）自由贸易试验区总体方案》、《中国（江苏）自由贸易试验区总体方案》、《中国（广西）自由贸易试验区总体方案》、《中国（河北）自由贸易试验区总体方案》、《中国（云南）自由贸易试验区总体方案》、《中国（黑龙江）自由贸易试验区总体方案》印发给你们，请认真贯彻执行。

国务院

2019 年 8 月 2 日

（此件公开发布）

中国（黑龙江）自由贸易试验区总体方案

建立中国（黑龙江）自由贸易试验区（以下简称自贸试验区）是党中央、国务院作出的重大决策，是新时代推进改革开放的战略举措。为高标准高质量建设自贸试验区，制定本方案。

一、总体要求

（一）指导思想

以习近平新时代中国特色社会主义思想为指导，全面贯彻党的十九大和十九届二中、三中全会精神，统筹推进"五位一体"总体布局和协调推进"四个全面"战略布局，坚持稳中求进工作总基调，坚持新发展理念，坚持高质量发展，以供给侧结构性改革为主

---

* 摘自中华人民共和国中央人民政府网站。

线，主动服务和融入国家重大战略，更好地服务对外开放总体战略布局、解放思想、大胆创新，把自贸试验区建设成为新时代改革开放的新高地。

（二）战略定位及发展目标

以制度创新为核心，以可复制可推广为基本要求，全面落实中央关于推动东北全面振兴全方位振兴、建成向北开放重要窗口的要求，着力深化产业结构调整，打造对俄罗斯及东北亚区域合作的中心枢纽。经过三至五年改革探索，对标国际先进规则，形成更多有国际竞争力的制度创新成果，推动经济发展质量变革、效率变革、动力变革，努力建成营商环境优良、贸易投资便利、高端产业集聚、服务体系完善、监管安全高效的高标准高质量自由贸易园区。

二、区位布局

（一）实施范围

自贸试验区的实施范围 119.85 平方千米，涵盖三个片区：哈尔滨片区 79.86 平方千米，黑河片区 20 平方千米，绥芬河片区 19.99 平方千米（含绥芬河综合保税区 1.8 平方千米）。

自贸试验区土地开发利用须遵守土地利用、生态环境保护、城乡规划法律法规，符合土地利用总体规划和城乡规划，并符合节约集约用地的有关要求。

（二）功能划分

哈尔滨片区重点发展新一代信息技术、新材料、高端装备、生物医药等战略性新兴产业，科技、金融、文化旅游等现代服务业和寒地冰雪经济，建设对俄罗斯及东北亚全面合作的承载高地和联通国内、辐射欧亚的国家物流枢纽，打造东北全面振兴全方位振兴的增长极和示范区；黑河片区重点发展跨境能源资源综合加工利用、绿色食品、商贸物流、旅游、健康、沿边金融等产业，建设跨境产业集聚区和边境城市合作示范区，打造沿边口岸物流枢纽和中俄交流合作重要基地；绥芬河片区重点发展木材、粮食、清洁能源等进口加工业和商贸金融、现代物流等服务业，建设商品进出口储运加工集散中心和面向国际陆海通道的陆上边境口岸型国家物流枢纽，打造中俄战略合作及东北亚开放合作的重要平台。

三、主要任务和措施

（一）加快转变政府职能

1. 打造国际一流营商环境。推进"证照分离"改革全覆盖和政务服务"最多跑一次"。调整完善省级管理权限下放内容和方式。深入探索地方营商环境法治化体系建设。探索建立普通注销登记制度和简易注销登记制度相互配套的市场主体退出制度。完善知识产权评估机制、质押融资风险分担机制和方便快捷的质物处置机制。加强国际商事仲裁交流合作，提高商事纠纷仲裁国际化水平。建立健全以信用监管为核心、与负面清单管理方式相适应的事中事后监管体系。强化竞争政策的基础性地位。配合做好外商投资安全审查工作。

（二）深化投资领域改革

2. 深入推进投资自由化便利化。全面落实外商投资准入前国民待遇加负面清单管理制度。探索建立外商投资信息报告制度。探索允许外商投资企业将资本项目收入划转或结汇依法用于境内股权投资。支持外商独资设立经营性教育培训和职业技能培训机构。支持外商投资设立航空运输销售代理企业。统一内外资人才中介机构投资者资质要求，由自贸试验区管理机构负责审批，报省级人力资源社会保障部门备案。

3. 完善投资促进和保护机制。建立健全外商投资服务体系，完善外商投资促进、项目跟踪服务和投诉工作机制。鼓励自贸试验区在法定权限内制定外商投资促进政策。

4. 提高境外投资合作水平。鼓励金融机构提高对境外资产或权益的处置能力。支持"走出去"企业以境外资产和股权、采矿权等权益为抵押获得贷款。支持自贸试验区内企业开展出口信用保险项下贸易融资，在风险可控、商业可持续前提下，对效益好、资信良好的企业免抵押、免担保。

（三）推动贸易转型升级

5. 提升贸易便利化水平。加快建设具有国际先进水平的国际贸易"单一窗口"，探索拓展至技术贸易、服务外包、维修服务等服务贸易领域，待条件成熟后，逐步将服务出口退（免）税申报纳入"单一窗口"管理。在海关特殊监管区域全面实施货物状态分类监管。扩大第三方检验结果采信商品和机构范围。创新出口货物专利纠纷担保放行方式。在风险可控的前提下优化鲜活产品检验检疫流程，研究与周边国家确定鲜活农副产品目录清单。优化生物医药全球协同研发的试验用特殊物品的检疫查验流程。支持在自贸试验区符合条件的片区设立综合保税区。

6. 培育贸易新业态新模式。支持跨境电子商务综合试验区建设。支持自贸试验区内企业开展跨境电商进出口业务，逐步实现自贸试验区内综合保税区依法依规全面适用跨境电商零售进口政策。对海关特殊监管区域外有条件企业开展高附加值、高技术含量、符合环保要求的"两头在外"检测、维修业态实行保税监管。支持自贸试验区的汽车整车进口口岸建设，允许自贸试验区内汽车整车进口口岸开展平行进口汽车试点。支持哈尔滨片区申请设立国家文化出口基地。促进文物及文化艺术品在自贸试验区内的综合保税区存储、展示等。

（四）深化金融领域开放创新

7. 促进跨境投融资便利化。研究开展直接投资、外债和境外上市资本项目外汇收入结汇支付便利化试点。在依法依规前提下，允许非银行支付机构选择自贸试验区内有资质的备付金银行开立跨境人民币备付金账户。扩大人民币跨境使用，允许金融机构和企业从俄罗斯等国家和地区融入人民币资金，并纳入全口径跨境融资宏观审慎管理。探索以第三方担保、境内外资产、境外项目抵押等方式支持企业开展境内外融资。

8. 增强金融服务功能。允许银行业金融机构与俄罗斯商业银行开展卢布现钞跨境调运业务资金头寸清算，完善卢布现钞跨境调运体系。支持自贸试验区内金融机构依法依规参与租赁业境外融资、远期结售汇、人民币对外汇掉期、人民币对外汇期权等涉外业务试点。加强对重大风险的识别和系统性金融风险的防范。强化反洗钱、反恐怖融资、反逃税工作。

（五）培育东北振兴发展新动能

9. 加快实体经济转型升级。积极扶持高端装备、智能制造、新一代信息技术、新能源、新材料等新兴产业发展。推动国防工业体系与地方工业体系深度融合，积极发展航空航天、海工装备、新材料、新能源、人工智能等军民融合重点和新兴产业。加快国家新药临床试验基地建设。加快创新药品审批上市，对抗癌药、罕见病用药等临床急需的创新药品实施优先审评审批。允许企业生产和出口符合进口国注册产品标准的药品。开展医疗器械注册人制度试点，允许开展免疫细胞研究试点。支持医药企业申请特殊危险化学品运输资质。支持中药材种养殖规范化基地建设，允许委托省级药品监管部门审批中药材进口许可事项。开展国有资本投资、运营公司试点。支持成立股份制电力现货交易机构。鼓励实行工业用地弹性出让和年租政策，允许采用协议方式续期。支持开展无车承运人试点。支持设立哈尔滨临空经济区，加强临空经济区与自贸试验区的改革联动、发展联动。支持开展低空空域管理改革试点。

10. 推进创新驱动发展。支持开展科技成果转化激励政策试点，支持金融机构开展知识产权质押融资。鼓励企事业单位采取科技成果作价入股、股权期权激励、优先购买股份等方式，奖励有突出贡献的科技人才。高校、科研院所科研人员经所在单位同意，按国家有关规定可在科技研发企业兼职并获得报酬。允许高校、科研院所设立一定比例的流动岗位，吸引具有创新实践经验的企业家、科技人才兼职。推进黑龙江与广东对口合作，复制推广粤港澳大湾区先进经验，建设深圳（哈尔滨）产业园区。支持哈尔滨片区设立国家级自主创新示范区。支持新建扩建黑龙江石墨新材料实验室、哈尔滨网络安全实验室等创新平台。

支持开展国际人才管理改革试点。开展海外人才离岸创新创业试点。允许在中国高校毕业的优秀留学生在自贸试验区就业和创业。探索高校国际学生勤工助学管理制度。支持企业设立高寒、边境地区人才津贴。对企业为解决关键技术难题引进海外高层次人才和智力的，按引进境外技术、管理人才项目给予立项支持。

（六）建设以对俄罗斯及东北亚为重点的开放合作高地

11. 建设面向俄罗斯及东北亚的交通物流枢纽。进一步扩大内贸跨境运输货物范围和进境口岸范围。支持哈尔滨片区设立内陆无水港，根据运输需求及境外铁路建设情况，适时启动绥化至黑河铁路扩能改造，推进绥芬河至俄罗斯格罗杰阔沃区间铁路扩能改造。加快推进哈尔滨国际航空枢纽建设，在对外航权谈判中，在平等互利基础上，积极争取哈尔滨航空枢纽建设所需的包括第五航权在内的国际航权。支持绥芬河片区设立铁路危险化学品办理站。

12. 提升沿边地区开放水平。建设进口能源资源国家储备基地。支持自贸试验区内企业自周边国家进口钾肥，满足本省农业发展需要。支持成立独立法人的对俄罗斯购电运营主体，将俄罗斯电力使用范围扩大到黑河片区。支持自贸试验区内企业"走出去"开展境外农业合作，建设境外农业合作园区，鼓励企业对境外投资合作所得回运产品开展贸易和加工。加快推进对俄罗斯饲草准入进程，支持在一线口岸设立种子种苗、冰鲜水产品等进口指定监管作业场地。建立与口岸贸易额、过货量、鼓励类与限制类产品等综合因素挂钩的边境地区转移支付增长机制。加快发展黑河黑龙江大桥桥头区经济，探索"两国双园"合作新模式。加快黑河寒区国际汽车研发试验基地建设。

13. 畅通交往渠道。进一步为来自贸试验区开展商务、旅游等活动的外国人提供入出境便利。允许注册在自贸试验区内的符合条件的外资旅行社从事除台湾地区以外的出境旅游业务。推进黑河口岸游轮（艇）界江自由行，研究大黑河岛设立国际游艇码头口岸。积极吸引国际高端医疗企业和研发机构集聚，培育康复、健身、养生与休闲旅游融合发展新业态。研究推进中俄博览会永久会址建设。允许展会展品提前备案，以担保方式放行。支持举办大型国际冰雪赛事。

四、保障机制

坚持和加强党对改革开放的领导，把党的领导贯穿于自贸试验区建设的全过程。强化底线思维和风险意识，完善风险防控和处置机制，实现区域稳定安全高效运行，切实维护国家安全和社会安全。在国务院自由贸易试验区工作部际联席会议统筹协调下，充分发挥地方和部门积极性，抓好各项改革试点任务落实，高标准高质量建设自贸试验区。黑龙江省要完善工作机制，构建精简高效、权责明晰的自贸试验区管理体制，加强人才培养，打造高素质管理队伍；要加强地方立法，建立公正透明、体系完备的法治环境。自贸试验区各片区要把工作做细，制度做实，严格监督，严格执纪执法。各有关部门要及时下放相关管理权限，给予充分的改革自主权。本方案提出的各项改革政策措施，凡涉及调整现行法律或行政法规的，按规定程序办理。重大事项及时向党中央、国务院请示报告。

中共广东省委　广东省人民政府关于贯彻落实《粤港澳大湾区发展规划纲要》的实施意见[*]

为深入学习贯彻习近平总书记关于粤港澳大湾区建设重要讲话精神，深入贯彻落实《粤港澳大湾区发展规划纲要》（以下简称《规划纲要》），把粤港澳大湾区建设作为广东改革开放的大机遇、大文章抓紧做实，携手港澳建设富有活力和国际竞争力的一流湾区和世界级城市群，打造高质量发展的先行区、示范区，结合我省实际，提出如下意见。

一、重大意义和总体要求

（一）重大意义

粤港澳大湾区建设是习近平总书记亲自谋划、亲自部署、亲自推动的重大国家战略，是新时代推动形成我国全面开放新格局的新举措，是推动"一国两制"事业发展的新实践，对广东深化改革、扩大开放具有重要的里程碑意义。推进粤港澳大湾区建设，有利于我省深化与港澳互利合作，促进港澳保持长期繁荣稳定、更好地融入国家发展大局，充分彰显"一国两制"强大生命力；有利于我省贯彻落实新发展理念，深入推进供给侧结构性改革，推动经济发展质量变革、效率变革、动力变革，打造高质量发展的典范；有利于推动广东改革开放在新时代、新起点上再出发，全面对接国际高标准市场规则体系，加快构建开放型经济新体制，高水平参与国际经济合作和竞争；有利于我省深度参与"一带一路"建设，携手港澳构建陆海内外联动、东西双向互济的全面开放新格局，构筑"一带一路"对接融汇的重要支撑区。

（二）指导思想

以习近平新时代中国特色社会主义思想为指导，全面贯彻党的十九大和十九届二中、三中全会精神，深入贯彻习近平总书记对广东重要讲话和重要指示批示精神，全面准确贯彻"一国两制"方针，严格依照宪法和基本法办事，坚持新发展理念，切实担当好粤港

澳大湾区建设的重要职责，把粤港澳大湾区作为引领全省工作的"纲"，举全省之力推进实施，携手港澳建设充满活力的世界级城市群、具有全球影响力的国际科技创新中心、"一带一路"建设的重要支撑区、内地与港澳深度合作示范区、宜居宜业宜游的优质生活圈，引领广东实现"四个走在全国前列"、当好"两个重要窗口"。

（三）实施原则

坚持严格遵循中央顶层设计。把坚决维护习近平总书记党中央的核心、全党的核心地位，坚决维护党中央权威和集中统一领导贯彻到粤港澳大湾区建设全过程各方面，坚持在中央顶层设计下想问题、作决策、抓落实，严守政治纪律和港澳工作纪律，时时事事处处对表对标中央要求。

坚持"一国两制"。在坚守"一国"之本前提下用好"两制"之利，积极寻求最大公约数，把制度差异转化为制度优势、发展动能。严格依照宪法和基本法办事，注重运用法治化市场化方式推进与港澳合作。

坚持新发展理念。牢固树立和全面贯彻创新、协调、绿色、开放、共享的发展理念，用好我国发展的重要战略机遇期，坚定不移走高质量发展之路，大力提升经济创新力和竞争力，强化辐射带动作用，不断增强发展的整体性，推动大湾区建设成为展示新发展理念的重要窗口。

坚持改革创新。在遵循中央顶层设计前提下大胆探索、先行先试，对标国际国内最高最好最优，认真学习借鉴国际一流湾区和世界级城市群建设经验，以规则相互衔接为重点，着力破除制约大湾区建设的体制机制障碍，促进各类要素在大湾区便捷流动和优化配置。

坚持互利共赢。全面深化与港澳互利合作，主动携手港澳做好谋划落实工作，大力促进三地经济发展、民生改善。充分发挥三地综合优势，强强联手，构建具有国际竞争力的现代产业体系，打造引领高质量发展的重要动力源。

（四）发展目标

按照"三步走"的安排，携手港澳有力有序地推进粤港澳大湾区建设。

第一步，到2020年，粤港澳大湾区建设打下坚实基础。构建起协调联动、运作高效的大湾区建设工作机制，搭建起我省贯彻实施《规划纲要》、推进大湾区建设的"四梁八柱"，在国际科技创新中心建设、基础设施互联互通、现代产业体系构建、生态文明建设、优质生活圈建设、全面开放新格局构建、合作发展平台建设等方面取得重要进展，在促进人员、物资、资金、信息便捷有序流动方面取得重大突破，高质量全面建成小康社会。

第二步，到2022年，粤港澳大湾区基本形成发展活力充沛、创新能力突出、产业结构优化、要素流动顺畅、生态环境优美的国际一流湾区和世界级城市群框架。分工合理、功能互补、错位发展的城市群发展格局基本确立；协同创新环境更加优化，创新要素加快集聚，新兴技术原创能力和科技成果转化能力显著提升；供给侧结构性改革进一步深化；交通、能源、信息、水利等基础设施支撑保障能力进一步增强；绿色智慧节能低碳的生产生活方式和城市建设运营模式初步确立；粤港澳市场互联互通水平进一步提升，各类资源要素流动更加便捷高效，开放型经济新体制加快构建；经济高质量发展的体制机制、现代

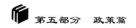

化经济体系基本建立，综合实力显著增强。

第三步，到2035年，粤港澳大湾区全面建成宜居宜业宜游的国际一流湾区。区域发展协调性显著增强，对周边地区的引领带动能力进一步提升；全面建成内联外通、综合立体、开放融合的综合交通网络；资源节约集约利用水平显著提高，生态环境质量实现根本性改善；人民生活更加富裕，社会文明程度达到新高度，文化软实力显著增强，多元文化交流融合；与港澳市场高水平互联互通基本实现，各类资源要素高效便捷流动；形成以创新为主要支撑的经济体系和发展模式，经济实力、科技实力大幅跃升，国际竞争力、影响力进一步增强，为我国基本实现社会主义现代化提供坚强支撑。

二、优化提升空间发展格局

优化区域功能和空间布局，构建极点带动、轴带支撑的网络化空间格局，推动大中小城市合理分工、功能互补，以提高珠江西岸发展水平为重点，进一步提高区域发展协调性，辐射带动周边地区加快发展。

（五）发挥极点带动作用

以香港、澳门、广州、深圳四大中心城市作为区域发展的核心引擎引领粤港澳大湾区建设，发挥香港—深圳、广州—佛山、澳门—珠海强强联合的引领带动作用，推动大湾区深度参与国际合作，提升整体实力和全球影响力。深化深港合作，加快打造深港合作机制创新升级版，以现代服务业、科技创新合作为重点，优化提升前海深港现代服务业合作区功能，推进深港科技创新合作区建设，共建粤港澳大湾区创新发展重要引擎。加快广佛同城化发展，形成一批具有全球影响力的枢纽型基础设施、世界级产业集群和开放合作高端平台，建成具有全球影响力的现代产业基地，打造服务全国、面向全球的国际大都市区。深化珠澳合作，协同推进特色金融、休闲旅游、高端装备制造、生物医药、文化创意等产业发展，共同推进珠海横琴新区开发建设，打造粤港澳大湾区经济新增长极。

（六）强化轴带支撑功能

依托以高速铁路、城际铁路和高等级公路为主体的快速交通网络与港口群和机场群，加快形成高效连接的网络化空间格局。充分发挥广深港高铁重要作用，促进粤港人员往来更加高效、便捷，支持在高铁沿线和高铁站周边建设合作平台载体，为深化粤港合作提供支撑。加快珠江口东西两岸融合互动发展，推进跨珠江口通道建设，充分发挥港珠澳大桥等既有通道作用，科学谋划新的过江通道，构建区域经济发展新轴带。拓展完善珠江西岸地区交通网络，加快快速通道建设，布局建设江珠高端产业集聚发展区等一批新的重大发展平台，增强珠江西岸发展动能。

（七）优化城市功能布局

强化广州、深圳的引领带动作用，发挥重要节点城市比较优势，加强与港澳的协同互补，加快形成分工有序、功能互补、高效协同的城市体系。支持广州实现老城市、新活力，在综合城市功能、城市文化综合实力、现代服务业、现代化国际化营商环境等方面出新出彩。支持深圳朝着建设中国特色社会主义先行示范区的方向前行，打造全面深化改革开放试验区、高质量发展先行样板、粤港澳大湾区建设核心引擎、践行新发展理念城市标杆、可持续发展议程创新示范区，努力创建社会主义现代化强国的城市范例。支持珠海经济特区发展，培育珠江口西岸核心城市。支持佛山、惠州、东莞、中山、江门、肇庆等重要节点城市充分发挥自身优势、突出产业特色、增强综合实力，共同提升大湾区城市群发展质量。

（八）促进城乡融合发展

建立健全城乡融合发展体制机制和政策体系，推动城乡基础设施互联互通、公共服务普惠共享、资源要素平等交换、生产要素充分对接，努力把短板变成"潜力板"。实施乡村振兴战略，推进农业供给侧结构性改革、农村人居环境整治，打好精准脱贫攻坚战，加快补齐农村基础设施和公共服务短板。以都市现代农业为方向，大力发展现代高科技农业、绿色农业、休闲农业、乡村旅游等，打造一批集生态、教育、文化、休闲、观光功能于一体的现代农业公园、休闲农业、田园综合体等农业功能区，建设一批农村一、二、三产业融合发展的现代农业产业园和先导区。建设广州国家现代农业产业科技创新中心。加快新型城镇化建设，大力发展特色城镇，培育一批具有特色优势的魅力城镇，形成优化区域发展格局的重要支撑。依托智慧小镇建设开展智能技术应用试验，探索未来城市发展模式。推进特大镇行政管理体制改革，在降低行政成本和提升行政效率的基础上不断拓展特大镇功能。进一步优化"三旧"改造和城市更新政策，加快盘活利用各类低效城镇建设用地。

（九）推进区域深度融合发展

强化基础设施、政策平台等重大功能统筹布局，推动大湾区内地在产业、营商环境、生态环境保护、基本公共服务等重点领域率先实现一体化。支持开展大湾区内地跨行政区经济合作探索，推进广佛肇（怀集）经济合作区、深莞惠区域协同发展试验区建设。消除区域市场壁垒，打破行政性垄断，加快探索建立规划制度统一、发展模式共推、治理方式一致、区域市场联动的区域市场一体化发展新机制，建立区域协调发展评价指标体系。探索建立区域一体化利益共享和利益补偿机制，统筹推进邻避型设施共建共享、交通基础设施对接合作、跨界流域上下游协同治理。

三、强化粤港澳大湾区辐射带动作用

以粤港澳大湾区为引领，统筹大湾区与粤东粤西粤北地区生产力布局，带动珠江—西江经济带创新绿色发展，推动大湾区与周边区域协调、协同、共同发展。

（十）推动构建"一核一带一区"区域发展新格局

深化大湾区与东西两翼沿海地区和北部生态发展区合作，推动全省全域参与大湾区建设，促进全省区域协调发展。加快建设大湾区连通东西两翼沿海地区和北部生态发展区以及贯通沿海经济带的快速大通道，推动珠三角地区世界级机场群建设，带动揭阳、湛江、梅县、韶关等机场协同发展，推动形成以大湾区世界级港口群为主体、粤东和粤西港口群为两翼的港口发展格局。加强大湾区与东西两翼沿海地区和北部生态发展区创新资源、创新市场对接，促进科技创新资源有序流动。支持大湾区优势企业参与东西两翼沿海地区和北部生态发展区重大产业项目建设，深化产业协同共建。推动大湾区与东西两翼沿海地区和北部生态发展区加强生态环境保护合作，建立市场化、多元化生态保护补偿机制。支持东西两翼沿海地区和北部生态发展区打造对接服务大湾区的旅游休闲目的地。积极构建开放互通的政策环境和相互衔接的公共服务体系，改善区域整体营商环境。以广清一体化为示范，推动环珠三角地区与大湾区一体化融合发展。推进深汕特别合作区、广清产业园、广梅产业园等区域合作平台建设，开展高水平对口帮扶，共享改革发展成果。

（十一）带动珠江—西江经济带创新绿色发展

加快构建以粤港澳大湾区为龙头，以珠江—西江经济带为腹地，带动中南、西南地区发展，辐射东南亚、南亚的重要经济支撑带。推进珠江—西江经济带、琼州海峡经济带、粤桂黔高铁经济带等沿江、沿海、沿重要交通干线的经济带和粤桂合作特别试验区等跨省区合作平台建设，促进区域要素流动和产业转移，有序发展"飞地经济"，形成梯度发展、分工合理、优势互补的产业协作体系。推动大湾区与海峡西岸城市群和北部湾城市群联动发展。加强粤港澳大湾区建设与京津冀协同发展、长江三角洲区域一体化发展、长江经济带发展、海南自由贸易试验区和自由贸易港建设的协调对接。

四、建设国际科技创新中心

深入实施创新驱动发展战略，大力加强创新基础能力建设，全力组织实施关键核心技术攻关，加快提升自主创新和科技成果转化能力，不断优化区域创新环境，打造全球科技创新高地和新兴产业重要策源地。

（十二）加强创新基础能力建设

携手港澳加快推进重大科技基础设施、重要科研机构和重大创新平台建设，在重要科技领域、新兴前沿交叉领域提升原始创新能力。依托粤港澳大湾区重大科技基础设施建设基础，选择"广州—深圳—香港—澳门"科技创新走廊的特定区域，携手香港和澳门共建综合性国家科学中心，争取国家支持集中布局建设世界一流的重大科技基础设施集群，集聚具有国际先进水平的实验室、研发机构、科研院所、研究型大学以及顶尖科学家和高层次人才，重点开展基础研究和应用基础研究，打造重大原始创新的重要策源地。推进散裂中子源、江门中微子实验站、强流重离子加速器装置、加速器驱动嬗变研究装置等国家重大科技基础设施建设，推动国家超级计算中心广州中心和深圳中心扩容升级，推进与中科院共建太赫兹国家科学中心、寒武纪智能超算平台等重大创新平台。加快推进再生医学与健康、网络空间科学与技术、先进制造科学与技术、材料科学与技术等省实验室建设，启动化工、海洋、能源、环境、农业等领域省实验室建设，争取国家支持在大湾区布局国家实验室。联合港澳围绕网络空间、现代物理、清洁能源、再生医学、健康科学、材料科学、先进制造、海洋等重点领域，打造一批前沿科学交叉研究平台。支持大湾区内地科技人才联合港澳及国际科技人才组建创新科研团队，开展原创性基础研究和技术研发产业化。鼓励境内外投资者设立研发机构和创新平台。实施粤港澳科技创新合作发展计划和粤港澳联合创新资助计划，香港、澳门在我省设立的研发机构按照与内地研发机构同等待遇原则，享受国家和我省各项支持创新的政策。建设粤港澳大湾区全球大数据硅谷和国际数据经济创新中心。搭建大湾区大数据、科技服务、知识产权服务、品牌和质量检测等共享平台。争取国家支持自然科学基金委与粤港澳三地开展联合资助，支持粤港澳有关机构积极参与国家科技计划（专项、基金等）。支持依托深圳国家基因库发起设立"一带一路"生命科技促进联盟。

（十三）强化关键核心技术攻关

协同港澳面向重大技术领域持续攻坚，努力突破关键核心技术，抢占科技竞争和未来发展制高点，早日解决"卡脖子"问题。组织实施新一代信息技术、高端装备制造、绿色低碳、生物医药、数字经济、新材料、海洋经济、现代种业和精准农业、现代工程技术等重点领域研发计划。发挥企业创新主体作用，发挥市场对技术研发方向、路线选择、要素价格、各类创新要素配置的导向作用。实施高新技术企业树标提质行动、新型研发机构高质量发展计划，鼓励企业建设产业技术研发和转化平台。支持粤港澳企业、科研机构参与国际科技创新合作，与发达国家和地区合作建立国际产学研创新联盟，设立全球领先的科学实验室和研发中心。支持企业到海外设立研发机构、创新孵化基地。联合港澳积极牵头组织或参与国际大科学计划和大科学工程，积极参与中外科技伙伴计划，共建粤港澳大湾区大数据中心和国际化创新平台。

（十四）深化区域创新体制机制改革

推动将粤港澳深化创新体制机制改革的相关举措纳入全面创新改革试验。积极构建符合科技创新规律的体制机制，推动人才、资本、信息、技术等创新要素在大湾区便捷高效流动。出台支持港澳高等院校、科研机构参与广东省财政科技计划的政策措施，鼓励港澳符合条件的高校、科研机构申报。设立粤港澳联合创新专项资金，开展重大科研项目合作，支持相关资金在大湾区跨境使用。组建省基础与应用基础研究基金，设立港澳基础研究专项及粤港澳研究团队项目。开展外籍创新人才创办科技型企业享受国民待遇试点，简化企业设立审批流程。对在大湾区内地工作、符合一定条件的境外（含港澳台）高端人才和紧缺人才，配合国家制定个人所得税税负差额补贴政策措施。推动建立健全大湾区重大科研基础设施和大型科研仪器共享使用机制。支持科研合作项目需要的医疗数据和血液等生物样品跨境在大湾区内限定的高校、科研院所和实验室使用，促进临床医学研究发展。与港澳共同研究允许科研、医疗仪器设备及药品在港澳和大湾区内地异地购置使用政策。争取国家允许粤港澳联合设立的高校、科研机构建立专用科研网络，实现科学研究数据跨境互联。

（十五）优化区域创新环境

大力推动科技金融服务创新，强化知识产权保护和运用，打造具有国际竞争力的科技成果转化基地。充分发挥香港、澳门、深圳、广州等资本市场和金融服务功能，合作构建多元化、国际化、跨区域的科技创新投融资体系。鼓励港澳在大湾区设立创投风投机构，鼓励社会资本设立科技孵化基金，推动设立粤港澳大湾区科研成果转化联合母基金，引导风险投资和天使投资投向种子期、初创期的科技企业，建立天使投资风险补偿制度。依托区域性股权交易市场，建设科技创新金融支持平台。支持香港私募基金参与大湾区创新型科技企业融资，鼓励符合条件的创新型科技企业进入香港上市集资平台。探索内地与港澳创新基金双向募集、双向投资、双向流动的新模式。强化知识产权行政执法和司法保护，更好地发挥广州知识产权法院、深圳知识产权法庭等机构作用，加强电子商务、进出口等重点领域和环节的知识产权行政和司法保护。探索制定新形态创新成果的知识产权保护办法，推进电子商务领域知识产权保护地方立法，建立健全大湾区知识产权纠纷多元化解决机制。发挥知识产权服务业集聚发展区的辐射作用，促进高端知识产权服务与区域产业融合发展。建立大湾区知识产权信息交换机制和信息共享平台。争取国家支持，推动建立粤港澳大湾区知识产权交易平台，完善知识产权评估机制、质押融资机制，探索开展知识产权融资租赁服务、知识产权投贷联动融资服务和知识产权证券化试点。开展知识产权保护规范化市场培育和"正版正货"承诺活动。加快推进中国（广东）知识产权保护中心、中国（佛山）知识产权保护中心的建设与运营，支持中新广州知识城开展国家知识产权运用和保护综合改革试验，推进珠海横琴国际知识产权交易中心和中国（南方）知识产权保护中心建设。加快构建跨境产学研合作机制，完善科技企业孵化育成体系，推动珠三角国家科技成果转移转化示范区建设，支持设立粤港澳产学研创新联盟，完善"省部院"产学研合作机制、产学研深度融合创新体系，培育建设华南技术转移中心、国家技术转移南方中心等。建设企业技术需求数据库，推动科技成果与企业技术需求有效对接。加快建设一批面向港澳的科技企业孵化器，联合港澳共建国际科技成果孵化基地。支持掌握关键核心技术、拥有自主知识产权的港澳科技人才或团队在大湾区内地落地转化科技成果。

（十六）打造高水平科技创新载体和平台

推动"广州—深圳—香港—澳门"科技创新走廊建设，以沿线的科技（学）城、高新区、高技术产业基地等创新载体建设为抓手，打造创新要素流动畅通、科技设施联通、创新链条融通的跨境合作平台。在深港科技创新合作区及深港双方毗邻区域、珠海横琴粤澳合作中医药科技产业园及周边适宜开发区域、广州南沙粤港深度合作区及庆盛科技创新产业基地等区域，建设三大科技创新合作区，打造深化港澳与内地合作的改革试验田。加快中新广州知识城、深圳光明科学城、佛山三龙湾高端创新集聚区、东莞中子科学城等重点创新平台建设，研究建设邕洲数字经济试验区。加强高新技术产业园区建设，推动国家高新区扩容，将高新区建设成为区域创新的重要节点和产业高端化发展的重要基地。支持专业性园区、产业转移工业园区转型升级为省级高新区，探索高新区"一区多园"管理模式。推进国家自主创新示范区建设，促进自创区与自贸区"双自联动"。推动珠三角九市军民融合创新发展，推进军民融合创新示范区创建，支持广东国防科技工业技术成果产业化应用推广中心建设。

五、构建现代化基础设施体系

以交通、信息、能源、水利基础设施为重点，携手港澳推进大湾区基础设施"硬联通"和机制"软联通"，形成内联外通、高效衔接的基础设施网络，建设一体化、便捷化、智能化的现代基础设施体系。

（十七）打造大湾区1小时交通圈

以连通珠江口东西两岸为重点，构建城际快速交通网络，提升客货运输服务水平，实现大湾区主要城市间1小时通达。加快深（圳）中（山）通道、虎门二桥、莲花山通道等过江通道建设，启动狮子洋通道（广州南沙至东莞虎门）、伶仃洋通道前期研究工作。与港澳共同研究完善港珠澳大桥、广深港高铁的运营管理机制。编制实施粤港澳大湾区城际（铁路）建设规划，完善大湾区铁路骨干网络，加快推进穗莞深等城际轨道项目建设，支持符合条件的城市有序发展适宜的城市轨道交通。与香港合作推动深港西部快速轨道的论证和规划建设，支持澳门轻轨延伸至横琴与内地轨道交通便捷衔接。统筹研究解决轨道枢纽、航空枢纽、高速公路出入口接驳道路拥堵问题。启用莲塘/香园围口岸，加快建设粤澳新通道（青茂口岸）、横琴口岸（探索澳门莲花口岸搬迁）等新口岸项目，提升文锦渡、沙头角等口岸功能。推进大湾区城际客运公交化运营，推广"一票式"联程和"一卡通"服务，构建一体高效、无缝衔接的综合客运网络。强化铁路和公路站场、港口、机场等货运枢纽的集疏运功能，推动发展"一单制"联运服务，构建"铁、公、水、空"一体化衔接的多式联运系统。推进货物运输结构调整，减少公路运量比重，增加铁路、水路运量比重。推进智能交通发展，建设综合运输管理服务云平台和公共信息大数据平台，推进物联网、云计算、大数据等信息技术在交通运输领域的创新集成应用。

（十八）畅通对外综合运输通道

加快构建以广州、深圳为枢纽，高速公路、高速铁路和快速铁路等出省通道为骨干，连接泛珠三角区域和东盟国家的陆路国际大通道。加快推进广州经湛江至海口、广州经汕尾至汕头、深茂铁路深圳至江门段、赣州至深圳、岑溪至罗定等铁路项目建设。争取国家支持，规划建设广州至河源、深圳至汕尾、珠海经江门至肇庆等高铁项目，研究谋划广州至清远（研究延伸至永州）、深圳经江门至南宁、广中珠澳、广深第二高铁等高铁项目。规划建设黄茅海通道，提升沿海高速公路通行能力。加快沈海高速（G15）和京港澳高速（G4）、长深高速（G25）等交通繁忙路段扩容改造。

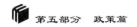

（十九）提升珠三角港口群国际竞争力

推进珠江口港口资源优化整合，促进规模化、集约化、高端化发展，与香港形成优势互补、互惠共赢的港口、航运、物流和配套服务体系，增强大湾区港口群整体国际竞争力。增强广州、深圳国际航运综合服务功能，进一步提升港口、航道等基础设施服务能力。推进广州南沙港区、深圳盐田港区和南山港区、珠海高栏港区等专业化码头和深水泊位建设。拓展港口腹地范围，推进广州南沙港铁路等疏港铁路改造建设，加快西江干线、北江干线至珠江口高等级航运主通道建设，研究东江航道扩能升级，加强与泛珠三角地区口岸合作，共建内陆无水港、沿海飞地港。研究探索在珠江口合作开发深水港区。深化珠澳港口合作。推动粤港澳在航运支付结算、融资、租赁、保险、法律服务等方面实现服务规则对接，提升大湾区内地港口航运服务国际化水平。

（二十）建设世界级机场群

推动大湾区内地机场资源整合，优化调整空域结构，深化低空空域管理改革，提升广州和深圳机场国际枢纽竞争力，增强珠海机场功能，加强与香港、澳门机场合作，共同打造国际航空枢纽。加快推进广州、深圳、珠海、惠州等机场改扩建，新建珠三角枢纽（广州新）机场，规划建设一批支线机场和通用机场。进一步扩大大湾区境内外航空网络，积极推动开展多式联运代码共享。推进高速铁路、城际铁路、城市轨道和高速公路等引入大型机场，提升机场集疏运体系和综合交通枢纽功能。加快通用航空发展，稳步发展跨境直升机服务，加快推进广州等临空经济示范区和深圳、珠海通用航空产业综合示范区建设。培育和建设一批特色临空产业基地和航空小镇。

（二十一）打造智慧城市群

推进珠三角国家大数据综合试验区和新型智慧城市试点示范建设，加快建设新一代信息基础设施，推进与港澳信息基础设施互联互通，推广信息化技术在城市建设管理中的应用，大力发展智慧交通、智慧能源、智慧市政、智慧社区，建设大湾区智慧城市群。实施信息基础设施建设行动计划，推动光纤宽带网、无线宽带网、移动物联网深度覆盖。建设下一代移动通信网络，优化4G网络基站和室内分布系统建设，加快5G通信基站建设和网络应用。推进骨干网、城域网、接入网、互联网数据中心和支撑系统的互联网协议第六版（IPv6）升级改造。加快互联网国际出入口带宽扩容，全面提升流量转接能力。编制实施粤港澳量子通信骨干网规划，布局建设量子卫星地面站。建设超高清互动数字家庭网络。建设物联网与智慧城市应用示范区，推进供水、供电、供气、排水等城市智能感知网络全面覆盖。深化粤港澳智慧城市合作，探索建立统一标准，开放数据端口，建设互通的公共应用平台，建设全面覆盖、泛在互联的智能感知网络以及智慧城市时空信息云平台、空间信息服务平台等信息基础设施。推进粤港澳网间互联宽带扩容。推动降低粤港澳手机长途和漫游费，推进大湾区通信一体化结算。推进粤港、粤澳电子签名互认。推动大湾区移动支付便利使用。探索推动区块链等先进技术在广州、深圳等城市使用，促进量子通信等保密通信技术在政府部门、金融机构等应用。建立健全网络与信息安全信息通报预警机制，加强实时监测、通报预警、应急处置工作，构建网络安全综合防御体系。

（二十二）建设能源安全保障体系

推进能源生产和消费革命，优化大湾区能源结构和布局，深化能源管理体制机制改革，保障对港澳能源供给安全，构建大湾区优质能源供给体系。大力发展绿色低碳能源，加快非化石能源利用，依托国家骨干天然气管线布局建设配套支线，扩大油气管道覆盖面，提高油气储备和供应能力，统筹推进新建液化天然气（LNG）接收站和扩大已建LNG接收站储转能力，研究推动在粤设立区域性天然气交易机构。有序开发风能资源，加快建设珠海桂山、金湾，惠州惠东港口等海上风电场。因地制宜发展太阳能光伏发电、生物质能。积极接收"西电"，安全高效发展核电，按照国家部署推进惠州核电项目建设，有序开展台山核电二期、岭澳核电三期工程前期工作。鼓励发展工（产）业园区天然气热电联产和分布式能源。大力推进煤炭清洁高效利用，严格控制煤炭消费总量，逐步消除煤炭散烧，有序推进沙角电厂、广州发电厂等老旧机组关停，适度建设天然气发电调峰电源。推进广州、珠海等国家煤炭储备基地建设，建成煤炭接收与中转储备梯级系统。加强周边区域向大湾区以及大湾区城市间送电通道等主干电网建设，完善城镇输配电网络，提高电网输电能力和抗风险能力。深化电力市场化改革，扩大电力市场交易规模，建设电力现货市场，推进增量配电业务放开。理顺天然气管网建设运营机制，形成公平开放、互联互通、竞争有序的管网输送平台，减少管网层级，降低用气成本。多渠道、多主体增加气源供应，促进接收站和储气库向第三方开放，推动天然气、液化石油气供气设施向农村延伸。研究完善对港澳输电网络、供气管道，确保港澳能源供应安全和稳定，大力发展"互联网+"智慧能源，探索建设农村能源革命示范区。

（二十三）强化水安全保障

加快完善水资源保障体系，推进建设完善的水利防灾减灾体系，提升大湾区水安全保障能力。实施最严格的水资源管理制度，配合国家制定珠江水量调度条例，严格珠江水资源统一调度管理。加快推进珠江三角洲水资源配置工程和对澳门第四供水管道建设。加强西江、北江、东江等核心水源保护，科学实施江河湖库水系连通工程。加强饮用水水源地和备用水源安全保障达标建设及环境风险防控工程建设，保障大湾区供水安全。加强粤港澳水科技、水资源合作交流。加强珠江河口综合治理与保护，推进珠三角河湖系统治理。推进中小河流治理、海堤达标加固、病险水库（水闸）除险加固、珠江干支流河道崩岸治理等工程建设，适时开展西江大湾水利枢纽、北江横岗水利枢纽项目前期工作。强化城市内部排水系统和蓄水能力建设，建设和完善珠海、中山等防洪（潮）排涝体系，有效解决城市内涝问题。加强珠江河口水文水资源监测，共同建设灾害监测预警、联防联控和应急调度系统。

六、协同构建具有国际竞争力的现代产业体系

坚持以供给侧结构性改革为主线，建设世界级先进制造业集群，推动传统产业改造升

级，培育壮大战略性新兴产业，做优做强高端现代服务业，实现粤港澳产业优势互补、紧密协作、联动发展，加快构建以创新为战略支撑、先进制造业为主体，现代金融、人力资源相配套的现代产业体系。

（二十四）加快发展先进制造业

坚持制造业立省不动摇，突出优势主导产业，加快打造电子信息、汽车、智能家电、机器人、绿色石化五个世界级先进制造业产业集群，建设具有国际竞争力的先进制造业基地。以"芯、屏、机、核"为重点优化提升珠江东岸电子信息产业，支持珠江西岸集聚攻坚先进装备制造产业，提升国家新型工业化产业示范基地发展水平。以广州、深圳为重点，珠海、惠州、东莞、中山、肇庆等市协同参与，推动在高端芯片、新一代显示技术、新一代通信技术等关键技术、高端制造装备与检测装备、核心零部件和材料上取得突破，加快建设电子信息产业集群。以广州、深圳、佛山为重点，珠海、惠州、东莞、江门、肇庆等市协同参与，推动在新能源汽车电池、智能网联技术、氢能源电池上取得突破，加快建设智能汽车产业集群。以珠海、佛山为重点，深圳、中山、江门、肇庆等市协同参与，推动在节能环保、智能产品等关键技术和制造工艺技术上取得突破，加快建设智能家电产业集群。支持广州、深圳、珠海、佛山、惠州、东莞发挥各自细分领域优势，在伺服系统、减速器、传感器等关键核心部件的研发制造上取得突破，协同推进机器人产业集群建设。以广州、惠州等市为重点，强化石油化工产业空间集聚，延伸和完善石化深加工、精细化工产业链，培育壮大绿色石化产业集群。

（二十五）加快传统产业转型升级

推动互联网、大数据、人工智能和实体经济深度融合，加快推动传统产业智能化、服务化、绿色化发展，增强传统产业核心竞争力，集中力量在高端环节形成新优势。大力发展智能制造，以基础制造装备、流程制造装备和离散型制造装备为重点，加快智能化装备的产业化和示范应用，培育一批智能制造骨干企业和智能制造系统集成公共技术支撑平台。建设国家级工业互联网创新中心，推动工业企业利用工业互联网新技术实施数字化转型。大力发展服务型制造，鼓励制造企业发展精准化定制服务等服务型制造新模式，培育一批服务型制造示范企业和项目，建设一批生产性服务业公共服务平台。大力发展绿色制造，培育壮大新能源、节能环保等产业，加快节能环保技术研发和装备推广应用，创建一批绿色工厂和绿色园区，支持企业开发绿色设计产品、打造绿色供应链。推动工程机械、机床、医疗设备等领域再制造产业集聚发展。完善制造业创新发展生态体系，实施企业创新能力和质量效益"倍增计划"，培育一批高成长高创新的"独角兽"和"瞪羚"企业。联合港澳打造若干新兴产业创新中心、制造业创新中心和技术创新中心。实施品牌战略，对标国际先进质量标准，开展质量提升行动和对标达标专项行动。加大要素保障力度，强化股权投资、贷款贴息、事后奖补等政策支持，切实降低实体经济要素成本和制度成本。支持东莞等市推动传统产业转型升级，支持佛山深入开展制造业转型升级综合改革试点。

（二十六）培育壮大战略性新兴产业

依托香港、澳门、广州、深圳等中心城市的科研资源优势和高新技术产业基础，聚焦新一代信息技术、高端装备制造、绿色低碳、生物医药、数字经济、新材料、海洋经济等战略性新兴产业，实施一批战略性新兴产业重大工程，形成若干产值超万亿元的新支柱产业。以芯片设计为基础，拓展建立完整的集成电路产业链，加快建设5G试验网、"芯火"双创基地、超高清视频产业基地，推进打造新型显示"材料—面板—模组—整机"纵向产业链。推进高档数控机床与工业机器人、增材制造装备等关键技术装备研发，加快发展智能传感器、精密减速器、智能仪表仪器等产业，建设国内领先的高端装备基地。培育壮大新能源、节能环保等产业，形成以节能环保技术研发和总部基地为核心的产业集聚带，推进佛山（云浮）跨区域氢能产业合作，支持建设国家级产业标准创新生产基地（氢能）。加快高通量测序、基因合成、细胞治疗等新技术转化应用，加速仿生医学、组织工程与再生医学技术发展，推进名优中成药二次开发。加快人工智能、区块链、大数据技术的研究与运用，与港澳在动漫游戏、网络文化、数字文化装备、数字艺术展示等数字创意产业开展全面合作，推动数字创意在会展、电子商务、医疗卫生、教育服务、旅游休闲等领域应用，共建数字创意产业基地。以广州新材料产业国家高技术产业基地、江门珠西新材料集聚区等为重点，在先进基础材料、关键战略材料、前沿新材料等方面加快建设一批特色新材料基地。

（二十七）携手港澳建设国际金融枢纽

坚持金融服务实体经济，重点支持广州、深圳、珠海、佛山等市金融业错位发展、优势互补，加快发展科技金融、绿色金融，推进与港澳金融市场互联互通，携手港澳建设国际金融枢纽。推进广州完善现代金融服务体系，建设区域性私募股权交易市场，建设产权、大宗商品区域交易中心，加快建设广州国际金融城。推动深圳依规发展以深圳证券交易所为核心的资本市场，争取国家支持扩大"深港通"每日额度，建设科技产权交易中心、创新资本形成中心。推进澳门—珠海跨境金融深度合作，探索建设澳门—珠海跨境金融合作示范区，支持与葡语系国家的人民币结算业务发展。支持佛山依托广东金融高新技术服务区，打造现代金融后援服务基地。大力发展特色金融产业，加快推进广州绿色金融改革创新试验区建设，探索设立服务绿色企业的现代绿色金融服务机构，研究设立以碳排放为首个交易品种的创新型期货交易所。加快推进深圳保险创新发展试验区建设，支持在前海开展再保险产品和制度创新，研究推出巨灾债券，创新发展航运保险、物流保险、融资租赁保险、邮轮游艇保险、跨境电商保险等业务。探索粤港澳大湾区保险服务中心建设。争取国家支持设立粤港澳大湾区绿色技术银行。推进深港金融市场互联互通和深澳特色金融合作，开展科技金融试点，加强金融科技载体建设。鼓励开发性、政策性金融机构和商业银行推进大湾区客户认定、授权管理、授信政策以及产品创新的一体化。加大投融资模式创新，积极探索REITS等创新金融产品，盘活存量资产，形成投融资良性循环。推动逐步扩大大湾区内人民币跨境使用规模和范围，支持大湾区银行机构按规定开展跨境人民币拆借、即期结售汇业务以及人民币与外汇衍生产品业务、理财产品交叉代理销售业务。支持大湾区内的企业按规定跨境发行人民币债券。在依法合规前提下，研究大湾区内基金、保险等金融产品跨境交易，不断丰富投资产品类别和投资渠道，建立资金和产品互通机制。支持大湾区保险机构开展跨境人民币再保险业务。支持符合条件的港澳银行、保险机构在深圳前海、广州南沙、珠海横琴设立经营机构。鼓励省内基金公司参与内地与香港公开募集证券投资基金互认工作。支持有序开展合格境外有限合伙人（QFLP）业务，争取国家支持扩大合格境内有限合伙人（QDLP）试点。依托全省金融资产交易市场，构建服务大湾区资源要素市场化配置和流转的金融基础设施平台。探索粤港澳保险机构在符合法律法规及监管要求的前提下，合作开发创新型跨境机动车保险和跨境医疗保险产品，为跨境保险客户提供便利化承保、查勘、理赔等服务。推进跨境电子支票联合结算、跨境电子账单直接缴费、支付工具跨境使用等金融服务创新。推动建立大湾区金融监管协调沟通机制，加强跨境金融机构监管和资金流动监测分析合作。完善粤港澳反洗钱、反恐怖融资、反逃税监管合作和信息交流机制。建立和完善系统性风险预警、防范和化解体系，共同维护金融系统安全。

（二十八）构建现代服务业体系

依托港澳现代服务业优势，以航运物流、旅游服务、文化创意、人力资源服务、会议展览及其他专业服务等为重点，构建错位发展、优势互补、协作配套的现代服务业体系。推进电子商务与快递物流协同发展，大力发展第三方物流和冷链物流，加强快递物流标准体系建设，携手港澳建设国际物流枢纽。推动粤港澳深化工业设计合作，促进工业设计成果产业化。深化粤港澳文化创意产业合作，有序推进市场开放。联合港澳引进国际知名展览品牌和配套服务企业。鼓励粤港澳共建专业服务机构，促进会计审计、法律服务等专业服务加快发展。支持大湾区企业使用香港的检验检测认证等服务。引进港澳发达成熟生活性服务业，促进健康服务、家庭服务、文化旅游等生活性服务业向精细和高品质转变。

（二十九）大力发展海洋经济

坚持陆海统筹、科学开发，联合港澳拓展蓝色经济空间，共同建设现代海洋产业基地。优化海洋开发空间布局，科学统筹海岸带（含海岛地区）、近海海域、深海海域利用。重点发展海洋电子信息、海上风电、海洋高端智能装备、海洋生物医药、天然气水合物、海洋公共服务等海洋产业，培育壮大海水淡化和综合利用、海洋可再生能源等海洋新兴产业。加快推进海洋交通运输、海洋油气、船舶制造、临海石化、海洋渔业等海洋传统产业转型升级。推动粤港澳海洋旅游、海洋文化、海洋金融和航运服务等海洋服务业融合发展。加强海洋科技创新平台建设，促进海洋科技创新和成果高效转化。加快"智慧海洋"建设，提升粤港澳海洋观测、监测、预报能力，提高海洋防灾减灾水平。支持深圳建设全球海洋中心城市，支持建设国家深海科考中心、南方海洋科学城。探索在境内外发行企业海洋开发债券，鼓励产业（股权）投资基金投资海洋综合开发企业和项目，依托香港高增值海运和金融服务的优势，发展海上保险、再保险及船舶金融等特色金融业。

七、推进生态文明建设

牢固树立和践行"绿水青山就是金山银山"的理念，把生态保护放在优先位置，实行最严格的生态环境保护制度，携手港澳加强污染联防联治，推动形成绿色发展方式和生活方式，实现粤港澳大湾区天更蓝、山更绿、水更清、环境更优美。

（三十）筑牢生态防护屏障

建立完善自然生态空间用途管制体系，科学划定县域城镇、农业、生态空间和生态保护红线、永久基本农田、城镇开发边界等"三区三线"，强化国土空间用途管制。实施重要生态保护和修复重大工程，统筹山水林田湖草系统治理，构建生态廊道和生物多样性保护网络。加强珠三角周边山地、丘陵及森林生态系统保护，推进粤北连绵山体森林生态屏障建设，深入实施新一轮绿化广东大行动，加快建成珠三角国家森林城市群。实施濒危野生动植物保护工程，加强珍稀濒危动植物及其栖息地的保护。推进珠三角绿色生态水网建设，建立湿地保护分级体系，加快建设一批湿地公园，健全河长制湖长制，强化与港澳水生态环境保护领域合作，打造区域水生态文明建设合作典范。严格落实海洋功能区划，实行岸线分级分类管理，建立健全海岸线动态监测机制，强化近岸海域和海岛生态系统保护与修复，推进重要海洋自然保护区及水产种质资源保护区建设与管理，实施水生生物资源养护工程，加强滨海湿地、河口海湾、红树林、珊瑚礁等重要生态系统保护，鼓励人工岸线生态化改造，携手港澳开展滨海湿地跨境联合保护，建设粤港澳大湾区水鸟生态廊道。

（三十一）加强环境保护和治理

坚持以预防为主，推进综合治理，强化水、大气、土壤等污染防治，切实提升环境质量。统筹陆海水环境综合整治。实施东江、西江及珠三角河网区污染物排放总量控制，重点加强东江下游支流沙河、公庄河、小金河污染治理。实施重要江河水质提升工程，重点整治珠江东西两岸污染，规范入河（海）排污口设置。推进深圳河、广佛跨界河流、茅洲河、淡水河、石马河、东莞运河等流域综合整治，全面消除劣Ⅴ类断面，消除珠三角城市建成区黑臭水体，实现重点河流水质明显改善。开展珠江河口区域水资源、水环境及涉水项目管理合作，贯通珠江三角洲水网，构建全区域绿色生态水网。深入开展"蓝色海湾"整治行动，推进珠江口近岸海域综合整治，建立重点海域入海污染物总量控制制度，大力整治不达标入海河流，建立海洋环境实时在线监测系统，建立健全跨境海漂垃圾信息通报和联合执法机制。实施更严格的清洁航运政策，联合港澳建立船舶排放控制监管联动机制，共同推进珠江口水域船舶排放控制管理工作，提高港口岸电使用率。强化区域大气污染联防联控。完善粤港澳区域大气污染联防联治合作机制，采取硬措施整治大气污染，实施粤港珠三角空气质素管理计划，统筹防治臭氧和细颗粒物（PM2.5）污染。推进粤港澳空气质量预报预警合作，联合开展挥发性有机物在线监测，建设华南区域空气质量预测预报中心。制定挥发性有机物总量控制指标审核及管理办法，实施挥发性有机物排放量两倍削减替代，全面完成工业涂装、印刷、制鞋等重点工业企业低挥发性原料改造。大力推进燃煤锅炉和窑炉清洁能源替代，推进重点行业"煤改气"。加强"车、油、路"统筹，加快推进机动车污染综合防治，提前实施机动车国Ⅵ排放标准，实现车用柴油、普通柴油和部分船舶用油"三油"并轨。探索建立新车注册登记环节环保查验制度，推动珠三角各市建设机动车遥感监测系统并与省平台联网。加强土壤污染和固体废物防治。开展粤港澳土壤治理修复技术交流与合作，推进受污染土壤的治理与修复示范，有效遏制土壤污染加重趋势。实施农用地分类管理，防控农业面源污染。实施生活垃圾强制分类制

度，推广餐厨废弃物的资源化利用和无害化处理。加强危险废物处理处置能力建设，推进一般工业固体废弃物资源化利用，探索建立粤港澳固体废物再生循环利用合作机制，强化跨境转移监管，全面禁止"洋垃圾"入境。

（三十二）创新绿色低碳发展模式

建设绿色发展体系，变革传统生产方式、生活方式、消费方式，实现绿色低碳循环发展。创新绿色低碳发展体制机制，研究建立资源环境承载能力监测预警机制和大湾区绿色低碳发展指标体系，推动大湾区开展绿色低碳发展评价，力争碳排放早日达峰。推动建立大湾区绿色产品标准、标识和认证制度。深化碳排放权交易试点，低碳城市、城镇试点示范，推广深圳东部、东莞国家生态文明先行示范区建设经验，推进广州、深圳、中山等国家低碳城市试点，支持佛山禅城低碳发展示范区建设和中山小榄北区近零碳排放社区建设，实施近零碳排放区示范工程试点项目，推广碳普惠制试点，推动粤港澳碳标签互认机制研究与应用示范。调整产业结构、能源结构，加快落后产能退出，完成"散乱污"工业企业（场所）综合整治。推进资源节约利用和循环利用，严控水资源消耗总量和强度，建立节约集约用地激励和约束机制，全面开展省级以上园区循环化改造升级。推进粤港清洁生产伙伴计划。推动佛山南海国家环境服务业华南集聚区、粤澳（江门）产业合作示范区环保产业园、肇庆环保科技城等节能环保产业基地建设。依托粤港澳三地环保展览或论坛，积极搭建国内外低碳节能环保技术装备展示和项目对接平台。加快建设"一带一路"环境技术交流与转移中心（深圳）、粤港澳大湾区环境科学实验室、粤港澳大湾区（中山）生态环境保护联合创新中心。加强粤港澳环境保护宣传交流合作，共同倡导简约适度、绿色低碳的生活方式。推广绿色消费，规范快递业、共享经济等新业态、新消费的绿色标准，实行生产者责任延伸制度，推动生产企业落实废弃产品回收责任。加快推进绿色建筑发展，严格执行新建建筑节能监管措施，推动既有建筑节能改造，支持绿色生态小区建设。倡导绿色出行，加强绿道、古驿道与公共交通的衔接，培育慢行交通网络。大力推进公交电动化和其他领域新能源汽车推广运用，加快充电设施网络建设。

（三十三）完善环境保护机制

落实领导干部任期生态文明建设责任制，实行自然资源资产离任审计制度，严格环境损害责任追究和惩戒。建立完善粤港澳环保交流合作机制与平台，协调解决粤港澳大湾区生态环境保护和应对气候变化等重大问题。加强对台风等灾害性天气的联合预警预报，与港澳联合建设大湾区气象监测预警预报中心。实施最严格的环保法规标准、环境准入制度，建立健全环境污染"黑名单"和环保信用评价、信息强制性披露、严惩重罚等制度。

八、建设宜居宜业宜游的优质生活圈

坚持以人民为中心的发展思想，始终把人民对美好生活的向往作为奋斗目标，拓展与港澳在教育、文化、旅游、创业、医疗、社会保障等领域合作，积极引进港澳优质公共服务，完善便利港澳同胞在大湾区内地发展的配套政策，构建与国际接轨的公共服务体系，共同打造宜居宜业宜游的优质生活圈。

（三十四）打造教育高地

积极引进港澳和国际教育资源，加强教育交流合作，便利粤港澳居民共享优质教育资源。推动港澳高校到大湾区内地合作办学，共建优势学科、实验室和研究中心。推进香港科技大学、香港城市大学、澳门科技大学及香港大学（医学院）、香港中文大学（医学院）落户广东。支持粤港澳高校联盟建设发展，推动三地高校探索开展相互承认特定课程学分、实施更灵活的交换生安排、科研成果分享转化等方面的合作交流。实施大湾区高校联合实验室、协同创新中心建设计划。推进世界一流大学和一流学科建设，引进世界知名大学和特色学院，探索建设国际化大学城园区，打造大湾区国际教育示范区。争取国家支持，推动高起点创建大湾区大学，创新办学机制，建设高水平民办应用型本科高校，研究建立粤港澳大湾区教师教育学院，扩大广东高校对港澳、"一带一路"沿线国家和地区招生规模，提升留学人才培养质量，打造留学生集聚地。争取国家支持与港澳共同制定粤港澳大专（副学位）学历分批实施互认方案。推进粤港澳职业教育合作，支持各类职业教育实训基地交流合作，共建一批特色职业教育园区，建立职业教育资源共享机制。支持建设港澳子弟学校或设立港澳儿童班并提供寄宿服务。鼓励三地中小学校结为"姊妹学校"，研究探索三地幼儿园缔结"姊妹园"。制定在粤就读持港澳居民来往内地通行证学生与内地学生同等享受交通、旅游门票等优惠政策。完善跨区域就业人员随迁子女就学政策，推动实现平等接受学前教育、义务教育和高中阶段教育，确保符合条件的随迁子女顺利在流入地参加高考。落实港澳居民到广东考取教师资格并任教政策规定。

（三十五）建设人才高地

借鉴港澳吸引国际高端人才的经验和做法，实行更积极、更开放、更有效的人才引进政策，创造更具吸引力的引进人才环境。建立紧缺人才清单制度，定期发布紧缺人才需求，拓宽国际人才招揽渠道，引进一批站在世界科技前沿、处在创新高峰期的创新领军人才和高层次创新团队，凝聚海外留学归国青年人才。实施省重点研发项目联合招才计划、省重大实验室访问学者计划等，联合港澳开展招才引智工作，推动以侨引才。探索采用法定机构或聘任制等形式引进人才参与大湾区的建设和管理。加快建设粤港澳人才合作示范区，推进粤港澳职业资格互认，拓宽港澳专业人士在大湾区内地的执业范围。建立完善外籍、港澳台人才认定标准体系和人才认定机制。争取国家支持，率先实施更优人才居留政策，推动在技术移民等方面先行先试，缩短外籍人才申请永久居留的审批期限，允许符合认定标准的外籍高层次人才及其配偶和未成年子女随同申请永久居留。完善国际化人才培养模式，加强人才国际交流合作，推进职业资格国际互认。完善人才激励机制，健全人才双向流动机制。建设粤港澳大湾区（广东）人才港。推进广州、深圳等国家级人力资源服务产业园建设，建立粤港澳人力资源服务产业园联盟。加快江门人才岛、全国博士后创新（江门）示范中心建设。

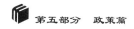

（三十六）共建人文湾区

发挥粤港澳地域相近、文脉相亲的优势，完善大湾区公共文化服务体系，打造文化精品，共同推进中华优秀传统文化创造性转化、创新性发展。建立粤港澳大湾区文化合作工作机制，促进大湾区文化事业与文化产业发展。推进粤港澳在保护利用世界文化遗产、传承弘扬岭南文化等方面的合作，推动岐澳古道与世界文化遗产澳门历史城区步行系统连接，充分挖掘利用大湾区内文物古迹、世界文化遗产和非物质文化遗产、古驿道等资源，构建大湾区文化遗产游径系统。加强粤港澳文艺精品生产与推广，打造"广东文化精品丝路行"等文化交流品牌，举办粤港澳大湾区艺术精品巡展巡演、经典粤剧大湾区巡演等文化展演活动。吸收中华优秀传统文化精华，大力弘扬廉洁修身、勤勉尽责的廉洁文化，形成崇廉尚洁的良好社会氛围，共同维护向善向上的清风正气，构建亲清新型政商关系，推动廉洁化风成俗。加强与港澳在广播影视生产、演艺人才交流等方面的合作，推动建设影视文化和音乐产业基地，探索中外合作摄制电影片相关审批绿色通道。加强大湾区艺术院团、演艺学校及文博机构交流，支持博物馆、美术馆合作策展。支持建立大湾区演艺联盟，便利艺术院团在大湾区内跨境演出。联合港澳打造一批国际性、区域性的文化演艺活动和体育品牌赛事。加强香港与广州从化无规定马属动物疫病区在进出境检验检疫和通关等方面合作，推进马匹运动与相关产业发展。支持广州建设岭南文化中心和对外文化交流门户，支持深圳发展时尚文化产业，支持珠海与澳门联合共建亚洲（中国）设计博物馆，支持中山建设孙中山文化国际交流中心，支持江门建设华人华侨文化交流合作重要平台，支持肇庆府城复兴项目建设，支持共建世界美食之都，加快推进"粤菜师傅"工程。

（三十七）加强粤港澳青少年交流

搭建港澳青年在大湾区交流学习项目平台，推动青年交往交流、交心交融。共同组织开展粤港澳大湾区香港/澳门青年实习计划、青年同心圆计划、澳门青年到深圳实习及就业项目等活动，稳步扩大港澳青年来粤实习规模。支持粤港澳大湾区青年行动联盟发展，建设一批粤港澳大湾区青年家园。共同组织粤港澳三地师生旅游研学活动，开展港澳青少年国学夏令营、粤港澳青年文化之旅、粤港澳大学生岭南文化研修班、香港青少年国防体验营等项目，共建一批研学旅游示范基地。开展宪法和基本法、国家历史、民族文化教育宣传活动。举办粤港澳大湾区青年高峰论坛、粤港澳台暨海外华裔青少年文化交流等活动。

（三十八）构筑休闲湾区

依托大湾区特色优势，建设多元旅游平台，构建休闲度假、养生保健、邮轮游艇等多元旅游产品体系，开发高铁"一程多站"旅游产品，建设粤港澳大湾区世界级旅游目的地。联合港澳共建深圳太子湾、广州南沙湾、香港启德港邮轮母港集群。支持深圳、广州建设中国邮轮旅游发展实验区，进一步增加国际班轮航线，探索研究简化邮轮、游艇及旅客出入境手续。研究探索内地邮轮旅客以过境方式赴港参与全部邮轮航程。推动划定游艇自由行活动水域，建立高效便捷的游艇自由行管理机制。推动珠三角城市建设国家全域旅游示范区。建设贯通潮州到湛江并连通港澳的滨海旅游公路，推动滨海旅游业高品质发展，完善滨海旅游基础设施及公共服务体系，将海湾、沙滩、海岛、渔村串联起来，打造蓝色旅游经济带。支持利用大湾区海岸线资源发展帆船、冲浪、海钓、潜水等滨海体育休闲项目。大力发展乡村旅游，实施产区变景区、田园变公园、劳作变体验、农房变客房"四变工程"，拓展农业农村的休闲、康养、观赏等功能。支持广州南沙国家健康医疗旅游示范基地建设。支持珠海、江门等开发滨海康养旅游产品。加快建设珠海万山群岛、江门川山群岛、惠州稔平半岛、深圳大鹏半岛等一批滨海旅游度假区，加快建设一批产业、文化、旅游"三位一体"的滨海特色风情小镇，探索以旅游等服务业为主体功能的无居民海岛整岛开发方式。探索开通香港—深圳—惠州—汕尾海上旅游航线。

（三十九）拓展就业创业空间

完善区域公共就业服务体系，建设公共就业综合服务平台，便利港澳居民在大湾区内地就业创业。完善取消港澳居民来粤就业许可制度配套政策措施。制定港澳居民中的中国公民参加大湾区内地事业单位公开招聘实施办法，建立以直接考核方式招聘高层次急需紧缺人才的"绿色通道"。按照国家部署，推进港澳居民中的中国公民依法报考内地公务员工作。建设粤港澳公共就业综合服务平台，探索推动三地在服务项目、内容、流程、标准等方面业务协同。推动在粤就业的港澳居民同等享受各类创业就业补贴政策。推动在深圳前海、广州南沙、珠海横琴建立港澳创业就业试验区，试点允许取得建筑及相关工程服务等港澳相应资质的企业和专业人士为内地市场主体直接提供服务，并研究推出更多试点项目和开放措施。加快推进粤港澳青年创新创业基地建设，重点建设粤港澳大湾区（广东）创新创业孵化基地、深港青年创新创业基地、前海深港青年梦工场、南沙粤港澳（国际）青年创新工场、中山粤港澳青年创新创业合作平台、中国（江门、增城）"侨梦苑"华侨华人创新产业聚集区、东莞松山湖（生态园）港澳青年创新创业基地、惠州仲恺港澳青年创业基地等。鼓励社会资本探索设立港澳青年创新创业基金，鼓励更多港澳青年进驻基地创新创业。

（四十）塑造健康湾区

推动优质卫生资源紧密合作，争取国家放宽大湾区内地医疗领域限制，加强食品安全合作，打造健康湾区。支持港澳医疗卫生服务提供主体在珠三角九市按规定以独资、合资或合作等方式设置医疗机构，便利港澳医师注册执业，争取国家放宽使用境外药品及医疗器械等有关限制。与港澳合作发展区域医疗联合体和区域医疗中心，打造国际化的医疗技术人员和管理人员培训基地。将符合条件的港资、澳资医疗机构按规定纳入医疗保险协议管理范围。建立与香港、澳门中药质量研究机构合作机制，共同研究制定国际认可的中医药产品质量标准。建立区域内重症传染病人会诊机制，完善紧急医疗救援联动机制。加强医疗卫生人才联合培养和交流，推动粤港澳医务人员开展学术交流。支持粤澳合作中医药科技产业园发展，开展中医药产品海外注册公共服务平台建设。推进健康城市、健康村镇建设。支持中山创建国家生物医药科技国际合作创新区。支持江门建设粤港澳大湾区医疗养生基地。支持肇庆建设粤港澳大湾区南药健康产业基地。加强食品食用农产品安全合作，完善港澳与内地间的食品安全溯源体系，与港澳共同建立食品安全信息通报案件查处和食品安全事故应急联动机制。建立完善粤港澳进出口食品农产品合作制度。支持港澳参与广东出口食品农产品质量安全示范区和"信誉农场"建设，高水平打造惠州粤港澳绿色农产品生产供应基地、肇庆（怀集）绿色农副产品集散基地。

（四十一）促进社会保障和社会治理合作

完善社会保障领域制度建设，推动港澳居民在医疗、养老、住房等民生方面享有与内地居民同等待遇。推进社会保障合作，推动进一步完善在粤就业港澳人员参加社会保险有关政策，贯彻落实国家关于持有居住证的港澳居民参加城乡居民养老保险、医疗保险政策。推动港澳在我省实施异地就医费用结算，增加在粤试点医院数量，直接结算港澳居民在试点医院的医疗费用。完善便利港澳居民在大湾区内地购房（租房）政策。深化养老服务合作，支持港澳投资者在珠三角九市按规定以独资、合资或合作等方式兴办养老等社会服务机构，港澳投资者在粤兴办养老机构与内地民办养老机构享受同等待遇。推进国家级医养结合试点，建设一批区域性健康养老示范基地。探索与港澳共建跨境社会救助信息系统，开展社会福利和慈善事业合作。深化社会治理合作，支持珠三角九市县（市、区）与香港、澳门片区、堂区建立结对交流合作机制，为港澳居民提供参与志愿服务、社区活动、文化交流的渠道。建立社会治安治理联动机制，加强粤港澳警务合作交流，强化矛盾纠纷排查预警和案件应急处置合作，联合打击跨境犯罪活动，统筹应对传统和非传统安全威胁。建立粤港澳突发事件应急处置联动机制和应急协调平台，制定重大突发事件应急预案，不定期开展应急演练，提高应急合作能力。

九、加快形成全面开放新格局

充分发挥港澳在对外开放中的功能和作用，进一步优化珠三角九市投资和营商环境，提升大湾区市场一体化水平，实现粤港澳开放资源融合、开放优势互补、开放举措联动，引领形成陆海内外联动、东西双向互济的开放格局，打造"一带一路"建设重要支撑区。

（四十二）打造国际一流的营商环境

深化"放管服"改革，加快转变政府职能，推进营商环境法治化建设，加快社会信用体系建设，形成稳定、公平、透明、可预期的一流营商环境。支持广州、东莞等开展深化营商环境综合改革试点，支持深圳、广州开发区创建营商环境改革创新实验区。深化商事制度改革，加强事中事后监管，推广"证照分离"，推进"照后减证"，进一步压缩企业开办时间。深化投资项目审批改革，进一步清理精简审批、核准等事项，压缩全流程审批时间。推动商事登记"银政通"服务向港澳、"一带一路"沿线国家和地区拓展，实现商事登记服务前移、离岸受理、远程办理。探索简化港澳资企业商事登记公证文书，推进粤港澳投资跨境商事登记全程电子化。推行权力清单、责任清单等管理制度，提高行政效能。加强市场综合监管，健全以"双随机、一公开"监管为基本手段、以重点监管为补充、以信用监管为基础的新型监管机制。建立健全行业协会法人治理结构，鼓励行业协会商会制定行规行约，充分发挥行业协会商会在制定技术标准、规范行业秩序、开拓国际市场、应对贸易摩擦等方面的积极作用，探索将行业管理与协调性职能、社会事务管理与服务性职能、技术服务性职能与市场自律职能依法转移给具有相应资质的社会组织。探索开展营商环境地方立法工作。依法平等保护各种所有制经济产权，依法保护民营企业、中小企业的合法权益，营造公平竞争环境，着力激发微观主体活力，按国家部署建立因政府规划调整、政策变化造成企业合法权益受损的依法依规补偿救济机制。加强粤港澳司法交流与协作，推动建立共商、共建、共享的多元化纠纷解决机制，推动建设大湾区国际仲裁中心。推动成立服务参与"一带一路"建设的法律类社会组织，加快推进"一带一路"法治地图建设。创新涉外法治人才培养培训机制，建设涉外法律人才教育培养与科研创新基地。研究制定广东省社会信用条例，建立全覆盖的信用信息归集和共享机制、"红黑名单"和信用联合奖惩制度。加强信用信息标准规范、企业信息公开、个人隐私保护、信用服务市场化、个人诚信分、诚信店品牌等方面建设。推动与港澳开展信用信息共享、信用评价标准对接、信用产品互认、信用服务机构资质互认等合作，探索依法对区域内企业联动实施信用激励和失信惩戒措施。推动法治化营商环境同社会信用体系建设、市场伦理建设、营商操守建设、行业自律建设相结合，倡导诚实经营、诚信经商，形成人人遵纪守法、个个诚信守信的营商文化氛围。积极学习借鉴港澳在政务服务、社会治理、城市管理等方面经验，探索在深圳前海、广州南沙和珠海横琴特定区域建立与港澳趋同的服务管理模式。

（四十三）加快数字政府建设

创新"互联网＋政务服务"模式，实现政务数据融合汇集，提高行政服务效率。落实《广东"数字政府"改革建设方案》，优化建设"广东政务服务网"。加快清理整合分散独立的政务信息系统，建设在线智慧政府，建好"粤省事"综合服务平台，打破"信息孤岛"，提高行政服务效率。加快"多证合一"系统、"开办企业一窗受理"、中介服务超市等营商主题服务系统建设，推行数字政府"指尖计划"，持续开展减证便民行动。推进广东自贸试验区"企业专属网页"优化办事流程，逐步实现"零跑动"。探索建立数据交易中心和政府数据运营中心，建立数据开放和交易规则，推动跨部门综合专网建设和电子政务数据开放。

（四十四）高标准建设广东自由贸易试验区。发挥自贸试验区的试验田作用，统筹抓好广州南沙、深圳前海蛇口、珠海横琴3个片区建设，打造高水平对外开放门户枢纽。加快推进《进一步深化中国（广东）自由贸易试验区改革开放方案》各项试点任务，落实《国务院关于支持自由贸易试验区深化改革创新若干措施的通知》，积极承接国家部委下放的各项管理权限，研究向片区下放新一批省市级管理权限，赋予自贸试验区更大改革自主权，争取形成更多可复制可推广的改革创新经验。研究制定广东自贸试验区对外开放负面清单指引，营造更加开放透明的投资环境，建设开放型经济新体制先行区。推动全球报关服务系统、全球进出口商品质量溯源体系、粤港澳自贸通等重点制度创新事项落地实施，加快发展离岸贸易、国际分拨、中转集拼等新型贸易模式，打造国际航运枢纽和国际贸易中心。推动将合格境内投资者境外投资试点范围扩大到广州南沙、珠海横琴片区，建设金融业对外开放试验示范窗口。争取自贸试验区扩区，建设粤港澳大湾区自由贸易

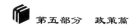

通道。

（四十五）推进投资贸易自由化便利化

全面实施准入前国民待遇加负面清单管理制度，继续在自贸试验区进行开放试点。在CEPA框架下积极争取扩大港澳资金融机构业务范围，扩大教育、文化、医疗、法律、建筑、航运等专业服务业市场准入。争取国家支持，推动允许港商独资或控股的开发建设项目试点采用香港工程建设管理模式，推动全面放开港澳居民个体工商户经营范围，实现与大湾区内地个体工商户享有同等待遇。完善全省统一的电子口岸平台建设，推广应用"单一窗口"新上线的跨境电子商务、公路及空运舱单等功能模块。探索实施更高标准的"一线放开、二线安全高效管住"贸易监管制度。深入推进粤港澳服务贸易自由化，研究制定相关港澳专业人士执业管理办法，探索在广东自贸试验区允许具有港澳执业资格的金融、建筑、规划、专利代理等领域专业人才，经相关部门或机构备案后，按规定范围为自贸试验区内企业提供专业服务，试点成熟后，在大湾区内复制推广。拓展"一试三证"（一次考试可获得国家职业资格认证、港澳认证及国际认证）范围，促进粤港澳在与服务贸易相关的人才培养、资格互认、标准制定等方面加强合作，有序推进制定与国际接轨的服务业标准化体系。加强质检资源共享和检测认证结果互认，推动建立粤港澳品牌认证联盟并构建互认机制。支持广州、佛山、中山市开展市场采购贸易方式试点。推进广州、深圳、珠海、东莞跨境电子商务综合试验区建设。

（四十六）促进人员车辆货物往来便利化

制定便利签注政策，推广快速通关模式，降低货物通关成本，促进粤港澳大湾区要素有序流动。推动完善大湾区内地居民申领港澳商务签注人员范围及签注有效期等相关规定。推动港澳居民可持用回乡证在大湾区内地便利使用。争取国家支持，在大湾区内地全面实施部分国家外国人144小时过境免签政策，允许已抵达港澳的外国人向口岸签证机关申请办理旅游签证，在港澳工作居住的外国人申请办理有效期5年以内的多次入境有效签证。加强与港澳口岸部门协作，强化电子化、信息化等手段运用，推广快速查验模式和新型查验技术，依法推动在粤港澳口岸实施更便利的通关模式，推动莲塘/香园围口岸车辆实施"一站式"查验。进一步完善澳门小汽车便利入出横琴的政策措施，研究制定全面放开香港和澳门私家车经港珠澳大桥珠海公路口岸入出内地的政策。完善粤港、粤澳两地牌机动车管理政策措施，研究探索允许两地牌机动车通行多个口岸。深化信息互换、监管互认、执法互助大通关改革，推进建设"线上海关"，在大湾区具备条件的口岸全面推广实施"一站式"通关，推进口岸查验单位一次性联合检查，进一步压缩通关时间。研究对大湾区内地出口港澳货物、从港澳或国际经大湾区内地口岸转口的货物，除国家规定特殊情形或港澳要求外，试点推行更加便利的货物通关查验模式。

（四十七）打造"一带一路"建设重要支撑区

发挥港澳优势，携手参与国际物流、国际航线、国际金融等方面建设，深化与相关国家和地区合作交流。落实粤港、粤澳携手参与国家"一带一路"建设合作意向书。推进川贵广—港澳—南亚国际物流大通道、粤港澳物流合作园、广州大田、广东（石龙）铁路跨境国际物流基地建设，加大广东"中欧班列"政策扶持力度，加快开通一批面向"一带一路"沿线国家和地区的国际直飞航线和旅游包机航线。支持广州港、深圳港拓展全球海运网络。推动粤港澳金融机构在跨境融资、资产转让、跨境担保等跨境人民币同业合作，打造人民币跨境使用示范区。办好广东 21 世纪海上丝绸之路国际博览会，积极参与香港"一带一路"高峰论坛、澳门国际贸易投资展览会。

（四十八）全面参与国际经济合作

发挥港澳在对接国际市场方面重要的桥梁纽带作用，支持大湾区优质企业和优势产品走出去，开展跨国并购和全球营销，强化对重点国别和地区的招商引资，高水平引进外资，提升大湾区参与国际合作的竞争力。支持大湾区企业联手走出去，推动广东制造业、建筑业、能源资源行业与港澳会计、投资、法律、保险、商务咨询等服务业合作，开展跨国投资、跨国并购。加强粤港澳港口国际合作，与相关国家和地区共建港口产业园区，建设区域性港口联盟。建立走出去专业服务联盟、建设走出去信息服务平台和重点项目库。支持符合条件的粤港澳机构合作设立人民币海外投贷基金，为企业走出去开展投资、并购提供投融资服务。健全大湾区国际产能合作机制，打造中白工业园广东光电科技产业园、中国·越南（深圳—海防）经贸合作区、尼日利亚广东经贸合作区、肯尼亚珠江经济特区、华坚埃塞俄比亚轻工业城、中国（广东）—乌干达国际产能合作工业园等一批高水平国际产能合作园区。支持企业在香港设立资本运作中心及企业财资中心，开展融资、财务管理等业务，提升风险管控水平。推进粤港澳专业展会合作，建设广东产品全球展览平台网络。支持佛山与香港开展离岸贸易合作。举办粤澳商品系列展会，支持澳门建设葡语国家商品集散中心，合作开拓葡语国家和其他地区市场。加大引进外资力度，完善与世界主要经济体交流合作机制，联合港澳开展投资营商环境推介，建立大湾区投资信息服务平台，组织开展中国（广东）—美国投资合作交流会、中国（广东）—欧洲投资合作交流会，吸引跨国公司总部和国际组织总部落户大湾区。高水平建设中新广州知识城、中韩（惠州）产业园等国际合作园区。

十、共建粤港澳合作发展平台

加快推进深圳前海、广州南沙、珠海横琴等重大平台开发建设，发展一批特色合作平台，充分发挥其在进一步深化改革、扩大开放、促进合作中的试验示范作用，引领带动粤港澳全面合作。

（四十九）优化提升深圳前海深港现代服务业合作区功能

深化深港合作，依托香港、服务内地、面向世界，坚持并不断完善前海发展模式，促进现代服务业集聚发展，在参与"一带一路"建设、推进大湾区建设、高水平参与国际竞争合作方面发挥更大作用，创造出更多可复制推广的经验。推进扩容提质发展，推动修编出台前海深港现代服务业合作区总体发展规划，争取国家将前海先行先试政策和支持措施整体适用于扩大后的范围。加强与香港基础设施高效联通。扩大香港工程建设模式实施范围，推广建筑信息化模型（BIM）技术应用。借鉴香港经验提升城市建设和运营管理水平，建设国际一流森林城市，突出水城共融城市特色，打造可持续发展的绿色智慧生态城区。加快前湾国际学校、国际医疗中心、国际金融交流中心等项目建设，建设富有活力和国际竞争力的国际化城市新中心。推进深港现代服务业合作发展，在CEPA框架下争取国家支持放宽港澳投资者在深圳设立银行、证券、保险等机构的准入门槛、业务开展等方面的限制。建立与大湾区开放创新相适应的账户管理体系。依托香港交易所前海联合交易中心，推动国际航运、大宗商品、产权、碳排放权等交易平台发展。建设跨境经贸合作网络服务平台，深化拓展前海湾保税港区功能，探索建设新型国际贸易中心和国际高端航运服务中心。积极发展离岸贸易等国际贸易新兴业态，打造货权交割地。支持科技企业区内注册、国际经营，鼓励引进国际创新创业团队在前海建设离岸创新创业平台。支持在有条件的海关特殊监管区域开展保税研发业务。依托经济特区立法权，加快构建适应开放型经济发展的制度规则体系，探索治理模式、财政体制等领域创新，打造法治建设先行区。加强深港司法合作交流，完善港籍陪审员和港籍调解员制度，深化涉外涉港澳审判机制改革。深化粤港澳合伙联营律师事务所试点，支持前海律师事务所在境外设立分支机构。建设集国际商事调解、域外法律查明于一体的国际商事调解中心，争取国家支持探索推动香港国际仲裁机构在前海设立分支机构，联动香港打造国际法律服务中心和国际商事争议解决中心。

（五十）打造广州南沙粤港澳全面合作示范区

充分发挥国家级新区和自贸试验区优势，加快建设大湾区国际航运、金融和科技创新功能承载区，高标准推进广州南沙城市规划建设，携手港澳建成高水平对外开放门户。加快重大港航基础设施项目建设，集聚粤港澳现代航运服务资源，发展航运服务业和邮轮游艇产业。强化国际贸易功能集成，推进保税物流、出口集拼、大宗商品交易等平台建设。推动各类外事资源和国际组织落户南沙，携手港澳建设中国企业走出去综合服务基地。以发展人工智能产业为重点，加快南沙庆盛科技创新产业基地建设，打造大湾区人工智能产业引领示范区。依托华南技术转移中心、香港科技大学霍英东研究院等重大平台，为香港纳米技术及先进材料、资讯及通讯技术、物流及供应链管理应用技术等研发中心提供更大发展空间，建成一批港澳科技成果对接转化平台。规划建设粤港产业深度合作园，加快基础设施建设和产业导入。推动葡语系国家商品展示销售综合平台提质升级，探索建设粤澳合作葡语国家产业园。探索建设南沙（粤港澳）数据服务试验区。推进金融服务创新试验示范，高标准建设南沙国际金融岛，逐步引入国际金融论坛运营总部、各国常设金融机构驻广州总部等重点平台。着力发展航运金融、科技金融、融资租赁等服务实体经济的特色金融。加快推动设立粤港澳大湾区国际商业银行。加快建设广州航运交易结算中心，支持南沙争取国际航运保险业务免征增值税政策。合理统筹解决新增建设用地规模。推进与周边地区在城市规划、综合交通、公共服务设施等方面的一体化衔接，构建"半小时交通圈"。深化全国人才改革试验，规划建设大湾区国际人才创新创业基地和海外华人华侨交流基地，精准引进高、精、尖紧缺人才，打造南沙国际化人才特区。加强生态环境建设，传承和弘扬岭南文化、水乡文化和海洋文化。

（五十一）推进珠海横琴粤港澳深度合作示范

推动建立"澳门资源＋全球技术＋创新人才＋横琴载体"产业合作新模式，提升横琴发展创新活力，支持澳门更好融入国家发展大局。充分发挥澳门和横琴旅游资源综合优势，主动协同澳门高水平建设珠海横琴国际休闲旅游岛。加快横琴科学城建设，支持横琴与澳门共同发展特色芯片设计、测试和检测，推动建设高新技术产业园。加快推进横琴澳门青年创业谷和粤澳合作产业园等重大合作项目建设，研究建设粤澳信息港。支持横琴与澳门携手建设和运营大数据交换中心、离岸数据中心，打造下一代互联网产业集群。支持粤澳合作中医药科技产业园发展，探索加强与国家中医药现代化科技产业创新联盟合作。支持横琴与珠海保税区、洪湾片区联动发展，依托港珠澳大桥建设粤港澳物流园，承接香港物流、供应链服务等现代服务业西拓，打造"大桥经济区"。争取国家支持横琴在医疗健康领域先行先试，在国际诊疗合作、前沿医疗技术研究运用、境外药品和医疗器械注册审批等方面实施更加开放的创新政策，探索符合条件的港澳和外籍医务人员直接在横琴执业。争取国家支持优化拓展横琴"分线管理"政策，推动实现全岛服务、货物贸易"一线基本放开、二线高效管住"。探索实行澳门的规划及工程监管机制，由澳门专业人士和企业参与民生项目开发和管理。支持申建国家级海外人才离岸创新创业基地。研究将外国人签证居留证件签发权限下放至横琴。深化民生合作，支持珠海和澳门在横琴合作建设集居住、教育、医疗、社区服务等功能于一体的综合民生项目，探索澳门医疗体系及社会保险直接适用并延伸覆盖至该项目。研究在横琴设立澳门子弟学校。推进全面对外开放合作，做实做强做优中拉经贸合作平台，搭建内地与"一带一路"相关国家和地区的国际贸易通道，推动跨境交付、境外消费、自然人移动、商业存在等服务贸易模式创新。开展跨境贸易电子商务网购保税进口业务，推动葡语国家产品经澳门更加便捷地进入内地市场。

（五十二）支持深港科技创新合作区建设

全面加强深港科技合作，探索实施"境内关外"的科技创新管理制度和国际科技合作机制，深入开展科技创新要素自由流动等体制改革，建立有利于科技产业创新的国际化营商环境，推动基础设施互联、科技资源共享、协同创新提升、新兴产业培育、国际创新拓展、创新服务优化等，打造深港跨境深度合作新支点、粤港澳大湾区创新发展新引擎。重点发展人工智能、机器人、生命健康及微电子等产业创新集群。争取国家支持合作区建设离岸创新基地。支持合作区参与国家南方科学中心建设，组建国际微电子创新中心。加快口岸智慧化改造和福田保税区转型升级。推动建设跨境通信试验区。

（五十三）支持中新广州知识城建设

高质量推进广东省营商环境改革创新实验区建设和知识产权综合改革试点，加快自贸试验区创新制度在知识城复制推广，打造与港澳营商环境对接、经济发展协同的合作体系，创建粤港澳大湾区制度创新先行区。强化与新加坡全面合作，推动知识城先进制造业与新加坡工业4.0技术深度融合，大力发展战略性新兴产业，规划建设价值创新园区集群，打造知识经济发展新高地和中新两国创新合作新标杆。支持建设新一代信息技术、数

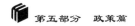

字经济、生物医药、新能源、新材料及智能芯片和粤港澳大湾区科技创新综合孵化园等价值创新园。支持开展粤港澳知识产权保险、交易、贸易活动，加快建设广州知识产权交易中心。

（五十四）支持珠海西部生态新区建设

发挥新区海港、空港、海洋及江河水系等资源优势，在先进装备制造业、临港工业和现代服务业等领域深化与港澳合作，形成生态优先、陆海联动、产城融合的珠港澳新型合作模式。建立与港澳高校、企业交流的机制，共建面向粤港澳的企业孵化基地和青年创新创业中心。联手港澳打造具有国际影响力的大湾区主题会展和旅游品牌。深化万山海洋开发试验区功能，协同香港、澳门发展面向国际的邮轮市场。

（五十五）支持佛山粤港澳合作高端服务示范区建设

依托制造业发展基础，为港澳产业金融、工业设计、科技服务、离岸贸易、信息服务、专业服务等高端生产性服务企业到佛山发展提供更好服务，建设"香港＋佛山"深度合作支撑区。对接香港科创研发技术团队，加快季华实验室等项目建设。大力发展智能制造、人工智能、数字经济，建设智慧城市，打造生态宜居创新发展示范区。

（五十六）支持惠州潼湖生态智慧区建设

深化与香港企业、科研机构产学研合作，共建广东省科技体制改革创新示范区，打造粤港澳大湾区国际化创新创业活力区、科技成果转化高地。重点在半导体、物联网、智能制造、科研服务、文化创意等方面与港澳开展全方位合作，建设高端电子信息产业集群。携手港澳打造绿色生态城市示范区，建立绿色低碳的基础设施体系，加快培育绿色、循环、低碳产业链，提升产业科技含量和资源利用效率。

（五十七）支持东莞滨海湾新区建设

探索粤港澳协同发展先导区政策创新，打造具有国际水平的滨海湾创新链走廊，集聚高端制造业总部，发展现代服务业，建设战略性新兴产业研发基地。构建高端电子信息发展轴、现代服务业发展轴和战略性新兴产业发展轴"三轴"联动核心产业空间。打造法治化、国际化营商环境新高地，带动商贸物流等传统产业转型升级。

（五十八）支持中山翠亨新区建设

深化与香港、澳门、深圳等城市以及国际先进地区在生物医药、高端装备制造业、新一代电子信息、高端服务业、青年创新创业等领域合作，高水平建设翠亨科学城，加快打造国际化现代化城市新中心、珠江口东西两岸融合发展示范区、粤澳全面合作示范区。深度挖掘和弘扬孙中山文化，搭建文化交流平台。

（五十九）支持江门大广海湾经济区建设

深化与港澳在金融、旅游、文化创意、电子商务、海洋经济、职业教育、生命健康等领域合作，建设粤港澳合作用海示范区，打造粤港澳深度合作发展试验区。加快江门银湖湾滨海地区开发,推动江澳绿色经济合作,探索粤澳合作发展的新模式,打造绿色智慧海滨新城、粤港澳大湾区产业服务平台。

(六十) 支持肇庆新区建设

主动承接港澳和广州、深圳溢出产业,加快建设粤港澳大湾区生态科技产业园。高标准推进交通基础设施建设,建设大湾区辐射大西南的大型物流集散基地,打造供港供澳重要农产品物流基地。促进跨境电商产业集聚,支持大西南地区企业在肇庆新区建立大湾区总部。依托丰富的自然旅游资源,建设大湾区健康产业发展和养生旅游度假胜地。

十一、保障措施

(六十一) 加强组织协调

省推进粤港澳大湾区建设领导小组负责我省推进粤港澳大湾区建设工作的统一领导、统一指挥、统一协调。省领导小组办公室负责落实领导小组决策部署、加强统筹协调、督促任务实施。在省领导小组的框架下,分领域成立若干专项工作小组,负责推进专门领域工作。珠三角九市参照省的模式成立领导小组和办公室,党委主要负责同志是推进《规划纲要》实施第一责任人。粤东粤西粤北地区各市要主动加强与省有关部门的对接,积极融入大湾区发展。主动协同港澳做好谋划落实工作,推动建立粤港澳三地推进大湾区建设协调机制,衔接落实粤港、粤澳合作框架协议,共同协商解决大湾区合作发展中的重大问题。

(六十二) 加强政策支持

建立用地、用林、用海规模和指标统筹机制,对纳入大湾区战略部署的重大平台、重点项目用地需求予以优先保障。完善产业用地供需保障机制,设定产业保护区,建立产业用地供需平台。创新重大公共基础设施工程用地审批机制。探索建立基于保护的生态用地退耕还林、征转分离、规划调整、指标规模核算等生态用地保护政策。建立实施海岸线使用占补制度和异地有偿补充制度。发挥财政政策导向作用,实施大湾区重大专项激励,争取中央专项资金、新增地方政府债券、政府投资基金支持,发挥开发性和政策性金融机构专项贷款引导作用,强化对大湾区建设的支持。推动粤港澳合作开展法制创新,涉及调整地方性法规、政府规章的,按法定程序报立法机关作出调整;涉及调整法律和行政法规的,省有关部门先行与国家有关部委沟通协调后,报省政府统一向国家争取作出调整。

(六十三) 构建推进规划实施体系

构建科学规划体系,联合香港、澳门特区政府,共同编制实施科技创新、基础设施、产业发展、生态环境保护等领域专项规划。统筹开展大湾区建设其他领域专项规划的编制工作。分解落实各项重点工作任务,制订实施大湾区建设三年行动计划和年度工作要点,建立并动态更新大湾区建设重点项目库和创新政策库，明确分阶段进展目标和责任分工。

（六十四）防范化解重大风险

做好金融、政府债务、房地产等领域风险防范工作。探索建立大湾区金融监管协作机制，共同做好跨境金融风险的监管和处置。坚决打击违法违规金融活动。有效规范政府举债融资，坚决遏制新增各种形式的隐性债务。加大财政约束力度，有效抑制不具有还款能力的项目建设。加大督促问责力度，坚决制止违法违规融资担保行为。提升口岸监管水平，在促进跨境进出便利化的同时，坚守安全底线，维护国门安全。

（六十五）构建科学考核评估导向机制

探索建立符合我省实际的大湾区建设指标体系、统计体系和绩效评价体系。省推进粤港澳大湾区建设领导小组对《规划纲要》实施情况组织综合督察或专项督察，组织有关机构对实施《规划纲要》的工作情况适时进行评估。省市县各级建立向党委报告《规划纲要》贯彻落实情况工作的制度，将《规划纲要》贯彻落实情况列为领导班子和领导干部政绩考核和党政机关绩效考核事项。

（六十六）鼓励社会参与

配合国家建立粤港澳大湾区发展研究院、粤港澳大湾区发展咨询委员会。联合港澳推动建立联合投资开发机构和发展基金。鼓励省工商企业界、专业服务界、学术界等与港澳建立联系机制，加强交流合作。配合国家建设粤港澳大湾区门户网站，搭建项目、信息和人才需求发布平台，建立粤港澳大湾区信息数据中心。建立粤港澳大湾区联合海外推介机制，携手港澳走出去推介大湾区。加强对粤港澳大湾区的宣传引导，开展形式多样的宣传推介活动，畅通公众意见反馈渠道，营造全社会共同参与大湾区建设的良好氛围。

广东省人民政府关于印发广东省优化口岸营商环境促进跨境贸易便利化措施的通知*

粤府函〔2019〕31 号

各地级以上市人民政府，省政府各部门、各直属机构：

现将《广东省优化口岸营商环境促进跨境贸易便利化措施》印发给你们，请认真组织实施。实施过程中遇到的问题，请径向省商务厅反映。

广东省人民政府

2019 年 2 月 3 日

广东省优化口岸营商环境促进跨境贸易便利化措施

为落实《国务院关于印发优化口岸营商环境促进跨境贸易便利化工作方案的通知》（国发〔2018〕37 号）要求，持续深入推进"放管服"改革，进一步优化我省口岸营商环境，实施更高水平跨境贸易便利化措施，促进我省外贸稳定健康发展，制定如下措施。

一、规范和降低口岸收费

（一）完善规范口岸收费目录清单

充分发挥省市清理口岸收费工作小组职责作用，协同推进落实全省清理口岸收费工作方案，持续完善规范口岸收费目录清单，并在国际贸易"单一窗口"网站动态更新公布。（省商务厅、财政厅、发展改革委、交通运输厅、市场监管局，海关总署广东分署，广东、深圳海事局及各地级以上市人民政府负责）

---

* 摘自广东省人民政府网站。

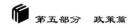

（二）开展口岸收费检查

加强对各地公示口岸收费目录清单的指导检查，引导督促经营单位在经营现场显著位置及企业门户网站公示口岸收费目录清单，及时查处违规自立收费项目、超标准收费、滥用市场支配地位乱收费等行为。（省市场监管局、发展改革委、财政厅、交通运输厅、商务厅，海关总署广东分署，广东海事局及各地级以上市人民政府负责）

（三）加强新增收费项目监管

督促企业做好新增的口岸收费项目公示，新增收费项目须完成公示且无异议后方可实施收费，严肃查处价格违法违规行为。（省市场监管局、发展改革委、财政厅、交通运输厅、商务厅及各地级以上市人民政府负责）

（四）鼓励扩大免除查验未发现问题外贸企业吊装、移位、仓储费用适用范围。鼓励有条件的地区借鉴广州市南沙区先行先试做法，依法依规适当扩大免除查验未发现问题外贸企业吊装、移位、仓储费用适用范围。（省财政厅、商务厅，海关总署广东分署及各地级以上市人民政府负责）

（五）停收来往港澳小型船舶公共信息平台相关服务费

建立政府购买来往港澳小型船舶公共信息平台（以下简称"小船平台"）相关服务机制，停止"小船平台"收取文件传输及网络维护费和航次信息服务费。2019年6月底前，推动"小船平台"申报功能并入国际贸易"单一窗口"标准版，实现企业通过国际贸易"单一窗口"免费申报。（省商务厅、发展改革委、财政厅，海关总署广东分署负责）

（六）推动降低货物港务费、港口设施保安费、引航费

支持有条件的地区依法依规推动免除货物港务费地方政府留存部分、港口设施保安费公共统筹部分等项目收费；推动降低集装箱班轮引航费；争取国家相关部委支持，推动降低港口建设费、货物港务费、港口设施保安费等的收费标准或合并、取消收费项目。（省交通运输厅、发展改革委，广东、深圳海事局及各地级以上市人民政府负责）

（七）推动降低经营服务性收费

推动航空口岸货站运营单位分步实施降低货站处理费、货物保管费等经营服务性收费。推动降低货代、船代、物流、仓储、港口服务等环节经营服务性收费。（省商务厅、发展改革委、交通运输厅、市场监管局及各地级以上市人民政府负责）

（八）推动降低报关报检服务和检疫处理收费

在深化关检业务融合、推进货物报关报检实现一次申报的基础上，推动整合降低报关报检服务费用。落实检疫处理降费政策，推动开放检疫处理业务市场，充分实现公平竞争；推动停止邮政、快件检验检疫业务咨询服务收费。（海关总署广东分署，省市场监管局、商务厅负责）

（九）推动降费政策措施红利惠及外贸企业

建立行业主管部门与船公司及船代货代公司的协调沟通机制，推动相关环节降费政策措施红利惠及外贸企业。加强降费政策措施的宣传推广，使外贸企业了解并用好相关政策措施。（省商务厅、财政厅、发展改革委、交通运输厅、市场监管局，海关总署广东分署，广东、深圳海事局及各地级以上市人民政府负责）

二、提高口岸通关服务水平

（十）公开口岸经营服务作业时限

督促广州港、深圳港、珠海港等重要港口口岸经营服务企业率先制定并公开场内转运、吊箱移位、掏箱和货方提箱等作业时限标准，2019年底前实现全省外贸集装箱港口口岸经营服务企业全面公开时限标准。（省交通运输厅、商务厅，海关总署广东分署及各地级以上市人民政府负责）

（十一）公示口岸通关流程

支持口岸查验单位在口岸现场、口岸办事大厅、国际贸易"单一窗口"和各单位门户网站等公示通关作业流程、环节、时限、所需单证。（省商务厅，海关总署广东分署，广东、深圳海事局及各地级以上市人民政府负责）

（十二）公开口岸通关服务热线

推动国际贸易"单一窗口"95198服务热线在全省范围内实现"电信、移动、联通"三网全覆盖；在口岸现场、口岸办事大厅和国际贸易"单一窗口"公布海关12360、国际贸易"单一窗口"95198等服务热线，及时受理企业咨询、投诉并做好后续服务工作。（省商务厅，海关总署广东分署，省通信管理局，广东、深圳海事局及各地级以上市人民政府负责）

（十三）推广海运口岸智能通关模式

支持黄埔海关实行"厂港联动""场港一体"监管模式并在全省相关口岸推广，通过实行"智能卡口""智能地磅""智能审图""智能装卸"和"智能选查"等智能化监管手段，提升口岸通关服务水平，实现企业7×24小时报关、口岸7×24小时通关、船舶7×24小时通航，企业跨境货物全天候通关。（海关总署广东分署，省商务厅及各地级以上市人民政府负责）

（十四）提升国际会展业贸易通关便利化水平

推动中国进出口商品交易会、中国国际高新技术成果交易会等大型国际会展贸易通关流程进一步简化，精简申报项目，合并随附单证，实现会展监管"一次申报、一单通关"。依托国际贸易"单一窗口"平台，推动实现进境展品通关全程无纸化、电子化、网络化；对展品实行"分阶段交单"监管模式，为参展企业办理通关手续提供便利。（海关总署广东分署及各地级以上市人民政府负责）

（十五）加快发展多式联运

推进完善粤港跨境货栈模式，实现香港机场与广州南沙保税港区一站式"空陆联运"（须在入境口岸实施检疫的货物除外）。支持有条件的地级以上市加快发展多式联运，建设和申报国家多式联运示范工程。支持相关部门及口岸查验单位探索研究制定多式联运服务规则，促进不同运输方式监管服务无缝连接。（省交通运输厅、发展改革委、商务厅，海关总署广东分署及各地级以上市人民政府负责）

（十六）建立口岸营商环境评估机制

委托第三方机构按照世界银行营商环境相关评价指标，对标国际先进，对我省口岸营商环境总体情况进行评估，推动建立常态化跟踪监测机制。（省商务厅负责）

三、加强国际贸易"单一窗口"建设

（十七）完善广东电子口岸平台建设

统筹推进广东电子口岸平台总体规划和建设，推进深圳"单一窗口"数据汇聚到广东电子口岸平台。加强"单一窗口"数据安全管理，发挥"单一窗口"数据效能。（省商务厅、发展改革委、财政厅、政务服务数据管理局，海关总署广东分署及深圳市人民政府负责）

（十八）全面推广国际贸易"单一窗口"标准版应用功能

全面推广国际贸易"单一窗口"标准版各项应用功能在我省应用上线，2020年底前主要业务（货物、舱单、运输工具申报）应用率达到100%。（省商务厅，海关总署广东分署，广东、深圳海事局及各地级以上市人民政府负责）

（十九）推进口岸通关时效评估系统建设

依托国际贸易"单一窗口"，在全省具备条件的水运口岸（码头）推广口岸通关时效评估系统，力争在2019年底前推广到航空、陆路口岸。加强对全省口岸通关时效的统计分析，每月定期通报全省各地口岸整体通关时间。（省商务厅，海关总署广东分署及各地级以上市人民政府负责）

（二十）推进口岸物流信息电子化

加大科技投入，推进口岸设施设备建设升级和物流信息电子化，提升口岸管理智能化水平,加快实现口岸各作业环节无纸化和电子化。依托国际贸易"单一窗口",支持广州、汕头、江门市在2019年底前先行试点建设口岸物流协同平台,推动实现口岸物流信息电子化流转,进出口企业"一站式"在线办理换单、押箱、提箱等手续,减少单证流转环节和时间。(省商务厅、交通运输厅,海关总署广东分署,广东、深圳海事局及各地级以上市人民政府负责)

四、推动粤港澳大湾区口岸通关管理模式改革创新

(二十一)推动粤港澳大湾区口岸基础设施更紧密互联互通

推进深圳莲塘、珠海青茂等新口岸建设,加快深圳皇岗、沙头角和珠海拱北、横琴、九洲港等老口岸改造,协同港澳推进优化粤港澳大湾区口岸功能定位,促进口岸基础设施更紧密互联互通,提升口岸通关能力。(深圳、珠海市人民政府,省商务厅,海关总署广东分署,广东海事局,深圳、珠海边检总站负责)

(二十二)推广"合作查验、一次放行"和"一站式"新型通关模式

2019年底前,总结完善港珠澳大桥珠海公路口岸查验机制改革创新成果,在珠海青茂口岸旅检通道实行"合作查验、一次放行"通关模式,在深圳莲塘口岸车辆通道实行客、货车辆"一站式"通关模式,推进澳门莲花口岸搬迁至珠海横琴并在旅检通道实行"合作查验、一次放行"通关模式。支持推进边检与海关共享旅客通关信息,提升监管效能和旅客通关效率。(省商务厅,海关总署广东分署,深圳、珠海边检总站及深圳、珠海市人民政府负责)

(二十三)推广水运口岸货物"水上巴士"通关模式

支持黄埔海关创新实行粤港澳大湾区水运口岸货物"水上巴士"通关模式并在全省相关口岸推广,采取提前预配舱单,共享舱位信息,实现船舶多港停靠、随时装卸,为粤港澳大湾区进出口企业提供内外贸、进出口同船运输,驳船水运中转,内贸跨境运输等多种水路运输模式便利通关服务。(海关总署广东分署,省商务厅及广州、深圳、珠海、中山、江门市人民政府负责)

(二十四)推进粤港澳大湾区车辆便利通关

2019年底前,进一步完善澳门单牌机动车便利进出横琴政策措施,制定相关配套措施,便利粤港、粤澳两地牌机动车从多个口岸出入境。(省商务厅、公安厅,海关总署广东分署,深圳、珠海边检总站及深圳、珠海市人民政府负责)

(二十五)推进粤港澳大湾区跨界车辆信息管理综合服务平台建设

2019年底前,依托国际贸易"单一窗口"标准版公路运输工具申报系统,建设"粤

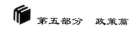

港澳大湾区跨界车辆信息管理综合服务平台"，简化粤港澳跨界车辆审批和备案流程，实现粤港澳车辆通行粤港澳大湾区"网上办""协同办"。（省商务厅、公安厅，海关总署广东分署，深圳、珠海边检总站及深圳、珠海市人民政府负责）

（二十六）推动粤港、粤澳"单一窗口"交流合作

依托国际贸易"单一窗口"标准版，加强与香港、澳门"单一窗口"对接交流，务实推进合作。探讨推进粤港澳大湾区"单一窗口"建设。（省商务厅，海关总署广东分署，深圳、珠海边检总站，广东、深圳海事局负责）

（二十七）建立供港澳鲜活产品"绿色通道"

对供港澳鲜活产品推行预约候检、优先查验、优先检测、快速验放。对供港澳食品农产品推行直通放行制度（负面清单产品除外）。（海关总署广东分署负责）

（二十八）推动实施口岸物流便利通关措施

2019年底前，推动广州、深圳港口岸开展海运进出境货物中转集拼业务。推动在广州港口岸南沙港区试行周日和法定节假日外贸货物正常通关业务。推动在深圳湾口岸设立深圳、香港机场中转旅客车辆通关专用通道并提供行李直挂服务。（广州、深圳市人民政府，省商务厅、海关总署广东分署，广州、深圳边检总站，广东海事局负责）

（二十九）推动香港赛马会从化马场马匹便利通关和有效监管

联合开展疫病监测和风险评估，实现马匹"监管互助、结果互认、信息互通、联合监测"的通关检疫监管模式。在落实有效监管的基础上，推进实现运输马匹车辆和马会进口自用饲料、马用药品等货物在粤港口岸便利通关。（省商务厅，海关总署广东分署，深圳边检总站及广州、深圳市人民政府负责）

（三十）推进粤港澳游艇自由行

研究完善港澳游艇出入境管理机制和操作规范。推进建立完善港澳游艇出入境担保方式。研究探索创新游艇监管模式，进一步简化游艇通关手续。支持各地进一步推进完善配套设施建设，推进游艇码头对外开放、划定游艇活动水域。（省文化和旅游厅、商务厅，海关总署广东分署，广东、深圳海事局，广州、深圳、珠海边检总站及广州、深圳、珠海、惠州、中山、江门市人民政府负责）

五、加强组织实施

（三十一）强化工作责任

各地、各有关部门要切实落实责任，加强协同配合，形成工作合力，推动各项措施扎

实有序落地实施、取得实效；要全力支持配合国家有关部门、中央驻粤口岸管理单位落实有关改革任务。各地级以上市人民政府要强化对本地区优化口岸营商环境工作的组织领导和统筹协调，研究制定配套措施，加大宣传推广力度，指导企业用足用好相关政策措施。省商务厅要加强统筹推进，及时协调解决工作过程中的问题。

（三十二）建立健全督导考核机制

省商务厅要牵头会同有关部门加强对各地、各有关单位优化口岸营商环境工作的督导考核，结合工作实际科学设立考核指标，及时开展督促检查和跟踪评估，每半年对各地、各有关单位工作情况进行综合通报或专项通报，每年将有关工作情况报告省政府。各地级以上市人民政府、中央驻粤口岸管理单位要相应建立健全督导考核机制，确保各项措施落到实处。优化口岸营商环境工作情况纳入省政府督察范围。

黑龙江省优化营商环境条例[*]

第一章 总 则

第一条 为了优化营商环境，规范公权力行使，依法平等保护市场主体合法权益，维护市场秩序，激发市场活力，促进经济社会高质量发展，根据有关法律、行政法规，结合本省实际，制定本条例。

第二条 本省行政区域内的优化营商环境工作，适用本条例。

本条例所称营商环境，是指市场主体在准入、生产经营、退出等过程中涉及的有关外部因素和条件，主要包括政务环境、市场环境和法治环境。

第三条 优化营商环境工作应当坚持以人民为中心、依法办事、公开公正、诚实守信、优化服务、廉洁高效和权责一致的原则，构建良好的人文环境，发挥市场在资源配置中的决定性作用，运用互联网、云计算、大数据、区块链等现代化技术手段，营造稳定公平透明、可预期的营商环境。

第四条 县级以上人民政府应当加强对优化营商环境工作的领导，建立协调机制，坚持问题导向，研究解决营商环境存在的问题。

各级人民政府和有关部门应当按照各自职责，制定优化营商环境工作实施方案，明确目标、任务和具体工作措施，共同做好优化营商环境工作。

各级人民政府和有关部门的主要负责人，是本行政区域、本部门优化营商环境工作的第一责任人。

第五条 县级以上人民政府营商环境建设监督部门（以下简称营商环境主管部门）是本行政区域优化营商环境工作的主管部门，负责组织实施本条例。

第六条 省人民政府应当建立和完善营商环境考核制度，确立评价指标体系。

优化营商环境工作应当纳入巡视巡察和年度目标考核。

县级以上营商环境主管部门应当对同级有关部门、下一级人民政府开展优化营商环境工作年度目标考核，并将考核结果相应抄送被考核单位的本级或者上一级人民政府和有关部门。

---

* 摘自黑龙江省人民政府网站。

设区的市级以上营商环境主管部门应当引入第三方评价本行政区域的营商环境，并将市场主体和社会公众满意度作为评价的重要内容，评价结果应当及时向社会公布。

第七条　县级以上人民政府和有关部门应当通过官网、微信公众号和报刊、广播电视等媒介听取市场主体意见建议，互动交流，宣传优化营商环境工作的政策措施和经验成果，营造良好舆论氛围。

第八条　县级以上人民政府应当建立优化营商环境工作激励机制，对在优化营商环境工作中做出显著成绩的单位和个人给予表彰、奖励。

第九条　市场主体应当遵守法律、法规和社会公德、商业道德，诚实守信、公平竞争，自觉维护市场秩序。

第二章　政务环境

第十条　各级人民政府和有关部门在优化营商环境工作中应当坚持法定职责必须为、法无授权不可为的原则。

省人民政府应当组织各级人民政府根据市场准入负面清单、权责清单、政务服务事项清单、证明事项清单和中介清单等，按照统一规范、减少环节、优化程序、高效便捷的要求，全面推行"马上办、网上办、就近办、一次办、我帮办"工作机制，建立政务服务事项标准化工作制度，统一编码、统一名称、统一办理条件、统一申请材料、统一服务流程，编制政务服务机构、有关部门、基层便民服务窗口和网上办理事项的目录、流程、指南，细化、量化办结时限、裁量标准，实行动态管理，并向社会公布。

第十一条　设区的市、县级人民政府应当设立统一的政务服务机构，实行政务服务事项集中办理。政务服务机构应当建立健全预约办理、预审咨询、一次性告知、限时办结和前台综合受理、后台分类办理、综合窗口出件等制度。

政务服务机构应当设置自助办事设备并指定专门的工作人员提供咨询、指导服务。

进驻政务服务机构的有关部门应当合理配置工作人员，并充分授权。政务服务机构和有关部门应当加强工作人员履职能力培训，提高服务质量。在公布的办公时间内，无正当理由不得拒绝提供办事服务，不得限定每日办件数量。

市场主体申请的行政许可事项依法需要现场勘验的，政务服务机构应当确定受理前的现场勘验时限。有关部门应当按照规定时限进行现场勘验，并指导市场主体申报；涉及多个部门的，政务服务机构应当组织相关部门联合进行现场勘验。

政务服务机构和有关部门应当通过工作流程记录和视频监控，保证政务服务全过程可查询，视频监控内容至少保存六个月。

第十二条　省人民政府应当整合各类政务服务平台，统筹建设全省一体化在线政务服务平台和移动端，组织建立全省统一的政务服务数据采集、归集、整合、传输、存储、共享、开放、利用等管理标准规范体系，归集政务服务数据资源，根据需要和权限向各级政务服务机构开放端口，推行跨部门、跨地区、跨层级政务信息共享，实行"一网通办"，提高政务服务质量和监管效能。

各级人民政府和有关部门应当保证其开设的网站运行畅通，及时更新信息数据。

第十三条 各有关部门应当推行政务服务事项网上受理、办理、反馈、查询。能够通过信息共享和网络核验获取的信息以及前序流程已经收取的材料，不得要求重复登记、提交。申请人通过线上提交申请材料的，不得要求提交纸质申请材料。

政务服务机构、有关部门、基层便民服务窗口已经受理的事项，不得要求申请人补填网上流程。

电子证照、电子公文、电子印章、企业电子登记档案与非电子证照、公文、印章、企业登记档案具有同等效力。

第十四条 各级人民政府和有关部门制定的与市场主体相关的创新创业、人才、规划、产业、项目、市场、金融、税费、奖励、补贴等政策，应当自发布之日起三日内在政务服务平台公开，并为市场主体提供咨询、解读服务。

第十五条 县级以上人民政府应当建立项目落地保障机制和承诺办结制度，实行项目跟踪服务责任制，可以指定有关负责人或者工作人员提供无偿代办项目审批服务。

第十六条 县级人民政府应当在乡镇人民政府、街道办事处、社区设立便民服务窗口，公示办理事项目录、流程、指南，为自然人、法人和非法人组织就近办理政务服务事项提供便利。

第十七条 县级以上人民政府下放行政权力事项应当考量承接单位的承接能力，加强对承接工作的业务指导和监督管理。

县级以上人民政府和有关部门不得继续实施、变相恢复已经取消或者下放的行政权力事项。

第十八条 县级以上人民政府应当明确牵头部门通过下列方式实施行政许可，提高行政许可服务效能：

（一）实行工程建设项目多评合一、并联审批、联合勘验、联合测绘、联合审图、联合验收等；

（二）建设施工受季节影响较大的投资项目，组织有关部门在冬季停工期集中办理开工建设所需的行政许可事项；

（三）市场主体依法取得土地使用权的投资项目，除房地产开发项目以外，县级以上营商环境主管部门应当自市场主体申请之日起十五日内组织自然资源、住建、消防、人防、生态环境等部门提供联合预审服务，具备开工条件的，市场主体可以开工建设，有关部门应当及时为市场主体提供政务服务，办理相关行政许可；

（四）除直接涉及国家安全、公共安全、金融安全、社会稳定、安全生产、生态环境保护以及直接关系人身健康、生命财产安全的事项外，通过事中事后监管能够纠正并且不会产生严重后果的行政许可事项，申请人书面承诺符合许可条件并提交有关材料，即可作出行政许可决定；

（五）依法设立的行使相对集中行政许可权的政务服务机构办理的行政许可事项，加盖政务服务机构印章后具有法律效力，原实施机关不得重复审批。

市场主体依法取得资格、资质，在本省从事生产经营活动的，不得违法要求重复认定。

县级以上人民政府应当定期评价行政许可实施情况，优化办事流程，不得将行业规划布局和限制市场主体数量等不合理内容作为行政许可的条件，法律、行政法规另有规定的除外。

第十九条　税务机关应当严格执行法律、法规和税收服务规范，保障市场主体全面享受各项税收优惠政策。

本省根据法律、行政法规和国务院决定授权确定税率标准的，应当充分征求纳税人意见，按照减轻税负、有利招商引资和创新创业、激发市场主体活力的原则，可以按照下限标准确定。

县级以上人民政府和有关部门不得设立涉企行政事业性收费项目。取消没有法律、行政法规依据或者未经国务院批准的涉企保证金项目。不得将企业经营性收费转为行政事业性收费；已经收取的，应当限期返还。收费项目和保证金有上下限标准的，应当按照下限标准收取。

第二十条　县级以上人民政府和有关部门应当制定激励措施，通过建立完善贷款风险补偿机制等方式，引导金融机构为市场主体提供优质融资服务。

政府性融资担保机构应当支持小微企业和新型农业经营主体发展，根据本地实际，编制融资担保目录，明确项目类别、材料清单、办理流程和费用标准，向社会公布并提供咨询服务。

鼓励引导金融机构和融资担保机构提高信用良好的市场主体的抵押物折扣率，降低融资担保评估费用。

第二十一条　县级以上人民政府应当根据经济社会发展和市场主体需求制定实施人才培养、开发、引进、流动、评价、激励、服务、保障等政策，吸引、留住、用好本地人才，引进产业发展急需的各类人才。

县级以上人民政府应当统筹产业发展，加强重点行业、重要领域、战略性新兴产业人才培养开发，引导高等院校毕业生及其他人才在本地就业创业。

鼓励企业、高等院校、科研机构通过股权、期权、分红等激励方式，激发人才创新创业活力。

县级以上人民政府应当完善高层次人才、高技能人才引进具体措施，在住房、医疗、社会保险、配偶安置、子女入学、赡养老人等方面提供服务保障。

用人单位根据实际需求自行引进的高层次人才、高技能人才，经县级人民政府确认，享受前款规定的优惠待遇和服务保障。

用人单位支付给聘用退休人员和已经由原单位缴纳基本养老保险费的兼职人员的劳务报酬，不得计入用人单位缴纳基本养老保险费基数。

第二十二条　县级以上人民政府向市场主体供应国有建设用地应当符合下列要求：

（一）土地权属清晰；

（二）安置补偿落实到位；

（三）没有法律经济纠纷；

（四）地块位置、使用性质、容积率等规划条件明确；

（五）具备动工开发所必需的其他基本条件。

县级以上人民政府应当完善土地供应制度，通过长期租赁、先租后让、租让结合等方式供应土地，但房地产开发用地除外。

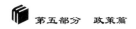

第二十三条　县级以上人民政府应当建立健全建设用地区域评估制度，统一组织对拟提供建设用地的土地勘测、矿产压覆、地质灾害、水土保持、洪水影响、地震安全性、气候可行性等事项进行评估，不得要求用地主体承担评估费用或者重复评估。

县级以上人民政府可以在完成区域评估的基础上，公布工业用地的准入条件和投资、能耗、环境、建设等标准。市场主体依法取得土地使用权、书面承诺补齐相关手续并按照标准建设且公示后，可以直接办理相关行政许可，开工建设。有关部门应当实施事中事后监管，建成投产后按照既定标准与法定条件验收。

第二十四条　鼓励支持高等院校、科研院所、科技社团与市场主体合作，建立科技创新基地、创业孵化基地、科技成果转化和技术转移基地，推进产学研用协同创新，推动科技成果转化。

省人民政府科学技术行政部门应当会同有关部门建立健全科研设施与仪器开放共享机制。本省行政区域内的高等院校、科研院所大型科研仪器等科技资源应当面向社会开放，提供服务。

第二十五条　口岸所在地人民政府应当组织、协调海关、边检、市场监管、交通运输、商务以及口岸管理等部门建立出入境信息共享、联检联查工作机制，采用现代化科技手段，简化通关、缴税等手续，提高口岸通关效率。

第三章　市场环境

第二十六条　法律、行政法规和国务院决定未禁止和限制的行业和领域，各类市场主体均可进入。

禁止制定、施行歧视非公有制市场主体的政策措施。禁止限制外地市场主体到本地从事生产经营活动或者限制外地商品、服务进入本地市场，法律、行政法规另有规定的除外。

外商投资实施准入前国民待遇加负面清单管理制度。除法律、行政法规另有规定外，不得限定外商投资公司的最低注册资本。

各级人民政府和有关部门、事业单位和团体组织使用财政性资金进行招标、政府采购的，不得以从业年限、业绩和人员数量为条件，阻挠、限制市场主体参与竞争。

第二十七条　各级人民政府和有关部门"新官必须理旧账"，并遵守下列规定：

（一）保持政策的连续和稳定，依法作出的规划、行政决定等不得随意改变；

（二）履行与市场主体签订的有效合同，兑现以会议纪要、文件等书面形式承诺的合法优惠条件，不得以政府换届、相关责任人调整或者当地政府政策调整等为由不履行、不兑现，或者迟延履行、迟延兑现；

（三）因人民政府和有关部门责任导致有效合同不能履行、承诺的合法优惠条件不能兑现，给市场主体造成损失的，应当予以赔偿；

（四）因国家利益、公共利益或者其他法定事由需要改变规划、行政决定以及合同约定、承诺的合法优惠条件的，应当依照法定权限和程序进行，给市场主体造成损失的，应当予以相应补偿；

（五）财政资金支持、费用减免等方面的现有政策规定与原政策规定或者承诺的合法优惠条件不一致的，按照有利于市场主体的原则执行。

各级人民政府和有关部门按照前款规定需要赔偿或者补偿的，应当与市场主体签订书面赔偿或者补偿协议，并依法纳入预算。

县级以上人民政府应当建立政府违约失信责任追究机制，开展政府违约失信问题的清理、整治。

第二十八条　各级人民政府和有关部门以及使用财政资金设立的项目公司从事民事活动，应当平等行使权利、履行义务、承担责任，不得拖欠工程款、货款和劳动报酬，不得单方面作出使用资产折抵款项等决定。

各级人民政府和有关部门的投资项目、采购项目等资金应当依法纳入预算，未纳入预算的，不得实施。

各级人民政府和有关部门拖欠市场主体工程款、政府采购款等款项，应当与市场主体签订书面还款协议，并依法纳入预算。

第二十九条　各级人民政府和有关部门应当构建亲清政商关系，建立政企沟通机制，可以通过下列方式听取有关企业和行业协会、商会意见建议，帮助企业解决发展中的重大问题：

（一）在官方网站、官方微博和微信公众号与企业交流；

（二）组织企业家座谈，通报经济运行等情况；

（三）邀请企业家开展调研，了解行业发展现状；

（四）组织企业和行业协会、商会参加旨在推广企业产品或者服务的展销会、推介会等经贸交流活动；

（五）组织企业和行业协会、商会相关人员参加政策宣传、产业提升、人才培养和推广应用新技术、新模式等培训活动；

（六）应邀参加企业和行业协会、商会举办的座谈会、年会等活动；

（七）组织或者应邀参加旨在帮助企业解决发展中重大问题的其他活动。

各级人民政府和有关部门工作人员参加或者组织上述活动，应当遵守住宿、交通、就餐等公务管理有关规定，不得接受馈赠。

第三十条　县级以上人民政府应当在法定权限内制定招商引资优惠政策。招商引资优惠政策、招商引资成果应当在本级人民政府网站公开。

设区的市、县级人民政府和有关部门应当自与市场主体签订招商引资合同之日起十五日内报本级和上一级营商环境主管部门备案。招商引资项目备案后，县级以上营商环境主管部门应当组织、协调、督促有关部门开展项目落地保障工作，并对履行职责情况进行监督。

第三十一条　设区的市级以上人民政府应当完善社会信用信息共享平台。

县级以上人民政府和有关部门应当应用社会信用信息，完善各级人民政府和有关部门、市场主体、行业协会、商会等社会信用主体的奖惩措施，建立跨部门、跨地区、跨层级的守信联合激励和失信联合惩戒机制。

第三十二条　县级以上人民政府和有关部门应当落实监管责任，根据职责权限和分工

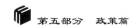

查处下列违法行为:

（一）制售假冒伪劣商品等侵害用户和消费者利益、危害市场秩序的;

（二）偷税、逃税、骗税、抗税、骗汇、非法集资等危害金融税收秩序的;

（三）在工程建设中弄虚作假,转包、违法分包等危害建筑市场秩序的;

（四）侵害专利权、商标权、版权等知识产权的;

（五）采取恶意散布谣言中伤对手等不正当竞争或者垄断等行为危害市场秩序的;

（六）其他侵害市场主体合法权益、危害市场秩序的。

第三十三条 公安机关应当保障市场主体建设施工和生产经营场所的秩序。对哄抢财物,滋扰、冲击正常生产经营活动,强揽工程、强行装卸、强买强卖、欺行霸市等强迫交易以及侵害市场主体人身安全、财产安全等涉嫌违法犯罪行为,应当及时依法处置,并在十日内将处置结果告知有关单位和个人。

司法机关应当依法惩治侵害市场主体人身安全、财产安全的犯罪活动。

第三十四条 县级以上人民政府应当将依法必须招标的工程项目、土地使用权和矿业权交易、国有产权交易、政府采购等公共资源交易活动纳入全省统一的公共资源交易平台,在省、设区的市两级公共资源交易中心进行场内交易,在全国公共资源交易平台（黑龙江）网站和全省一体化在线政务服务平台集中发布交易目录、公告、程序、公示、结果等信息,国家另有规定的除外。

已经通过全国公共资源交易平台（黑龙江）网站进行电子招标投标的,不得要求报送纸质招标投标文件。

省公共资源交易管理部门应当制定公共资源交易管理办法、交易规则和进场交易目录,明确交易机构的职责,并向社会公开。

非公有制市场主体使用自有资金,在依法取得使用权的土地范围内的工程项目,依法应当招标的可以自行组织招标,其他工程项目可以自主决定是否招标。

第三十五条 公用企业应当简化报装程序、压缩报装时间、降低报装成本,公开服务标准、资费标准,并按照规定向市场主体提供安全、方便、快捷、稳定和价格合理的普遍服务,不得非法收取接入费、入网费等费用。

公用企业和自然资源、住建、消防、人防等部门不得违背市场竞争原则强迫市场主体接受指定设计单位、采购单位、施工安装单位、监理单位等不合理条件。

第三十六条 金融机构应当依托社会信用信息创新惠及小微企业和新型农业经营主体的金融产品,利用全省一体化在线政务服务平台,推进金融产品信息查询服务,提高小微企业和新型农业经营主体融资便利度、申贷获得率。

金融机构应当取消各类违规手续费,除银团贷款外,不得向小微企业收取贷款承诺费、资金管理费,严格限制向小微企业收取财务顾问费、咨询费等费用,减少融资附加费用,降低融资成本。

第三十七条 无法定依据或者未纳入中介服务清单的中介服务事项,不得作为实施行政权力事项的必要条件。

各级人民政府和有关部门不得与中介机构存在利益关联。已取消的行政权力事项,不得转为中介服务。中介服务事项依法由行政相对人委托的,应当由其自主选择中介机构,各级人民政府和有关部门不得指定或者变相指定;依法由各级人民政府和有关部门委托的，应当通过公平竞争的方式确定中介机构并支付费用，不得违法向行政相对人收取费用。

第三十八条　县级以上人民政府市场监管、住建、自然资源、财政、审计、司法行政等有关部门应当依法建立中介机构惩戒和退出机制，查处下列违法违规行为：

（一）出具虚假证明、报告的；

（二）违法确定收费标准、违法收取费用的；

（三）操纵中介服务市场价格的；

（四）违反业务规范、职业道德的；

（五）其他扰乱市场秩序、谋取不正当利益的。

第三十九条　县级以上人民政府应当建立与行业协会、商会沟通联系机制。行业协会、商会应当反映会员诉求，维护会员合法权益，为会员提供服务，规范会员行为，维护市场秩序。

任何单位和个人不得强制或者变相强制市场主体入会或者退会。

行业协会、商会及其工作人员不得对已取消的资格资质变相认定，不得违法开展评比表彰、强制培训，不得擅自设立收费项目、提高收费标准，不得干扰市场主体正常生产经营活动或者损害市场主体权益。

第四章　法治环境

第四十条　制定涉及市场主体权益的地方性法规、政府规章、行业规划、产业政策和其他规范性文件，应当充分征求、合理采纳有关市场主体的意见和建议。

地方性法规、政府规章和规范性文件不溯及既往，但为了更好地保护自然人、法人和非法人组织的权利和利益而作出的特别规定除外；政府规章和规范性文件不得设定减损自然人、法人和非法人组织权利或者增加其义务的规范。

第四十一条　各级人民政府和有关部门应当运用互联网、云计算、大数据、区块链等现代化技术手段，依法实施行政检查，提高监管效能。

除本条第三款规定的行政检查以外，有关部门对市场主体开展行政检查应当编制年度检查计划，明确检查任务、依据、时间、具体方式等，报本级人民政府备案。未列入年度检查计划的，不得擅自进行检查。同一系统的有关部门已对市场主体实施行政检查的，本年度不得对该市场主体的同一事项再次检查。

对食品药品安全、安全生产、公共安全、环境保护等直接涉及人民生命财产安全事项的随机检查，因发生事故、依法检验检查不合格、投诉举报开展的特定调查，以及国务院及其所属部门、县级以上人民政府临时部署的行政检查，各级人民政府和有关部门应当依法规范实施。

第四十二条　各级人民政府和有关部门进行行政检查前，应当随机抽取检查对象，随机选派检查人员，确定检查事项，检查结果应当在处理后二十日内公开，并将随机抽查结果纳入市场主体信用记录。

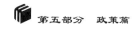

同一部门对市场主体实施的多项检查，应当合并进行。按照随机抽取结果，多个部门对同一市场主体检查的，由本级人民政府协调，明确由一个部门牵头实行联合检查。

行政检查后，检查人员应当向当事人作出书面检查结论，并载明行政检查的时间、人员、内容和结果，由当事人和检查人员签名或者盖章。

市场主体违法行为轻微并及时纠正，没有造成危害后果的，不予行政处罚。

第四十三条 县级以上人民政府和有关部门对市场主体采取限产、停产等应急管理措施的，应当严格依照相关法律、法规实施，并根据市场主体的具体生产情况采取相应措施，减少对市场主体生产经营活动的影响。

第四十四条 各级人民政府和有关部门、市场主体应当依法履行生效的判决、裁定、行政复议决定、仲裁裁决和调解书等法律文书确定的义务。

第四十五条 各级人民政府和有关部门、司法机关应当建立调解、行政复议、仲裁、诉讼相衔接的纠纷解决机制，为市场主体提供多元化纠纷解决方式；各级人民政府和有关部门能够依法直接处理或者通过调解方式化解纠纷的，应当及时处理，不得拒绝申请。

县级以上人民政府司法行政机关应当建立律师、基层法律服务工作者参与人民调解工作机制，提高依法调解能力。

第四十六条 县级以上人民政府应当加强公共法律服务中心建设，提供法律咨询服务。

市场主体合法权益受到损害时，司法行政等有关部门、单位应当依法提供法律维权服务。

第四十七条 没有确凿证据和法律依据，司法机关不得对市场主体的法定代表人、主要管理人员采取限制人身自由的强制措施；依法需要采取上述强制措施的，应当按照规定时限通知家属。防止将经济纠纷当作经济犯罪处理，防止将民事案件变为刑事案件办理。

对市场主体及其法定代表人、主要管理人员的违法行为，司法机关应当慎用查封、扣押、冻结等强制措施；依法需要采取上述强制措施的，不得超标的、超范围查封、扣押、冻结涉案财物，并应当采取措施减轻对市场主体正常生产经营的不利影响。

第四十八条 人民法院应当依法公正审理涉及市场主体的各类案件，平等保护各类市场主体合法权益，加强和改进执行及执行监督工作，提高审判和执行效率。

人民法院作出的裁判文书生效以后，有关单位应当依法配合司法机关解封、解冻被查封、扣押、冻结的财物，任何单位及其工作人员不得私自处理或者延迟返还。

监察机关、检察机关应当对损害营商环境的行为依法履行法律监督职责，对损害营商环境的案件严厉查处。

第五章 监督保障

第四十九条 县级以上人民代表大会常务委员会通过听取和审议专项工作报告、组织执法检查、规范性文件备案审查、专题询问、质询、特定问题调查等方式，开展营商环境监督。

县级以上人民政治协商会议委员会可以通过组织政协委员提案、视察、调研等方式，开展营商环境民主监督。

县级以上营商环境主管部门应当设立营商环境监督测评点，建立特邀监督员制度，邀请人大代表、政协委员、民主党派代表、工商联代表、无党派人士、法律职业人员、专家学者以及市场主体代表、城乡居民代表等担任特邀监督员协助开展营商环境建设监督工作。

新闻媒体应当发挥舆论监督作用，对损害营商环境的行为和典型案件予以公开曝光。

第五十条　县级以上人民政府应当对所属部门及下级人民政府执行本条例情况进行监督检查，有关部门应当对所属机构及其工作人员执行本条例情况进行监督检查，对存在的问题及时发现并予以处理。

营商环境年度目标考核不达标的设区的市、县级人民政府和有关部门，以及营商环境评价排名靠后的市（地）、县（市、区），组织考核、评价的营商环境主管部门应当约谈其主要负责人，并责令限期整改；未按期整改的，应当追究责任，并责令其在广播电视等新闻媒体公开承诺整改期限和整改措施。

第五十一条　县级以上营商环境主管部门应当建立损害营商环境行为投诉举报处理制度，整合运用涉及营商环境的投诉举报平台，公布投诉举报电话、电子邮箱、微信公众号等投诉举报方式，对投诉举报实行统一受理、直接查办或者按责转办、限时办结、跟踪督办，在省人民政府规定的时限内将办理情况反馈投诉举报人。

举报经查实损害营商环境的，应当给予举报人奖励。投诉举报人弄虚作假、捏造事实，或者提供虚假材料的，应当记入单位或者个人信用档案。

各级人民政府和有关部门应当及时办理、按时反馈营商环境主管部门转办的投诉举报案件，并为投诉举报人保密。

依法应当由监察机关或者司法机关处理的损害营商环境投诉举报，营商环境主管部门应当及时移交并根据需要配合处理，监察机关或者司法机关应当将处理情况及时告知营商环境主管部门。

第五十二条　县级以上营商环境主管部门可以通过下列方式开展营商环境监督工作，各级人民政府和有关部门及其工作人员应当配合：

（一）组织督察、专项检查、明察暗访；

（二）受理投诉举报，开展个案调查；

（三）会同相关部门共同开展检查、调查；

（四）约谈有关单位负责人及其工作人员；

（五）向有关单位和人员了解情况，制作笔录；

（六）封存、暂扣、调取有关案卷、票据、账簿、文件等资料；

（七）网上政务服务监督；

（八）通报并公开曝光损害营商环境典型案件；

（九）法律、法规、规章规定的其他监督方式。

第五十三条　县级以上营商环境主管部门可以向同级有关部门或者下级人民政府及有关部门发出《营商环境监督通知书》，责令其依法履行职责，纠正或者限期改正违法行为，有关人民政府和部门应当在规定期限内办结并报告结果；逾期不履行法定职责的，营商环境主管部门可以提出处理意见或者提请本级人民政府作出处理决定，并按照本条第二款规定予以问责。

县级以上营商环境主管部门发现有关人员涉嫌违纪违法需要追究责任的，可以向有权机关提出问责意见。有权机关应当依法问责，并及时将问责结果向营商环境主管部门反馈。

第五十四条　各级人民政府和有关部门、监察机关、司法机关及其工作人员不得有下列行为：

（一）干预工程建设、采购或者对合作者的自由选择；

（二）滥用权力袒护有关市场主体进行不正当竞争；

（三）强制或者变相强制市场主体购买指定商品，接受有偿服务、有偿宣传或者征订报刊、图书、音像资料等；

（四）向市场主体索要产品或者强行低价购买产品，要求市场主体无偿或者廉价提供劳务或者技术；

（五）借用市场主体财物，占用依法应当划拨给市场主体的拨款或者依法应当退还市场主体的税金、收费、政府性基金、补助资金等财物；

（六）要求市场主体接受法律、法规规定之外的经营性培训；

（七）侵害市场主体知识产权，或者泄露涉及市场主体商业秘密的信息；

（八）强制或者变相强制市场主体为其他单位、个人的金融借款提供担保，或者以市场主体名义借款给其他单位、个人使用；

（九）向市场主体摊派、索要赞助或者强制市场主体捐赠捐献、参加商业保险；

（十）强制或者变相强制市场主体在接受有关检查时暂停法律、法规许可的正常生产经营活动；

（十一）其他损害营商环境或者侵害市场主体合法权益的行为。

第六章　法律责任

第五十五条　法律、行政法规对优化营商环境已有规定的，从其规定。

国务院对优化营商环境、深化"放管服"改革有责任追究规定的，从其规定；没有规定的，按照本条例规定问责。

第五十六条　各级人民政府和有关部门及其工作人员违反本条例规定，由有权机关责令改正，除对主要负责人、主管负责人、直接责任人依纪依法问责和给予处分外，营商环境主管部门可以提出下列意见：

（一）责令公开道歉；

（二）取消、收回奖励；

（三）取消执法资格、调离执法岗位；

（四）责令引咎辞职；

（五）责令辞退、解聘。

营商环境主管部门发现各级人民政府和有关部门及其工作人员违法取得的财物，应当责令退赔、退还或者上缴国库。

第五十七条　各级人民政府和有关部门、司法机关及其工作人员违反本条例规定、损害营商环境，有下列情形之一的，监察机关或者其他有权机关应当依纪依法从重处理：

（一）造成重大损失或者恶劣影响的；

（二）一年内受到两次以上处理的；

（三）弄虚作假、隐瞒事实或者干扰、阻碍调查处理的；

（四）打击、报复、威胁投诉举报人、办案人、证人的；

（五）与违法人员相互勾结，包庇、纵容违法的；

（六）枉法办案、徇私舞弊的；

（七）其他依纪依法应当从重处理的情形。

第五十八条　各级人民政府和有关部门及其工作人员在优化营商环境、推进深化改革中探索试验、敢于担当、勤勉尽责，但工作中出现失误错误，未能实现预期目标，其工作符合国家和省确定的改革方向，决策程序符合规定，未谋取私利并且未损害公共利益的，对其不作负面评价，免予追究责任。

第五十九条　公用企业、金融机构、政府性融资担保机构、中介机构和行业协会、商会违反本条例规定、损害营商环境的，除依照有关法律、法规给予行政处罚外，应当将违法情况纳入诚信档案，并依法采取重点监管、信用预警、失信曝光等惩戒措施。

第六十条　市场主体在行政许可告知承诺书约定的期限内，未提交材料或者提交的材料不符合要求的，应当依法撤销行政许可决定，被许可人基于行政许可投入的财物和取得的利益不受保护；被撤销许可的信息作为不良信息记入被许可人的信用档案，在其不良信息的保存和披露期限届满之前，对该被许可人不再适用行政许可告知承诺制度。

第七章　附　则

第六十一条　本条例所称公用企业，包括电力、公共供水、热力、燃气、通信和公共交通等为社会公众提供产品、服务，直接关系公共利益的特定企业。

本条例所称部门，包括行使行政权力的县级以上人民政府组成部门、工作部门、派出机构和中央国家机关驻本省机构、单位。

本条例所称工作人员，是指代表本部门、本单位履行公职的公务员、事业单位人员以及雇员、聘用人员。

第六十二条　本条例规定的期限以工作日计算，不含法定节假日。

第六十三条　本条例自 2019 年 3 月 1 日起施行。

黑龙江省人民政府关于印发黑龙江省优化口岸营商环境促进跨境贸易便利化措施的通知[*]

黑政发〔2019〕2号

各有关市（地）人民政府（行署）、省政府各有关直属单位：

现将《黑龙江省优化口岸营商环境促进跨境贸易便利化的措施》印发给你们，请认真贯彻执行。

黑龙江省人民政府
2019 年 1 月 30 日

黑龙江省优化口岸营商环境
促进跨境贸易便利化的措施

为认真落实《国务院关于印发优化口岸营商环境促进跨境贸易便利化工作方案的通知》（国发〔2018〕37 号）精神和全国口岸提效降费工作会议部署和要求，全面加强口岸"放管服"改革，进一步优化口岸营商环境，推动实现高水平跨境贸易便利化，特制定以下工作措施。

一、开展口岸收费清理工作。各相关地方政府和有关部门、单位要按照省财政厅等五部门《关于印发全省清理口岸收费工作方案的通知》（黑财明传〔2018〕1 号）要求，明确工作目标，建立工作机制，认真开展口岸收费清理工作。对于不符合收费管理规定的收费项目，依法予以取消；对超出标准的收费，坚决予以纠正；对不合理的收费标准，坚决降低。有关部门要对本系统所属事业单位及企业涉及进出口环节的收费进行清理规范，能取消的一律取消。暂不能取消的，属于政府定价、指导价的，降低收费标准；属于市场调节价的，创造公平竞争环境，通过竞争把收费标准降下来；属于独家经营的，加强监管，并逐步引入市场竞争；对进出口普遍缴纳的收费项目进行归并。（省口岸办、省财政厅牵

---

* 摘自黑龙江省人民政府网站。

头，省发改委、省市场监管局、省交通运输厅、哈尔滨海关、相关地方政府配合）

二、建立口岸通关流程、收费和意见投诉服务"三公开"制度。相关地方政府要组织口岸办（委）协调口岸查验单位和口岸进出口环节经营服务性企业（单位），公示口岸通关流程、口岸进出口环节收费目录清单，推进口岸收费目录清单之外不得收费政策落实。推进按照进出口业务流程公示口岸查验服务"限时作业"标准，精准界定通关准备、报关报检、场内转运、吊箱移位、仓储装卸、货物提离等货物进出口环节的起止作业时间。相关公示内容要统一样式和规格，在通关现场和黑龙江电子口岸平台予以公布，接受相关企业和社会监督。省口岸办组织开通并向社会公布通关口岸营商环境投诉服务热线0451－95198，各口岸查验单位要开通面向相关企业通关服务热线，建立意见投诉反馈渠道。（省口岸办、相关地方政府牵头，省交通运输厅和口岸查验部门配合）

三、精简进出口环节监管证件。各相关部门按照"能取消的取消，能合并的合并，能退出口岸验核的退出口岸验核，必须在口岸验核的全部实现联网"的原则，将现有86种证件验核压减至48种；除监管证件因安全保密等特殊原因不能联网外，其余监管证件要通过多种形式实现联网、在通关环节比对核查。优化监管证件办理程序，2020年底前无需安全保密的监管证件全部实现网上申报、网上办理。（黑龙江省口岸联席会议制度相关成员单位按职责分工负责）

四、提高查验准备工作效率。推广利用"单一窗口"、港口电子数据交换（EDI）中心等信息平台向进出口企业、口岸进出口环节经营服务性企业和单位推送查验通知，增强通关时效的可预期性。推进实现进境运输工具到港前，口岸查验单位对申报的电子数据实时在线审核，及时向车站、码头及船舶代理机构反馈信息。（省口岸办牵头、口岸查验部门、省交通运输厅、哈尔滨铁路局按职责分工负责）

五、推行"先验放后检测"检验监管方式。推进减少双边协议出口商品装运前的检验数量。在总结铁矿砂等大宗商品实施"先验放后检测"通关模式经验的基础上，有序推广到其他大宗资源性无检疫性风险的进口商品。创新检验检疫方法，普及应用现场快速检测技术，进一步缩短检验检疫周期。（哈尔滨海关负责）

六、加快时效性商品通关速度。在风险可控前提下，优化鲜活产品检验检疫流程；总结中俄双方对应口岸合作经验，推动两国建立和确定鲜活农副产品进出口目录清单，与具备条件的毗邻国家对应口岸加快开通农副产品"绿色通道"。（口岸查验部门及相关地方政府按职责分工负责）

七、加强预约通关宣传和保障预约通关落实。进一步加大鲜活产品和紧急货物预约通关的宣传力度，推进相关企业熟练掌握预约通关申报操作流程。口岸查验、物流运输部门在执行预约通关任务时，在人员配备、查验设施、货物提离保障、通关时限等方面给予制度化保障。（省口岸办、口岸查验部门和省机场管理集团、哈尔滨铁路局按职责分工负责）

八、推进中俄海关监管结果互认。支持陆路边境口岸创新通关管理模式，在推进绥芬河、东宁、黑河、同江四个中俄海关监管结果互认口岸取得相关成果的基础上，优化和完善中俄互认通关流程，进一步扩大中俄海关监管结果互认试点口岸范围。（哈尔滨海关负责）

九、巩固和发展多式联运。研究制定陆海、江海、铁水等多式联运服务规则，加快建设多式联运公共信息平台，加强交通（航空）运输、海关、市场监管等部门间信息开放共享，为相关企业提供资质资格、认证认可、检验检疫、通关查验、信用评价等"一站式"综合信息服务。推动进出口集装箱货物在途、舱单、运单、装卸、换装等铁水联运物流信息自动交换共享。完善铁水联运配套设施，申请国家振兴东北专项资金投入，引入先进多式联运企业的直接投资或成熟经验技术，组织相关行业研究《跨运输方式的多式联运标准》，把握机遇、切实推进我省口岸多式联运水平达到国内先进水平。2020 年底前，相关部门完成多式联运公共信息平台建设。（省口岸办、哈尔滨海关、相关地方政府、哈尔滨铁路局、口岸查验部门、省发改委、省财政厅、省交通运输厅、省市场监管局和省机场管理集团按职责分工负责）

十、深入推进关检融合。哈尔滨海关探索实现直接使用市场监管、商务等部门数据办理进出口货物收发货人注册登记。加强关铁信息共享建设，推进铁路运输货物无纸化通关。按照《全国通关一体化关检业务全面融合框架方案》《全国海关"查检合一"工作方案》要求，明确监管通关、企业管理、稽查核查、加工贸易、特殊区域等方面的职责分工，推进口岸查验全面实现统一申报单证、统一作业系统、统一风险研判、统一指令下达、统一现场执法的"五统一"。口岸查验单位要大胆探索多环节合一、扁平化结构的口岸查验管理新模式。（哈尔滨海关牵头，口岸查验部门、哈尔滨铁路局、省口岸办、省交通运输厅、省市场监管局和省机场管理集团按职责分工配合）

十一、扩大"双随机、一公开"监管模式。推进进出境运输工具监管、企业常规稽查、保税核查、保税货物监管、特殊监管区域货物监管等全部执法领域实行"双随机、一公开"，谁查、查谁都要随机，检查结果都要公开，实现全链条监管"选、查、处"分离，提升"双随机"监管效能。（哈尔滨海关牵头，相关部门按职责分工配合）

十二、推广应用"提前申报"模式。推进公路进口货物提前申报模式，探索船舶、铁路和航空运输货物提前申报，逐步提高进口货物提前申报比例，提前办理单证审核，推进非布控查验货物抵达口岸后即可放行提离，鼓励相关企业采用"提前申报"模式。（哈尔滨海关牵头，哈尔滨铁路局和省机场管理集团配合）

十三、建立和推广第三方采信制度。引入市场竞争机制，充分发挥社会检验检测机构作用，在进出口环节建立和推广第三方检验检测结果采信制度。（哈尔滨海关牵头，相关部门按职责分工配合）

十四、落实跨部门联合检查。推进口岸设置联检查验场区，建立和完善口岸联检查验跨部门一次性联合检查机制，推进跨部门信息共享，实现指令对碰功能，统筹使用监管设施设备实施联合检查。海关主导对进出口货物、进出境人员携带货物开展一次性联合检查；边检部门主导对进出境铁路列车、公路车辆和航空器开展一次性联合检查；海事部门主导对进出境船舶开展一次性联合检查。（口岸查验部门按职责分工负责）

十五、推进关税保证保险改革。在"汇总集中征税""银关保"改革措施的基础上，积极创新担保新模式。积极推广关税保证保险，通过保险担保措施推进货物"先放行后缴税"的实现，助力提高通关效率，有效降低企业资金占用成本，缓解企业资金压力。支持一般信用及以上的企业与保险公司签订《关税保证保险投保单》《投保人承诺函》，送海关审核备案。（哈尔滨海关负责，省口岸办和相关地方政府及有关口岸查验部门配合）

十六、支持特殊进口商品指定口岸及企业资质认定工作。支持符合条件的口岸和企业申请获得自俄罗斯进口粮食、鲜活海鲜产品等特殊商品指定口岸和指定企业资质。（相关地方政府牵头，哈尔滨海关、省交通运输厅按职责分工配合）

十七、扩大"单一窗口"功能覆盖区域。完善我省电子口岸平台功能，保障国际贸易"单一窗口"功能覆盖至海关特殊监管区、跨境电商综合试验区及拟建设的跨境经济合作区、自由贸易试验区等区域。省口岸办要会同查验部门共同推进"单一窗口"实现与银行、保险、邮政、民航、铁路、交通运输、海事、移民等相关行业和部门对接，构建全省口岸共建共享的跨境贸易大数据平台。2021年底前，除安全保密等特殊情况外，"单一窗口"功能覆盖国际贸易管理全链条。推广国际航行船舶"一单多报"，实现进出境通关全流程无纸化。（省口岸办牵头，有关部门按职责分工负责，相关地方政府配合）

十八、推进口岸物流信息电子化。普及国家制定的不同运输方式集装箱、整车货物运输电子数据交换报文标准在口岸查验单位与运输企业中的应用。推动口岸作业场站货物装卸、仓储理货、报关报检、物流运输、费用结算等环节实现无纸化和电子化。推动海（水）运提单换提货单电子化，使企业在报关环节不再提交纸质提单或提货单。2019年6月底前，实现内外贸集装箱堆场的电子化海关监管。2019年底前，探索陆海联运线路实现海关与企业间的陆海联运提单、提货单、装箱单等信息电子化流转。（哈尔滨海关、省交通运输厅、黑龙江海事局、哈尔滨铁路局按职责分工负责，相关地方政府配合）

十九、建立健全口岸物流应急处理机制。相关地方政府要推进口岸办（委）协调属地口岸查验部门、仓储物流等相关部门和单位共同制定口岸通关保障和物流运输应急管理办法，切实保障舱单数据传输异常、网络作业系统运行故障、查验设施设备运转不畅时不影响进出口货物报关报检和发运提离。（相关地方政府负责，口岸查验部门配合）

二十、加强口岸查验智能化建设。有条件的相关地方政府要推进属地口岸和口岸查验部门建立出入境证件电子化和旅客自助式通关系统、车辆"一站式"电子验放系统，加大集装箱空箱检测仪、高清车底探测系统、安全智能锁等设备的普及应用力度，提高单兵作业设备配备率。口岸查验部门推进扩大"先期机检""智能识别"作业试点，提高机检后直接放行比例。2021年底前，重点口岸全部实现大型集装箱检查设备联网集中审像。（相关地方政府牵头、口岸查验部门配合）

二十一、推进中俄口岸工作组会议议定事项落实。推进每年中俄总理定期会晤委员会运输合作分委会口岸工作组会议议定事项落实。相关地方政府要指导口岸办（委）会同查验部门（单位）认真领会中俄口岸工作组会议议定事项精神和要求，组织谋划和制定工作方案，积极推进工作落实，及时向省口岸办反馈相关议定事项推进进展情况。（省口岸办、相关地方政府负责，口岸查验部门和相关省直部门配合）

二十二、完善边境重点口岸基础设施。编制完成黑龙江口岸中长期发展规划，积极推动向国家申报退出口岸和新增口岸审批进程。拟开放的在建、新建、拟建的同江铁路、黑河公路大桥、黑瞎子岛公路口岸等边境重点口岸，要严格落实国家口岸基础设施和查验设施建设相应标准，科学进行新增口岸规划设计，严格管控工程建设质量和进度，实现一次建设一步到位。已开放运行的边境重点口岸现有基础设施和查验设施要以共享共用为目标，加强整合口岸监管设施资源和查验场地，改建、扩建、增建必需的口岸基础设施和查验设施，提高口岸基础设施和查验设施有效利用率。（省口岸办、相关地方政府牵头，有

关部门按职责分工负责）

二十三、推动俄罗斯与我省对应口岸通关能力匹配。加强与俄方边境重点口岸开展务实合作，建立健全双边口岸合作机制。支持边境重点口岸所在地政府（行署）、口岸查验部门与毗邻俄方对应政府和机构开展交流协作，协调解决通关中存在的问题。支持具备条件的边境重点口岸开展查验监管模式创新的双边合作。支持各地对国际运输大通道涉及俄方新建、改建、扩建口岸基础设施和查验设施以技术支持，推动双边重点口岸通关能力尽快实现匹配以及跨境基础设施互联互通。（省口岸办、相关地方政府负责，口岸查验部门和省交通运输厅配合）

二十四、支持地方依托相关口岸发展经济。支持地方依托重点口岸通道优势，推动建设海关特殊监管区、边境经济合作区、跨境合作区、自由贸易试验区、跨境电商综合试验区及现代物流园区等平台和载体，打造集综合加工、商贸流通、现代物流、文化旅游于一体的口岸经济增长极。推进我省内陆重点口岸与沿边重点口岸之间的物流合作和联动发展，发挥边境贸易资源能源通道作用，推进边境重点口岸构建集疏运体系。支持边境贸易企业参与大宗资源能源产品经营。支持有条件的边境重点口岸扩大建设进口商品指定口岸。（相关地方政府、口岸查验部门和省交通运输厅、省口岸办、省文化和旅游厅按职责分工负责）

二十五、提供口岸查验执法必要保障。支持重点口岸联检查验单位整合内设机构，健全人员配置。支持口岸查验关检融合监管流程创新改革。积极为海关、边检、海事部门深化查验改革创造条件和提供必要保障，支持联检查验单位营造稳定、透明、可预期的执法服务和营商环境。（相关地方政府负责，口岸查验部门配合）

二十六、建立健全口岸工作制度。充分发挥黑龙江省口岸联席会议制度作用，会商研究解决口岸发展遇到的重大问题。建立国家法定节日口岸闭关提前预报和突发情况应急闭关立即报告制度。完善口岸与口岸查验单位定期会商和研究重大问题协商纪要制度。建立协同清理口岸收费长效机制，推进落实口岸运行季度分析报告制度。建立健全口岸客货运量、整体通关时间压缩比和"单一窗口"主要业务应用率月统计报告和季度通报制度。（省口岸办、相关地方政府负责，口岸查验单位配合）

二十七、确保口岸安全高效运行。各地口岸和口岸查验部门要建立健全口岸突发事件应急联动机制和处置预案，全面落实安全防控措施。各地要加大对相关口岸查验及安防设备等硬件设施建设投入，进一步完善旅检、货检通关全程可视化留痕监控体系建设。口岸和口岸查验部门要在加强防控暴恐、应对突发事件、打击走私、打击骗退税、查处逃避检验检疫监管、反偷渡和制止假冒伪劣商品进出境等方面开展密切合作，提高口岸整体安防管控和处突水平，确保口岸运行安全、高效、畅通。（相关地方政府负责，口岸查验单位配合）

二十八、加强组织领导。各相关地方政府和中省直有关部门要加强协作配合，主动承担相关任务，细化工作方案，推进完成相关工作任务。各相关地方政府和中省直部门在推进工作落实上遇到重大情况要及时向省政府报告。全省优化口岸营商环境，推进口岸提效降费、促进跨境贸易便利化工作列入省营商环境建设监督局督察范围，督察考核结果向相关地方政府和部门通报，对推进不力受到全国通报批评的地区和部门进行问责。（黑龙江省口岸联席会议制度相关成员单位和相关地方政府按职责分工负责）

黑龙江省人民政府关于印发黑龙江省在自由贸易试验区推进"证照分离"改革全覆盖试点实施方案的通知*

黑政规〔2019〕9 号

哈尔滨市、牡丹江市、黑河市人民政府，省政府各有关直属单位：

现将《黑龙江省在自由贸易试验区推进"证照分离"改革全覆盖试点实施方案》印发给你们，请结合实际，认真贯彻执行。

黑龙江省人民政府

2019 年 11 月 29 日

黑龙江省在自由贸易试验区推进"证照分离"改革全覆盖试点实施方案

为贯彻落实《国务院关于在自由贸易试验区开展"证照分离"改革全覆盖试点的通知》（国发〔2019〕25 号，以下简称《通知》），稳步推进在中国（黑龙江）自由贸易试验区开展"证照分离"改革全覆盖试点工作，结合我省实际，特制定本实施方案。

一、总体要求

（一）指导思想

以习近平新时代中国特色社会主义思想为指导，全面贯彻落实党的十九大、十九届二中、三中、四中全会和省委十二届六次全会精神，按照党中央、国务院决策部署，持续深化"放管服"改革，进一步明晰政府和企业责任，全面清理涉企（含企业、个体工商户、农民专业合作社，下同）经营许可事项，分类推进审批制度改革，完善简约透明的行业准入规则，扩大企业经营自主权，创新和加强事中事后监管，加快营造市场化、法治化、

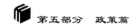

国际化的营商环境，激发微观主体活力，推动龙江全面振兴全方位振兴。

（二）基本原则

1. 坚持放管结合，放管并重。要把宽进严管置于突出位置，该放给市场和社会的权一定要放足、放到位，该政府管的事一定要管好、管到位，实现审批监管无缝衔接，坚决防止监管空白。

2. 坚持依法改革，于法有据。依法推动对涉企经营许可事项分类推进改革，涉及修改地方性法规、地方政府规章和规范性文件的，按法定程序修改，建立与试点相适应的管理制度。

3. 坚持省级统筹，片区实施。省级层面要围绕改革创新积极探索，抓住自由贸易试验区改革开放先行先试、复制推广成功经验的核心关键，合理制定或调整相关措施。三个片区要加快推进实施，尽快形成改革试点经验。

（三）工作目标

2019 年 12 月 1 日起，在中国（黑龙江）自由贸易试验区内，对所有涉企经营许可事项实行全覆盖清单管理，分类推进改革，进一步克服"准入不准营"现象，使企业更便捷拿到营业执照并尽快正常运营，为在全国实现"证照分离"改革全覆盖形成可复制可推广的制度创新成果。

二、改革任务

（一）建立涉企经营许可事项清单管理制度

制定黑龙江省"证照分离"改革全覆盖试点事项清单，按照"证照分离"改革全覆盖要求，将涉企经营许可事项全部纳入清单管理，逐项列明事项名称、设定依据、审批层级和部门、改革方式、具体改革举措、事中事后监管措施等内容。清单实行动态管理并向社会公布，方便企业、群众办事和监督。清单之外不得违规限制企业进入相关行业或领域，企业取得营业执照即可自主开展经营。（省市场监管局、营商环境建设监督局、司法厅牵头，中省直有关主管部门、试点地区政府负责）

（二）分类推进审批制度改革

对全部涉企经营许可事项，按照直接取消审批、审批改为备案、实行告知承诺、优化审批服务四种方式分类推进改革，有效区分"证""照"功能，突出"照后减证"，能减尽减，能优则优。有关主管部门要按照《通知》和本方案要求，逐一落实改革方式、具体改革举措、事中事后监管等改革任务，细化配套管理措施。涉及国家部委行权事项的具体管理措施，由中省直有关主管部门或责任单位协调落实。（省市场监管局、营商环境建设监督局、司法厅牵头，中省直有关主管部门、各试点地区政府负责）

（三）规范企业登记经营范围与申办经营许可的衔接

省市场监管局要按照国家有关要求并商有关主管部门明确涉企经营许可事项对应的经营范围表述，推行经营范围规范化登记，理清证照对应关系。企业办理登记注册时，市场监管部门要根据企业自主申报的经营范围，明确告知企业需要办理的经营许可事项，并将需申请许可的企业信息通过政务数据共享交换平台精准推送至有关主管部门；有关主管部门要依企业申请及时将办理结果通过政务数据共享交换平台推送至市场监管部门。（省市场监管局、营商环境建设监督局、中省直有关主管部门、各试点地区政府依据各自职责分别负责）

（四）强化涉企经营信息归集共享

按照相关规定，有关部门要将企业登记注册、经营许可、备案、执法检查、行政处罚等信息及时归集至全省一体化在线政务服务平台、省信用信息共享平台、国家企业信用信息公示系统（黑龙江），除涉及国家秘密外实现涉及企业经营的政府信息集中共享。有关部门可通过信息共享获取的信息，一律不得再要求企业提供。涉及部门垂直管理信息业务系统的，有关部门要积极回应试点地区信息需求，抓紧出台便捷可行的信息归集共享技术方案，推动试点地区部门间企业基础信息和相关信用信息共享、业务协同，实现登记、许可、日常监管及行政处罚等信息在市场监管部门、审批部门、行业主管部门及其他部门之间实时传递和无障碍交换，为有关部门加强事中事后监管提供技术支撑，实现全方位监管"一张网"。（省市场监管局、营商环境建设监督局、中省直有关主管部门、各试点地区政府依据各自职责分别负责）

（五）持续提升审批服务质量和效率

有关主管部门要深入推进审批服务标准化，制定并公布准确完备、简明易懂的办事指南，规范自由裁量权，严格时限约束，消除隐性门槛。要加快推进"互联网＋政务服务"，推动涉企经营许可事项从申请、受理到审核、发证全流程"一网通办""最多跑一次"。要加强对审批行为的监督管理，建立审批服务"好差评"制度，由企业评判服务绩效。（省营商环境建设监督局、司法厅牵头，中省直有关主管部门、各试点地区政府依据各自职责分别负责）

（六）创新和加强事中事后监管

要坚持放管结合、并重，按照"谁审批、谁监管，谁主管、谁监管"原则，加强审批与监管的衔接，健全监管规则和标准，逐项研究细化自律准则和标准，强化日常监管和社会监督，确保无缝衔接、不留死角。坚决纠正"不批不管""只批不管""严批宽管"等问题。要全面推行"双随机、一公开"监管、跨部门联合监管，完善相关监管系统功能，推广应用全国行政执法综合管理监督信息系统，全面推行"互联网＋监管"，对新业态新模式实行包容审慎监管，对高风险行业和领域实行重点监管。要加强信用监管，依法查处虚假承诺、违规经营等行为并记入信用记录，实行失信联合惩戒。要强化社会监督，依法及时处理投诉举报，引导社会力量参与市场秩序治理。要增强监管威慑力，对严重违法经营的企业及相关责任人员依法撤销、吊销有关证照，实施市场禁入措施。（省市场监管局、营商环境建设监督局、司法厅牵头，中省直有关主管部门、各试点地区政府依据各自职责分别负责）

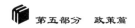

（七）坚持依法推进改革

按照重点改革于法有据的要求，依照法定程序开展相关工作，建立与试点要求相适应的管理制度。需要根据法律、行政法规、国务院决定的调整情况，调整《黑龙江省"证照分离"改革全覆盖试点事项清单（中央层面设定，2019 年版)》的，由省市场监管局、营商环境建设监督局、司法厅负责牵头调整更新并向社会公布，中省直有关主管部门应按程序及时对本部门牵头起草或制定的地方性法规、省政府规章、规范性文件作相应调整；需要根据地方性法规、地方政府规章及决定的调整情况，调整《黑龙江省"证照分离"改革全覆盖试点事项清单（地方层面设定，2019 年版)》的，中省直有关主管部门应当及时通知省市场监管局、营商环境建设监督局、司法厅对清单进行更新。（省市场监管局、营商环境建设监督局、司法厅牵头，中省直有关主管部门负责）

三、实施步骤

（一）第一阶段（2019 年 11 月 20 日前）制订方案

在借鉴外省经验和征求相关部门意见的基础上，认真梳理各项涉企经营许可事项，制定黑龙江省"证照分离"改革全覆盖试点事项清单，形成推进改革的具体实施方案，并按照《通知》要求报国务院推进政府职能转变和"放管服"改革协调小组办公室备案。

（二）第二阶段（2019 年 11 月 21 日至 30 日）实施准备

加强部门技术对接和业务协同，制定"证照分离"改革全覆盖试点信息化技术方案和技术标准；配备硬件设备；开展业务培训；制定和完善出台"证照分离"改革后相应工作流程及加强事中事后监管措施的规范性文件，加强对改革工作的业务指导。

（三）第三阶段（2019 年 12 月 1 日后），正式实施

试点地区和有关部门按照本方案确定的改革方式组织推进实施，进一步优化办事流程，压缩办理时限，减少办事环节，提高工作效率，强化事中事后监管，落实监管责任。按照国务院要求，及时总结改革试点经验，完善改革配套措施，适时在全省范围内全面推广。

四、工作要求

（一）加强组织领导

全省"证照分离"改革全覆盖试点工作在省政府统一领导下推进，省级层面成立由

省市场监管局、营商环境建设监督局、司法厅等部门组成的省政府推进"证照分离"改革工作专班，办公室设在省市场监管局，负责协调中省直有关主管部门指导试点地区"证照分离"改革全覆盖试点推进工作，及时研究解决改革试点工作中遇到的问题，确保改革的各项措施落到实处。试点地区要成立相应的领导机构，健全政府主导、相关部门参与的改革领导机制，加强对"证照分离"改革全覆盖试点工作组织领导和协调。省商务厅要指导试点地区做好"证照分离"改革与对外开放政策的衔接。中省直有关主管部门要按照职责分工，聚焦企业关切，协调指导试点地区妥善解决改革推进中遇到的困难和问题。试点地区、有关部门要切实提高思想认识，把推进"证照分离"改革全覆盖试点作为当前的一项重要工作来抓，强化责任分工，扎实推进改革。

（二）细化工作措施

中省直有关主管部门作为推动改革的具体责任部门，负责指导本系统制定并完善相关制度文件。省营商环境建设监督局负责"证照分离"工作中省级数据共享交换平台建设，实现信息归集和精准推送，指导市级数据共享交换平台将本级平台收取的涉企信息推送至省级数据共享交换平台。改革事项涉及多个部门事项的，牵头部门要主动加强沟通协调，相关部门要密切配合，形成工作合力。

（三）强化宣传培训

试点地区、有关部门要采取多种措施，综合利用各种宣传渠道和媒介，用通俗易懂的方式，全面、准确宣传改革的目的、意义和内容，扩大各项改革政策的知晓度，及时回应社会关切，形成理解改革、关心改革、参与改革、支持改革的良好氛围。要加强培训，提升工作人员业务素质和服务意识，切实提升群众办事实际体验，将改革举措落到实处，取得实效。

（四）狠抓工作落实

试点地区、有关部门要以钉钉子精神全面抓好改革各项任务落实，健全激励约束机制和容错纠错机制，充分调动推进改革的积极性和主动性，鼓励和支持创新开展工作。要强化督察问责，对抓落实有力有效的适时予以表彰；对未依法依规履行职责的要严肃问责。建立"证照分离"改革全覆盖试点月报告制度，自2020年1月起至2020年12月，中省直相关主管部门于每月10日前将《"证照分离"改革全覆盖试点推进情况月统计表》报送省市场监管局。对改革中遇到的问题要及时上报省政府推进"证照分离"改革工作专班，确保改革各项措施落到实处。

（五）网上查询下载

黑龙江省"证照分离"改革全覆盖试点事项清单（中央层面设定，2019年版）；黑龙江省"证照分离"改革全覆盖试点事项清单（地方层面设定，2019年版）；黑龙江省"证照分离"改革全覆盖试点分类推进方式；"证照分离"改革全覆盖试点推进情况月统计表。

哈尔滨新区暨黑龙江自由贸易试验区哈尔滨片区关于鼓励产业集聚推动高质量发展的若干政策措施*

（试行）

为深入学习贯彻习近平新时代中国特色社会主义思想，一以贯之学习贯彻习近平总书记在深入推进东北振兴座谈会上的重要讲话和对我省重要讲话重要指示精神，进一步促进产业集聚、培育发展新动能、做强实体经济，加快黑龙江自贸试验区哈尔滨片区建设（以下简称"片区"），推动哈尔滨新区高质量发展，根据《哈尔滨新区总体规划》的产业定位和省市支持哈尔滨新区改革创新推进高质量发展的意见措施，结合实际，特制定以下政策措施。

一、推动先进制造业加快发展

1. 支持新企业落户。对新设立的先进制造业企业（见产业指导目录，下同），外资企业实缴注册资本和实际投资额均达到1000万（含）～5000万美元的，或内资企业实缴注册资本和实际投资额均达到1亿（含）～5亿元的，投产后按实际投资额的3%予以奖励；外资企业实缴注册资本和实际投资额均达到5000万美元（含）以上的，或内资企业实缴注册资本和实际投资额均达到5亿元（含）以上的，通过一企一策的方式，投产后给予更加优惠的政策支持。

2. 支持企业增产增量。对企业扩产上量，年度新增产值5000万（含）～1亿元的，给予地方经济贡献增量（区本级留成部分，下同）50%的一次性奖励；年度新增产值1亿（含）～3亿元的，给予地方经济贡献增量60%的一次性奖励；新增产值3亿（含）～5亿元的，给予地方经济贡献增量70%的一次性奖励；新增产值5亿元（含）以上的，通过一企一策的方式，给予更优惠的政策支持。

3. 支持配套企业服务全省。鼓励省内龙头企业在新区建设配套产业园，参照深圳（哈尔滨）产业园政策给予支持。对为我省企业提供配套服务的制造业规模以上企业，年度实现工业总产值增速超过新区平均水平的，给予地方经济贡献增量50%的专项配套奖励。

＊ 摘自哈尔滨新闻网。

二、鼓励对俄及开放型产业集聚发展

4. 支持具有对外贸易业务的企业入驻。建立健全利益共享机制，鼓励具有对外贸易业务的企业迁入"片区"集聚发展。与迁出地政府的税收分成、资金奖励等按照哈尔滨市政府《关于促进"飞地经济"发展的实施意见》（哈政办规〔2019〕15号）和《哈尔滨市人民政府办公厅关于印发哈尔滨市产业项目布局会商机制的通知》（哈政办发〔2019〕9号）规定落实；对迁入的企业，经认定，3年内每年给予办公用房实缴租金50%的补贴。

5. 扩大利用外资规模。对实缴注册资本且实际到位资金超过1000万美元（含）的新批外商投资项目（包括合资，房地产除外），或超过500万美元（含）的增资项目，投入运营后，按其实际到位或实缴注册资本外资金额2%的比例予以奖励，最高不超过2000万元人民币。

6. 鼓励外商投资企业扩大投资。建立专项准备金，根据约定，对外商投资类企业特别是高新技术企业的投资项目，可按照不超过投资总额的30%参股，企业3年内按国债利率加计利息后等价回购。

7. 提高贸易便利化水平。加快推进制度创新，在"片区"内推出暂停或取消审批事项清单，率先在俄罗斯、日本、韩国实现跨境企业注册登记，推出"深哈审批互认"便企套餐。高标准设立自贸试验区行政服务展示大厅，试行新注册企业进行网上自主申报。

8. 完善开放平台功能。根据企业需要，积极帮助企业获批特殊监管场所。对企业进口的用于研发的设备，给予等额关税奖励。加快规划建设国际陆港，筹建对俄及东北亚区域合作物流基金，支持企业租用俄罗斯远东港口，建设航运物流基地，打造物流枢纽，打通对俄合作的物流链。

9. 提高对外贸易质量。对开展进出口业务的外向型企业（房地产除外），每年按照其进出口业务对地方经济发展贡献增量的50%给予支持。对新纳入国家统计直报系统的外向型企业（房地产除外），首次按照其对地方经济发展贡献增量的80%给予支持。

10. 设立退税资金池。对出口企业应予获得的退税，经审核后等额先期支付给企业，税务部门正式返还后，收回纳入资金池周转。

三、加大对科技创新的扶持力度

11. 支持认定为国家高新技术企业。从2020年起，对首次认定为国家高新技术企业，一次性给予20万元的认定激励；到期后重新认定为国家高新技术企业的给予10万元激励。企业更名后重新核发认定证书的不予重复激励。

12. 支持高新技术企业增加研发投入。对高新技术企业每年新增的研发投入，按

10% ~20% 给予奖励，最高不超过 500 万元。

13. 给予高新技术企业贡献奖励。经认定，将重点高新技术企业对地方经济发展贡献部分，按约定比例以入股方式返还企业。企业要求退出时，按国债利率收取利息后由企业等价回购。

14. 支持创新载体建设。鼓励建设诺奖实验室、国家重点实验室、国家工程研究中心等国家级创新载体，研发成果在区内落地转化的，予以最高 3000 万元匹配资金支持。鼓励建设国家企业技术中心，研发成果在区内落地转化的，予以最高 1500 万元匹配资金支持。鼓励建设省部共建国家重点实验室、国家地方联合工程研究中心等省级创新载体，以及符合国家政策和区内需求且已开始实质性建设的国家级创新载体分支机构，研发成果在区内落地转化的，予以最高 1000 万元匹配资金支持。

15. 支持研发项目推广应用。对承担国家、省市重大科技专项和重点研发项目的，研发成果在区内落地转化的，上级资金拨付到位后，按照到款金额的 20% 给予不高于 500 万元资金支持。对研制的首台首套重大技术装备，且列入国家首台（套）重大技术装备推广应用指导目录的，研发成果在区内落地转化的，按照实际研发经费的 20% 给予不高于 500 万元的资金支持。

16. 帮助企业降低成本。对符合全市 "4 + 4" 现代产业体系规划要求的高新技术企业和研发机构，给予新增用电量需缴纳电费 30% 的资金支持。

17. 支持潜力型企业加快发展。对认定的 "独角兽" 企业、"瞪羚" 企业和隐形冠军企业，每年给予地方经济贡献增量 50% 的运行奖励。

18. 支持成果转化落地。建立科技成果转化专项基金，创新担保和再担保机制，对知识产权交易风险按比例代偿。建立创意和知识产权收储育成机制，鼓励创业者在 "片区" 内将科研成果迅速转化落地。对在 "片区" 内实现产业化的高新技术成果，技术水平达到国际先进或国内领先，优先通过基金股权投入的方式给予支持；实现税收后 5 年内，前 3 年按企业对地方经济贡献增量的 100% 给予奖励，后 2 年按企业对地方经济贡献增量的 50% 给予奖励。

四、全力打造对俄金融结算中心

19. 支持利用本币结算。建立汇率差资金平衡机制。支持 "片区" 内开展对俄贸易的企业利用本币结算，对产生的汇率损失按约定比例给予代偿。

20. 支持持牌法人金融机构落户。对新落户的持牌法人金融总部机构，按其对地方经济贡献给予最高 3000 万元的一次性落户奖励。对新落户的经金融监管部门认定的持牌法人金融机构的一级分支机构，按其对地方经济贡献给予最高 1500 万元的一次性落户奖励。

21. 支持金融类机构良性运营。对年度主营业务收入达到 5 亿元（含）以上且同比正增长的金融类机构，按其对地方经济贡献最高给予 1000 万元的运营奖励。

22. 支持金融类机构增资扩股。新增并实缴注册资本 30 亿元（含）以上的，一次性奖励 600 万元；新增并实缴注册资本 30 亿元以下、20 亿元（含）以上的，一次性奖励

400 万元；新增并实缴注册资本 20 亿元以下、10 亿元（含）以上的，一次性奖励 200 万元；新增并实缴注册资本 10 亿元以下、5 亿元（含）以上的，一次性奖励 100 万元。

23. 支持优化金融生态环境。鼓励能够引进金融企业入驻并提供法律、征信、中介等相关配套服务的平台公司或金融产业园，为金融企业提供良好的专业服务。对与金融企业签订入驻协议、年度引进金融企业总税收贡献（全口径）1 亿元以上的平台公司或金融产业园，每年给予地方经济发展贡献增量 70% 的奖励；对签订入驻协议、年度引进企业总税收贡献（全口径）2 亿元以上的，每年给予地方经济发展贡献增量 80% 的奖励；对签订入驻协议、年度引进企业总税收贡献（全口径）3 亿元以上的，每年给予地方经济发展贡献增量 90% 的奖励。平台公司或金融产业园服务的企业不再重复享受奖补政策。

五、大力支持总部企业入区发展

24. 鼓励总部企业落户。经认定的总部企业，认定当年给予落户奖励 1000 万元，如该企业在认定次年纳入区内统计核算的产值规模（营业收入）超过 50 亿元，每超出 20 亿元再奖励 500 万元，累计落户奖励不超过 5000 万元。认定次年落户奖励超过 2000 万元的，超出部分在下一年度中支出。

25. 给予总部企业贡献奖励。经认定的总部企业，自认定年度第三年起可以提出申请贡献奖，奖励额为对地方经济贡献增量的 30%，最高不超过 2000 万元。

26. 给予总部企业购房补贴。经认定的总部企业，自认定之日起 3 年内，在"片区"内购置总部自用办公用房（不包括附属设施和配套用房）的，按购房房价 5% 的标准给予一次性补助。

六、真正用好高水平人才

27. 分类吸引和留住人才。制定吸引集聚人才暂行办法，通过领军人才计划、创智人才计划和菁英人才计划，对急需人才分类给予支持。

28. 给予高级管理人才奖励。对纳入区内统计，符合产业布局规划要求、年度对地方经济发展贡献排名前 10 位的企业（房地产除外），给予企业领导班子（按实数，最高不超过 10 名）以及核心骨干人才（最高不超过 10 名）的个人所得税 80% 奖励（区本级留成部分，下同）；年度对地方经济发展贡献排名前 11~20 位的企业，给予企业领导班子（按实数，最高不超过 10 名）以及核心骨干人才（最高不超过 10 名）的个人所得税 50% 奖励。

29. 建立个人收入倍增计划。在区内汇缴所得税、企业给予员工年度工资相对上一年新增部分，在个人所得税上给予 50% 的补贴。在区内汇缴所得税、由国家相关部门单独或联合认定的国家级工程技术研究中心、重点实验室、产业创新中心内工作的核心研发人

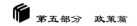

员，在个人所得税上给予 30% ~ 50% 的补贴。

30. 加大表彰力度。为全国劳动模范、全国五一劳动奖章、中华技能大奖、全国技术能手等荣誉以及享受省级以上政府特殊津贴的技术人员和省市认定的"高精尖缺"高技能人才设立特聘岗位津贴、带徒津贴等，给予每人一次性不超过 10 万元补贴。对于解决重大工艺技术难题和重大质量问题、技术创新成果获得省部级以上奖项的，给予一次性最高不超过 50 万元的奖励。

七、其他事项

本政策措施支持的范围为工商注册地、税务征管关系及统计关系在哈尔滨新区江北一体发展区（简称"区内"）和黑龙江自贸试验区哈尔滨片区内，具有独立法人资格、实行独立核算的企业或机构，哈尔滨高新技术产业开发区和松北区内企业或机构参照执行。

同一企业符合上述多项奖励条款的，按最高额度奖励。

本政策作为新区"1 + N"政策体系的一部分，有关事项见实施细则。

本政策自 2019 年 12 月 1 日起执行，有效期暂定为 5 年。

第六部分　资料篇

黑龙江省情概况 （2019）

黑龙江省土地面积47.3万平方千米，约占全国陆地领土面积的4.9%，占东北三省的57.6%，居全国第六位。省内居住着汉、满、达斡尔、鄂伦春等54个民族，2019年末常住人口3751.3万。设有12个地级市和1个地区行政公署，63个县（市）。

历史文化。大约四五万年前就有古人类在黑龙江地区生息，先后有肃慎、东胡、秽貊、挹娄等先民在此定居，夫余、渤海等古代地方政权和大金国在此建立。新中国成立后，曾设立黑龙江和松江两省，1954年合并为黑龙江省。不同民族的文化差异，古老的渤海文化、金源文化、满族文化，加之清末以后的流人文化与关内移民带来的习俗，融汇形成了丰厚的历史文化资源和独特的边疆民俗风情，孕育了"东北抗联精神""闯关东精神""北大荒精神""大庆精神"和"铁人精神"，成为推动全省经济社会发展的精神财富和动力源泉。

自然资源。林地面积、森林总蓄积均居全国首位。已探明矿产资源132种，除石油、天然气、煤炭等战略性资源储量位居全国前列外，石墨、长石、铸石玄武岩、火山灰等9种矿产储量居全国首位。年平均水资源量810亿立方米，有黑龙江、乌苏里江、松花江和绥芬河四大水系，大小江河1918条，兴凯湖、镜泊湖等大小湖泊640个。

农业生产。有耕地面积2.39亿亩，占全国耕地面积的8.5%，是全国唯一的现代农业综合配套改革试验区，是绿色有机食品生产基地和无公害农产品生产大省。2019年末绿色食品认证个数达2800个，绿色食品认证面积和产量均居全国第一位。畜产品安全水平全国领先。

工业基础。"一五"时期国家布局156个重点工业项目，黑龙江省有22个，形成了"一重""两大机床""三大动力""十大军工"等大型骨干企业为支撑的工业体系，工业生产跨38个大类、172个中类、363个小类的404种工业产品、上万个规格品种。新中国成立以来，累计提供了占全国2/5的原油、1/3的木材、1/3的电站成套设备、1/2的铁路货车、1/10的煤炭和大量的重型装备与国防装备。装备、石化、能源、食品四大主导产业占规模以上工业的88.2%。良好的工业基础为利用现有经济存量数量扩张、技术升级、合资合作和引入发展要素上项目，推动区域经济发展，提供了重要前提条件。

科技教育。科技综合实力在全国列第12位。有哈兽研、703所等778个科研院所，哈工大、哈工程等80所高等院校和4个国家级大学科技园。机器人、载人航天、新材料等科研能力居全国乃至世界领先水平。较强的科技实力和较多的技术成果，为全省促进高新技术成果产业化上项目提供了内生动力。

开放区位。位于东北亚区域腹地，是亚洲与太平洋地区陆路通往俄罗斯和欧洲大陆的重要通道，是中国沿边开放的重要窗口。与俄罗斯有 2981 千米边境线，有 25 个国家一类口岸，其中对俄边境口岸 15 个，年过货能力 2900 万吨，对俄贸易占全国的近 1/4，对俄投资占全国的 1/3。对俄合作拓展到资源、能源、旅游、科技、文化、教育、金融等多领域、全方位。

2019 年全省地区生产总值 13612.7 亿元，增长 4.2%；一般公共预算收入 1262.6 亿元，下降 1.6%；固定资产投资增长 6.3%；社会消费品零售总额增长 6.2%；进出口总额 1865.9 亿元，增长 6.7%；城乡居民人均可支配收入分别为 30945 元和 14982 元，增长 6.0% 和 8.5%。

广东省情概况（2019）

  广东，简称"粤"，省会广州。地处亚热带，气候温暖，雨量充沛。面积 17.97 万平方千米、约占全国陆地面积 1.85%，大陆海岸线长 4114.3 千米、约占全国海岸线总长 1/5，管辖海域面积 6.47 万平方千米。海岛 1963 个（含东沙岛）。内陆江河主要有珠江、韩江、漠阳江和鉴江等。设广州、深圳 2 个副省级市，19 个地级市，122 个县（市、区）。

  历史源远流长。10 多万年前已有"曲江马坝人"生息繁衍。秦代，设南海郡；汉代，番禺是全国著名都会；唐代，广州开设"市舶司"，成为著名对外贸易港口；清代，佛山成为全国手工业中心和四大名镇之一。广东既是我国现代工业和民族工业的发源地之一，也是我国近代和现代许多重大事件的发生地和策源地。如鸦片战争、太平天国运动、辛亥革命、国共两党第一次合作、北伐战争、广州起义等，是杰出历史人物康有为、梁启超、孙中山、廖仲恺和中国共产党著名革命家彭湃、叶挺、叶剑英等的故乡。

  岭南文化独特。2019 年末常住人口 1.15 亿，分属 56 个民族，汉族人口最多、占 98.02%，少数民族主要有壮族、瑶族、畲（shē）族、回族、满族等。汉语方言主要有 3 种：粤方言（广府话）、客方言（客家话）和闽方言（潮州话）。地方曲艺有广东音乐（代表作品《步步高》《赛龙夺锦》《平湖秋月》《雨打芭蕉》）、粤剧、潮剧、汉剧、雷剧、山歌剧等。海外侨胞和归侨侨眷众多，有 3000 多万海外侨胞、占全国一半以上，分布世界 160 多个国家和地区；省内有 10.2 万归侨、3000 多万侨眷，杰出代表有司徒美堂、冯如、钟南山等。

  名胜古迹众多。有广州白云山、肇庆鼎湖山和七星岩、惠州西湖和罗浮山、韶关丹霞山、南海西樵山、清远飞霞山、阳江海陵岛、汕头南澳岛、湛江湖光岩等著名自然景观，最高的山是清远阳山县石坑崆（广东第一峰，海拔 1902 米）。有中共三大会址、中山纪念堂、黄埔军校旧址、西汉南越王墓、陈家祠、林则徐销烟池与虎门炮台旧址、韶关南华寺和梅关古道等历史人文景观。开平碉楼与村落被列入世界文化遗产，丹霞山被列入世界自然遗产。历史文化名城 8 个，5A 级景区 12 个。

  交通四通八达。2019 年末公路通车总里程 22.0 万千米，其中高速公路 9495 千米、居全国第一，实现县县通高速。高铁运营里程 2095 千米、居全国第 1 位。2019 年港口货物吞吐量 19.2 亿吨，亿吨大港 5 个（广州港、深圳港、湛江港、珠海港、东莞港）；其中，广州港集装箱吞吐量 2322.30 万标箱、居全球第 5 位；深圳港 2576.92 万标箱、居全球第 4 位。民航客运量 1.39 亿人次，民用机场 8 个（广州、深圳、珠海、揭阳、湛江、梅州、佛山、惠州）；其中，广州白云国际机场客运量 7338.61 万人次、居全国第 3 位，

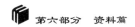

深圳宝安国际机场客运量 5293.2 万人次、居全国第 5 位。

经济实力雄厚。经济总量连续 31 年位居全国首位。2019 年地区生产总值 10.77 万亿元、增长 6.2%，人均地区生产总值 94172 元、增长 4.5%，规上工业增加值 3.36 万亿元、增长 4.7%，固定资产投资增长 11.1%，社会消费品零售总额 4.27 万亿元、增长 8.0%，进出口 7.14 万亿元、下降 0.2%，地方一般公共预算收入 1.27 万亿元、增长 4.5%，居民人均可支配收入 3.90 万元、增长 8.9%。

黑龙江省与广东省对口合作工作大事记

2019 年

省级领导互访交流

5月7日，黑龙江省委书记张庆伟、省长王文涛会见广东省委副书记、深圳市委书记王伟中率领的深圳市考察团，双方就进一步推动深哈对口合作向纵深迈进交换了意见。考察团在哈期间，黑龙江省委常委、哈尔滨市委书记王兆力全程陪同考察，并召开了深哈对口合作第三次联席会议，王伟中、王兆力分别作了重要讲话。

5月7～10日，黑龙江省副省长程志明在省政府办公厅副秘书长邢爱国、省商务厅厅长康翰卿、省商务厅巡视员赵文华陪同下，赴广州、深圳上门招商，考察了广东广新控股集团、广州数控设备有限公司、深圳心里程控股集团及比亚迪股份公司等企业。

6月6日，广东省省长马兴瑞主持召开省政府常务会议（省对口合作工作领导小组第二次会议），听取广东省与黑龙江省对口合作情况汇报。广东省对口合作领导小组成员单位的主要负责同志参加了会议。

6月14日，黑龙江省委书记张庆伟与到访的广东省委副书记、省长马兴瑞举行会谈。张庆伟表示，广东省委、省政府坚决贯彻习近平总书记重要讲话精神和党中央关于东北振兴决策部署，实实在在推进对口合作，深圳产业园落地哈尔滨新区，一批重大产业项目加快推进，增添了黑龙江省振兴发展的信心。马兴瑞表示，广东省委、省政府有信心完成好党中央交给的对口合作重大政治任务，把对口合作落实到具体项目上，在现有合作项目基础上还将谋划落地一批重大产业项目，为黑龙江创造更多就业和税收，打造对口合作典范。

6月14～16日，广东省省长马兴瑞率省政府代表团赴黑龙江参加中俄博览会暨开展对口合作交流活动，广东省发展改革委（对口合作办）主任葛长伟一行陪同。访问期间，马兴瑞省长出席了第六届中国—俄罗斯博览会开幕式，参加了中国（广东、黑龙江）—俄罗斯（远东）经贸合作圆桌会，并会见了俄罗斯副总理阿基莫夫一行。

6月15日，广东·黑龙江对口合作及经贸交流座谈会在哈尔滨举行，黑龙江省委副书记、省长王文涛，广东省委副书记、省长马兴瑞出席会议并讲话。双方就深入贯彻落实党中央、国务院关于东北振兴的决策部署,持续深化两省对口务实合作进行深入交流。

6月21日,国家发展改革委在吉林省延边朝鲜族自治州举办东北地区与东部地区对口合作工作座谈会暨现场经验交流会。国家发展改革委党组成员、副主任罗文出席会议并讲话。国家发展改革委有关司局负责同志,以及相关对口合作省市有关单位负责同志和挂职干部代表参加座谈会。

7月7日,黑龙江省委书记、省人大常委会主任张庆伟在哈尔滨会见广东省政协主席王荣带领的住粤全国政协委员考察团,黑龙江省政协主席黄建盛参加会见。张庆伟书记表示,希望住粤全国政协委员多了解关注黑龙江,多提宝贵意见建议,深化全方位、多层次合作交流,推动两省走得更亲更好、对口合作取得更大实效。王荣表示,黑龙江在现代农业、边境贸易、林下经济、科技创新等方面有亮点、有特色,值得广东学习借鉴。考察团将提出切实可行的意见建议,积极助推两省对口合作,为把广东与黑龙江打造成跨区域合作样板,实现两省高水平开放、高质量发展作出应有贡献。

8月21~23日,黑龙江省委常委、常务副省长李海涛率团赴长春市参加第十二届中国—东北亚博览会。会议期间,代表团出席了首届东北亚地方合作圆桌会议和开幕式暨第十届东北亚合作高层论坛等活动,察看了"龙粤哈深—两省两市对口合作"展区。

9月1日,深圳(哈尔滨)产业园区开工仪式在哈尔滨举行,国家发改委副秘书长程晓波,黑龙江省委书记、省人大常委会主任张庆伟,省委副书记、省长王文涛,省委副书记陈海波,省委常委、副省长李海涛,省委常委、秘书长张雨浦,省委常委、哈尔滨市委书记王兆力,省政府秘书长、办公厅主任王冬光,广东省委副书记、深圳市委书记王伟中,深圳市委常委、秘书长高自民等领导参加开工仪式。

11月29日,黑龙江省委副书记、省长王文涛会见广东省副省长张虎带领的考察团,双方就加强两省对口合作和自贸区建设工作进行了交流。广东省发展改革委(对口合作办)副主任黄恕明一行陪同考察。

11月30日,"广东—黑龙江两地自贸试验区交流合作座谈会"在哈尔滨举行。黑龙江省委常委、哈尔滨市委书记王兆力与广东省副省长张虎进行座谈,在两省领导的共同见证下,深圳前海蛇口自贸片区、广州南沙新区自贸片区、珠海横琴新区自贸片区分别与哈尔滨、绥芬河、黑河三个自贸片区签署合作框架协议。

2019 年 1 月

1月2日,鹤岗市副市长谢殿才赴广东汕头参加"新年鹤礼,香溢鲇城—2019新春年货节暨鹤岗市名优产品展示"活动。

1月11日,广东省交易控股集团和黑龙江省产权交易集团在哈尔滨联合举办"龙粤+产权交易机构间创新发展交流会"。

1月12日,哈尔滨市政协常委、副秘书长、市工商联主席徐伟带队赴深圳市学习前海创投孵化器运营模式及业务发展模式。

1月15日,佛山市委副书记、市长朱伟和双鸭山市委副书记、市长郑大光分别代表两地政府签署《佛山市支持双鸭山市民生及基础设施项目补充协议书》。

1月16~19日,绥芬河市副市长王晓宇率市投资促进中心一行三人赴广东省东莞市考察对接。

1月18～20日，哈尔滨市常务副市长郑大泉一行10人赴深圳市开展对接合作，与深圳市政府领导进行了座谈交流，会商2019年两市重点工作。

1月20日，广东省粮食和物资储备局与黑龙江省粮食局续签了《关于建立广东省省级储备粮（黑龙江）异地储备的合作协议》，异地储备合作期限延长到5年，确立了储备合作的中长期目标。

1月20日，鸡西市副市长钱言考带队市直及县区旅游部门负责同志，受邀参加了在肇庆举办的"请到广东过大年"活动。

1月31日，为更好学习佛山市"一门式、一网式"政务模式，双鸭山市制定了《行政权力和公共服务事项纳入"一窗式"综合服务授权委托书》。

2019 年 2 月

2月21日，第27届广州国际旅游展览会和广州市旅行社年会在广州召开，黑龙江省相关领导及企业负责人参会。

2月28日，北大荒米高农业年产8万吨高效钾肥项目正式投产，该项目是"双佛合作"第一个建成投产项目。

2019 年 3 月

3月，广东省交易控股集团的交e汇系统与黑龙江联交所项目发布实现实时对接。

3月5日，齐齐哈尔市副市长王永石与梅里斯区区委书记吴昊赴广州市与广州粤旺集团签署农业产业合作协议，期间双方进一步洽谈了协助弘扬梅里斯达斡尔族传统文化事宜。

3月10～11日，哈尔滨市人大常委会副主任张丽欣率团赴深圳学习考察外地市代表联络站建设工作。

3月11～12日，哈尔滨市副市长刘阳带领市人社局代表团赴深圳市就学习该市人力资源服务产业园规划建设和运营等方面经验做法及全方位加强两市人力资源合作进行了调研。

3月12日，由广州市文化广电旅游局、齐齐哈尔市文化广电和旅游局主办的"广府旧事——19世纪外销通草所见广州城市生活图片展"在齐齐哈尔市博物馆美术馆开幕，两地展览、文物、宣教等文化交流与合作日益频繁。

3月13日，哈尔滨市委常委、组织部长龚夏梅一行5人，到深圳市看望哈尔滨市第2批到深圳挂职干部，了解工作情况。与深圳市委组织部就基层党建工作调研座谈，学习城市党建工作经验。

3月13～15日，黑龙江省营商建设监督局党组成员、副局长赵恩泽带队赴广东省开展营商环境调研。

3月18日，黑龙江省商务厅副厅长孟林赴广东省商务厅研究黑龙江团参加"家博会"与广东团参加"中俄博览会"事宜，广东省商务厅厅长郑建荣、副主任陈广俊参加座谈会。

3月18～22日，鹤岗市人大常委会副主任、总工会主席徐征带队一行6人赴广东省汕头市考察合作建设"创业园"、职工权益保障等商讨互派劳模疗休养等工作。汕头市总工会党组书记、主席陈向光陪同考察。

3月19~20日，大兴安岭（潮汕）旅游产品推介会暨揭阳至漠河航线通航发布会在揭阳召开，大兴安岭地区通过播放宣传片、主题推介、抽奖互动等多种形式，向潮汕地区的150多家旅行社重点推介了大兴安岭地区旅游资源和旅游产品。

3月21~24日，齐齐哈尔市副市长、市工商联主席刘艳芳带领市工商联、市体育局、市文广旅局和百花集团赴广州、深圳进行了考察洽谈。拜会了广州市工商联、广州市文化广电旅游局及相关企业。达成了广州企业家考察团赴齐齐哈尔市考察对接、"十万老广游鹤城"等共识。

3月23~24日，黑龙江省工商联主席张海华到珠海参加长三角、珠三角地区及相关省区民营经济领域座谈会，推进两省对口交流合作。考察期间，与广东省工商联主席苏志刚座谈交流，就深入推进两省各市地工商联、两省异地商会聚焦产业项目、金融投资、产业链上下游对接等相关领域合作达成共识。

3月25日，广东省农业农村厅副厅长陈东（正厅职）与到访的黑龙江省望奎县县委书记单伟红一行座谈，双方就推进黑粤农业合作及"北薯南种"项目工作进行了深入交流。

3月25日，黑河市副市长陈晓杰带领旅游主管部门及旅游企业负责人26人，前往珠海举办旅游推介会，研讨深化旅游产业合作的相关事宜。

3月28日，广东省农业农村厅副厅长冯彤与到访的黑龙江省农业农村厅副厅长李连瑞一行举行座谈，双方就两厅机构改革后职能转变、《共同推进现代农业发展合作框架协议》的落实、农业合作项目的落地、下一步合作的重点等方面进行了交流。

3月29日，黑龙江省优质农产品展销中心在广州成立，广东省农业农村厅总农艺师郑宏宣应邀出席揭牌仪式。

3月30日，鹤岗市委常委、绥滨县委书记韩秀琴带领绥滨县党政代表团赴广东省汕头市龙湖区考察学习，推动绥滨县与龙湖区对口合作交流。3个相关协议的签订标志着绥龙两地对口合作已全面展开，进入实质性推进阶段，两地对口合作迈入新征程。

2019年4月

4月1日，珠海经停郑州到黑河航线正式开通。截至2019年底，共执飞117班，运送旅客48681人次，平均综合客座率63%。

4月1~2日，揭阳市委书记、市人大常委会主任李水华率揭阳市考察团，搭乘当天开通的揭阳潮汕国际机场至漠河新航线首次航班，赴大兴安岭开展为期2天的考察对接，与大兴安岭地区地委书记苏春雨等领导共商推进两地合作事宜。

4月1~4日，黑龙江省商务厅副厅长王平率自贸试验区申建专班考察对接广东省自贸试验区。拜访对接广东省自贸办，走访广州南沙片区、珠海横琴片区、深圳前海蛇口片区。

4月1~4日，七台河市委常委、常务副市长安虎贲带领七台河市相关部门赴江门市考察，围绕国企改革、城市投融资、产业园区建设、交通运输、区域经济合作、工业运行保障等方面与江门方面进行了交流。

4月3日，2019中国广州国际投资年会分会"穗·鹤·黔产业合作投资推介会"在广州召开。广州市副市长黎明出席会议并致辞，齐齐哈尔市委常委、副市长罗辑率齐齐哈尔市代表团参会，并向与会的 200 余名企业代表推介了齐齐哈尔市产业特色。

4 月 9 日，齐齐哈尔市与广州市对口合作高层会谈在广州市举行。广东省委常委、广州市委书记张硕辅，黑龙江省人大常委会副主任、齐齐哈尔市委书记孙珅，广州市委常委、秘书长潘建国，副市长黎明，齐齐哈尔市委常委、副市长李洪国，市委常委、秘书长郭晓锋参加会谈。

4 月 10 日，由深圳市人大组织的哈尔滨市人大代表预算审查监督专题学习班开班，来自哈尔滨市的 125 名学员参加培训。

4 月 10 ~ 15 日，哈尔滨市人大常委会党组副书记、副主任张丽欣及哈尔滨市人大常委会党组成员、副主任马旦曰赴深圳参加哈尔滨市人大代表预算审查监督专题学习班。

4 月 15 ~ 17 日，齐齐哈尔市副市长姚卿带领工商联及企业家代表团赴广州参加第 125 届中国进出口商品交易会。

4 月 15 日至 5 月 5 日，黑龙江省商务厅副厅长王居堂在春季"广交会"期间，拜访广东省商务厅领导，走访广东企业，交流合作事宜。

4 月 22 日，佳木斯市政协副主席、工商联主席张敬伟及企业家 8 人，到中山市交流考察。

4 月 24 ~ 26 日，广州市副市长黎明率广州市代表团赴齐齐哈尔市开展对口合作考察活动，并与齐齐哈尔市政府相关领导举行了会谈。

4 月 25 ~ 26 日，广东省对口合作领导小组办公室分别印发了《关于印发广东省对口合作工作制度的通知》（粤对口合作办〔2019〕2 号）、《关于印发广东省对口合作工作信息报送制度的通知》（粤对口合作办〔2019〕3 号）、《关于印发广东省对口合作工作办事机构相关会议制度的通知》（粤对口合作办〔2019〕4 号）。

4 月 28 日，总投资 400 万元的大兴安岭绿色食品揭阳旗舰店在揭阳市正式开业，为大兴安岭丰富的绿色产品与揭阳市庞大的消费市场对接搭建一个线上线下互动交易平台，有效促进两地商贸合作。

4 月 29 ~ 30 日，哈尔滨市政协副主席王镜铭带队就港澳台侨事务和外事工作赴深圳进行对接。

2019 年 5 月

5 月 7 日，广东省广物控股集团有限公司属下巨正源股份公司与中油黑龙江农垦石油有限公司签署战略合作协议。

5 月 8 日，黑龙江省科技厅与广东省科技厅共同主办的第二期龙粤科技企业孵化器高级培训班在佳木斯开班，来自两省的 130 名学员参加培训。

5 月 8 ~ 10 日，哈尔滨市副市长智大勇率哈尔滨市代表团参加省政府代表团赴广东省开展上门招商活动。代表团考察深圳比亚迪、心里程控股集团等企业，就新能源交通、松北区心里程总部经济等项目展开深入洽谈。

5 月 9 日，"双山合作，双创共赢"创新发展论坛在双鸭山举行，该论坛由佛山市与双鸭山市共同主办。

5 月 13 日，深哈两市印发《深圳市与哈尔滨市对口合作 2019 年工作计划》，确定了需要重点推进的 8 方面重点工作，为全面推进 2020 年哈深对口合作指明了方向。

5 月 13 日，齐齐哈尔市第一医院正式挂牌成为南方医科大学附属齐齐哈尔医院。南方医科大学党委书记陈敏生、黑龙江省卫生健康委副主任刘福生、齐齐哈尔市领导刘艳芳、姚卿及广州市科技局等有关单位负责同志出席揭牌仪式。

5 月 16 日，哈尔滨市人大常委会主任赵铭带队赴深圳市，就立法、预算监督和代表履职平台建设工作进行学习考察，并同深圳市人大常委会主任骆文智及部分专门委员会负责同志座谈。

5 月 16 日，广州市委统战部常务副部长、市工商联党组书记董延军率领广州市工商联考察团一行 24 人抵达齐齐哈尔，进行为期三天的考察对接活动。

5 月 16 ~ 20 日，第十五届中国（深圳）文化产业博览交易会在深圳召开，黑龙江省广电网络集团党委书记、董事长赵鸿洋代表黑龙江省广电网络集团与腾讯公司签署战略合作协议，哈尔滨、牡丹江等市地组成超 200 人展团参会，进行了产品展示和贸易洽谈。

5 月 17 日，黑龙江省副省长程志明带领省委宣传部副部长刘维宽、省发改委副主任孙景春、省财政厅副厅长孙纲、省商务厅副厅长王居堂、省文旅厅副厅长何大为、省广电局副局长刘德诚等领导同志，参加在哈尔滨举办的黑龙江（深圳）文化产业招商推介会并致辞。

5 月 20 日，由广东、黑龙江两省商务厅共同举办"家 520"购物节活动，助力两省产品融合销售。黑龙江省商务厅巡视员赵文华、广东省商务厅副巡视员陈虎参加启动仪式并致辞。

5 月 20 ~ 22 日，深圳市工业总会组织 100 多名企业代表，参加第十九届中国哈尔滨国际装备制造业博览会。

5 月 20 ~ 27 日，黑龙江省工商联组织举办科技创新型民营企业转型升级专题培训班，85 名科技型成长企业和工商联干部到深圳市学习。黑龙江省工商联主席张海华出席开班式并讲话；黑龙江省工商联党组成员、副主席沙育超主持开班式；深圳市工商联副主席谢振文、深投教育有限公司总经理林建宏分别致欢迎辞。

5 月 28 日，黑龙江省发展改革委、广东省发展改革委联合印发《黑龙江省与广东省对口合作 2019 年重点工作计划》。

5 月 30 日至 6 月 2 日，在湛江市举办的 2019 广东·东盟农产品交易博览会期间，绥化市市长张子林率代表团共签订经销合同 99 份，经销额 27484.95 万元。

2019 年 6 月

6 月 1 日，《广东省黑龙江省对口合作工作报告（2018）》由经济管理出版社出版。

6 月 1 日，首列广州至齐齐哈尔旅游专列的六百名游客来到了梅里斯区雅尔塞镇哈拉新村，共同体验独特的达斡尔族文化，标志着两地旅游专列常态化正式开始。

6 月 12 ~ 14 日，茂名市委副书记、代市长袁古洁率市政府代表团到黑龙江省伊春市开展对口城市合作交流，双方就深化两地合作进行了深入交流探讨，推动对口合作务实有效开展。伊春市委书记赵万山会见代表团一行，伊春市委副书记、市长韩库出席相关活动。

6 月 12 ~ 14 日，肇庆市委副书记、市长范中杰一行 14 人，赴鸡西商讨两市对口合作事宜，期间考察了鸡西市园区建设、产业发展、科技创新、历史文化、旅游开发、生态保护等领域的情况。

6月13～14日，东莞市市长肖亚非率东莞市政企代表33人赴牡丹江开展考察交流，举办了东莞·牡丹江对口合作座谈会暨合作项目签约仪式，并考察了穆棱市和绥芬河市。15日，牡丹江市常务副市长李德喜陪同肖亚非市长参观哈洽会牡丹江展馆和东莞展位。

6月13～15日，哈尔滨市工商联党组成员、副主席王旭东带领6人工作组，赴深圳学习和了解深圳会展业发展情况。

6月14日，湛江市委副书记、市长姜建军率领湛江市党政代表团到绥化市参观考察，考察期间，双方就加强政府合作、干部挂职交流、推动产业协作、鼓励民间交往等问题进行了全方位的洽谈磋商，并举办了绥化·湛江对口合作企业家座谈会。

6月14～16日，广东省工信厅厅长涂高坤率副巡视员叶元龄、蒋蒲生，机关人员及正威国际集团等企业负责人一行12人赴黑龙江省工信厅落实两省对口合作工作联系机制。

6月14～16日，深圳市常务副市长刘庆生率深圳政府代表团赴哈尔滨参加第六届中俄博览会，并召开深哈两市对口合作交流会。

6月14～16日，江门市委副书记、市长刘毅率49人政企代表团赴哈尔滨参加"哈洽会"，与七台河市交易团共同参加相关活动，江门市、七台河市在哈尔滨市举行对口合作座谈会，对两市共建江河融合绿色智造产业园区规划和项目建设进行座谈。

6月15日，茂名市委副书记、市长袁古洁率领茂名市经贸代表团赴哈尔滨市参加第六届中俄博览会和第三十届哈尔滨国际经济贸易洽谈会，袁古洁市长参观了中—俄博览会广东馆和对口合作城市伊春展馆，参加了广东—黑龙江两省经贸对口合作交流座谈会暨企业代表签约仪式见证会。

6月15日，鹤岗市市长王秋实与汕头市委书记马文田共同参加了在哈尔滨国际会议中心举行的广东—黑龙江两省经贸对口合作交流会。

6月15日，双鸭山市市长郑大光在"黑龙江·广东对口合作及经贸交流座谈会"上与佛山市冠牌不锈钢有限公司董事长吴党权签署《不锈钢管材制造及不锈钢交易中心项目》。

6月15日，佛山市市长朱伟带领佛山市政企考察团49人赴双鸭山市进行对接交流，并召开"双佛合作"第五次联席会议暨签约仪式。

6月15日，广东省粮食和物资储备局副局长吴津伟和黑龙江省粮食局局长朱玉文代表两省粮食部门签订《广东省粮食和物资储备局黑龙江省粮食局战略合作框架协议》，委托黑龙江省对广东异地储备粮进行在地监管。

6月15～16日，深圳市常务副市长刘庆生率深圳市代表团150人在哈尔滨参加深哈企业对口交流会议，并考察哈尔滨深圳产业园。

6月15～17日，广东省工信厅党组成员叶元龄率领考察团赴大庆对石油化工、电子信息、汽车制造等产业进行考察交流。

6月15～19日，第三十届哈洽会和第六届中俄博览会相继召开，广东省多个市地的政、商界代表逾200人参会，进行展销、投资洽谈等活动，重点围绕对俄贸易、经贸对接等内容进行了磋商。

6月16日，广东省商务厅和黑龙江省商务厅共同组织前来参加第六届中俄博览会的广东省制造业企业及异地黑龙江商会企业近 140 人赴哈尔滨经济技术开发区，参观考察了哈尔滨机器人产业园、国裕集团、哈啤博物馆，参加了哈尔滨经开区推介交流会。

6 月 16 日，受鹤岗市委书记张恩亮、市长王秋实的邀请，汕头市委书记马文田率汕头市党政代表团就推进两市对口合作工作赴鹤岗市考察，鹤岗市委常委、副市长刘春波和汕头市委常委、副市长李耿坚分别通报了两地市对口合作情况，双方与会领导就进一步深化鹤汕合作交换了意见，就进一步促进项目生成达成共识。

6 月 16 日，惠州市委副书记、市长刘吉赴哈尔滨参加广东黑龙江对口合作及经贸交流座谈会，广东海纳 10 万亩有机水稻现代农业产业园项目被列为两省对口合作签约项目。会后，刘吉带队赴大庆市对接对口合作工作。

6 月 16~17 日，珠海市市长姚奕生带领珠海市相关部门、企业负责人 14 人赴黑河，就进一步加强珠海与黑河开展对口合作进行考察对接。

6 月 16~19 日，广东商务代表团一行 80 人，在黑龙江省商务厅巡视员赵文华的陪同下，考察了哈尔滨、大庆、齐齐哈尔市的多个合作项目，并与相关负责同志座谈交流。

6 月 20~24 日，揭阳市委常委、宣传部部长方赛妹、揭阳市人大常委会副厅级领导巫奕琦、揭阳市政协副主席秦雯率揭阳市文化旅游考察推介团一行 29 人赴大兴安岭地区，举办揭阳市旅游宣传推介暨企业交流洽谈会，并实地考察当地文化旅游产业发展情况，进一步深化揭阳市与大兴安岭地区文化旅游产业对口合作。

6 月 23 日，珠海市政府副秘书长文华率相关部门和企业参加在黑河举办的"第十届中俄文化大集"活动。

6 月 24~27 日，黑龙江省政府副秘书长李明春、省工信厅厅长张显丰、省工信厅副厅长李红兵带领黑龙江硅智机器人有限公司等省内 40 余家企业 106 人赴广州参加了第十六届中国国际中小企业博览会。

6 月 26~28 日，汕头市龙湖区区委副书记、政法委书记陈传新、龙湖区政府副区长张义良带领考察团共 11 人赴鹤岗市考察。鹤岗市委书记张恩亮等领导同志与汕头市代表团共同参加了鹤岗第二届中俄犹文化精品鉴赏节。

2019 年 7 月

7 月 4 日，双鸭山市副市长赵励军带队赴中国中药控股有限公司与中国中药董事长王晓春就中国中药产业园项目进行再推进。

7 月 11 日，大庆市制定并印发了《大庆市与惠州市对口合作 2019 年重点工作计划》。

7 月 13~17 日，牡丹江市委副书记、市长王文力率领牡丹江市政府代表团，赴东莞学习考察，举办两市对口合作工作座谈会，参观松山湖高新区，综合保税物流区和东莞规划展示馆，并与东莞市相关行业协会代表会见交流。

7 月 13~20 日，绥芬河市市长王志刚赴东莞、广州和深圳，与东莞众家联集团、广东省广物集团、华为科技有限公司、腾讯科技有限公司等企业对接合作事宜。

7 月 17~21 日，深圳市委宣传部长李小甘带领百人展团，赴哈尔滨参加第二届东北亚文化艺术博览会。

7 月 17~21 日，东宁市委书记孙涛、市委常委、副市长刘庆帅带领有关部门负责人赴东莞石龙镇，与石龙镇党委书记梁寿如等党政领导、企业家代表进行了座谈。

7月22日，哈尔滨市副市长黄伟率代表团到深圳企业服务中心学习调研，并与正威集团洽谈合作项目。

7月22~24日，鹤岗市市长王秋实、副市长李旭带领工信局、经开区等有关部门，赴广东省汕头市就项目合作进行洽谈交流。

7月24~25日，广州市人大常委会主任陈建华率广州市代表团赴齐齐哈尔市开展调研活动，并与齐齐哈尔市有关单位召开了广州—齐齐哈尔对口合作调研座谈会。

7月26日，经两市政府同意，伊春市发展改革委和茂名市发展和改革局联合印发《黑龙江省伊春市与广东省茂名市对口合作2019年重点工作计划》。

7月28日，总投资625万元的大兴安岭普宁旗舰店在揭阳市正式开业，旗舰店的建成开业，为大兴安岭丰富的绿色产品与揭阳市庞大的消费市场对接搭建一个线上线下互动交易平台，有效促进两地商贸合作。

2019年8月

8月7~12日，大庆市市长何忠华、副市长颜祥森赴惠州、深圳等地开展定向招商，深入推进相关产业项目合作，对接正威、中交建项目以及洽谈陶瓷园、橡胶园落地事宜。

8月8日，哈尔滨市出台《关于促进我市"飞地经济"发展的实施意见》，哈市将支持跨省、跨市域发展"飞地经济"，加强与深圳等地区开展合作，创新合作机制，承接产业转移，复制先进经验，做强做大优势产业。

8月9~14日，黑龙江省卫生健康委组织省疾控专家赴广东省深圳市参加"互联网+重大传染病防控新策略"高级研修班。

8月13~14日，哈尔滨市政协常委、副秘书长、市工商联主席徐伟出席第五届华人华侨产业交易会并带队考察深圳市非公企业。

8月13~16日，黑河市委副书记孙恒义、副市长张瑾忠率20人代表团访问珠海，完善对口合作工作机制，推动重点工作任务落实。

8月19日，广东省农业农村厅协助黑龙江省农业农村厅在广州举办"黑龙江省—广东省农业对口合作对接洽谈会"，并组织广东省优秀农业企业与黑龙江省农业农村主管部门和企业进行洽谈对接，持续扩大对口合作领域，丰富合作内容。

8月20日，哈尔滨市出台《哈尔滨市战略性新兴产业投资基金管理暂行办法》，借鉴深圳、广州等城市先进经验，更好发挥战略性新兴产业投资基金的撬动作用，引导社会资本更多投向新经济领域，培育带动产业链延伸、促进产业集群化发展的龙头企业、龙头项目。

8月22日，佳木斯市博物馆和中山市博物馆联合举办《锦绣天成——赫哲族鱼皮制作技艺专题展》，本次展览是中山市和佳木斯市两地首次开展的文化展览交流，展览有助于加强中山市民对佳木斯市珍贵文化遗产的认识和了解，对加强两地文化建设、促进两地文化交流具有重要意义。

8月22~30日，哈尔滨市副市长黄伟带队赴广州参加2019广东21世纪海上丝绸之路国际博览会和第27届广州博览会，进行品牌宣传、产品展示和贸易洽谈。随后黄伟一行前往深圳市开展对接和考察活动。

8月24~25日，齐齐哈尔市副市长姚卿一行赴广州市考察了中国物流设计研究院、海大集团、中洲国际会展有限公司等单位和企业。

8月26～28日，茂名市委书记、市人大常委会主任许志晖率领市党政代表团赴黑龙江省伊春市开展对口城市合作交流工作，参加在伊春市举行的第二届黑龙江省旅游产业发展大会，并与伊春就进一步推动对口务实合作进行座谈交流，伊春市委书记赵万山出席座谈会。

8月27～28日，黑龙江省工信厅副厅长、巡视员方安儒率队赴广州参加了2019中国工业互联网大会暨粤港澳大湾区数字经济大会。

8月27～31日，哈尔滨市委常委、副市长张万平率队参加2019深圳（第五届）国际现代绿色农业博览会，哈尔滨市秋林里道斯、大众肉联、玉泉白酒等老字号企业及全市70家农业企业参展。

8月28日至9月2日，双鸭山市农业农村局及各县区企业参加"第五届广东（佛山）安全食用农产品博览会暨佛山对口地区农产品产销对接会"，佛山市农业旅游协会与市农业农村局签订了农产品销售合作框架协议，参展企业与佛山、广州、深圳、珠海、惠州等地企业初步达成了九项产销合作协议，已签订单及意向订单总额达7000多万元。

8月30日，第五届广东（佛山）安全食用农产品博览会暨佛山乡村振兴进行时成果展在顺德陈村花卉世界开幕，双鸭山市组团参展。

2019年9月

9月5日，黑龙江省发改委制定并出台《黑龙江省与广东省对口合作项目建设五项推进措施》。

9月16～20日，黑龙江省工商联巡视员孙毅夫带队组成互学互促工作组到广东省，开展全国"五好"县级工商联互学互促考察调研工作。

9月17日，珠海市政协副主席吕明智率珠海市国有企业代表团赴黑河参加中国（黑龙江）自由贸易试验区黑河自贸片区揭牌仪式。

9月20～22日，黑龙江省工信厅副厅长李红兵率机关人员及6家企业负责人赴广东佛山参加第五届珠江西岸先进装备制造业投资贸易洽谈会。

9月23～26日，广东省商务厅由自贸办副主任陈广俊带队，组织广东有关商（协）会、园区、企业30余人，在黑龙江省商务厅副厅长姜保国陪同下，考察对接哈尔滨、牡丹江园区项目。

9月23～27日，广东省工商联副主席张宏斌带队的互学互促工作组赶赴黑龙江，开展全国"五好"县级工商联互学互促考察调研工作。

9月28日，大兴安岭地区漠河市市长姚占军率代表团赴揭阳参加首届潮客粤菜师傅乡厨厨艺邀请赛，进一步深化了两地文化旅游交流。次日，姚占军代表漠河市与普宁市缔结为友好城市并举办了签约仪式。

9月28～30日，双鸭山市农业农村局及各县区13家企业参加"广东东西部扶贫协作产品交易市场暨第一届广东东西部扶贫协作产品交易博览会"，展会期间广东省省长马兴瑞向广东省委书记李希及各位嘉宾介绍双鸭山市富硒大米、黑蜂蜂蜜等特色产品，并对双鸭山市与佛山市农业合作给予了充分肯定。

9月29日，揭阳普宁市与大兴安岭漠河市正式缔约结成友好城市。

2019 年 10 月

10 月 8 日，鹤岗市举办了"汕头市旅游协会赴鹤岗开展对口合作惠民之旅"，汕头市首发团 29 名汕头游客抵达鹤岗市，开始了精彩的鹤岗之旅。

10 月 8 ~ 11 日，广东省农业农村厅副厅长陈东（正厅职）率团赴黑龙江省开展农业交流合作工作，调研了黑龙江巴彦万润肉类加工有限公司和黑龙江东禾农业集团，与黑龙江省农业农村厅召开座谈会，并参加了第七届黑龙江绿色食品产业博览会和第二届中国·黑龙江国际大米节。

10 月 10 ~ 14 日，黑龙江第十六届金秋粮食交易暨产业合作洽谈会在哈尔滨召开，广东省粮食和物资储备局党组成员、副局长吴津伟、邢卫华率广东省 27 家企业参会。

10 月 21 日，双鸭山市文化广电和旅游局在佛山市举行"黑土湿地之都—绿色生态之城"推介会，会上对双鸭山市旅游项目和产品进行了宣传推介，佛山市教育局、商务局、总工会、团市委及佛山市旅游企业代表、媒体记者等百余人参加。

10 月 21 ~ 25 日，国家发改委组织的东北地区与东部地区部分省市对口合作专业技术人员研修培训班在北京开班，黑龙江省和广东省的相关领导及所属结对市地的对口合作工作负责人参加培训。

10 月 24 日，黑龙江省发改委提出了龙粤对口合作"十百千"行动计划。

10 月 25 日，哈尔滨市政协党组副书记、副主席王镜铭一行 8 人来深圳市扶贫合作办就深哈合作相关情况进行调研，深圳市政协办公厅主任、副秘书长黄漫娥陪同调研并座谈。

10 月 26 日，双鸭山市市长郑大光带队赴广东省就对口合作工作进行再推进、再落实，并与佛山市市长朱伟召开"双鸭山市与佛山市对口合作第六次联席会议"。

10 月 27 日至 11 月 3 日，哈尔滨市发改委牵头组织哈尔滨市学习深圳改革创新经验培训班，哈尔滨市各区县（市）政府及各有关部门共 50 名负责深哈对口合作工作的学员参加培训。

10 月 28 日，双鸭山市市长郑大光带队赴广东省发改委就宝清县万里润达燃料乙醇产品推介进行对接洽谈。次日，双鸭山市副市长赵励军与广东双桥股份有限公司就玉米深加工产业合作进行对接交流。

10 月 30 日至 11 月 1 日，牡丹江市委书记马志勇带领牡丹江市党政代表团赴东莞考察访问，期间与东莞市党政主要领导共同召开进一步深化对口合作工作座谈会，并举办了中国（黑龙江）自由贸易实验区（绥芬河片区）专场推介会牡丹江企业家恳谈会。

10 月 31 日，黑龙江省民政厅厅长郭冀平带领 34 人代表团赴广东与广东省民政厅共同举办旅居养老合作框架协议签约仪式，并进行了养老产业招商推介。

2019 年 11 月

11 月 1 ~ 3 日，宁安市委副书记、市长李东军赴广东对接汕头东风印刷股份有限公司洽谈卷烟包装项目和汉麻加工等五个项目。

11 月 4 ~ 6 日，哈尔滨市委常委、常务副市长郑大泉率领哈尔滨市政府代表团赴深圳访问。

11月5日，国家人社部专业技术人员管理司司长俞家栋带领广东省人才服务局及相关领域专家共4人，赴大庆就页岩油、油头化尾等领域进行项目对接，答疑解惑。

11月5日，广东储备粮总公司伊育新部长率考察团赴大庆实地考察玉米异地储备轮换事宜。

11月5~6日，黑龙江省政协台港澳侨联络和外事委员会主任宋颖率调研组一行8人，就"推动黑龙江与粤港澳合作"到广东省进行学习调研。

11月6日，伊春市文化广电和旅游局出台《伊春市招徕省外旅游客源奖励办法》（伊文广旅联发〔2019〕8号）。

11月6~7日，大兴安岭地区地委书记、行署专员、林管局局长李大义率领考察团一行13人到揭阳市开展考察活动，期间举行了对口合作座谈会、民宿项目招商推进会，并参观了大兴安岭绿色产品旗舰店。

11月7日，齐齐哈尔市人大常委会主任佟朋访问广州，推动绿色农产品产销合作。

11月11~15日，黑龙江省科技厅副厅长韩金华带队参加由黑龙江省委组织部和黑龙江省科技厅在广东省共同举办的提升科研院所创新发展能力专题培训班，黑龙江省属科研院所主要负责人和省委政研室、编办，省科技厅、财政厅、人社厅等部门有关同志共45人参加培训。

11月13~16日，黑龙江省工信厅副厅长、巡视员方安儒率11人代表团赴广东省工信厅进行了工作回访，召开了第三次两省对口合作工作座谈会，参加了2019年中国工业电子商务大会，考察了珠海横琴新区粤澳合作中医药科技产业园、格力电器股份有限公司等企业。

11月14~15日，黑龙江省科技厅副厅长刘爱丽带领6人工作组赴深圳、广州，调研科技支撑中国（广东）自由贸易试验区建设情况，学习广东省支持自贸试验区科技建设的先进经验。

11月15日，黑龙江省商务厅联合广东省商务厅及俄罗斯滨海边疆国际合作厅、阿穆尔州投资与贸易发展局、西伯利亚商业发展部在广东举办2019中国（广东、黑龙江）—俄罗斯经贸合作交流对接会活动。

11月19~20日，伊春市副市长王忠秋率卫生健康系统调研组一行13人，到茂名市考察中医药服务及中医康养等工作情况，学习茂名大健康产业园规划与发展的先进经验。

11月22~23日，黑龙江省商务厅副厅长姜保国在开发区办主任贾英华、厅驻广东办主任袁述陪同下，参加商务部在广东举办的开发区工作会议，其间，走访广州、深圳商会企业。

11月23~27日，哈尔滨市委副书记、市长孙喆率市政府代表团赴深圳参加深哈现代产业发展座谈会暨深哈对口合作项目签约仪式；考察了深圳金雅福集团等企业及前海自贸区；出席了深哈对口合作第四次联席会议，深圳市委副书记、市长陈如桂、市政府党组成员陈彪参加会议，双方共同审议通过了《2020年深哈对口合作工作计划》。访问期间哈尔滨市副市长智大勇带领市国资委及部分出资企业赴深圳市进行国资国企对口工作交流，并于26日在深圳举行深哈国资国企对口交流座谈对接会。

11月28~30日，鹤岗市人大常委会党组书记、主任张新山、人大常委会副主任徐征等一行6人赴对口友好城市汕头市人大常委会学习交流代表工作、立法工作、备案审查等先进工作经验，对项目建设及经济工作进行洽谈。

11 月 30 日，广东—黑龙江自贸试验区交流合作座谈会在哈尔滨举行。黑龙江省商务厅副厅长王平、广东省商务厅自贸办副主任陈广俊参加会议活动。

2019 年 12 月

12 月 1 日，黑龙江省商务厅巡视员赵武君率电子商务处、商贸投资中心负责人，赴广州考察对接广州和祥贸易有限公司，重点了解公司物流配送中心与配送发寄情况，并就扩大龙江产品销售深度交换意见。

12 月 1～4 日，东宁市委书记孙涛、副书记孟中媛、政法委书记王树军率有关单位负责人，赴广东省开展对接招商考察活动。参加广东黑龙江商会建会十周年庆典暨换届活动，考察了广州市、珠海市多家企业。

12 月 9～12 日，鹤岗市委常委、副市长耿新带队先后前往汕头、上海，就对口农业项目合作和招商引资进行了专题考察，签订了三个项目合作框架协议。

12 月 10 日，七台河市委书记杨廷双到江门市就进一步深化对口合作进行考察对接，两市决定以共建江河融合绿色智造产业园为载体，促进两市产业务实合作，创新园区建设、管理和招商新方式，进一步深化江河融合绿色智造产业园共建方案。

12 月 10～13 日，按照黑龙江省委主要领导指示，黑龙江省工信厅总经济师李学东率机关人员及 17 名省内中青年科技型企业家一行赴广东省开展了新一代信息技术培训活动。

12 月 10～14 日，广东省粮食和物资储备局党组成员、副局长林善为带队赴黑龙江，联合黑龙江省粮食局开展（黑龙江）异地储备粮检查。

12 月 19～23 日，2019 年中俄四城市男子篮球赛在黑龙江鹤岗市举行。来自俄罗斯犹太自治州、广东省汕头市、黑龙江省牡丹江市官员、运动员 80 多人到场，推动鹤岗、汕头与俄罗斯远东地区城市的友好交流与合作。

12 月 22 日，广东省粮食和物资储备局、广东省财政厅、农发行广东省分行下发通知，下达新增省级储备粮（黑龙江）异地储备计划 3 万吨稻谷。

12 月 22～28 日，佛山市组织重点旅行社负责人和市摄影家协会代表，参加"2019 年龙江东部湿地旅游联盟旅游产品发布会暨湿地冰雪摄影大赛"，推动当地旅游业发展，深化文化交流合作。